「暗殺主義」と大逆事件

Yukio Shida
志田行男

元就出版社

はしがき

明治四十（一九〇七）年十一月三日、天長節祝賀会場となる米国桑港《サンフランシスコ》の日本領事館正面に、天皇制批判の内容きわめて過激なアジビラが貼りつけられ、同時に同地在住日本人間にもばらまかれた。

その冒頭「日本皇帝、睦仁君にあたう。

足下知るや、足下の祖先なりと称する神武天皇は何者なるかを。日本の史学者、彼を神の子なりというといえども……。

吾人、いたずらに暴を好むものにあらず。しかれども暴をもって圧制するときには、暴をもって反抗すべし。しかり、吾人は最後の血滴をそそがんまでも足下に反抗し、現在の秩序にさからいて反抗すべし。

睦仁君足下、あわれなる睦に君足下、足下の命や旦夕にせまれり。爆裂弾は、足下の周囲にありて、まさに破裂せんとしつつあり。

千九百七年十一月三日、足下の誕生日

無政府党暗殺主義者」

日本人の間では騒然とし、関係者はリンチして桑港沖の太平洋に投げこめとの声もあがり、意外な反響に驚いた関係者は姿をくらましてしまった。

日本領事館としては、密偵を放って該当者探しに躍起となったが、不敬罪のないアメリカでは移民暦三年以上の日本人の本国送還もできないと知り、関係資料を外務省に送り指示待ちとなった。

一方、在米日本人の思想動向を探るため渡米中の東大教授高橋作衛は、このビラはり事件の直後に現地入りして関係資料を集め、これらを同僚の穂積重遠、入束に送り、山県元老がこれを入手、政争の具に供した。

山県の密奏に対し、社会党への厳重な取り締まりもありたきのものとの御内意が侍従長から伝えられると、西園寺内閣では社会党取り締まりは寛に失するとの倒閣運動が活発化し、第二次桂内閣との政権交替をみた。山県による西園寺内閣の「毒殺」と呼ばれた政変劇である。勢い桂内閣は、大忠臣ぶりを発揮せざるをえず、社会党弾圧策に狂奔した。

桂首相は、大逆事件の大量処刑と相討ちの形で政治舞台を去ったが、明治時代の終焉は藩閥、軍閥政治の弔鐘となった。

事件の中核とされた幸徳主魁説もまた空中分解したようだ。

二〇〇〇年五月

志田行男

「暗殺主義」と大逆事件

第一部　大逆事件の政治的背景

一、厳罰主義の前奏曲

ポーツマス日露講和に反対、不満の群衆は明治三十八年九月、日比谷公園での集会後、交番、政府に近い新聞社を襲い放火した。かれらは桂（首相）を斬れ、小村（外相）を刺せ、山県（政界の大御所、元帥、陸軍大将）を屠《ほふ》れと叫んで暴動化の様相をみせた。

折柄、外債募集のためパリに赴いた高橋是清は、この日比谷騒動の外電が伝えられると、交渉に微妙な影響の及んだ経緯を自伝に記している。十月、平民社は相次ぐ弾圧で解散を余儀なくされ、十一月、出獄した幸徳は渡米の途についた。十二月、政府は韓国総督府を設置、日韓併合の本格化に乗り出した。

翌三十九年一月、桂内閣は退き、代わって第一次西園寺内閣が成立、その直後の二月には日本社会党が合法的に成立した。二月十五日、東京市の電車賃値上げ反対運動が起こり、この運動で検挙された者の裁判では、一、二審とも無罪だったのに、大審院はこれを斥《しりぞ》け、全員に有罪判決を下した。この決定は後につづく「赤旗」「大逆」事件裁判の雛形とされ、社会・労働運動に対する厳罰主義の前奏曲として注目された。

明治四十年二月、足尾銅山の暴動に軍隊が出動、鎮圧に当たったが、これは弾圧方針の最たるものだった。米国から帰った幸徳が二月、「余が思想の変化」を発表して直接行動論を展開すると、成立してから一年を経過していた日本社会党は、その活動を禁止された。

十一月三日、天長節の朝、その祝典会場となる米国桑港《サンフランシスコ》日本領事館正面に、印刷は汚いがその内容はきわめて過激な「暗殺主義」第一巻第一号が貼りつけられ、同地在住の日本人の間にもばらまかれた。その冒頭には、「日本皇帝睦仁《むつひと》君にあたう。われらは暗殺主義の実行を期す」とあり、当地在住日本人の間では大騒ぎとなった。

このアジビラ事件が起こると、その報告が現地領事館から日本外務省に打電され、犯人探しにスパイが放たれたのはもちろんだが、この外務省ルートとは別に極秘ルートで、「暗殺主義」は政界の大御所山県元老にも届けられた。

この資料を握った山県は、すばやくこれを政争の具に供すると同時に、千代田の森奥深くに拡散して天皇への密奏材料とした。この結果、大きな波紋がわが国の政界上層部にひろがった。

山県はこれらの資料を、田中宮相その他影響力のある内務官僚にも回し、西園寺内閣では社会党の取り締まりに手抜かりがあり安心できぬと、政権交替を迫る動きを活発化、他方、天皇には密奏を通じて不安増幅をはかった。

「社会党に対しては、何とか特別に厳重な対策はなきものか」の思《おぼ》し召《め》しが侍従長から伝えられると、この思し召しは、御意向から御命令に格上げされて一人歩きをはじめた。

翌四十一年六月、宮城に近い東京神田で「赤旗事件」が起き、在京の社会主義者はほとんど全員が起訴、投獄された。

郷里の土佐に帰り療養と著述に専念していた幸徳は、急遽、上京を決定、その途上、新宮の大石、箱根の愚童と会談し、公判前日に上京、翌日の公判傍聴席で同志たちと目礼を交わした。後日、「大逆事件」の取調書では、この大石、愚童訪問が共同謀議のためとして厳しく追及され、重要視された。

七月四日、西園寺内閣は総辞職、十四日、第二次桂内閣が登場したが、この新内閣は社会主義運動の厳重取り締まりを政綱に掲げ、「大忠臣ぶりを売り物として言論、出版、集会の自由を大幅に制限し、予防の名目を表面に出して社会主義運動を封殺する政策を推進したから、いわゆる「冬の時代」を迎えたのであった。

「一つの怪物――共産主義の怪物がヨーロッパを徘徊している」時代につづいて、日本でも社会主義＝無政府主義の妖怪が出現してきたと見た政府当局者は、機先を制してこれを迎え撃つ体制づくりに必死となった。有松警保局長は、先頭に立ってこの若い妖怪退治に辣腕《らつわん》を振るった。「暗殺主義」に接した彼らは、このような檄文《げきぶん》が書かれたのは、国内同調者の支持、教唆に刺激《しげき》されたからに相違ないと早とちりして生贄《いけにえ》探しに躍起となった。

「学問もあり、文章も能《よ》くする者」として幸徳に的が絞られ、その身辺洗いが執拗に開始された。また「証拠は乏しいが、幸徳ほどの男が無関係であるはずはない」と検察首脳が判断を固めるにつれ、四十三年六月一日、執筆先の湯河原において幸徳の検挙に踏み切り、ついで全国各地で大規模な検挙が開始された。

同年十二月十日、公判開始、二十五日、二十四名への死刑求刑、翌四十四年一月十八日、二十四名に求刑通り死刑判決が下されたが、翌日、このうち半数の十二名は無期に減刑された。幸徳を含めて十二名への死刑執行は、二十四、五日の両日にかけて慌《あわ》ただしく行なわれ、残る十二名は各地刑務所送りとなり裁判は決着した。

しかし、この間にあって一月十八日の死刑判決に三日もはやい十五日、外務大臣は在外大使宛に判決文と同一内容の電文を発している。

これは処刑反対の抗議気運が各国にひろがり、国際世論の高まりを鎮静化する狙いの過剰反応ではなかったのか。

さらには「暗殺主義」なる過激なアジビラの作成に対してリード役を演じたのは、幸徳秋水ではなく、カリフォルニア在住の米国社会党員にして『野生の呼び声』の作者たるジャック・ロンドンその人であったと見られるから、幸徳首魁《しゅかい》説の構想はその土台から崩れ、空中分解を余儀なくされたと思われる。

二、太平洋の対岸で放たれた威嚇《いかく》射撃

明治四十年十一月三日、天長節の朝、祝典を迎えた米国桑港《サンフランシスコ》の日本領事館正面に、「暗殺主義」と題する激越なアジ・ビラが貼られ、同市在住日本人の間にもばらまかれた。

「日本皇帝睦仁君にあたう。われらは暗殺主義の実行を期す。足下知るや、足下の祖先なりと称する神武天皇は何者なるかを。

日本の史学者、彼を神の子なりというといえども……事実上、彼もまた吾人とひとしく猿類より

進化せるものにして特別なる権能を有せざること、いまさら余らの喋々をまたざるなり。……吾人いたずらに暴を好むものにあらず。

しかれども暴をもって圧制するときには、暴をもって反抗すべし。しかり、吾人は最後の血潮をそそがんまでも足下に反抗し、現在の秩序にさからいて反抗すべし。……睦仁君足下、あわれなる睦仁君足下、足下の命や旦夕にせまれり。爆烈弾は足下の周囲にありて、まさに破裂せんとしつつあり。さらば足下よ。

千九百七年十一月三日　足下の誕生日

無政府党暗殺主義者」

領事館側ではさっそく、米司法当局の意向を打診したところ、関係者はいずれも移民歴三年以上だから、移民法の規定によって本国送還はできない、またこのビラを発表しただけでは不敬罪のないアメリカで、刑罰の対象にはなりえないことを知らされた。日本人の間では、この不届きな関係者をリンチしてオークランド沖の太平洋に投げ込めとの声も上がって騒然とした。

領事館としては、スパイの手により関係者を確認すべく手をつくす一方、このビラと在米社会主義者の機関誌「革命」その他を本国に送り、指示を待つことになった。

他方、この事件から一週間後に現地入りした東大教授高橋作衛は、在米日本人社会主義者の思想動向調査を、山県元老から依頼されていた。高橋は、外務省ルートとは別に「暗殺主義」その他の資料を山県元老に届くよう、同僚の東大教授穂積重遠、八束教授あてに送った。穂積兄弟は山県と特別な関係にあるそのブレーンであり、また高橋とは日露開戦に先立って対露強硬策を提唱した東大七博士の仲間であった（高橋の渡米は明治四十年十月、幸徳の渡米は明治三十八年十一月四日、帰国は翌三十九年六月三日）。

穂積経由でこの極秘資料を手中に入れた山県は、素早い対応を示した。まず宮内大臣田中光顕その他政界上層部に対して、社会主義者対策の重要性を訴える早手回しを開始すると共に、天皇に密奏して、現西園寺内閣では社会主義者の活動を厳重に取り締まることはむずかしいと訴えた。

桑港の過激な社会主義者の宣言＝空鉄砲を、そのまま千代田の森の奥深くに拡散し、天皇の心配と不安感を増幅させる揺さぶり戦術をとった。それは、政敵西園寺内閣打倒の宣戦布告でもあった。この山県戦術に対応して、天皇からは徳大寺侍従長を通じ、「社会党取り締まりには特別に厳重な対策もありたきものなり」の思し召しが伝えられた。

山県がこの思し召しに接すると、社会党取り締まり強化は天皇の思し召しから御命令に格上げされ、錦の御旗を掲げて一段と権威づけられ一人歩きを開始、御命令に格上げされた御意向が浸透し、日本の政界にまかり通った。

これを受けて山県、桂連合による西園寺内閣の打倒工作が展開され、山県は寺内陸相の辞職を強要して内閣の瓦解を狙った。しかし、寺内は陸相辞任による倒閣責任の非難を避けて同調を拒否した。このため焦った山県は、天皇への密奏を通じて、西園寺内閣では社会党の取り締まりは徹底的にできないと揺さぶり始めた。

西園寺内閣の退場――第二次桂内閣登場の政権交替理由にからんでは、戦後になって原敬日記が公開されるまで様々な憶測を生んでいた。主要な説は、山県による西園寺内閣「毒殺」である。

新登場の桂内閣は、前内閣の辞職が社会党取り締まり不充分なりにあった点に鑑《かんが》み、その取り締まり強化を政綱に掲げて、大忠臣ぶりを発揮せざるを得ない背景をもっていた。ここから平田内相は、社会主義予防を名目に言論、出版、集会の自由に大幅な干渉を強行、社会党封じこめの弾圧策に躊躇しなくなり、終着駅として「赤旗」「大逆」事件を生み出した。しかし、事件決着後半年を経た桂内閣は、人心一新のため総辞職を余儀なくされ、その後の第三次桂内閣は議会の信任を得られず、わずか二ヵ月で野垂れ死となり、桂の政治生命は終わった。

日比谷焼き打ち事件に際して叫ばれた「桂を斬れ」の要求は、大逆事件との相討ちの格好で始末をつけて、大正デモクラシーの時代を迎えるが、明治――大正の境界線上に大逆事件を置き土産としたままだった。桂内閣は、救貧慈善策としての済生会を生み、また五年先に実施される工場法を制定して事件の後始末とした。

大逆事件の起爆剤となった「暗殺主義」は日本へ上陸後、内山愚童「入獄記念・無政府共産」に受けつがれ、「日本歴史上最悪の小冊子」は、作者を十二名組の一人として断頭台上に送り込み、処刑した。明治四十四年一月二十四日。愚童三十八歳。

桂園時代〈藩閥政治の衰退と政党政治の台頭〉

山県＝桂藩閥権力と西園寺＝原政党勢力との間に展開された虚々実々の妥協・協力関係を、両者の「情意投合」とよぶ。

明治三十九年一月、桂と西園寺との間で取り交わされた情意投合により開始された両者間の政治的妥協は、政権のタライ回しにその特色が見られ、桂園時代と呼ばれた。桂はニコポン首相といわれ、妥協と買収策に走った。当時、政友会は単独で政権を掌握できるほど強力な政治勢力に成長しておらず、他方、藩閥勢力もまた既成勢力のカゲリを自認して単独政権の維持に自信を失いつつあったから、妥協を重ねる以外に生き残りの道はなかった。

桂は、「貴族院は吾物なり、衆議院は西園寺のものなり」と勢力分野を規定していた。ここから桂勢力は衆議院の征服に夢を託し、原＝政友会は処女地貴族院の征服へと野心満々の態であり、は

桂園時代の政権移動

桂内閣	西園寺内閣
第一次 自1901（明治34）年6月2日 至1906（明治39）年1月7日	第一次 明治41年6月22日 東京で〈赤旗事件〉 自1906（明治39）年1月7日 至1908（明治41）年7月14日
存続期間4年7ヵ月	存続期間2年6ヵ月
第二次 自1908（明治41）年7月14日 至1911（明治44）年8月30日	第二次 自1911（明治44）年8月30日 至1912（大正元）年12月21日
存続期間3年1ヵ月	存続期間1年3ヵ月
明治43年6月1日 幸徳検挙起訴 明治44年1月18日24名に死刑宣告,翌19日,内12名を無期に減刑 明治44年1月24，25日12名処刑	
第三次 自1912（大正元）年12月24日 至1913（大正2）年2月20日	
存続期間2ヵ月	
第一次山本権兵衛内閣 自1913（大正2）年2月20日 至1914（大正3）年4月16日	原敬内相就任 （西園寺内閣につづいて）

げしく鎬《しのぎ》を削り合った。

第二次桂内閣は明治四十一年七月から三年一ヵ月の間、政権を維持してきたが、四十四年八月、大逆事件と相討ちのかたちで総辞職を余儀なくされた。第三次桂内閣は、僅々二ヵ月の短命で終わり、桂の政治活動は表舞台から退いた。桂園時代の終了と共に、藩閥政治は歴史の舞台から遠ざかり、政党政治が緩慢なテンポながらも、主流に成長してきた。

原敬は第一次、二次西園寺内閣時代につづき山本権兵衛内閣でも内相に就任、山県の牙城に迫り、政友会の勢力伸長に尽力し、原内閣の実現を期した。原敬首相は大正十年十一月、東京駅で刺殺された結果、同内閣は直ちに総辞職し、同月十三日、高橋是清内閣が成立した。

山県文書（国立図書館憲政資料室保管）

幕末から大正十年の間、山県宛の手紙は、分冊整理されたコピー資料として公開されているが、明治四十年の資料だけは削除され欠落している。

明治三十年代から四十年代にかけてのいわゆる桂園時代に、直系の後継者桂首相の背後から政界に強力な影響力を行使した。特に大逆事件の裁判と後始末に関して、元老、元帥の二刀流を駆使して隠然たる実力を発揮してきた経過には歴然たるものがある。

「天地《あめつち》をくつがへさんとはかる人、世にいづるまで我ながらへぬ」

彼の社会主義恐怖症、政友会嫌悪の体質は、時勢の進展を受容しない藩閥政治家の末路を物語っていた。

（注、大原慧『幸徳秋水の思想と大逆事件』には、この山県文書の一部解説が示されている）

「……扨《さて》先年桑港より高橋作衛氏無政府党員に関し通信有之候節、八束を経て御手元に差出し候以来は、別して閣下に於かせられ候ても御配慮被為候事と恐察仕居候処、竟《つい》に今回の如き不祥の事あるに至り候段、閣下の御胸中窃に御推察申上、恐悚に耐へざる次第に御座候。素より閣下並に当局に於て始末に対する充分なる御成案被為在候は勿論の事に候得共、微生亦た微憂なき能はず、曾《かつ》ては新聞記者の問に答へ置候卑見の一端なりとも閣下の尊覧を辱《かたじけの》ふすることを得れば、憂覧を銷するに足るものありと相考へ、敢て尊厳を冒し別紙封入仕候。幸に微衷御慰察の上御閑暇の際之に一瞥を賜はり候はば、至大の光栄と奉存候。拝伏謹具。
明治四十三年十一月十九日　陳重拝
山県公閣下」

兄陳重が高橋から得たこの情報は、弟八束を経て政界の最有力者・山県元老に届けられた。左は明治四十四年一月十七日、宮内次官・河村金五郎が山県に宛てた手紙である。

「……明十八日午後一時三十分、桂首相判決を携へ参内の上内奏せらるる節、首相に対し御沙汰ある事。

首相は右御沙汰に基き十九日午前九時、大審院長・検事総長・民刑局長其他を内閣に召集し、為参考意見を聴取する事、此の席には宮相参加する事、右了《おわっ》て後、首相は閣僚と協議の上参内上奏する事、手続は右の通りにて。

閣下御考慮の通り、上御一人を煩し奉らざる形式を取る事と相成り、且つ多方面に渉りて講究を遂げ、違算なきを期せらるる筈《はず》に有之候。右は昨朝首相に御面会致し候節御内定せられ昨午後宮相・首相会見の節確定せられ候次第にて、今朝首相より右の順序逐一奏聞を遂げられ候。

減刑すべき者の範囲は、十九日朝司法関係者の意見を聞かされたる後、首相に於て腹案を定められ、内閣諸公に協議せらるる筈にて、結局極刑を執行さるる者、第一級の者に止まり候歟《や》、又は第二種の者も含む歟、昨今の処分明ならす候へとも、鬼角軟風吹きすさみ候様に感せられ申候。昨日も宮相と御協議致候が、宮相も小子とは同意見に有之候……。

一月十七日　金五郎
古稀庵老公閣下」

「無政府党判決も相済候に付此後世評如何と静観仕候。近時之種々の著述に寔《まこと》に寒心に不堪もの多く、それも地位名望ある輩の名の下に刊行候ものに俟《ま》つ有之、畢竟《ひっきょう》彼等の如き輩等生し候は立言・著書の結果とも被存候。古人異端を撃破するに勉め候事、今更思当り申候。先は寒中御見舞申上候。為邦家呉々も被為厭度専禱候。謹具。

四十四年一月廿一日　　　　石黒忠直

山県公爵閣下　　侍曹」

三、大逆事件前史

「余が在職中、陛下に対し取締の緩慢を誣奏《ぶそう》せし元老あり※（余は山県と思へども桂は松方なりと云へり）。官僚派は頻《しき》りに余輩を攻撃せしが、今彼等果して如何の感想をなすか、彼等の攻勢は鎮圧々迫にあり。然るに圧迫は却《かえ》って此主義者を隠密の間に蔓延せしむるものにて取締上全く反対の結果を生ずるものなり」

（注、西園寺内閣〈第一次〉の内相時代――明治三十九年一月七日～四十一年七月十四日。大逆事件の検挙開始は、明治四十三年五月二十五日、第二次桂内閣の平田内相時代）

これは、明治四十三年七月二十三日付の「原敬日記」の一節であり、大逆事件関係者の全国的検挙開始直後に桂内閣、平田東助内相の弾圧策を踏まえて事件の本質に迫る意味深長な一言である。同日記はつづけて、「今回の大不敬罪の如き固《もと》より天地に容るるべからざるも、実は官僚派が之を産出せりと云ふも弁解の辞なかるべしと思ふ」と結んでいる。

原の言わんとするところは官僚派の総元締めであり、かつ誣奏の張本人たる山県元老とその後継者ともいうべき桂首相の社会主義恐怖症に一矢を報い、官僚派に対する政党人の対決姿勢を示唆している点にあったとも見られる。

明治四十一年六月二十二日、東京で赤旗事件が発生、翌二十三日、原内相が上奏のため参内の折、時間の制約上拝謁はできなかったが、徳大寺侍従長と内話した際、山県の密奏を知り、侍従長の話しぶりから、暗に山県非難の響きを感知した。

原は侍従長に対し今日までの政府の取り締まり状況を話し、他日自分も上奏するからと依頼した。しかし、山県の誣奏を知って原の内心は穏やかならず、「山県が陰険なることは今更おどろくに足らざれども畢竟、内閣を動かさんと欲して成功せざるに煩悶して此奸手段に出たるならん。其癖、余が三十一日に大磯に赴くとき新橋より大磯まで同車し絶えず談話をなしたるに一言も政治談をなさず、無論《むろん》社会党にも言及せず、彼の行動は常に此の如くなり」と心中の憤懣を物語っている。

明治四十一年五月に行なわれた総選挙（第一次西園寺内閣成立から二年後である）で政友会は圧倒的勝利を収め、西園寺内閣の前途は安泰であるかに見えた。しかし、政党内閣の出現を体質的に嫌う山県にとっては、この内閣存続を阻止せんとして政界工作に乗り出したが、見るべき成果のあがらないのに焦り、原日記に記されているような「奸手段」に訴える策を弄した。

原内相の強気とは裏腹に西園寺首相は政党内閣の存続に執着せず、他方桂との間で「情意投合」の政権タライ回しにも魅力を感じたのか、七月はじめ、総辞職を決定、七月十四日、後継の第二次桂内閣が成立した。原内相が山県の密奏を知ったのは、政局の展開が微妙な動きを示し始めたこの時期と一致していた。

徳大寺侍従長に依頼した翌々日すなわち六月二十四日、原内相は天皇に拝謁し、「前内閣以来、今日に至るまでの取締りの沿革、政府方針、其他社会党に対する方針は教育、社会状態の改善、取締りの三者相まつに非ざれば其効を期し難き」ことを申し上げ、「天皇も俄《にわ》かにいかんとする事態はざる事情御諒解ありたるが如く」拝察したので、政局の急転はなきものと前途を楽観視し、山県密奏の余波は解消したものと見ていた。

明治三十九年（一九〇六）一月、内相就任直後の原は社会党の設立申請を認め、思想弾圧の愚を理解していたが、翌四十年二月、同党内で直接行動論が主流となるや否や直ちに解散を命じた。さらに四月、「日刊平民新聞」の発行を禁止し、六月、別子暴動には軍隊を出して鎮圧、谷中村残留家屋の強制撤去にも踏み出していた。

赤旗事件で多数の関係者が抑留された神田署の留置所で、「一刀両断帝王首落日光寒巴里城」の落書きが見つかった際、これが「天皇斬殺すべし」と誤報され、その処分をめぐり千家法相から相談された原内相は、最高五年の禁錮を伝えた。しかし、非公開の秘密裁判では禁錮三年九ヵ月、罰金百五十円の判決となり、原敬の意見より軽かった。

内相としての舵とりは常識的で、保守派の山県系から非難されたり、山県から社会党取り締まりが手ぬるくて不安だと密奏されるような筋合いではないと自負していたようだ。

ところが、西園寺内閣総辞職直前の七月二日、原内相は首相から山県が寺内陸相に辞職をすすめ、内閣破壊の企図あることを知らされた。しかし、寺内は自分が倒閣の引金をひく非難を回避し、山県の要求に応じなかった。

原「山県の陰険実に甚《はなは》だしというべし（先頃は社会党に対する取締り緩慢なるを内奏し）。其他新刑法の不敬罪等に対して緩なるは現政府が忠君の念慮に乏しきなりとも内奏せり」

西園寺内閣総辞職から七日後の日記。

「山県らが忠義顔して取締りを云々するも、現内閣が社会党など寛仮せしことなし。但し其手段はかれら一派のなすが如く狂暴ならざるなり」

後日、政権を掌握した原敬首相の藩閥、軍閥、官僚勢力、その頂点にあった山県に対する敵意は熾烈だった点に留意して、当時の政権移動と大逆事件との関連を見ることにしたい。

山県元老にまつわる権力者像

「山県有朋の権力は陸軍大臣より重く、参謀総長より大なり。政府と雖《いえど》も、彼の命に抗する能はず、伊藤の他界するや、軍人殊に山県閥の豪相、驕専、日に日に加はり、今や武断政治の弊、その極に達す」（鵜崎鷺城）

「実際、その当時の藩閥の勢力、官僚の勢力、軍人の勢力、しかして民衆の無力を思うときに、山県老公が日本の朝野にもっていた勢力は今日（一九一四年九月）に於いては想像することができない。……ローマ法王のごとき権威ある山県老公」（鶴見祐輔の議会傍聴記）

「内相、首相、法相、枢密院議長などを歴任、弾圧と買収によって反対派を抑え、中枢的な国家機関に派閥網をはりめぐらした。この官僚閥を背景として特権的軍部の頂点に立ち、これを自由に操り、統帥権の独立、軍部大臣の現役武官制を駆使して反対派を制圧、自らは元帥と元老を一身に兼ねた。彼はこの元帥、元老の特権で宮中に参内、天皇に上奏する資格を利用、政敵に一撃を加えることができた」（西園寺内閣の社会党取り締まりについての誣奏など）

「暗殺主義」ばらまかる

前述したように明治四十年十一月三日朝、天長節の祝典当日、米国桑港の日本領事館正面及び同地在留日本人に対し、「暗殺主義」と題した過激な内容のアジ・ビラがばらまかれた。

このチラシに激怒した一部日本人は、このビラ作成、掲示に関係した日本人をリンチしてオークランド沖の太平洋に投げこめと叫ぎ立てた。事態の急展開におどろいた通称「レッド・ハウス」出入りの日本人青年たちは、難を避けて行方をくらましてしまう始末だった。

このチラシ冒頭――

「日本皇帝睦仁《むつひと》君にあたう。われらは暗殺主義の実行を期す……吾人いたずらに暴を好むものにあらず。しかれども暴をもって圧制するときには、暴をもって反抗すべし。

睦仁君足下、あわれなる睦仁君足下、足下の命や旦夕にせまれり。爆烈弾は足下の周囲にありて、まさに破裂せんとしつつあり。さらば足下よ」

日本領事館側としては、直ちに密偵を放って関係者の身許確認に奔《はし》ると同時に米司法当局の意向を打診した。

その結果、在米暦三年以上の移民は本国送還ができぬこと及び不敬罪のない米国では、このビラ張りだけでは処罰できぬことが判明した。したがって、このチラシのほか、かれらの機関誌「革命」を外務省に送り、後日の指示を待つこととなった。

他方、このビラが掲げられて一週間後の十一月十日ごろ、在米日本人の思想動向調査を山県元老筋から託されていた東大教授高橋作衛が桑港入りして活動を開始した。

この高橋教授は、日露開戦の直前、対露強硬策を公表した七博士の一人であり、友人の穂積重遠・八束教授兄弟の両人が山県元老と特別の関係にあったから、かれらを通じて山県元老の手許に秘密資料が届けられた。

山県はこれらの情報を武器として渡辺宮相ほかの有力な直系官僚を動かし、大逆事件づくりに乗り出すとともに千代田の森奥深く天皇の不安心理に訴え、社会党に「特別厳重な対策もありたきもの」の思し召しを徳大寺侍従長から耳にして、これを政敵西園寺内閣の倒閣に逆用のため政界工作に着手した。

社会党の取り締まりには、「特別の対策もありたきもの」の御内意はそのまま御命令に格上げされ、ここに社会党の格別な取り締まり対策は、西園寺内閣の対応では不徹底で安心できないとの山県密奏に発展し、西園寺内閣「毒殺」は大手を振るってまかり通り、直系の桂第二次内閣を成立させた。

山県から示された極秘資料に接した田中宮相がその返礼文のなかで、「学問もあり、文章もよくする」幸徳秋水こそが「暗殺主義」生みの親なりとの烙印は、政界上層部の共通認識となった。確たる証拠はないが、幸徳ほどの男が「暗殺主義」と無関係であるはずはないとの検察首脳の判断が強まるにつれ、大逆事件の巨魁《きょかい》、共同謀議の中核として、幸徳周辺に対する警戒網は一段と緊迫度を強め、明治四十三年六月一日、湯河原駅近く上京途上の幸徳は検挙された。

社会党排撃と支持の裁判論争

日露開戦直後の第二十臨時議会で桂内閣（第一次）提出の臨時軍事費と増税案が挙国一致の美名のもと、無修正で可決された。

明治三十七年三月二十七日付の「平民新聞」で、幸徳はこれに怒って、「あゝ増税」（後出）を発表し、政府と議会に抗議声明を発した。

警視庁は「あゝ増税」をのせた「平民新聞」を、新聞紙条例違反で発禁処分にし、発行人＝編集人の堺を告発した。

第一審は堺の禁錮三ヵ月、「平民新聞」は発行禁止の判決を下した。この裁判法廷で花井弁護士は、「非戦論より非増税論いでたるなり。すなわち、この論文も、平素の平和主義を吐露せるものに過ぎずと」論駁した。

第二審では「平民新聞」の発行禁止を棄却し、堺の刑期も二ヵ月と短縮された。執筆者の幸徳に代わって、発行者の堺が社会主義者入獄の第一号となった。

きわめて常識的なこの判決も政府上層部、治安当局の不満を増幅した経緯は、田中光顕宮内大臣から山県宛の手紙に縷《る》々《る》述べられている。

内閣の交替時期	交替理由・政治事件
桂内閣（第一次） 自明治34・6・2 至明治39・1・7 存続期間　四年七ヵ月	日露戦争後の政局運営に失敗
西園寺内閣（第一次） 自明治39・1・7 至明治41・7・14	40・11・3　米国桑港で「暗殺主義」ばらまかれ、山県も入手、 天皇への密奏に利用 41・5　総選挙実施 政友会は総議席三七九に対し一八七とほぼ半数を占め、原内相は 政局運営に強気を示したが、首相は総辞職を決定

存続期間　二年六ヵ月	41・6・22　赤旗事件
桂内閣（第二次） 自明治41・7・14 至明治44・8・30 存続期間　三年一ヵ月	41・10・末　内山愚童「入獄記念・無政府共産」秘密出版 42・10・26　伊藤博文、ハルビン駅頭で射殺さる 43・5・25　大逆事件の検挙開始 〃　6・1　幸徳逮捕 〃　8・29　韓国併合に関し宣言、朝鮮総督府設置 〃　12・10　大逆事件公判開始（非公開） 〃　12・15　24名に死刑求刑
西園寺内閣（第二次） 自明治44・8・30 至大正1・12・21 存続期間　一年三ヵ月	44・1・18　24名に死刑判決、翌日、12名は無期に減刑 44・1・24、25　12名の死刑執行 明治時代の終焉 明治45・7・30　大正と改元
桂内閣（第三次） 自大正元・12・21 至大正2・2・20 存続期間　わずか二ヵ月	山県＝桂藩閥勢力の凋落目立ち、護憲勢力台頭の兆し、桂内閣は二ヵ月後、野垂れ死にした

再審請求は昭和三十六年一月十八日（かつて二十四名死刑判決のあった明治四十四年一月十八日からまさしく五十年後）、昭和九年に仮出獄を許された坂本清馬と、処刑された森近運兵の妹の両氏から東京高裁に提出された。

昭和四十年十二月一日、東京高裁は請求を棄却、その後、昭和四十二年七月五日、最高裁も全員一致で棄却した。

桂首相、組閣に当たり社会主義取り締まりの政綱を発表

「彼の社会主義の如き、今日尚ほ纖々たる一縷の烟に過ぎずと雖も、若し捨てて顧みず、他日燎原の勢を為すに至りては臍を噬むも復た及ばざらんとす。故に教育に因り国民道義を養ふは言を待たず、其産業を助けて恒心を維持し、職業を与て浮浪を防ぎ、疾病老孤を救て流離に至らざらしむ等、所謂《いわゆる》社会政策を講じて、予《あらかじ》め禍根を防ぐと同時に、社会主義に係る出版物、集会等を抑制して其蔓延を禦《ふせ》ぐべき也」

と言明し、社会主義者に対する弾圧方針を公然化した。以後、出版、集会の取り締まりは大手を振って施行され、社会主義運動は沈滞を余儀なくされ、新聞、雑誌の発禁は矢継ぎ早だった。「熊本評論」四十一年九月、「東北評論」四十一年十一月、「自由思想」四十一年六月、「世界婦人」四十一年七月。

出版集会を徹底的に取り締まれとの政府方針に基づき、具体策の実施に当たった有松警保局長は、個人的見解としながらも、㈠労働者に対する社会政策、㈡学校教育による社会主義の排斥、㈢在郷軍人会の利用による国家思想の注入を強調したうえで、「社会主義の学説的研究は必要なれども、之が主義の鼓吹のため雑誌、新聞を刊行し、公開演説をなすが如きは絶対に禁止するを至当とす。特に欧米大陸と異なり幸に我邦は未だ萌芽を生じたるに過ぎざれば、之を根絶せしめんこと至難に非ず。只現時に於ては取締役夫《それ》自身が未だ社会主義の何者たるに究めざるの弊あるを遺憾とす」と述べ、社会主義の取り締まり方針を鮮明にした。

さらには、「同盟罷工は社会主義とは別問題に属し国家の之に関与すべきに非ずと論ずる者あるも、若し鉄道、電灯、水道等の労働者にして一時間同盟罷工するとせば、交通機関の閉止、水道の涸渇等の直接、治安に妨害あるを以て行政警察権に於て之を取締り処罰するは至当のことなり」と、社会主義運動への干渉、弾圧を加えることは正当な警察権の行使であると叱咤激励した。この結果、本人も認めているような末端警察官の行き過ぎが現出し、社会的陰鬱の空気をかもし出してきた。

たとえば、獄中被告のための「寄附金募集」の記事も、新聞紙条例第十七条第二項、同二十九条に該当するとして記者に罰金刑が科された。

「法令による国家機関に対し復讐をなさん事を声明し且つ之を以て時代の要求を展開する所以なる如く主張し、復讐につき他を誘導する意を寓したるに於て社会の秩序を壊乱する事項なる事明らかなり」と認定された「熊本評論」の松尾卯一太に対し、熊本地裁は四十一年八月十四日（桂内閣成立から一ヵ月後）、軽禁錮一ヵ月、社会秩序の壊乱記事を掲載した行為に対して、編集兼発行人である資格につき罰金二十円に処すとの判決を下し、幸徳秋水らの直接行動派の機関紙のような役割を果たしていた「熊本評論」は、終刊の宣言を余儀なくされた。

幸徳の直接的行動論から強い影響をうけていた地方の青年たちは、個人的なテロリズムに走る傾向もあったが、赤旗事件を契機として、一人の社会主義者も活動を許さずとする桂内閣に乗ぜられ、大逆事件の先駆者として処罰される事例も散見され、思想弾圧の暗雲が各地方にも広がりを見せた。

社会と名のつく出版物、すなわち「動物社会学」の如きものまですべて発禁処分されたと、白柳秀湖は指摘している。

西園寺内閣毒殺説と桂内閣の異常な恐怖心理（社会主義恐怖症候群《いによう》）

「……それと同時に桂公を囲繞する閥族、官僚の徒が、社会主義者の取締りに関して西園寺公を元老筋に悪しざまに讒訴《ざんそ》したことも、恬淡《てんたん》水の如き公をして、サラリと其の内閣を投出させる重要な要因の一つであったと伝へられている。

第二次桂内閣の社会主義取締りが、厳峻苛辣を極め、学問思想上の圧迫も常識を以て思料することの出来ないほど極端にはしっていたことは、今日では種々の話柄となって世人の周知する所であるが、西園寺公の施政方針は之に対しても幾分理解ある取締りをしようといふにあったらしく、其頃公がゾラの『パリ』を翻訳した出版物に題字（或は序文か）を与へていたことも、思想界に対しては夜の明けたような快感を与へたものである。

併し桂公及び公を囲繞する閥族、官僚の徒には之が甚だしく不快に感ぜられたものと見え、かれらの或る者から元老筋に対して公のことを悪しざまに讒訴した。当時官僚の西園寺内閣毒殺として喧伝されたのが此事件である。

かようにして商工業者の歓心を買ひ、其利益を擁護することを以て施政の大眼目となした第二次桂内閣は、例の妥協政治によって巧みに野党を籠蓋し、善く四年の命脈を保つことを得たが、其時代の大勢に逆行する最も露骨にして且つ醜悪なる金権政治と社会主義取締りに発足した最も峻烈にして且つ神経過敏なる思想警察とは、日本の社会を甚だしく陰鬱なものにしてしまった。

『社会学』『社会政策』『社会教育』『社会事業』『昆蟲社会』等凡そ『社会』と云ふ文字を冠した出版物は、その内容事実の如何に拘らず片端から当局の忌憚に触れ、著者も出版業者も戦慄して予め此文字を回避せんとするに至り、「社会」の文字は日本の辞書から永久にその影を没し日本の学会から其の影を没し、永久に其の跡を絶たんとさへするに至った。

かかる時代に当局から社会主義者と目せられた者の境遇は推して知るべく、其住居には日夜警官が立哨し、其の最も甚だしきに至っては、其門口にテント張りの哨舎が設けられ、食糧を運ぶ米屋の小僧までが誰何されたような事実があった。幸徳への圧迫はその最たるものだった」
朝日新聞記者の杉村楚人冠が、友人幸徳を自宅の平民社に訪ねたとき、警官のテント小屋といい、また二十四時間監視体制の仰々しさに一驚し、この状況を新聞紙上に発表、過剰警備ぶりを皮肉ったことがある。その結果かどうかしらぬが、監視小屋は撤去された。がしかし、その後日譚がある。某日、ある小料理屋で杉村が池辺三山主筆と顔を合わせたとき、池辺があまり不機嫌なのでわけをきくと、朝日新聞は社会主義者支持の方針をとっていないと一言放った由。

このような時代背景の下に明治四十三年、大逆事件関係者の検挙が開始され、執筆準備のため湯河原の旅館にいた幸徳は六月一日、現地で検挙され、起訴された。

四十三年末、起訴された二十六名中、二十四名に死刑求刑、四十四年一月、二十四名に死刑判決、翌日十二名の無期減刑を発表、一月二十四、五日十二名が慌ただしく処刑され、事件は政府の思ったように一件落着したかに見えた。桂内閣の前途は洋々春のごとく、金権政治、妥協政治、ニコポン政治は万々歳の観を呈していた。しかし、なぜか桂首相は四十四年八月、「人心の倦怠を懼《おそ》る」として時津風、枝も鳴らさぬ平穏裡に内閣を明け渡してしまった。

せめてもの置き土産は、実施が大正五年に延期された工場法の実施と恩賜財団済生会の設立だった。桂の後を受けたのは第二次西園寺内閣であり、原敬が平田東助に代わって内務大臣の椅子についた。

当時、桂、西園寺の間の政権タライ回しをめぐっては原敬日記が未公開であったため、情報通執筆者の言でも核心に触れたものはなく、今日から見るといずれも隔靴掻痒《かっかそうよう》の感が否めないのも止むを得ず、山県＝桂勢力による西園寺内閣毒殺説の域を出なかった。

元帥、元老として内務・宮内官僚にも強い影響力を持ち、長州軍閥の最長老としても明治末年の政界に君臨していた山県は、独自ルートを通じ、外務省ルートに前後して「暗殺主義」その他の秘密資料を直接入手し、これを政争の具に供した。

山県はいち早く天皇に密奏し、「西園寺内閣では社会主義の取締りができず不安なり」と訴えた。元帥、元老の山県はそのつど上奏できたからである。

この申し入れを受け、徳大寺侍従長（西園寺公望首相の実兄）を通じて、「何とか特別に厳重な取締り対策はなきものか」の思し召しが伝えられると、原内相の強い反対を押し切って西園寺首相は突如、総辞職を敢行した。第一次西園寺内閣の退陣である。

後継首班となった桂首相は、登場するや否や社会主義取り締まりを政綱に掲げ、「大忠臣ぶり」を発揮せざるを得ず、大逆事件被告に対する極刑判決は第二次桂内閣に課された至上命令だった。一人の社会主義者の活動も許さぬ社会体制づくりは、天皇の思し召しに副《そ》う錦の御旗となったから、事件は政府、大審院（事件担当平沼検事）の意のままに展開、拡大された。この場合、国内世論の動向は、大逆事件の重圧と報道規制により一顧だにせずにすんだが、無政府主義者多数虐殺という国外からの非難、思想弾圧にはしる野蛮国家呼ばわりには、それが政府の計算外だったことも加わり神経過敏だった。

新村忠雄（大逆事件で処刑された十二名組の一人）**の予審廷における証言――**

「赤旗事件があり、警察官の不法甚だしく、裁判所の判決当を得ず、私はとうてい言論や筆をもって政府に勝つことはできない、腕力をもって復讐するほかとるべき策なしと覚悟いたしました。ことに武断派の首領山県有朋が内閣に干渉し、社会党の鎮圧につとめていて、ひとりわが同志の不利益のみならず、一般思想界を害すること甚だしいから、まずもって山県をかたづけねばならぬと決心しました」

当時はまだ原敬日記が公刊されていなかったので、山県の密奏については政界上層部を除いては判明していなかった。しかし、風評としてではあるが山県の社会党嫌い、政党排斥論が浸透していた事実は明らかである。日比谷の暴動化当時、ここから「桂を斬れ、小村を刺せ、山県を屠れ」の声が叫ばれたのも故なしとしない。

彼は元帥として軍籍を持ち、軍部現役武官制、帷幄《いあく》上奏権などの特権と強力な軍部勢力を背景にして、政界に君臨する事実上の独裁者だった。天皇に拝謁し、西園寺内閣の社会主義取り締まりは不徹底で、前途が危ぶまれると政敵を悪しざまに非難し、天皇の御心配と不安心理に訴えることも容易だった。*

（注、四十二年十月、伊藤博文が亡くなってからの山県元老の政治的役割に関しては、今後とも多面的に論及さるべきである。キング・メーカー、大陪審官の異名がある元勲、元老だからである）

その結果として、「社会党の取り締まりに関して何とか特別に厳重な対策はなきものか」との思し召しに接することもできた。

一度、陛下の思し召しが伝えられると、それが下達される過程で陛下の御命令に格上げされ、変質して反対勢力を圧倒する武器となる。社会党弾圧は陛下の御命令、強き御意向なりと伝えられると、桂新内閣はこの命令実現に向かって治安機関を総動員する一方、刑罰責め、罰金責めの弾圧策が矢継ぎ早に下された。

政治情勢がこのように転換したその矢先に赤旗事件が発生したので、厳罰主義が大手を振るってまかり通り、その最終局面に登場してきたのが大逆事件だった（赤旗事件は山県派の挑発説もある）。

山県の号令がいかなる階層へ浸透し、水面下工作に功を奏していったかは、山県宛田中宮相の返書に顕著である。

田中光顕（宮内大臣）**の山県宛手紙**（明治四十一年一月十三日付）

「のぶれば、過激者輩のことにつき、ご焦慮の段、詳細敬承。さっそく警保局長および警視総監の両人に面接の上、現今着手の景況承りおり候ところ……」

につづいて、二人の警察官僚が洩らした不満に及び、

「しかるに、多少の証拠を得、告発に及び候とも、裁判官において、証拠不充分とか、無罪放免と申すことに取計らい候ては、かえって彼等に侮慢の心を生ぜしめ、該党（社会党）をしてますます蔓延せしめ、害毒を天下にながし候ようのことに立ち至り候やもはかりがたく、憂慮にたえざることに御座候」

この手紙は、山県系宮内官僚が山県から提示された極秘資料を読んで、至極ごもっともと迎合した光景を彷彿させている。

明治天皇の御威光を傘にして渡辺宮相は、内務大臣の指揮下にある警保局長と軽視総監をよびつけて近況報告をさせ、さらには裁判官が警察官僚の意に副《そ》わない傾向をも非難して、不満顔を露骨に示している。

日本社会党の解散命令に前後してはじめられた社会主義者の刑罰、罰金ぜめが赤旗事件で活気づき、大逆事件に及んで頂点に達した遠因を示唆している。この事実は、山県の官僚支配は内務、司法の上層部のみならず、宮中にも強いアンテナ網をはりめぐらしていた証左である。

この渡辺宮相の下には、河村次官が山県と宮中情報の連絡役をつとめており、西園寺内閣の「毒

殺」後に登場した第二次桂内閣では、平田内相と提携して社会主義弾圧に腕を振るった小松原英太郎文相も、また山県の社会主義嫌いに大きく貢献したブレーンの一人だった。

四、社会主義運動弾圧政策の展開
――大逆事件判決に至る司法判断の経緯――

原敬日記の明治四十一年六月二十三日を見ると、「先日、徳大寺侍従長より、社会党取締りに関し、たづねこしたるにつき、病中故警保局長を差し出さんと返事せしに、書面にて送付ありたしといふにつき取り調べ書差し出し置きたるも」とあり、この取り調べ書には在外日本人社会主義者も含んでいたので、これで一件落着したものと楽観視していた。

五月二十八日から六月九日まで病気療養だった原は、山県の宮中密奏にはいまだ気づかなかった。しかし、六月二十二日、宮城近くの神田錦輝館で赤旗事件が起こり、十名の社会主義者が逮捕されたので、治安責任者として原内相は、二十五日、宮中に参内し天皇に拝謁を願った。だが、一時を過ぎていたので拝謁はできなかったが、侍従長と懇談中、山県の密奏を知り、局外者の無責任発言なりと極度に立腹した。

六月二十三日の日記には、「親しく侍従長と内談せしに、同人の内話によれば、山県が陛下に社会党取締りの不完全なることを奏上せしにより、陛下におかせられても、御心配あり。なんとか特別に厳重なる取締りもありたきものなり、との思召しもありたり。山県が他人の取締り不充分といふも、さらばとて自分みずからなすにもあらずとて、徳大寺も、山県の処置に非難するの語気あり。

徳大寺のごとき温厚なる人の口より、かくの如き言を聞くは、意外なりき。とにかく、山県が右よう讒構《ざんこう》に類する奏上をなしたるというにつき、なお詳細今日まで取締りの現況を内話して、奏上を乞いておきたり」

山県が桑港発行の「暗殺主義」「革命」等の秘密情報を独占入手したりと自負して、これをそのまま、あるいは拡大解釈して天皇に密奏したから、心配になった明治天皇が「なんとか特別に厳重なる取締りもありたきものなり」と、社会主義鎮圧策の強化を要求しはじめた点が注目される。徳大寺侍従長は、責任の地位にいない山県が横合いから余計なことをしたと、原敬内相に同情していたようだ。

「もっとも、徳大寺の言によれば、山県がさようにいうも、陛下におかせられては、今日は昔のごとく、みだりに人を処罰することのできぬことは、十分御承知なり、といえり。本日は奏上の時間なきにより徳大寺ととくと内話して、奏上を依頼して退出せり。

山県の陰険なること、今さら驚くにはあらざれども、畢竟《ひっきょう》、現内閣（西園寺）を動かさんと欲して成功せざるに煩悶し、この奸手段にいでたるならん」

西園寺内閣を倒さんとの目論見が計画通りに進まないので、同内閣では治安対策上、不安なりとの密奏を奸手段と判断した結果である。

六月上旬と推定される山県の天皇への密奏につづいて六月二十二日の赤旗事件。この事件を契機として山県が西園寺内閣の倒閣工作に利用した事実もかいま見えてくるし、事実そのような風評もあった。

「ある点まで、ちょっとお話いたします。当時スパイが一人おりました。ある政治家が使ったスパイであります。そのスパイが、社会主義者のある者に話したことがよろしくなかった。それを幸徳は聞いて知っておりました。

政治家よりいわすれば、手違いが出来たのだと思う。もしそのことが、幸徳の立腹する原因だとすれば、赤旗事件がのちにお話する大逆事件の唯一の原因でありますから、スパイなどを使用して、策略をするということは、よほど考うべきであると思う。要するに、幸徳のいう政府が計画的に赤旗事件によって、社会主義者を一網打尽に監獄に入れたのであるという観察は、誤解ではあるが、不当の考え方とはいえない理由があるようです」

これは大逆事件の捜査主任をつとめた小山松吉が、その後に就任した検事総長時代に内部で話した講演の一部である（『日本社会主義運動史』）。

「官僚政治家が、前西園寺内閣を『毒殺』するに用いた唯一の材料は、社会主義の問題にして、その筋書きの作者は、いうまでもなく平田なり」（当時の人物評論家、鵜崎鷺城『朝野の五大閥』）

赤旗事件の背後でこれを煽動して在京社会主義者のほぼ全員を検挙、投獄に腕をふるい、第二次桂内閣で内相にすべりこんだ平田東助介在説も、あながち空想物語ではないようだ。

赤旗事件直後の六月二十七日、ふたたび参内した山県は、「なんとか特別に厳重なる取締りもありたきものなり」の思し召しに接し、これを受けて社会主義者鎮圧の動きが活発化した。西園寺内閣は同年五日の総選挙で圧勝したにもかかわらず、七月四日、原内相の反対を抑えて総辞職した。

この政変に見られる唯一の辞職理由は、前記鵜崎の見るごとく社会主義の問題であり、その推進役は山県元老直系の内務官僚、平田の裏面工作だった。

山県の密奏「特別に厳重な取締りもありたきもの」の思し召しによって、西園寺内閣の「毒殺」を果たした山県＝桂の藩閥勢力は、ここに社会主義者の取り締まり強化を政綱に掲げて登場、平田内相の指揮下、大逆事件の拡大、大量処刑へと突っ走り、他方、小松原文相の思想弾圧との二頭建てで明治の末年を「冬の時代」に塗りつぶし、社会党の息の根を止めたと自負した。

原内相は赤旗事件の起きた翌六月二十三日、参内して拝謁を願ったが、時間の都合で果たせなかった。しかし、このとき侍従長から原より一足早く参内した山県元老が、西園寺内閣の社会主義取り締まりが不充分であると密奏した事実を知らされた。それは西園寺内閣の取り締まりが緩慢なために、宮城近くで赤旗事件が起こったといわんばかりの密奏であり、原には我慢ならぬ誹謗ととられた。

六月二十五日の「原敬日記」によれば、彼は同日ふたたび参内して拝謁し、西園寺内閣の社会主義対策を奏上した。

「拝謁して、前内閣以来今日に至るまで、取締りの沿革、政府の方針、在米国の社会党に対する処置、長崎にいる露国社会党の状況、並びにときどき来日する露国社会党に対する処置、其他将来社会党に対する処置は、教育、社会状態の改善、取締りの三者相俟つにあらざれば、その効果を奏しがたきことを奏上し、陛下におかせられても、俄《にわか》にいかんともなし能《あた》はざる事情、ご了解ありたるがごとく拝察せり」

「俄にいかんともなし能はざる事情」は、ご理解をえたから、山県からの内閣破壊工作は防げたと判断した。

ところで、赤旗事件で検挙した十六名中の誰かが留置場の板壁に箸で落書きした事実が判明し、千家法相は田中宮相とも内談のうえ、原内相に相談があり、「明日、首相と相談することとなしたり」（原日記）

一刀両断天王首
落日光寒巴里城

原作は一刀両断君主首だったが、幸徳が帝王首と改作、若い社会主義者の間で愛誦されていた。それがこの当時、天王首に書きかえられていた。しかも千家法相の報告では、「天皇斬殺すべし」に飛躍、変質していた。落書きから犯意、殺意を無理やりに引っ張り出して、凶悪な犯罪に仕立てあげようとする故意と偏見をうかがわせる。天王首から天皇斬殺すべしの解釈が自然に出てきたとは考えにくいからである。

米国オークランドで発行された在米日本人社会主義者の雑誌「革命」でも、「ミカドの転覆」が現地領事館からの報告では、「ミカドを殲滅《せんめつ》せんと欲す」と、血なまぐさい誤報に変えられたのと軌を一にした拡大故意解釈だ。

桑港《サンフランシスコ》の日本領事館前面と神田警察署留置場で発見された落書きに、同じような殺意を強調している共通理解は、共に恐怖の幻影に脅かされ、天皇暗殺の夢幻劇に踊らされていたからではなかったのかと考えられ、立場の相違による語意解釈の振幅におどろく。

七月七日の原敬日記――

「千家法相より、神田警察署に拘留中、不敬の文字を記載せし社会党員なる者の予審終結し、明後日公判に付することになれりと。証人三名あり、また筆跡を照校せしにまったく同一にて、犯人否認するも、証拠あきらかなり。裁判官も、たいがいその罪を宥恕《ゆうじょ》することなかるべし、といえり。田中宮相にも内報するはずなりと、山県らが忠義顔して取締りを云々するも、現内閣が社会党など寛仮《かんか》せしことなし」

「現内閣が社会党など寛仮せしことなし」は原内相の実績に照らして、その通りである。

社会党の設立を一度は許したが、その後に解散命令を出し、日刊「平民新聞」の発行停止命令、赤旗事件では多くの社会主義者を投獄してきた西園寺内閣は、元老山県が非難するほど社会主義に寛大な政府ではなかった。この自負の気持ちが強かった原内相には、横合いから飛び出して無責任な隠密工作をくり返す山県の所業には、心中ははなはだ穏やかならざるものがあった。

同内閣が社会党の活動に寛大であるとの非難は、まったく根拠薄弱だが、山県＝桂勢力にとっては衆議院で圧倒的優位に立つ西園寺内閣に対し、政権奪取のキメ手がこれ以外になかったのも事実だから、両勢力の争いは実りのない泥仕合の様相を呈してきたとみるのが妥当であろう。

前記落書き事件で、下手人とされたのは、赤旗事件で暴れた十九歳の少年佐藤悟だった。罪状否認のまま特に不敬罪で起訴された彼は七月十一日、禁錮六ヵ月の判決を受けた。これを不服とした検事控訴の結果、東京控訴院は原判決を破棄し、逆に禁錮三年九ヵ月、罰金百五十円、監視六ヵ月の厳刑を言い渡した。佐藤の上告に対し九月二十二日、大審院は上告を却下したが、この間、弁護士の面会、立ち合いを許さず、一切が非公開のまま進められた暗黒裁判であり、大逆事件裁判の雛型そのものだった。

不敬罪で処罰された十九歳の少年佐藤悟は、赤旗事件以来、加速度を増してきた社会主義弾圧政策の生贄《いけにえ》とされたも同然だ。

この間六月二十七日、山県は再度参内し、赤旗事件を目して西園寺内閣の社会主義取り締まりが不徹底であると非難し、明治天皇の支持に訴え、西園寺の後継として桂首相の推挙に暗躍した。

西園寺首相は四十一年七月二日、全閣僚に辞意を伝え、七月四日、総辞職し、これを受けて同月十四日、第二次桂内閣が成立した。この桂内閣の使命は、軍備拡張と新植民地経営への本格的着手だが、国内治安の元締め＝内相は原に代わって平田東助*が就任した。平田は社会主義対策として、未然の防止を表看板とした徹底的な弾圧方針を掲げた。

（注、平田東助は山県の病没後〈一九二二年〉、その後釜を占め、内務官僚の有力ボスとして政界に発

言力を強めた。そして政変のつど、首相候補者として浮上してきた）

前内閣の原内相は教育、社会状態の改善、取り締まりの三方面にバランスを保たんとしたが、平田内相は取り締まり強化一本槍で出版、集会の権利を軽視し、言論の自由を抹殺する露骨な社会主義弾圧策をめざした（後出の蘆花『謀叛論』参照）。

しかし、未然の防止策として突っ走った一方的な強行策も、大逆事件被告二十四名の死刑論告では野蛮国家の汚名を受け、国際的抗議に直面した。明治官僚体制のみじめな失政、誤算だった。日本国民は事件の内実、裁判の成り行きについて何も知らされなかったのだから、まさしく国民不在、無視の裁判だった。桂内閣の大忠臣ぶりに免じても、この事件処理は藩閥勢力の退潮を物語る歴史の一コマで、処刑された新宮グループを熟知していた佐藤春夫は、後年、大逆事件を想起して昭和の松川事件もどきといった。

平田東助＝枢密院書記官長、法制局長官を歴任した山県・桂勢力に近い内務官僚。西園寺内閣を総辞職に追いこんだ「毒殺」の功績によって入閣。

有松英義＝三重県知事から警保局長に復帰した能吏型内務官僚、平田内相の右腕といわれ、弾圧法規、治安警察法の立案者。有松は平田内相の下で社会主義の鎮圧を正当化し、「これを根絶せしむること至難にあらず」と豪語。局長就任の明治四十一年七月から警保局の秘密文書「社会主義者沿革」を作製したのは、根絶政策実施の第一歩だった。

六月十六日（赤旗事件の直前）、横田大審院長、松室検事総長は、司法官会議の代表者を伴って宮中に参内、天皇に拝謁を許されたとき、侍立の徳大寺侍従長を通じて、任命権者の天皇から、社会主義の取り締まりについて直接的な思し召しが伝えられた模様で、その直接の反応は明治三十九年三月に起きた東京市の電車賃値上げ反対事件の被告に対する保釈取り消しだった。

かれら十二名は七月一日、宮城控訴院の移諜命令によって急遽、保釈許可を取り上げられ、東京監獄ほかに強制収容された。この経過は明治天皇の御意向を受けた司法官僚の緊張ぶりに見られ、赤旗事件に参加しないで助かった竹内善作の投書が、よくこの間の事情を物語っている。

「奇怪の風説あり、電車事件の被告たりし十名の社会主義者は、第一審、第二審とも無罪なりしに、大審院がこれを破棄して宮城控訴院に移せるは、ある無上の権威ある筋より横田国臣（大審院長）に内諭するところがありしがためにて、宮城控訴院においても、判事間に激論ありしが、陪席判事がその地位の餌をもって動かされ、有罪に決せるなりと伝う。されば、被告らは、これに対して上告し、七月十四日、大審院の判決あることとなれるが、弁護士の都合にて、いかに延期を請願せるも、聴許せず。横田は、社会党を刑罰ぜめにすべしと、豪語しいたりと伝う」（竹内善作「熊本評論」明治四十一年七月二十日号、「東京、一官吏報」）

「奇怪なる風説」はデマでなく、事実に裏打ちされていた。疑惑の大審院は七月十四日、法廷を開いたが、七月十七日、被告の上告を却下し、宮城控訴院の二審を支持する判決を下した。一審の無罪が逆転して有罪判決となった。

電車事件被告で有罪判決を受けた吉川守邦の述懐に見る司法反動化の様相――。

「当時は今日と違い、若い判検事は、あんがい理解ある弁論や判決をしたものだが、それが大審院にいくと、ふしぎに有罪が多く、それもかなり重くやられるという風評が、もっぱらだった。これは、当局の社会党に対する取り締まりが手ぬるいというので、元老山県有朋が〇〇に働きかけて膝づめ談判で西園寺を辞職させ、彼らの子分の桂太郎がこれに代わって乱暴な迫害をした時代なので、したがって、大審院あたりでも、とくに社会党に対しては、かかる苛酷な判決をくだしたものである」（『荊逆星霜史』）

弁護士の立ち会いも許さず、非公開裁判で重刑に処する裁判のパターンが、大逆事件では二十四名に対する死刑判決を生み出す素地となったが、これは無上の権威ある筋からの圧迫が強まってきたからではなかったのか。真相は藪の中だが、関係者の言にも一理ありそうだ。

赤旗事件の公判はわずかに三回開かれたのみで、八月二十九日の判決公判は、予定の九時開廷が、二時間おくれの十一時だった。

被告席の大杉栄が相被告に対し、「見ろよ、裁判長がふるえているぜ」とささやき、ある新聞記者の描写では、「裁判長の苦悩の色がありありと感じられるではないか」と記されていた。

証拠はわずかに三本の赤旗、警官の証言は支離滅裂だった。堺被告の「赤旗をとりあげる前に、警官隊はなぜ警告を発しなかったのか」は、検察の痛いところに迫っていた。

桂内閣の社会主義根絶主義、大審院の厳罰主義が、裁判官の良心を圧迫していたからではなかったのか。判決後、荒畑寒村が、「裁判長！　神聖な当法廷において、弱者が強者のために圧迫された事実が、明瞭となったことを感謝します。いずれ出獄の上、お礼をいたします」。

裁判長が「今日は判決を言い渡したまでのこと。不服があれば控訴するがよい」と言って退廷すると、あとは、激しい怒号と革命歌が法廷にひびきわたった。

大審院長横田国民が「社会党刑罰ぜめ」を豪語し、在京社会主義者のほぼ全員が投獄された険悪な政治情勢の真っ只中へ幸徳は、運動再建の夢をふくらませ、病気療養中の郷里土佐中村から上京の途についた。明治四十一年七月二十一日のことだった。だから、その上京は政府の挑発に誘惑された冥土行きの感なくもなかった。

「……これ、さきに南海の怒濤をけりて、紀州に上陸し、さらに東海道を急行したるらしき幸徳氏の、新聞記者席に現れたるによる。氏は、実にその前夜、箱根より探偵数輩に尾行せらつつ、入京せられたるなりき」

竹内善作は「東北評論」(明治四十一年九月号)に寄せた「官吏抗拒事件第一回公判記」の一節で、秋水が乗り込んできた瞬間の法廷の空気を活写していた。赤旗事件の被告たちにとって、秋水の出現は、百万の援軍の到着のように嬉しかったのであろうが、彼の情況判断は甘く、飛んで火に入る虫のようでもあった。

幸徳秋水は「学問もあり、文章もできる」と、田中光顕宮相からほめられたのか、けなされたのかは知らぬが、政府側の包囲網に引っかかった。この田中は明治四十一年一月十三日付の山県宛の手紙に警保局長と警視総監を呼んで、「暗殺主義」について話題とした最後の部分で「巨魁は幸徳秋水に有之」と断定してはばからなかった。

「暗殺主義」は、幸徳秋水が書かせたものとの判断は、山県はじめ治安当局の責任者たちの間に信念化されていったようだ。しかし、在米日本人社会主義者を覚醒させ、「暗殺主義」を書かせた張本人は、豈《あに》はからんや『野性の呼び声』の作者ジャック・ロンドンだったらしいから幸徳には、迷惑千万ないいがかりがもとで生命をとられたことになる。

五、明治政府の思わざる誤算

大審院における大逆事件二十六名被告にたいする二十四名の死刑判決は、明治四十四年一月十八日に下された。しかるに外務大臣は、この判決日より三日も早く一月十五日、十六日にかけて在米、在英、在仏の三全権大使宛に訓電を発し、同時に大逆事件に関する別電も発した。

「幸徳等に関する被告事件に付ては近日中に判決言渡あるべき筈なるが犯罪の事実は大要別の通にして判決書に掲げらるる所も右に他ならざるべしと思考するに付、貴方に於て此際之を発表する方得策と認めらるれば左様御取計相成差支なし」

判決言い渡し以前に判決要旨が裁判所の外部に洩れていたのは、一月十五、六日頃、桂首相、渡辺宮相、山県元老の間に、判決内容が知らされていたからで、判決翌日の十二名減刑もまたかれらの間では決定済みだった。

判決は政府と司法省の合意の下に書かれ、天皇の御仁慈による半数十二名の無期減刑までも最初から織り込み済みだった。

したがって、三国の全権大使宛別電が事前に打電され、判決に対する対策が外相には一任されていたことになり、手回しの早いのに驚く。

「一人の証人申請も認めず奔馬の如き勢いで審理を終了し」、判決から刑の執行まで一週間の経過も待たなかった迅速ぶりは、海外における抗議運動の展開に機先を制せんがためであったとの指摘にも一理ありとせざるを得ない。

一九〇九年、スペインにおけるフェレル教授に対する判決から処刑まで一ヵ月以上かけ、その間に抗議運動を燃えあがらせた先例の教訓に学んだからでもあろうか（駐仏大使からの電文参照）。

「政府と資本家との日本は、その自称近代文明、大工場、装甲車、速射砲等のあらゆる西欧的組織を大変自慢しているが、先祖伝来の野蛮に逆もどりした。いまや、天皇はロシアの皇帝と同じように、婦人の絞首刑を執行したという汚名をきることになった」（ジャン・ロンゲ）

幸徳、「萬朝報」の社説に反論

幸徳は古巣の「萬朝報」がヨーロッパにおける無政府主義者の処刑を支持する社説を発表したので、同紙に投稿して反駁《はんばく》した。

「フェレル教授＊は無政府主義者に相違なきも、無政府主義者必ずしも尽《ことごと》く殺人者、暴動者に非らず、氏は大教育者、大思想家として欧州に重きをなせる者にて、無政府主義者たるよりも寧《むし》ろ其の教育上の主義に於て政府及び加特立教会の迫害を蒙りたる者で一九〇六年、モラルがスペイン皇帝に爆弾を投ぜし際、氏はその連累者として投獄せられしに、之は全くローマ教会の誣告陥害に出でしもので一年間も審問なく未決に差置かれた。このため列国の輿論と有罪の証拠なかりしにより釈放せられたり。

仮令《たとえ》無政府主義者なりとて露国に於てトルストイを殺し、仏国にてルクニス、英国にて故スペンサーの如き人物を殺さんか、文明世界の怒りは甚だしかるべきに候。フェレル氏の死刑は恰《あたか》もこれに均しく、列国の抗議は左もあるべきことに候。現に去る九月中旬、氏の捕えらるるや、欧州の自由思想を抱ける学者文士は直ちにフェレル氏救護会を組織し、輿論の喚起に従事致候。小生は此偉人が死後もわが国に於てなお国法を無視する無政府党員にして確かに死刑に値すると軽々しく論断せらるるを悲しむものに候。草々」

（注、スペインのフェレル事件＝一九〇九〈明治四十二〉年、スペインの首都バルセロナでゼネスト宣言の労働者と軍隊が衝突、これに関係ありとしてフェレル教授が検挙処刑された。幸徳が検挙されたのは翌一九一〇〈明治四十三〉年六月一日、一年後のことだった）

　無政府主義者は死刑に処して差し支えなしとの短絡思考が、当時の日本政府当局者にも支配していたようだが、この判断は先述の欧州にて見られるように、承認できずとして我が身にふりかかる火の粉は何としても防ぎたいとの主張であり、社会主義者、無政府主義者の自己防衛宣言だった。幸徳は明治政府が遮二無二《しゃにむに》、無政府主義者の烙印を乱用し、旧刑法七十三条（皇室危害罪）の適用範囲を拡充して一網打尽にせんとする野望と勇み肌を、いみじくもフェレル事件から学んで看破していた。

　大逆事件の二十六名起訴者中、二十六番目に追起訴された既決囚＝服役中の内山愚童が書いた「無政府共産・革命」を目して取り調べの河島予審判事は、「たとえ十六頁の小冊子にもせよ、日本開闢《かいびゃく》以来、最悪の書」とはげしくきめつけているが、「暗殺主義」に通底している天皇制批判のアプローチを意識していたからであろうと思われる。

　宮下太吉は、久米邦武の「神道は祭天の古俗」説にふれて大いに啓発され、その後、愚童の「無政府共産」五十部の郵送を受けて一読、御召列車の通過に集まった群衆に対し、「天皇はそんなにありがたいものではない」と天皇制批判の街頭宣伝に乗り出した第一人者だった。しかし、彼は豊科製材所職長の地位を利用して部下の妻と通じ、その線から計画が警察に洩れ、五月二十五日、検挙された。

「われわれは、公的な虐殺者が誰かを抹殺してしまうおうと強い決意を抱くときに、かれらの究極の論拠となるものが、不幸な犠牲者に『無政府主義者』というレッテルを貼りつけることだ、ということを経験によって知っている。

天皇と日本政府は思い違いをせぬように。十二名の死刑囚の刑罰を無期懲役に減刑するというような子供だましの寛大な措置をとったからといって、それだけでは文明世界の世論に対して犯罪を弁解することにはならないだろう。そんな措置はかえって、婦人一人を含む二十四名の人々に向けられている怖ろしい判決が、死刑執行人の頭のなかにまでも躊躇の気持ちを生ぜしめた、ということを証明するだけだろう。……」（「ジャパン・クロニクル」主筆ロバート・ヤング）

フランス・セーヌ県労働組合連合会が主催した大集会では、「大逆事件」の具体的事実と意義について参加者が演説し、この死刑判決が、日本の反動の望む判決であったと考え、もしわれわれの同志たちの生命が救われなかった場合には、「次回の日本公債募集に反対する世論の動きを促す」との決議が万場一致で採択された。

一月二十四日、死刑執行の報告が当地に伝えられると、栗野大使は、フランス警視庁が大使館の警備に配慮して警察官を増員したことを伝えるとともに、速やかな刑の執行要請を本省に打電してきた。

一月二十五日の「ユマニテ」は、処刑場には絞首台が一台しか用意されなかったので、死刑執行には七時間もかかったと報じた。

十二名の死刑囚を断頭台に送りこんだからといって、アジアの一等国、日本がスペイン・ロシア並みの野蛮国家に逆戻りの汚名を蒙《こうむ》るとは、明治政府の首脳者たちには考え及ばないところであった。

この裁判は、まったく内政問題の枠内で処理できると計算していたことだろうから、海外の抗議運動が急速に高まり、日本大使館、領事館めがけて抗議文書が殺到したのは思わざる誤算であり、まったくの計算外だった。

そして、日本の国際的地位も、これら各国の抗議を無視、知らぬ存ぜぬと馬耳東風にすませるほど強力ではなかった。

幸徳は明治四十一年七月下旬、郷里中村を出発、新宮の大石、箱根の内山を訪ね、八月十四日、東京に着いたが、友人、同志はみな囚《とら》われの身だったから出迎えもなく、悄然たる思いだった。

翌十五日、赤旗事件の公判を傍聴、同志と目礼、挨拶を交わした。しかし、政局は急転し、七月四日、西園寺内閣は退陣、後継桂内閣は社会主義の取り締まり強化を公然と政綱に掲げて登場してきていた。

幸徳は柏木に腰を落ち着け、のち巣鴨に引っ越して住居を平民社と称したが、その行動は日夜、警察の監視下に置かれ、出入りの米屋もそのつど誰何される状況で身動きできず、しばらくは恩師中江兆民の文集整理、編集に没頭した。

翌四十二年五月、菅野スガを発行名義人とした「自由思想」は、一、二号とも発禁処分を受け、続刊の見通しも立たず、廃刊を余儀なくされた。

七月、平民社は家宅捜査を受け、菅野は病床より検挙され、この裁判では多額の罰金責めに直面、また幸徳の出版活動は後難を怖れる書店側の拒否にあって見通しが立たず四面楚歌だった。

十月、彼は郷里にある不動産を処分したが、借金返済がやっとで、活動資金に充当する余地はまったくなかった。また、菅野との同棲関係が表面化すると、これに反発する同志たちは、つぎつぎと幸徳を離れたので、彼はまったく孤独な革命家となった。

この苦境に沈んだ幸徳に対し、「萬朝報」時代からの旧友小泉三申が「通俗の日本戦国史」の執筆をすすめ、幸徳も準備のため湯河原の旅館に滞在することになり、菅野を伴って赴いた。滞在中、幸徳は「戦国史」の執筆を本格化せず、遺著となった『基督抹殺論』の執筆に執念をもやしていた。

また菅野は、「自由思想」事件の罰金が払えず入獄することになり上京、幸徳は用事のため、明治四十三年六月一日、上京すべく旅館を出て駅に向かったが、途中で神奈川県警の今井警部に検挙された。

菅野が罰金刑のため入獄を決意したのは、幸徳との関係を清算したかったからであり、天皇暗殺計画に幸徳をまきこみたくなかったからでもあったらしい。この頃、彼女は千葉監獄に入獄中の荒畑寒村に対しても、関係断絶の気持ちを伝えたが、荒畑には菅野の真意が通じなかった。看守が故意に手紙を渡さなかったからだろうか。あるいは菅野の手紙を受けて激したからかはわからない。

四十二年十月、伊藤博文はハルビンで射殺された。翌四十三年八月、韓国併合宣言が出されるなど日本の植民地政策は急速な拡大基調をみせはじめ、これにともなって、社会主義者弾圧の風潮は強まった。

荒畑寒村は、赤旗事件の刑期を終え千葉監獄から出獄してきたが、獄中で幸徳と菅野との同棲関係を聞き、衝撃を受けていた。獄中で運動か入浴の折、大杉栄から、彼女が荒畑から幸徳へ乗り換えたと聞いていたから、復讐の念に燃えての出獄だった。かつて幸徳、堺の萬朝報退社の辞を読んで反戦、平和の闘志として尊敬していた荒畑だったが、菅野が絡《から》んで対決相手となった。

出獄後、大阪でピストルを手に入れ、湯河原に乗り込んだとき、幸徳は上京で不在、菅野は罰金が払えないので、体刑を選んで入獄した後だった。目的が果たせなくなった彼は、一夜、湯河原海岸で悶々とした。荒畑は堺利彦の紹介で「牟婁《むろ》新報」に入社当時、スガと同棲したことがあり、彼女が入獄前、千葉監獄宛に出した絶縁状の件は頭になかったようだ。

幸徳は官憲側から無政府主義の巨魁として包囲網をせばめられると同時に、旧友荒畑のピストル弾にも狙われていた。三月、妻千代子とは離縁、孤独の淵に沈んでいた革命家だったから、それだけ天皇制批判の姿勢も強まってきたのだろう。

明治四十二年一月、幸徳訳『パンの略取』を買い求めて帰国した岩手の医師大条虎介がほぼ一年ぶりに上京、千駄ヶ谷に移ったばかりの「平民社」を訪れ、幸徳との対話をメモしていた（四十二年十一月二十九日のことである）。

このメモには天皇制が生み出した搾取と収奪に対する幸徳の激しい怒りが、間接的ながらもはっきりと読み取れる。

「アル謀反人隊長ライワク、日本ノ皇室モ、怨ミノ府トナリマス。昔木曽ノ山中ノ杣《ソマ》ガ自由ニ木ヲキリテ生キテイマシタモノガ、御料林ニナリテカラ、キヲキレナクナツタ。サレド、キラズニハ生キテオレヌノデ、キル。年々木曽ノ山中カラ何十人ト懲役ガ出ル—天子ガ民ト利ヲアラソツテイル。天子ハ日本一ノ大資本家ダ、大地主ダ。ソレガ免税ダ。ソシテ、皇室費ナルモノハ、国庫ヨリ支弁スル。乞食ノナメタ塩カラモトル。税金ノ中ヨリ弁ズル。ソレガ三百万デ足ラヌトイウノデ、今度ハ四百万トカ五百万トカニスルソウダ。一方デハ戊申詔書デ、百姓ニ勤倹、貯蓄ヲススメル。ナントイウコトカ云々。ナニカワ知ラズ。イトイトオソロシキコトナリ。桑原々々」（証拠物写）

はじめの「アル謀反人隊長ラ」と、末尾の「桑原々々」とで全体を戯文で包んでいるのは、万一警察に押収された場合の用心であろうが、中身は断片的ながら、立派な天皇制批判である。経済的視点から皇室財産、皇室費の問題をとりあげ、雲の上の天皇を地上に引きずりおろして、「日本一の大資本家、大地主」とそのベールを剥ぎ取ったうえでの勇気ある発言に踏み切った社会主義者は、幸徳のほか、箱根の禅僧、内山愚童もまたその一人であり、同じような問題意識をもっていたから、十二名の処刑された犠牲者の列に加えられてしまった。

　木曽御料林の話は、官営明科製材所（木曽御料林の製材加工々場）で働く宮下太吉から聞いたものであろう。木曽の御料林は、明治維新後、旧尾張藩の領地から国有林に移され、さらに明治憲法の発布後、皇室御料林に編入された。しかし、このとき、旧尾張藩時代には黙認されていた「明山《あきやま》」（入り会い共有地）の村民立ち入り、入会権を認めなくなったので、村民側は生活防衛のため盗伐を余儀なくされていた。

　皇室財産の三分の一を占めるとされる木曽美林の存在そのものが、天皇制の物質的基礎として村民生活を圧迫し、入会権の一方的剥奪は、村民逮捕―投獄を日常茶飯事化してきた。

「報知新聞」（明治四十二年四月十九号）は、「我皇室の財産」に天皇家の財産目録を掲載した。

　この記事が示すところによれば、皇室所有の株と公債が時価一億六千万円、御料地は時価五億円、他に宮城、皇居その他の付属地があるので計算の方法が立たないが、明治四十二年度の国家予算が五億一千万円だったのに比較してみると、莫大な皇室財産の形成＝収奪過程がその規模を示してくるようだ。

　しかも、明治四十一年十月十四日、「戊申詔書※」で国民には勤倹、貯蓄を押しつけながら、皇室費は三百万円から一挙に四百五十万円へと五割も増額したのだから、国民の抵抗、反感がくすぶり出しても不思議ではない。

（注、詔書は天皇の名による危機意識の表明。しかし、四十一年の戊申詔書は、国民に勤倹貯蓄を訴えたほかは内容に乏しかった）

日本一の大資本家、大地主である天皇家が階級対立とは無縁、無欲であり、かつ神聖なピラミッド支配の頂点から国民に君臨していられるのは、偶像崇拝の賜物であり、政治支配の魔術性に依拠しているのだから、ここから天皇支配体制の打破が叫ばれるのは故なしとしない。

天皇家の経済は、株式資本を通じて労働者の生み出す剰余価値、御料林支配から起こる山村農民の生活圧迫、皇室費を通じての国民の負担する税金からの三本の太いパイプ機能によって吸い上げられているから、日露戦争後の不況と増税に直面した国民が、皇室費に注目するのは当然な勢いとなる。

しかもこの体制を堅持するため、労働者、農民層の批判勢力を手きびしく取り締まり、弾圧方針を対置しているのだから、社会不安の発生する予兆は明らかである。

太平洋の彼方、米国桑港に居住する社会主義者岩佐作太郎が、かれらの雑誌「新世」第一号（明治四十二年二月）に掲載した秋水の手紙は、前年の四十一年末に書かれたものだが、この中で彼秋水は、非軍備主義、非君主主義という言葉で反天皇制の檄《げき》をとばしていた。

「日本も非常に不景気で、この年末（明治四十二年）に際して失業者、破産のみ多く、市中火の消えたごとくです。しかし、平民にイクジがないので、不平の声が高まるまでにはまいりません。社会党に対する迫害は、ますますはげしく、ほとんど手も足も出なくなりました。日本政府の恐るるは、経済問題ではなく、非軍備主義・非君主主義に関する思想の伝播です。もっとも、この思想は、社会党が伝えずとも、自然に青年の頭脳を支配するように至ったようです」

在外同胞向けとはいえ、この手紙で彼が非軍備主義、非君主主義なる新造語を駆使してまで反天皇制イデオロギーの啓発に着手した姿勢は、当局者たちを切歯扼腕させずにはおかなかったろう。

幸徳ほどの男が大逆事件に無関係であるはずはないとの結論から、証拠は何もないのに、彼の検挙に踏み切った――検察首脳の正直な告白は宜《むべ》なる哉《かな》である。

他方、田中光顕宮内大臣は、「暗殺主義」その他の重要資料を送ってくれた山県宛の返信に、「幸徳こそ、この運動の巨魁である」。その理由としてあげているのは、珍無類な名答だった。「彼は学問もあり、文章を能《よ》くするから」と。幸徳包囲網は、日一日とせばまってきた。

明治四十年十月二十七日、病気の幸徳は大久保の家を整理し、老母と妻千代子を連れて郷里中村へと向かった。旅行の途中、十一月三日、「日本平民新聞」を発行する大阪平民社の森近運平が主催した歓迎茶話会に臨んだ。そのときの模様は、内務省警保局の「社会主義者沿革」に、次のように報告されている。

「同月三日、同地方ニオケル主催者ノ催オセル茶話会ニノゾミ、『社会ノ進歩ハ、労働ト科学ト自由ノ三者ニ待タザルベカラズ。シコウシテ、自由ハ反抗ニヨッテエラル。今ノ世ノ野蛮ニシテ、カツ悲惨ナル原因ハ、生産ノ不充分ナルガタメニモアラズ、知識ノ進歩セザルガタメニモアラズ、圧制ニ対スル反抗心ノ欠如、一ニコレガ因ヲナスモノナリ』トノ露国ノ無政府主義者ミハイル・バクーニンノ説ヲ引キテ、一場ノ説話ヲナシ、大イニ彼ラヲ激励シタルノチ、左記ノ者連袂記念撮影ヲナセリ」

この記念写真には、のち大逆事件に連座せしめられた森近運兵、武田九平、岡本頴一郎、三浦安太郎、小松丑治、熊本からきた松尾一太、赤旗事件関係の荒畑寒村、百瀬晋のほか秋水の老母多治子、森近の妻繁子、娘の菊代も写っており、決して秘密会合ではなかった。

幸徳は明治四十一年十一月二十四日、宿毛港に上陸し、人力車にて郷里中村に着いた。約一カ月の長い旅だった。秋水は書斎にこもり、クロポトキン『パンの略取』の翻訳に専念し、外出も稀《まれ》だった。

しかし、秋水が大阪の茶話会に出席した十一月三日・天長節の朝、太平洋をへだてたサンフランシスコでは、日本領事館正面玄関ポーチに『ザ・テロリズム』第一巻第一号と題した『日本皇帝睦仁君にあたう』が掲示され、領事館員、在留邦人間に一大旋風を惹起《じゃっき》していた。奇しき因縁というべきか。

明治四十三年から翌年にかけての「大逆事件」開幕の起爆剤となったのは、この「ザ・テロリズム」であった。そして伊藤博文亡きあと、唯一の有力元老として政治的影響力を行使していた山県の手中にも、「日本皇帝睦仁君にあたう」が外務省ルートとは別経路で届けられていた。

明治時代の政界人物評論家として著名な鳥谷部春江は、山県を評して、「其思想は時代の精神に後《おく》れ、其手腕は立憲機関の運用に適せず、現代日本に於て最も秘密多き人物」と断じ、神崎清は、「元老山県の社会主義認識はコチコチの動脈硬化症」と山県の政治手腕が時代の要請と乖離《かいり》した状況を指摘していた。十八世紀初頭、共産主義の妖怪が欧州の支配者層を戦々恐々にさせた如く、日本の支配層もまたおそれおののいた。

大逆事件の関係者検挙に辣腕をふるった小山松吉検事は、「この機会に不逞の共産主義者を尽《ことごと》く検挙することに決定した」（『日本社会主義運動史』）と語っており、検察陣の臨戦体制がスタート、陛下の思し召しは御命令に格上げされて全国的検挙が開始され、検事、判事を鼓舞、激励した。

刑期七年の控訴審判決によって、すでに横浜根岸監獄に服役中だった内山愚童までが二十六名の起訴者中、しんがりの二十六番目にこの事件に連座させられ、あげくの果て、断頭台の露と消えた。しかし、十二名の処刑は同時に明治時代の終焉を告げることになった。

第二次桂内閣は、事件後の八月末、大逆事件と相討ちのかたちで政治舞台を去った。大正元年十二月末に成立した第三次桂内閣は、わずか二ヵ月の短命で野垂れ死にして桂の政治生命も消え去り、大正デモクラシーの時代を迎える。

しかし、大逆事件に関して云々《うんぬん》することは皇室不敬罪が刑法第七十三条に生きている限り、多年にわたりタブーとされ、国民は沈黙を余儀なくされてきた。また、事件について云々《うんぬん》が当局者の耳に入ると、事件の残党一味とされ、その生活基盤も乱暴に侵害された。見ざる、聞かざる、云わざるの状況下に国民は追いやられていった。

社会主義運動の根絶を期して、一人の同主義者も活動を許さずとして「赤旗事件」から「大逆事件」へと規模を拡大した弾圧政策は、裁判の終結によって一応の体裁を終えた。

大量処刑、不敬罪の果断な適用は、同時に明治時代の終焉を迎えるに、「冬の時代」の暗雲を色濃く日本社会に刻印した。明治初年に見られた青春の残像は一掃され、軍国主義の進軍ラッパは、アジア諸国に向かって奏でられた。

しかし、自由思想弾圧の野蛮国家、スペイン、ロシア並みの専制国家に対する国際世論の非難攻撃も、また無視できない状況を生み出したから、事件処理は明治政府の誤算だったのではなかったのか。「大逆事件」の発端、経過は、そのまま日本政治の負の部分を照射している。

第二部　米国での日本人社会主義者の動向

一、革命的言説総覧

「暗殺主義」なる印刷物に関する件

当地方に在留する無責任なる青年数輩の発行に係る雑誌『革命』は本年四月一日発行の第三号を以て中絶したるの模様なりしが、本月三日天長節当日何者か別紙の如き『ミミオグラフ』印刷物を当館の入口に貼付したるを発見致候。該印刷物は本月三日付電一三五号を以て申進申候通り『暗殺主義』と題し中に頗《すこぶ》る不敬且過激なる文字を駢《なら》へ居り。一見殆ど狂信の所為に類する様にも被察候処同印刷物には単に無政府党暗殺主義者と記載しあるの外発行者又は筆者等の署名なしと雖《いえど》も其口調筆跡其他の状況より察するに前記革命雑誌を発行したる所謂《いわゆる》社会革命党に属する二三青年の所為と認められ候。

尤《もっと》も此等の徒輩は本年一月七日付機密第一号等を以て申進候通り過激なる空理空論を喜ぶ書生輩にして偶々《たまたま》社会主義又は無政府主義の一端を聞きかじり前後の思慮なく又何等計画を実行すべき意

思もなくして右様の印刷物を配付したるものなるべく従て未だ此徒が右印刷物発行以外何等の外顕行為に出でんとしつつありと認むべき形跡を発見不致候。右印刷物の発行に主として関係あるは岩佐作太郎、小川金治其他同類二三輩にして此等連累者は日常家内労働者として白人方に雇われ居候。片手間に其収入を以て右様の印刷物を発行するものの如く資本とても僅少なる労銀以外殆んど之なき模様にてまた本邦に於ける連累者も赤羽巌穴等の如き一二多少消息を有するもの有之へきも金銭等の方法により相援助する形跡あるを見ず。

只当地に在留する露国人にて革命主義の者と相往復し多少其感化を受け今回の印刷物の如きも寧《むし》ろ其教唆に出でたるにあらずやとの嫌疑も有之。現に岩佐等本邦少年は仏独の国語に習はざるに右印刷物を英独仏三国語に翻訳し之を世界各国に配付せりというが如き前記露国革命主義者の筆に成りたるものか或は該露人等自身の配付したるものを指す様察せられ候。尤も前顕露国人の姓名挙動並に右翻訳文等に関しては目下取調中に有之候。

尚ほ前顕青年等は仮名《たとえ》無思想の輩なりとはいえ斯る言論をなすは頗る遺憾の次第に有之候に付本宮は豫《かね》てより之を戒飾せんと欲したるも、直接説諭等を試むるときは却《かえ》って彼等の好事心を刺激し、益々過激の言動に出せしむるの虞《おそれ》あるにより嘗て彼等の友人をして間接に説諭を試ましめ候処思慮弁別なき彼等の事なれば何等著しき効果ありとも思はれざりしが、とにかく一時雑誌「革命」の発行を見合わせ居候処当国に於ては言論出版の自由あるを奇貨とし今回前記印刷物の配付を見るに至れり。

尤も同印刷物は未だ当地に於て外国人及外字新聞紙等の注意をひくに至らざるのみならず在留邦人も殆ど之を知らず、又之を知るものも此徒の言論を一笑に附して全く歯牙にかけざる有様なるにより此際本件を荒立つるは寧ろ得策にあらざる様に存ぜられ候得共彼等が右印刷物以外何等外顕行為に出でざる限り当地に於ては別に制裁の方法も無之かるべく被存候に付強て制裁を需《もと》むれは同雑誌の日本に送附せられたる以上不敬罪の日本に於ても成立せるものとして本邦裁判所に於て彼等青年に対し欠席裁判の一法あるのみと被存候。尤も本宮に於ては彼等の挙動に注意致居候。

右申進候敬具

明治四十年十一月四日（事件発生の翌日）

在桑港領事館事務代理　松原一雄

外務大臣伯爵林董殿」

次に青木（駐米）大使より、印刷物の発行者について詳細報告せよとの訓電に対する回答。

「(1)渡航後三年以内の者ならば移民条例により本国送還の規定あり、又無政府主義者は米国に帰化できぬ規定があるので当地の地方検事に取調べを依頼した。しかし移民法により送還の場合は白人同主義者の応援、妨害活動に備えて充分の証拠が不可欠だが現状では困難である。

又殆ど狂者に近き状態の彼等であるから、どんな行動に出るかもしれず、本件を荒立てることはかれらの好事心を刺激する危険もあり、さりとて其萌芽に於て防止策も不可欠だから、彼等の行動を厳重監視したい。

今日までに判明した彼らの経歴。

植山治太郎＝桑港市に隣接のバークレー市にて日本人相手に下宿屋を営み、岩佐ら主義者が常時出入りし、かれらの活動拠点。渡米後七年を経過。

岩佐は三十歳前後、倉持は二十五歳前後、竹内は二十三、四歳。彼らは、運動の中核で最も過激の言あり。いずれも渡米後三年以上経過。

小川は三十歳前後、渡米前海老名弾正の主宰せる小石川教会に出入りし海老名に反論せしことあり。妻は陸軍少将遠山某の女なりと。

彼らは渡米前、多少の教育を受け中学卒程度の学力を有するも渡米後は家内労働に従事し時々白人社会主義者とも往来、過激な議論を喜ぶらしい。幸徳の渡米時に近づき感化を受けた。彼らは当地にある露国婦人とも交友あり。

尚、彼らが本件印刷物を英仏独語に訳して世界各国に配付せしというも事実かどうか不明。邦文の分は当地英字新聞にも掲載。

明治四十年十一月十五日

桑港領事館事務代理　松原一雄

外務大臣　林董殿」

在米国某氏書翰（十二月二十日接手）

「昨夜バークレーに演説会あり。竹内鉄太郎、岩佐作太郎の二名滔々と暗殺主義を論じ申候。竹内の演説は『殺人制度と革命の根本主義』、岩佐の題は『国家滅亡』に有之実に聞くに忍びざる言語を口外致先日差上候天長節の張紙と同一の主旨にて一層甚だしき言を為したる由に候。此演説会は先日の張紙の筆者の誰たるを探り出す為に人を以て誘ひ出し自ら演題を書かしめ又速記者を物陰に置て速記を取り置候由之にて先日の張紙の筆者が竹内なる事（注、『暗殺主義』の筆者は竹内鉄五郎と判明）明瞭に相成候。其後此私党員段々増加し二十余人と相成、一部分は桑港に来りて同志を作り居り候由。

又領事館に出入りする新聞記者一名を引入れて領事館の消息を洩すより松原法学士（領事代理）

は大いに彼党の怨を買ひ此度小池氏（新任総領事）来件の為め松原氏が其住居をバークレーに移すを機とし之に妨害を加へんとするの計画ありとの通報に接して松原氏はバークレー行きを見合わせ当分は領事館二階に住む事に致候二十名の大抵は大言壮語すれども実は臆病者なりとの事なれども『ダイナマイト』を手に入れ次第何かいたずらをなさんとする無鉄砲の者四名有之候との事にて人々もそうっと処分案を講じおる始末にて又かれらの中『バークレー大学』に通ふ者二名ありとの事にてその者が我等は自己の意思に反して日本に帰さるる事なし。

又米国にいる間は如何に言論を逞ふするも日本は如何ともする能はず安心しておるべしと教唆致し候とのことにて結局彼等は大いに増長し又無知の徒は之に次第に加入する様に相成候処あり実に国家の為め心配の事に有之候。本日聞きえたる新顔の連中左の如くに有之候……。

要するに此中にてあの人が此仲間かと呆然たらしむる人も有之、小生もこれを聞き唯々驚入申候。又其人の報によれば此等の人は幸徳秋水と気脈を通じ居るとの事、果して信なるや否やは単に書状のやりとりをなす事を気脈を通ずるとは云ひかねる事と存じ候へども事情の重き事故御参考となるべきことは皆申上候。

又この革命党のできたるは此前申上候がそれに申残し置きたる事あり則ち此等の人々は片山潜（注、当時、片山潜は日本人移民の渡航斡旋業務に関係あり）に連れて来られた者多しとの事に有之候。此中小川亀太郎は去る十一月二十五日桑港丸にて帰国。佐々木、二股は明十日出帆のコレヤ号にて帰朝の由……。首領とも見るべき岩佐、竹内両人は仲々帰朝せぬと申居由に有之候（不敬事件に関する第二の通信）」

これとは別に十二月十四日発、小池総領事の林外相宛報告では、「『暗殺主義』の発行に関しては、竹内鉄五郎起草の件に当たり小成田恒郎之と通謀乃至教唆したるものの如く其他岩佐、倉持等の関係せるは勿論なるへきも前記同主義者が悉《ことごと》く其発行を予《あらかじ》め承知せるや否やは事実大に疑はしき」とある。

「革命」英文欄の翻訳抄録

「日本人中には三種の社会主義者あり。其一は国家社会主義者にして其二は東京社会党なり。其三はカリフォルニア州バークレーに於ける社会革命党にして一九〇六年七月一日カリフォルニア州オークランド府に於て組織したるものなり。

今や貧なるものは怖るべき程度に於て増加しつつありと雖《いえど》も富の集中は『トラスト』なる制度によりて絶えず継続せられたり。彼の資本家は縷々《るる》労働者に対して瑣々たる立法をなすと雖も此の如きことは其利益なきものにして其効果は恰も大火に向て小児の水鉄砲より発する小量の水を注ぐに等しきものなりと信ず。吾人の政策はなるべく速やかに資本家階級を代表せる『ミカド』王、大統領を顛覆するにあり。其手段に至りては吾人は躊躇する所なきものなり」（カリフォルニア州における日本社会党の運動）

「革命」（東京、幸徳秋水寄稿）

「我社会革命党は現時の社会を全然革命せんと欲する者也。現時の社会を維持せんとする貴族、富豪及び其封建奴隷等と相容るるの理なし。我社会革命党は彼等の敵なり。彼等が我社会党を迫害し抑圧せんとするは元より其所なり。而して是れ社会革命党及雑誌『革命』の益々必要なる所以なり。

貴族富豪及び其封建奴隷等の力は強し。吾人社会革命党の力は弱し彼等は金力を有せり。吾人は貧乏也。彼等は兵馬の権を有せり。吾人には寸鉄の武器なし。ゆえに吾人は屢々彼等の為めに抑圧せられ迫害せられ、屢々《しばしば》頓挫し、屢々失敗すべし。然りこれ古来の革命家が常になめたる苦しき経験也。然れども吾人は更に此頓挫を経て益々奮ひ此失敗に逢ふて益々進むの覚悟なかるべからず。仏国革命の詩人ダントン叫んで曰く、

大胆なれ、大胆なれ、而して更に大胆なれとみだれ矣（以下略）」

「米国における日本革命党の状況」

「外務大臣

桑港発東京着　明治四十年十一月十五日

松原領事代理

……本官ハ合衆国検事ノ意見ヲ求メタルニ渡航後三年（内）ノ者ナラハ移民法ニ依リ本国ニ送還シ得ルノ外何等外見行為ニ出テサル限リ之ヲ処分スルノ方法ナキヲ信スレトモ兎ニ角合衆国検事総長ノ意見ヲ求ムヘキ旨ヲ約サレタリ。

尚本関係者ノ送還ニ関シ移民局長ニ面会シ其取調ヲ求メ置ケリ本件目下ノ程度ニ於テハ右以外当局者ノ処分又ハ取締リヲ求ムヘキ道ナシ。右関係者ハ岩佐作太郎、竹内鉄五郎（小成田辰二郎）、岡脇、上山治太郎、長谷川市松、山内雅四郎ナルコト疑ナキモ確的ナル証拠ヲ挙クルハ困難ナリ。彼等カ印刷物ヲ英仏独三国語ニ訳シテ世界各国ニ配付セル旨ヲ公言スルモ事実ナルヤ否ヤ疑ハシ邦文ノ分ハ当地英字新聞ニ掲載セラレタリ。又彼等ハ十一月十二日当地ニ催サレタル無政府党ノ記念祭ニ参列セリ。

尚本件ニ関シテハ目下本官ニ於テ出来得ル限り取調ヘ監視中ナリト雖モ右以外差当リ格別ノ行動ニ出ルノ形跡ヲ発見セス。尚充分ノ取調ヲ為シ且今後ノ取調ノ為メ多少ノ費用ハ要スヘキモ相当ノ

日本人ヲ使用スルト同時ニ秘密探偵ヲ傭ヒ入レ若《モシ》クハ中央政府ニ交渉シ其ノ秘密偵吏ノ手ヲ藉《カ》ルモ一策ナルヘシト思考ス。

外務大臣

桑港発東京着　明治四十年十一月廿八日

松原事務代理

（在米日本人秘密結社ノ手ニ成レルモノニシテ原本ハ筆搨《ひっとう》版ヲ以テ西洋紙ニ印刷シタルモノナリ）

時事評論

「忠君思想ノ犠牲

近着日本字新聞報じて曰く仙台第一中学校焼失に際し、同校書記大谷友吉氏はミカド睦仁の写真を取出さんが為無残の焼死を遂げたりと。

由来日本人は忠君愛国てふ変手古なる片側道徳を以て国民として果た人間として最古なる道徳の如く思考し居る也故に天皇或は皇室に関する一切の事柄は如何なる時代、如何なる場合を問はず神聖にして侵すべからざるかの如き思想を抱きつつあるなり、大谷氏の如きは実に此奴隷的道徳の犠牲に供されたるなり。

ミカドの写真是何者ぞ。唯一ヶ片たる絵紙にあらず哉。事実如斯ものなるにもかかわらず、教員よりも生徒よりも財宝よりも書籍よりも而して人間の生命よりも猶貴重なるものとし、若《も》し誤て其写真に些《いささか》の損傷或は焼失することあらんか、政府及社会は之を目して道徳的法律的大罪悪大不敬なりとし苛酷なる制裁を受けざるべからず。如斯不公平なる奴隷的社会制度を保つ国家は呪ふへき哉《かな》。

現代日本の皇帝は事実に於て資本家階級、権力階級の代表者なり。而して今日の資本家階級、権力階級が如何に多く人民の膏血をしぼりつつあるかを知れは、日露戦争は四十万の人民を殺し人民の所有に属する二拾億の富を消費して紳士閥《ブルジョアジー》階級の腹を肥やしたるも、人民は飢餓と凍寒の苦痛になやみつつあり。一等国に列したるミカド睦仁は自己の虚栄心に満足を与へたるも米国在留の日本人は排斥の侮辱を受けつつあるにあらずや。加之彼睦仁氏は自己の位置を安全にせんが為に紳士閥階級を保護せんが為に、法律てふ者を作りて人民一般の正当行為を束縛し、学校てふ者を作りて彼等自身に従順なる人間を作らんとしつつあるにあらずや。如斯事実を知る時に当り皇帝なる者の必要何処にあるか況んや如斯悪魔輩に向て忠義を盡すに於てや。

紳士閥《ブルジョアジー》階級の代表者睦仁氏の写真の為に一命をすてるよりも彼の祖先なる朝鮮人現在の状態に一滴の涙を流せ。

在米某氏＊書翰抄録

「此天長節ニ別紙ノ如キ広告ヲ日本領事館ノ式場其他日本人ノ居ル方面へ沢山張リシ者アリ日本人ハ直ニ之ヲ取除キタルモ到頭十一月十一日〈The Call＊〉（注、米社会党機関紙）ニ掲載セラレ候。カク相成リテハ臭処ニフタヲ為シ置ク訳ニモ参ラス松原君（代理領事）始メ日本人一同前後処分ニ付苦心ナシ候カ名案モナク寧ロリンチ致シオークランドノ水中ニ嫌疑者ヲ投入スヘシトノ論モ出テ申候。小生ノ調ヘタル事実ハ左ノ如クニ有之候。廿歳ヨリ廿四、五歳ノ青年ニシテ岩佐作太郎、小成田恒郎、倉持善三郎、竹内鉄五郎、小川金次、長谷川市松、村山治太郎ト云フ者アリ。此村山治太郎ナル者ノ家（バークレーニ在リ）ヲ根拠トシ露国人二三名ト結託シ、エナーキスト、テルリストナル団体（目下未タ団体トイフ程ニテハナク時々集合ヲ催フシ候由）ヲ作リ居ル由。

此ノ集リノ起源ハ昨三十九年ノ夏此等ノ人幸徳秋水トイエル人ヲ日本ヨリ招待シ（注、幸徳の渡米は在米日本人社会主義者グループの招待による事実が判明）、此秋水氏ノ来リシトキニ兎ニ角改進党トカイフ組合ヲ作リ宣言書ヲ出シタル由。而テ此等ノ人間ノ崇拝セルハジャック・ロンドントイフ在バークレーノ米人ニ有之此人カ人間ノ祖先ハ猿ナリトイフコトヲ説キ聞カセ神ノ子孫ナリトイフコトヲ基トスル説ニ反対シテ諸般ノ議論ヲ立テタル由ナルカ、ソレヲ崇拝シテ此等ノ日本青年ハ不都合ノ事ヲ働クニ至リタル次第ニ候*。

（注、傍点は筆者による。ジャック・ロンドンを崇拝せる日本青年が『不都合の事を働くに至りたる次第』の文面を深く読み解くと、『暗殺主義』はジャックと日本青年たちとの合作、あるいはジャック監修下の作品と理解されよう）

抑々《そもそも》此ノジャック・ロンドントイフ人間ノ経歴ヲ尋ルニ之ハ数年前（日露戦当時）日本ニ参リタル人ナルカ其際ハ大イニ日本ビイキノ人ナリシ由、然ルニ長崎トカ馬関トカニテ写真ヲトリ大ニ虐待セラレタリト考ヘ爾来事々物々ニ日本ニ反抗スルノ言論ヲ逞フシ彼カ有名ナル流暢痛快ノ文章ヲ以テ米人ヲ煽動セシヨリ反日本ノ精神ハ加州ニ流行スルニ至レリト云フ。特ニ適切ナル一例ハ桑港ノ『エキザミーナ』ナリ。前記一大新聞ハ四、五年以前、極メテ友日主義ナリシニ突然反日本トナリシハジャック・ロンドンガ写真事件ノ際ニ投書シテ日本ヲ批難セル時ヨリノコトナリトイフ。サテ此不届ナル五、六名ノ日本青年ハ昨年十一月頃、日本皇室ト米大統領ローズベルトヲ暗殺スヘキ旨ヲ宣言セリ。

日本人ハ唯コマッタ者共ナリトイイ居ル間ニ米国ニテヤカマシク云ヒタルヨリ問題ハ大トナリ日本政府モ心配セシコトアリシモ此等ノ者共ヲ何トカ処分スルコトガ出来サリシ為メ彼等ハ大得意ト

ナリテ時機アル毎ニ不埒ノコトヲ為シ居ル次第ニ候」

（注、在米某氏とは高橋作衛を指す。警保局の情報担当者が渡された資料、山県からの極秘資料の頭部と尾部を削り取って、高橋資料を米国某氏書翰として整理したもの。実録『幸徳秋水』を書いた神崎清の説である）

「暗殺主義」とジャック・ロンドンの密接不可分な関係を推定する有力な証拠——

在米日本人労働者の思想動向調査を企図し、渡米していた東大教授高橋作衛の山県元老あて報告書に指摘されている次の諸点は意味深長である。

「而テ此等ノ人間ノ崇拝セルハジャック・ロンドントイフ在バークレーノ米人ニ有之此人カ人間ノ祖先ハ猿ナリトトイフコトヲ説キ聞カセ神ノ子ナリトイフコトヲ基トスル説ニ反対シテ諸般ノ議論ヲ立テタル由ナルカ、ソレヲ崇拝シテ此等ノ日本青年ハ不都合ノ事ヲ働クニ至リタル次第ニ候」

(一)　スペンサー流社会学の思想に依拠する社会進化論を、素直に受容した日本人青年たちとジャック・ロンドンが日本歴史にこの理論を適用、日本歴史の諸相、段階について日本人側からの訂補足とが相まって、すなわち両者の合作によって「暗殺主義」が執筆されたと考えられる。この推理が荒唐無稽ではないことは、以下の経過を対置すれば明らかになる。

(二)　ジャック・ロンドンはアメリカ社会党に加入、各地の演説会に参加するなど社会党の政治活動を積極的に演じていた。他方、片山潜から幸徳事件に関する私信を受けた「ユマニテ」主筆ロンゲの要請を受けて第二インター本部は、幸徳救済活動の音頭取りをアメリカ社会党に連絡、ジャック・ロンドンはこの線からも指示を受けて在米日本人青年との共闘をすすめ、各地の抗議運動を組織、結果として「暗殺主義」の執筆に深くかかわった。「暗殺主義」なるアジ・ビラ作成に関与したジャック・ロンドンは、この不穏文書が大逆事件を生み出した遠因の一つとなったことから見て、日本近現代史の重要な動きとも絡んでいるといえるのではなかろうか。

二、「暗殺主義」の日本政界への波紋

明治四十年十一月三日、米国桑港の日本領事館正面前に貼付された「暗殺主義」第一巻第一号は、日本人無政府党の名で発行された。

この激烈な内容のアジビラは発行直後、二つの異なる経路で日本へ届けられ、それぞれが大きな衝撃を日本政界にもたらした。

㈠　桑港領事発―日本政府着。これは外務省↓内務省ルートで処理され、西園寺首相―原内相の手を経て社会党取り締まり強化の参考資料に供された。

㈡　東大高橋教授―穂積重遠、八束宛ルートで山県元老に届けられた当該資料は、さっそく政界に大きな波紋を巻き起こした。山県は、かかる資料が発行され、日本国内にも多数転送されてきたのは、西園寺内閣が社会党取り締まりに断固たる処置をとらぬからであると理解し、西園寺内閣打倒の好機到来せりと判断して、政争の具に供すると共に千代田の森深くに拡散し、天皇の大御心に訴えた。山県の天皇への密奏を指す（『原敬日記』より判明）。

政界に対しては、山県による西園寺内閣「毒殺」を演じて内閣打倒をかちとり、山県直系桂太郎

内閣の成立を側面援助した。

また、天皇の不安心理をゆさぶる戦術も効を奏して、「社会党に対して特別に厳重な対策もありたきもの」との内意を徳大寺侍従長より発せしめ、社会党取り締まりは陛下の大御心なりとの権威づけを一人歩きさせることとなった。

その結果、明治四十一年六月、東京で「赤旗事件」が惹起され、その延長線上に四十三年、大逆事件が発生し、翌四十四年一月、十二名の大量処刑を見た。非公開裁判では、審理を急ぐこと「一人の証人喚問も許さぬ」強行ぶりだった。

ところで「暗殺主義」を掌中にした山県元老の政界工作として、田中光顕宮相の動きが注目される。田中は「暗殺主義」を読んだ感想として、山県宛書翰で「日本政府はかかる過激文書の発表は日本国における協力者、支持者の援助なしには考へられずとして訪米した幸徳秋水の置土産ならん」と推定し、「彼は学問もあり、文章もよくする」からと幸徳首魁説を強調、検察首脳もこれに同調、幸徳周辺の警戒、監視を強め、平民社に出入りする米屋の小僧もきびしく誰何《すいか》された。

しかし、かれらは的を誤っていた。当時、在米日本人社会主義者グループに対して大きな影響力を発揮し抗議運動を推進していたのは、アメリカ人作家、「野生の呼び声」の作者だったジャック・ロンドンその人だったからである。

ジャック・ロンドンの動き

二十四名に死刑求刑のあった翌日、明治四十三年十二月十六日、桑港《サンフランシスコ》の中心部でくりひろげられた抗議集会は、彼、ロンドンの積極的支援を受け、翌年一月二十四日の抗議集会でも彼の指導を受けた。二十五日、在米日本人社会主義者・無政府主義者十九名が桑港の朝日印刷所で、「幸徳事件犠牲者追悼会を開いた同席上、一月二十四日を革命記念日とする旨の声明を発した。

これらの抗議集会では、ジャック・ロンドンが常に参加、指導力を発揮していた。

「……これらの人間の崇拝せるはジャック・ロンドンといふ在バークレーの米人であり、この人が人間の祖先は猿なりということを説き聞かせ、神の子なりということを基とする説に反対して諸般の議論を立てたる由なるが、其れを崇拝して此れ等の日本青年は不都合の事を働くに至りたる次第に候。抑々《そもそも》このジャック・ロンドンという人間の経歴を尋ぬるに、日露戦争当時、日本に参りたる人なるが、其際は大いに日本ビイキの人でありたる由。然るに長崎とか、馬関とかにて写真をとり憲兵隊に留置され、露探の嫌疑を受け、大いに虐待せられたりと考へるにいたった。爾来、事々物々に日本に反抗するの言論を逞しくせり。彼が流暢痛快なる文章をもって米人を煽動せしより反日本の傾向は加州に流行するに至れりという。さてこの不届なる日本青年は昨年十一月頃、米大統領ローズベルトと日本皇帝とを暗殺すべき旨を宣言せり。※（以下略）」

（注、この宣言で使用された「オーバースロー」は、天皇制打倒の意味合いであり、日本の中学卒か中退程度の青年たちのことばが不適切であったからであろう。米司法当局でも、その後の調べで事情を納得したらしく、間もなく一件落着となり、事件は沈静化した。しかし、日本領事からの外務省宛電文では殺意を強調していた）

ところで、ジャック・ロンドンは、一八七六（明治九）年、サンフランシスコの下町に生まれ、一九一六年死亡した。モルヒネ自殺説もある。

彼は幼少時に父母離別のため各種の雑用に従事し、新聞配達などで苦労した。その後、占星術師の父を探し出したが認知されず、母を侮辱された。母は病身であったので、その後、子持ちの大工と再婚した。

家計を助けるため、あらゆる半端仕事に従事、罐詰工場づとめやカキ泥棒の仲間入りもした。十七歳の頃、アザラシ狩りの船に半年間、乗り込んで日本へ寄港したこともあり、このときの体験記を『日本沿岸の台風の物語』にまとめて、桑港の新聞に投稿、賞金を手に入れた。

十八歳の頃、「ホーボー」の仲間入りをしてカナダ、アメリカ北部の各地を放浪して歩いた。「ホーボー」は渡り労働者、浮浪者の別名で、後年「ヒッピー」と呼ばれた浮浪者に近いものである。一切の束縛を嫌う自由人であり、折柄、開通したばかりの大陸横断鉄道の無賃乗車常習者であった。貨車の屋根、下にもぐり、あるいは連結器に身を潜める命がけの冒険旅行者であり、この間、刑務所行きも味わった。

この時代のルポは一九〇七年、『アメリカの放浪記』にまとめて発表。この各地放浪中にダーウィン、スペンサー、マルクスの著作を読み、放浪期を終えると高等学校に学び、カリフォルニア大学に入学した。だが、一学期のみで退学、社会労働党に入党し、社会主義の講演会のため各地に出かけた。ちょうど、ゴールド・ラッシュの時代であり、彼もユーコン河流域で一冬を送った。

後年、彼は「ぼくが自己発見したのは、クロンダイクに於てだった。あそこでは人は喋《しゃべ》らない。皆考える。真実の自己を発見する。ぼくの場合もそうだった」と述べている。

このゴールド・ラッシュ時代を題材として『野生の呼び声』を発表、文名を高め、金と大邸宅を入手し、原稿依頼を受けるようになり、作家生活に入った。

一九〇〇年、二十四歳のとき、今まで発表した短篇をまとめて一書として発表し名声を高め、一九〇三年、『野生の呼び声』を発表後は作家の地位を確立した。この年、一子の父となったが、米国新聞協会から南アフリカへ行き、「ボーア戦争」後の状況をルポするよう依頼され勇躍、出発した。

ロンドンへ渡った途端、計画中止を知らされた彼は、ロンドンのイースト・エンドにある貧民街の探訪を試み、『どん底の人々』を書いた。その後、ハースト系新聞の従軍記者として日露戦争取材のため来日したが、各地でトラブルに見舞われ、従来彼がもっていた親日感情を払拭し、反日主義に転じて日本嫌いとなった。

従軍記者としての彼は、朝鮮で二日に一度の割合いで逮捕され、満州でも同じような体験をくり返し、最後の地、長崎では写真撮影のためロシア・スパイの嫌疑をうけて憲兵隊に拘置される破目になり、反日感情のとりこになった。

このため帰国後は、反日気分に満ちた日本印象記を地元、サンフランシスコの新聞にのせた。折柄の排日運動の高まりもあって、米国人の間に影響を強めていった。そして、この間に在米日本人左翼青年たちと連帯の関係ができたものと思われる。前記の在米某氏書翰が指摘するような関係が両者間に生まれたのも、ごく自然な勢いだったろう。また、加州排日運動の高まりにも無縁ではなかった。

ジャック・ロンドンと日本人との提携

㈠一九一〇（明治四十三）年十二月十六日、二十四名に死刑求刑の翌日、彼の支援下に幸徳記念演説会を開催（於桑港）。

㈡一九一一年一月二十日、日本人の抗議集会でジャック・ロンドンの指導を仰ぐ決議が採択された。

㈢一九一一年一月二十五日、在米日本人社会主義者、無政府主義者十九名は、桑港の朝日印刷所

において幸徳事件の犠牲者を追悼する集会を開き、在米日本革命党の名で一月二十四日を革命記念日とする声明を発表。ジャック・ロンドン参加、助言。

日本国民は何も知らず、ましてや抗議行動も開始していない時期、ジャック・ロンドンと日本人社会主義者の機敏な活動にはおどろく。

一九一〇―一一年に起きた大逆事件は、彼も参画した『暗殺主義』の発表を一因としていたから、ジャック・ロンドンは、日本近現史上に然《しか》るべき地位と役割を果たしていたと見られ、この間の活動に興味を覚える。

彼の作品『野生の呼び声』は、温暖の地で人間の仲間として育った犬が、極北の苛酷な環境に追いやられると本来の野生をよみがえらせ、狼の群れに敵対するまでに変貌する過程を描いて名声を博し、今日でもわが国で広く読まれている。

ジャック・ロンドンは、在桑港の若い日本人社会主義者たちにスペンサー流の社会進化論を説き、「暗殺主義」の執筆者たちを鞭撻すると共に、大逆事件の処刑に抗議するアメリカ人の運動にも参加し、大逆事件の犠牲者救援の署名活動に名を列《つら》ねた。

このジャック・ロンドンが説いたスペンサー流社会進化論の思想を、不敬罪を知らぬ在米日本人左翼青年が受容した。その指導下に「暗殺主義」が執筆、発表され、また大逆事件で処刑された犠牲者への抗議運動で積極的活動を展開した跡をみれば、「暗殺主義」生みの親が彼であったと考えても、あながち荒唐無稽の説とは思われない。

幸徳秋水が「学問もあり、文章もよくする」からといって、彼を大逆事件の巨魁視し、十二名を慌《あわ》ただしくも断頭台に送ったのは、事実誤認によるものではなかったのか？　幸徳の反戦主義、反軍備主義の由来をたどってみても、「暗殺主義」に通仾するテロリズムの認識は生まれてこないからである。
ジャック・ロンドンのほか大逆事件の起訴状に不満と疑問を提示したイギリス人ジャーナリスト、ロバート・ヤングの役割について一言。ヤングは在日二十年。神戸でジャパン・クロニクル主筆をつとめ、事件の報道された当時はロンドンに帰国していた。彼はイギリス諸新聞の取材に答えて事件の空中楼閣説を主張していた。小泉八雲は、熊本を去り上京までの二年ばかりヤングの新聞社につとめていた。

片山潜と加藤時次郎の活動

大逆事件の発生当時、片山潜は「東洋経済新報社」に籍を置き、その一方では「社会新報」を細々とつづけていた。しかし、事件が起こると、「万国社会党評論」に、「日本に於ける政府の圧制」を寄稿し、その中で第二次桂内閣の圧制を述べ、社会主義運動に対する思想弾圧の様相を訴えた。

ついで「ユマニテ」の主筆、ジャン・ロンゲ宛の私信が「ユマニテ」紙上で報じられた。その中で片山は、「幸徳らに対する裁判は、ここ数年来、日本で強行されている思想の自由に対する反動の極致であると大逆事件に触れ、「このような自由の迫害に対する抗議要請」をヨーロッパ市民に訴えた。この手紙は大きな波紋を生み、事件に対する抗議運動に新局面をもたらした。

加藤時次郎は一九〇六年、医学研修のため再度の訪欧の折、シュトゥトガルトで開催の第二インター第七回大会へ日本社会党代表として出席、事件が起こると、ブリュッセルの第二インター本部に連絡した。

内務省警保局発行の資料によれば、加藤の報告後三ヵ月にして世界十七ヵ国の社会党は、いかにもして日本人を救わざるべからずとし、他方、万国社会党本部は米国社会党を推し、在米日本人社会主義者をして、これが運動を助けしむることを決定した。このため、アメリカが他国に先んじて抗議運動の先頭に立った。そして世界各国の社会党からの抗議文書が日本の在外公館に送られ、相当規模の義捐《ぎえん》金が加藤時次郎、堺利彦宛に送られてきた。国際的義損活動の展開である。これらの抗議運動ではジャック・ロンドンが在米日本人社会主義者をリードした。

アメリカの抗議運動を精力的に推進したのはエマ・ゴールドマンを中心とする日刊誌「マザー・アース」に集まった在米日本人無政府主義者で、岩佐作太郎らを中核とする「在米日本人社会主義者、無政府主義者」らであった。そしてこの運動がさかんになった契機は、一九一〇年九月二十二日付「ニューヨーク・トリビューン」「ニューヨーク・コール」に、天皇暗殺計画として大逆事件が取り上げられたときからであった。

片山潜の抗議活動

㈠、「万国社会党評論」に対する寄稿「日本に於ける政府の圧制」は、第二次桂内閣の日本社会主義運動に対する思想弾圧の様相を明らかにした。

㈡、「ユマニテ」の主筆であり友人であるジャン・ロンゲ宛の私信が十月中旬、「ユマニテ」紙上で公表された。この手紙で片山は、「幸徳らに対する裁判は、ここ数年来、日本で強行されている思想の自由に対する反動の極致」と大逆事件に言及、ヨーロッパ市民に「このような自由の迫害に対して抗議するよう」要請した。

前述したように内務省警保局の資料によると、彼、片山が万国社会党に報告してから三ヵ月後、事実の明白となるに及んで世界十七ヵ国の社会党は救援の手を差しのべるべく決定、ベルギーの社会党本部は米国社会党を推薦し、在米日本人社会主義者をしてこれを助けしむることを決定した。

このような国際労働運動の動きが抗議文書の提出以外、どんな成果を生んだのかは不明である。しかし、アメリカ労働党がこれに呼応し、米国社会党員のジャック・ロンドンが在米日本人社会主義者と共闘を開始し、「暗殺主義」を生み出した背景の事情が把握されよう。

ジャック・ロンドンが日本の近現代史の上で重要な役割を果たし、大逆事件の発生と密接な関連をもつに至ったと見るのも妥当な推理ではなかろうか。しかし、彼がカリフォルニアのマスコミ相手に、いかなる反日活動を展開したのかは今後の研究にまたねばなるまい。

三、幸徳包囲作戦への発展

明治四十年十一月三日、天長節祝賀会場の米国桑港日本領事館正面に掲示された「暗殺主義」なる過激な内容のアジビラは、在米日本人社会主義者による太平洋の彼岸から発せられた威嚇《いかく》射撃だったが、思わざる衝撃を日本政界に及ぼした。

国籍アメリカ、銘柄カルフォニア産のアジビラは、「日本刑法七十三条皇室不敬罪」を知らぬ日本人青年社会主義者の手によるものだった。その冒頭に「日本皇帝睦仁《むつひと》君に与ふ。吾等は暗殺主義の実行を期す」とあり、日本の天皇制に対する批判、弾劾書として未曾有の内容をもっていた。

今回は隅谷三喜雄編の『日本の歴史12』「日本帝国の試練」（中公文庫）から引用するが、これとは別に山泉進編『日本社会主義事始』（社会評論社刊）を参照した。行文にはかなりの差異が認められる。

「日本皇帝睦仁君足下、余等無政府党革命党暗殺主義者は今足下に一言せんと欲す。

足下知るや、足下の祖先なりと称する神武天皇は何者なるかを。日本の史学者は彼を神の子なりといふと雖も、そは只だ足下に阿諛を呈するの言にして虚構也。自然法のゆるさざるところ也。故に事実上彼もまた吾人と等しく猿類より進化せる者にして特別の権能を有せざるを今更余等の喋々をまたざる也。彼は何処に生まれたるやに関しては、今日確実なる論拠なしと雖も、恐らく土人にあらずんば支那或いは馬来《マライ》半島より漂流せるの人ならん。

今は足下は足下の権力を他より害せられざらんが為めに、而して其権力を絶大無限たらしめんが為に、其機関として政府を作り、法律を発し、軍隊を集め、警察を組織し而して他の一方には、人民をして足下に従順ならしめんが為めに奴隷道徳即ち忠君愛国主義を土台とせる教育を以てす。而して其の必然的結果として生じたるは貴族也、資本家也、官吏也。如斯《かくのごとく》にして日本人民は奴隷となりたる也。

自由は絶対的に与へられざる也。足下は神聖にして侵すべからざる者となり、紳士閥《ブルジョアジー》は泰平楽をならべて人民はいよいよ苦境におちいれり。自由を叫びたる新聞、雑誌記者は入獄を命ぜられたるにあらずや。単に憲法の範囲内に於ける自由を主張したる日本社会党すら、解散を命ぜられたるにあらずや、ここにおいて吾人は断言す。足下は吾人の敵なるを、自由の敵なるを。吾人徒《いたず》らに暴を好むものにあらず、然れども暴をもって圧制する時には、暴をもって反抗すべし。しかり、吾人最後の血潮をそそがんまでも足下に反抗し、現今の秩序にさからいて反抗すべし。遊説や煽動の如き緩慢なる手段をやめてすべからく暗殺を実行し、スパイ、圧制者はすべてその人のいかなる地位にあるを問はずことごとくそを謀殺すべし。睦仁君足下、あわれなる睦仁君足下、足下の命や旦夕にせまれり。爆烈弾は足下の周囲にありてまさに破裂せんとしつつあり。さらば足下よ。

千九百七年十一月三日　足下の誕生日

無政府党暗殺主義者」

「暗殺主義」補遺（山泉進編「社会主義事始」）

「睦仁《むつひと》君足下、足下よく自由なくして『人』たるを得るか、思うに得ざるべし、足下の『人』たるを得ざるごとく、吾人もまた得ざるなり。いかにとなれば人は『人』にして初めて人なればなり、嗚呼《ああ》誰れか人のごとく生れて『人』たるを欲せざる者あらんや。吾人は実に『人』たらんと欲するなり、ゆえに奴隷の位置を棄てて自由の位置を得ざるべからず、今日の学者よく人生の意義を語る。しかれども彼らの説くところは人生の意義にあらずして奴隷の意義にあらずや、現在のいわゆる人間の意義にあらずや。自由なくして何の人生ぞ、人は自由に生き人は自由にして初めて進歩発達す。しかるに足下の権力およびその機関は常にその生を害し進歩発達をさまたげつつあるにあらずや。

ここにおいてか知る。足下および足下の機関の存在は吾人五千万の日本人をして『人』たらしめざるなり、かくの如くして吾人はなお足下に向いて敬意を表し、陛下よといわざるべからざるか。

睦仁君足下、さきに足下は足下の暴威の範囲を拡張せんがために隣邦支那と戦いたり、近くは露国と戦いたり、この時において足下の幇間は挙国一致を説き忠君愛国を語りておおいに殺戮《さつりく》を奨励したり、嗚呼《ああ》日本の平民は支那の平民になんらの怨恨かある、露国の平民は日本の平民になんらの怨恨かある。かれらの多くは日本人を知らざるが如く日本人もまたかれらを知らざるなり。ゆえにその間にはなんらの利害得失のあるべきはずなし。いわんや剣をぬき、砲をとりて戦うにおいておや。しかるを足下の奴隷道徳に賛成されたるある者は『国のため！』とさけび、ある者は足下の法律の強請によりて戦場に走りぬ、かくて彼らは足下の名によりて数百万殺戮し、数百万また殺戮されぬ。しかして足下の名によりて数百万の富を強奪しまた強奪され、或いは消費し了わんぬ。

彼らの多くは何のために戦いしかをよく解せざれどもその結果はよく吾人にその何のためなるかを語るなり。戦後の足下は一等国の君主となりしにあらずや、貴族は爵位を得しにあらずや、資本家は巨万の富を得しにあらずや。しかしてみずから銃砲をとりて戦いし平民の子は戦場の露と消え、あるいは傷つけられ、あるいは捕虜となり幸いにして帰りし者は重税を課せられ、数十億の国債を荷《にな》えてなお飢餓と戦いつつあるにあらずや……。足下の命令によりて殺戮したるは、足下みずから手を下して殺戮したると等しきなり。足下重税を課して飢餓せしめたるは足下みずから手を下して飢餓せしめたると等しきなり。この意味において足下は謀殺者なり。かくの如くにしてなお吾人は足下に向いて忠実なる奉仕をなすの義務ありというか。（以下略）」

幸徳の論評（明治四十一年一月二十日）

このチラシは、宮内省をはじめとして政府の関係筋および日本の社会主義者向けにも相当数が船便で発送されたらしい。しかし、政府側の水際作戦を突破して、どれだけが読者の手に届いたかは疑わしい。確証としては大逆事件の検事調書でこの問題が取り上げられ、幸徳の答弁書がこの事実を確認している（証拠物写し）。

そして日本政府のシッペ返しは、三年後の大逆事件を迎えて実を結び、十二名の犠牲者を輩出せしめた。桂内閣は明治四十年代を時代閉塞の色彩を強く染め上げて、社会主義運動に「冬の時代」を刻印したが、同時にこの過程は明治維新の修羅場をくぐり抜けた元勲たちの藩閥政治終焉の弔鐘でもあった。

また、この大逆事件は明治時代の終章となったから、十二名の犠牲者は桂内閣と相討ちを果たしたことになろう。

次は「暗殺主義」に関する幸徳の新聞記事――

「去年の天長節の当日、米国桑港附近にてテロリズム『暗殺主義』と題する複写版の一新紙を各所の往来に貼付したる者あり。同紙上には我皇帝に対して不敬の言辞を弄しありたるやにて、同地日本人間に一大センセーションを惹起し候由。而して多数人は此印刷物を以て、在バークレーの日本社会革命党の所為なりと疑ひ現に『朝日新聞』の如きは、全く彼等の所為なりと断言したる電報を掲げ居たるは、世人の記憶に新なる所に候。

『テロリズム』（「暗殺主義」）が何事を記せしかは吾人の知り得る所に非ざるも、在米の同志は之が為めに四方より激烈なる迫害を受け、領事館は探偵を放って厳重に彼等を偵察し居れりとのことに候。現に先ごろ在米の同志中、危険人物として我政府に報告せられたる者七名有之、金子喜一氏の如きも其中に列せられ候とか、勘違ひも茲に至れば寧《むし》ろ滑稽にて候」（「日本平民新聞」十六号、明治四十一年一月二十日、幸徳秋水）

天皇制国家の構築に向かって周到な準備を進め、社会主義者の運動を窒息させようと虎視眈々、獲物に狙いをつけていた検察当局にとり、この『暗殺主義』の入手は、かれらを一網打尽にする好機到来だった。

日本の警察当局がいくら切歯扼腕しても、不敬罪を知らぬ存ぜぬ在米日本人には手の施しようもなかった。

しかし、領事館などの調べで日本外務省は、かれらが桑港の対岸、バークレーで赤ペンキ塗りの自称レッド・ハウスを拠点とするアナーキスト・グループであることだけは突きとめた。

　だが、反響の大きさに不安を感じたこのチラシ作成者たちは、所在をくらましてしまった。不敬罪の重圧を体験したことのなかった若い在米日本人社会主義者の放った空砲ではあったが、日本の政界実力者に与えた衝撃性と恐怖感は大きく、政府当局も事態究明のため本格的に乗り出し、四十三年五月、全国的検挙に漕ぎつけた大逆事件の発端ともなった。

　明治三十八年二月、日露戦争の最中に週刊「平民新聞」の筆禍事件で入獄した幸徳は、五ヵ月の刑期を終え、七月末に出獄したが、この間に健康を害して社会活動も思うに任せぬ状態だった。このため、幸徳は、「天皇の毒手が届かない外国から、天皇をはじめとして日本の政治・経済事情を自由に論評したい」として、三十八年十一月渡米、翌年六月末、帰国した。この訪米目的については、世界的視野から日本経済、政治を客観視することとされていたが、米国在住の日本人社会主義者からの招請もあったことが明らかとなった。

　彼は滞米中、アメリカの自由な空気を満喫し、ロシア人亡命者からも強い刺激を受けてきた。日本では解散を余儀なくされた平民社のアメリカ支部はいまだに健在であり、三十八年十二月一日の日本人会ホールでは、五百人の聴衆を前にして「戦後の日本」と題した一時間半の演説に「去る二月以来（下獄）の沈黙を破り、すこしく胸透《す》きたるここちせり」と満足気だった。翌年六月の帰国に際しては、彼の周囲に集まった青年を中心として社会革命党を組織した。

　しかし、当時は具体的行動方針も定まっておらず、宣言、綱領も不備な組織以前の状況だった。

　しかも幸徳の動きは、彼の身辺にいたスパイを通じて探査され、日本政府に逐一報告されていた。日本国内にも、この『暗殺主義』に同調する者がいるはずだ。かれらの協力なしに在米社会主義者だけでは書けない。裏面にあり煽動した「元凶は誰か」。期せずして幸徳の思想展開、行動が鋭く看視されるに至った。

幸徳は明治三十九年六月に帰国し、一週間の休養もとらずに神田錦輝館での大演説会に臨んだ。社会主義者の演説会では、いつも臨席警官の弁士中止が発せられたが、かれらもこのときは聞きほれてしまい、聴衆は「天馬の空を征くが如き」幸徳氏の雄弁に、恍惚として聞き入ったのである（『寒村自伝』）。

彼は革命運動の展望を述べてから、日本社会党論に転じ議会政策とは異なる方法はなきものかと自問し、「爆弾か、匕首《あいくち》か、竹槍か、蓆旗《むしろばた》か、否な、これらはみな十九世紀前半の遺物のみ」と断じた。

「将来革命の手段として欧米同志のとらえんとするところは、しかく乱暴のものにあらざるなり。ただ労働者全体が手を拱して何事もなさざること数日、もしくば数週、もしくば数ヵ月なれば、すなわち足《た》れり。しかして社会いっさいの生産交通機関の運転を停止せば、すなわち足れり。換言すれば、いわゆる総同盟罷工をおこなうにあるのみ」と結んだ。

彼の演説は、聴衆の心を躍動させたが、具体的行動綱領はなく、本人は帰国直後から健康もすぐれず、郷里で療養に専念する身となった。

幸徳の帰国第一声以後、政府の弾圧につぐ弾圧で動きのとれなくなっていた若い社会主義たちは、四十年二月の社会党大会で、「直接行動論」と「議会政策」とをめぐって激しく対立、抗争をくり返し、堺利彦の妥協案で辛くも分裂を回避した。

しかし、直接行動論を説く幸徳と議会政策を主張する田添との対立は、大会の空気に反映されていた。幸徳支持勢力が圧倒的に強かったが、大衆基盤から浮き上がった議論であり、この間の動きについて山川均の自伝が率直に語っている。

「なんら大衆とのつながりがなく、大衆的な組織や大衆的な運動の観念すら持たなかった者にとっては、革命の手段として直接行動を採用することは、議会主義を弊履のごとく捨てさせるのとまったく同様に、まことに容易簡単なことであった。恐らくは多くの青年のなかには、革命を成就するためにではなく、自分がより革命的であることに満足するために、威勢のよい直接行動論に左袒《さたん》したものが少なくないだろう――少なくとも私はそうであった」

日本社会党の結社禁止は明治四十年二月十七日、この大会決議が治安警察法に触れるとされたからである。

以上に見たように、幸徳のアメリカにおける社会革命党の結成、日本社会党にあっては直接行動論の主唱者としての左傾化及び明治四十年十一月三日のサンフランシスコにおける「暗殺主義」の公然たる発表と日本国内への搬入は、幸徳がその首魁《しゅかい》者なりとする嫌疑を強めた。このため検察側では、幸徳検挙の意志統一がすすめられた。しかし、絞りこんだつもりの的が正確ではなかった。「暗殺主義」生みの親は幸徳ではなくて米人作家、ジャック・ロンドンその人だったらしい。幸徳秋水の戦闘宣言に語らしめよう。

「不忠と呼ぶ可也。国賊と呼ぶ可也。若《も》し戦争を謳歌せず、軍人に阿諛《あゆ》せざるを以て、不忠と名(付)くべくんば、我等甘んじて不忠たらん。若し戦争の悲惨、愚劣、損失を直言するを以て国賊と名くべくんば、我等は甘んじて国賊たらん」

「週間平民新聞」に書いた社会寸評「撃石火」百六十三篇のなかに含まれる(『幸徳全集』五巻五四二頁)。

日本の新聞記者が放った反戦論、反権威主義の集大成で、テロリズムとは無縁の寸評だ。天皇暗殺の未遂事件たる大逆事件の中核として共同謀議にかかわったとの検察主張は、土台から動揺せざるを得ないようだ。

「去年（明治四十年）の天長節の当日、米国桑港附近にて「テロリズム」（暗殺主義）と題する複写版の一新紙を各所の往来に貼付したる事実あり。同紙上には我皇室に対して不敬の言辞を弄しありたるやにて、同地日本人間に一大センセーションを惹起し候由。而して多数人は此印刷物を以て、在バークレーの日本社会革命党の諸同志の所為なりと疑ひ現に『朝日新聞』の如きは、全く彼等の所為なりと断言したる電報を掲げ居たるは、世人の記憶に新なる所に候」

明治四十一年一月二十日、秋水がこの記事を執筆した時点では、『テロリズム』が何事を記せしやは吾人の知り得る所に非ざるも」と、風評として耳にした程度の事件として片づけ、深入りを慎重に回避していた。

しかし、明治四十三年六月一日、秋水の検挙にともなって押収された証拠物写しを提示された彼は、取調官に対して、「暗殺主義」が郵送されてきて、それを読んだ事実だけは明らかにしているが、執筆者が誰であり、どんな目的で送られてきたかはまったく見当がつかないと述べたにとどまる。

幸徳が「暗殺主義」との無関係を表明していたのとは裏腹に、政界上層部の不安と嫌疑は幸徳の周辺部に集中し、幸徳なしに「暗殺主義」の執筆、発表はあり得ずの一点に的が絞られ、証拠の有無にかかわらず検挙、起訴方針が固められた。

明治四十一年一月十三日付の宮内大臣田中光顕※から山県公閣下宛の書翰は興味深い。

（※、天保十四年—昭和十四年。土佐藩出身、若い頃勤皇運動に参加。明治に入り陸軍会計局長—陸軍少将の後、警視総監、宮中顧問官—学習院長—宮内大臣を歴任。山県系の宮内官僚。経歴もよく似て

いる。この手紙は宮相時代のもの）

山県から回送された「暗殺主義」その他極秘資料の読後感であるが、西園寺内閣の治安対策に対する不満を強く示唆している点が注目され、そのほかにも当時の政治情勢究明の手がかりとなる。

「……陳者《のぶれば》過激者輩之事ニ付、御焦慮之段詳細敬承、早速警保局長及警視総監之両人ニ面接之上、現今着手之景況承リ居候処、可及大之予防ハ勿論、其他米国ヨリ帰リ候四人之者一挙一動一一捜索ヲ遂ゲ罪状之苟《いやしく》モ摘発スルニ足ル可キモノハ収容シテ起訴之準備怠リナキ様ニ被存候。乍併油断ハ大敵ニ付、其辺ハ十分戒告ニ及置候。然ルニ多少ノ証拠ヲ得告発ニ及候トモ、裁判官ニ於テ証拠不充分トカ無罪放免ト申事ニ取斗候而ハ、却而彼等ニ侮慢之心ヲ生ゼシメ、該党ヲシテ益蔓延セシメ毒害ヲ天下ニ流シ候様之事ニ立至候哉モ難斗、憂慮ニ不堪事ニ御座候。米国ヨリ帰リ候者ノ四人中、二股ト申者ハ非常之熱心ニ有之候得共、其他三人ハ余リ深キ関係ハ無之様ニ相見エ候趣ニ承申候。巨魁ハ幸徳秋水ニ有之、此者ハ学問モ有之、文章モ出来申候由ニ御座候。右近況申上候。尚首相・内相及法相等へ御注意被下候ハバ一層之警戒上ニ周知ヲ加可申奉存候。匆々拝投

明治四十一年一月十三日　光顕

山県公閣下」

田中の返書に見られる特色——

㈠政事に関与しない建前の宮内大臣が深くこれに関与していた。「暗殺主義」の大要を示したのは、政府外部の山県元老、これにすばやく反応した渡辺宮相が天皇の威光を背景として有力官僚の

一員でもあるかの如くに振舞い、警保局長と警視総監を呼びつけて主務大臣然とした行動に出ていた。

この時の内相は原敬だが、渡辺は警保局長、警視総監の二人と協議し、原内相には接触していない。まず原に接触するのが筋。

㈡司法権に乱暴な掣肘《せいちゅう》を試みている。東京市電の値上げ反対運動に関して、一、二審無罪判決を不服とした政府が無理矢理、大審院に控訴して有罪判決に漕ぎつけていた。下級審判決に対する不満と露骨な干渉。

書翰に示された当時、幸徳には何一つ物証がなかったのに、幸徳首魁説を一方的に展開し、幸徳検挙の早期着手を迫っていた。何一つ確証がないのに、幸徳は学問もあり、文章も巧みだから危険千万、血祭りにあげよの号令。当時の政情、西園寺内閣打倒の旗振り役を宮中から煽動している態度は山県と二人三脚。

明治の末年、政界の内外がいかに混乱を極め、社会主義恐怖症に陥っていたのかを如実に物語る裏面史として生々しい。

学問もあり、文章の表現も巧みな者は、すべて危険人物視して憚《はばか》らない官僚の夜郎自大主義。高級官僚のこの発想は、大正初期、護憲運動の展開を促した尾崎行雄の名演説を呼ぶ。大正二年、停会あけの二月五日、政友、国民両党を中心に二百九十五名の賛成を得た桂内閣不信任決議案の提案理由説明。

提出者を代表して提案理由を説明した尾崎は、大臣席の桂を指差し、「彼らは忠君愛国を以て自己の一手販売の如く唱えているが、彼らのなす所を見るに常に玉座を胸壁とし、詔勅を弾丸として政敵を狙撃せんとするものである」と弾劾した。第三次桂内閣は二ヵ月の短命で退陣する。

明治四十一年二月二十三日、小松原英太郎――

「……扨又《さて》、先日御示相成候在米国バークレー之無政府党暗殺主義者、革命主義者ノ発表セシ意見・演説・筆記等、篤ト熟読仕様。実ニ言語ニ絶候輩ニ有之、若シ之ガ取締ヲ等閑ニ附シ候ハバ誠ニ由々敷大事ニ可相成、乍去之ガ取締着手之方法順序ニ就テハ慎密之考慮ヲ要スルコトハ兼々御高慮被為候通ニ御座候ニ付、平田氏（内相）トモ相談仕、軽挙ハ相慎ミ居候義ニ御座候。若シ貴族院議員間、殊ニ幸倶楽部員集会等ニ於テ彼等之実況ヲ談シ候ハバ忽チ烈火ノ如ク相成可申候ヘ共、此ヘ先ヅ相慎ミ先ツ元老諸公ヨリ内閣ヘ厳敷御忠告相成、厳重取締ニ着手セシメラレ候方適当之順序ト奉存候。因而先ヅ桂侯ヘ相話、同侯ヨリ伊藤公等ヘ談示ラレ、元老諸公之御奮発願上度旨被陳仕置候義ニ御座候。

二月廿三日

草々拝具

英太郎拝

山県公爵殿　閣下」

この手紙を書いた前年、小松原（注、小松原英太郎は、このとき貴族院議員）は貴族院で原内相が山県系の政治勢力を抑えこむための郡政廃止法案を提出した際、衆議院は通過したが、彼は貴族院で二時間に及ぶ反対演説を行なって否決にもちこんだ功労者である。

このため第二次桂内閣には文相として入閣。資料（田中光顕の山県宛書簡）を見るに宮内大臣が警保局長と警視総監の両人に対して治安対策上の意見を述べ、政治面への直接介入に乗り出している点と社会主義取り締まりに関しては、裁判所の動向にもあきらかな不満を表明している。

「暗殺主義」の流入により政治不安に怯《おび》えた結果とはいえ、異常ともいえる過剰反応である。この不満の端的な爆発は、裁判所判決に対する残念無念の怒り、不信となる。

「告発に及んでも証拠不充分を理由に無罪放免となり、社会主義者をして得意然とさせているのは、憂慮にたえぬ」と。

この主張は山県が「暗殺主義」を入手し、西園寺内閣は社会主義者の取り締まりに本腰をいれないから、政局の前途に不安ありと密奏し、「特別に厳重な取締りもありたき」との思し召しを引き出し、これを拡大解釈して社会主義取り締まりは陛下の御命令に格上げし、桂内閣の登場を工作した経緯に相通ずるものである。

明治三十九年三月十五日、東京市で電車賃値上げ反対運動が発生したとき、一、二審の無罪判決を検事控訴で大審院まで引っ張り、遂に四十一年六月十三日、西川、吉川の両被告を有罪とし、一年半の重禁錮を命じた。

何が何でも社会主義者の活動には重罪を科するとの政府方針は、この市電問題に端を出し、四十一年六月二十二日の「赤旗事件」を経て、同年七月の西園寺内閣総辞職、四十三年五月の「大逆事件」検挙開始へと継続、発展する。

それにしても田中、小松原という宮相、貴族員議員の社会主義理解が、あまりにも短絡的なのにおどろく。幸徳を評して、「学問もあり文章もできる」程度の理解では、政府と宮中の橋渡し役としてお粗末すぎないか。

社会主義取り締まりに関する原敬の意見

「先頃より社会党なるものの大不敬罪の企をなして捕縛になりたること世間に噂あり、尤《もっと》も新聞には記載を禁じたる由に聞きしが、本日古賀廉造（前警視総監）の来談によれば、同人が大審院松室総長より内聞する所によれば、此事件は最初長野県伊奈の駐在巡査がのみ取粉入りの如きブリキ缶十九個を注文したるものありしにより不審を起し、段々捜査の末、爆烈弾装入用なる事を慥《たし》かめたるにより発覚し、紀州新宮にも多数の同志者あることを認め悉《ことごと》く捕縛となりたるが、彼等は至尊に怨なきも之を拭する事は主義を貫徹する上に於て已むを得ざる次第なりと慮もなく自白し居れりと。

彼等は昨年より企て居るも、一方管野スガなる同主義者出獄を待つことと、又一方には好機を待つが為めに延引し遂に発覚捕縛せられたるものなりと云ふ。然るに此主義者各地に蔓延し群馬県の如きも一村悉《ことごと》く同主義者たる所もありと云ふ事にて、是迄取調居りたる名簿なるものは悉く用をなさず、名簿にある者の如きは却って極端なる同主義者にあらざる如き情勢なりと云ふことなり。

余が在職中、陛下に対し取締の緩慢を誣奏せし元老あり（余は山県と思へども桂は松方なりと云へり）、官僚派は頻りに余輩を攻撃せしが、今彼等果して如何の感想をなすか、彼等の攻勢は鎮圧圧迫にあり、然るに圧迫は却って此主義者を隠密の間に蔓延せしむるものにて取締上全く反対の結果を生ずるものなり（中略）。

彼等は昔日民権論者を迫害し、今は却って民権論者に非ざれば国政を如何にもする能はざるも、彼等は頑迷にして之を御するの道を知らず、惜むべき事なり。

余は之を根絶する事は到底絶望すべきものなることを看過したるに因り寧ろ集めて之を監視するを得策と考へたるに因り徒《いたず》らに圧迫して窮鼠猫をかむの境遇に至らしめず、社会の一隅に蟄居《ちっきょ》せしむるの方針を取れるに、彼等はこれを手緩しとして攻撃せしも、今果して如何ぞや。又此主義の伝播を防ぐには社会政策より立案すべきものにて、教員の如き巡査の如き一歩を誤れば社会主義者となるの虞《おそ》れあり、故に此待遇には尤も注意して感染を防ぐべき根本的政策を要するものなりと認め其趣旨は上奏もなしたりと覚ゆ。如此根本政略より之が取締をなすに非ざれば到底無事を保つこと能はざるなり。

然るに彼等は此根本政策を勉むることをなさずして徒に厳苛なる取締のみをなし、現に中央新聞の校正掛に同主義者ありしに二名の尾行巡査を附し遂に之を解雇せざるを得ざるに至れりと聞く。其他此主義者と誤認せられて遂に自殺せし者もあり、兵隊などに入りたる者は殆《ほとん》ど常に拘禁せられ居る有様なりと云ふは決して当を得たる取締にあらず、今回の大不敬罪の如き固より天地に容るるべからざるも実は官僚派が之を産出せりと云ふも弁解の辞なかるべしと思ふ（『原敬日記』明治四十三年七月二十三日）」

平田東助の社会主義対策意見

平田は清浦奎吾らと共に山県＝桂藩閥・官僚勢力の有力イデオローグで、第二次桂内閣の内相として社会主義弾圧（大逆事件）の采配を振るった。彼は社会主義を未然防止するためとして、出版集会の権利をふみにじり、言論の自由を無視した。元老山県の再度にわたる密奏により、西園寺内閣の毒殺に成功したときの立役者。第二次桂内閣の内相となり、大正十一年、内大臣となる。

次は平田の明治四十三年七月二十七日付の一文である。

「此度長野県ニ於テ起リタル事件ノ如キハ大逆無道ト可申歟《や》、将夕如何ノ言語力此悪逆ヲ称スルニ足リ可申歟、実ニ天地ニ容シサル大罪ニ有之、近日来予審ノ進行ニ付テハ概《おおむ》ネ御承知可被遊通リ漸《ようや》ク其範囲ヲ広メ、和歌山方面ノ如キモ斉ク意外ノ事而已ニ有之、実ニ痛恨之至ニ御座候、将又社会主義ノ漸ク増加ニ趨《おもむ》クハ世運ノ然ラシムル所、始メヨリ期シタル事ニテ生存競争ノ愈々《いよいよ》激烈ニ至ルト与ニ其現象ノ益々明白ニ至ルハ誠ニ免ル可カラサル儀ニ有之、之ニ対スル将来ノ方策トシテハ矢張欧州諸国ノ例ニ依リ事前ノ防制ト事後ノ防制トノ外有之間敷ト存候。文字ハ便宜ノ為小生勝手ニ仮用致候得共、事前ノ防制トハ教育及び諸般ノ社会政策ヲ申儀ニテ、国民ノ思想ヲ健全ニシテ容易ニ彼等ノ魔想ニ不被犯、並ニ魔想ニ陥リ易キ情態ニ在ル義ヲ救護シテ精神ノ健全ヲ保タシムルヲ云ヒ、事後ノ防制ハ既ニ魔想ニ陥リタル者ヲ検案シテ其行動ヲ査察シ害悪ヲ未然ニ防制スルヲ云フ儀ニ御座候

第一　事前ノ防制

㈠　教育

㈡　社会政策

第二　事後ノ防制

(甲) 社会主義ニ対スル警察ハ一般警察ト大ニ其趣ヲ異ニスルヲ以テ、欧州諸国ノ例ニ倣《なら》ヒ一定ノ常務者ヲ置キ専其事ニ任セシムルヲ必要トス

(乙) 社会主義者ニ対シテハ偵察毫モ油断ナキヲ期セサルヘカラスト雖モ、又出来得ル限リ之ヲ誘導シテ改善遷善ノ路ニ向ハシムルヘキ筈ナルヲ以テ、警察上之ヲ監視スルニモ常ニ此目的ノ妨トナラサルコトニ注意スヘシ

各官庁ノ事業ニ使用スル者ハ勿論、民間ノ事業ニ雇傭スル社会主義者ト雖モ直ニ之ヲ解職スルコトナク、警察ト申合セ監視ヲ為ス間ハ成ルヘク改心ノ道ニ示導センコトヲ望ム、然ラサレハ解職ト与ニ忽チ衣食ノ路ヲ失ヒ自暴自棄ノ極端ニ走ルニ至ル

(丙) 社会主義ノ伝播ハ殊ニ其印刷物ニ在ルヲ以テ、禁止ヲ受ケタル図書ノ密売ヲ監視スルハ勿論、各種図書館、資本屋、書籍縦覧所、巡回文庫等ヲ監視シテ、如斯書冊ハ勿論、其他苟《いやしく》モ風紀ヲ紊《みだ》ル印刷物ハ其除却ヲ命スヘシ」（国会図書館憲政資料室蔵「桂太郎関係文書」）

明治四十一年六月二十二日、東京で起きた「赤旗事件」は、明治政府が企図していた社会主義者根こそぎ一掃作戦の端緒とされ、赤旗を振ってデモに出発せんとした参加者たちは全員、検挙投獄された。有罪判決を受けた在京社会主義者のうち、直接行動派は壊滅状態となった。

前年の明治四十年十一月三日の天長節当日、サンフランシスコ日本領事館前に貼られた「暗殺主義」の檄文は、天皇暗殺を示唆していた。

「暗殺主義」その他米国在住日本人の思想動向を察知した山県元老は、これら資料を日本政界の上層部に回して政治工作を開始すると同時に天皇への密奏材料とした。

西園寺内閣の社会主義取り締まり方針は「寛に失して不安なり」と、天皇の恐怖心増幅の内奏に対し、侍従長を通じて「社会党取締りには何とか厳重な対策もありたきもの」との思し召しが伝えられた。この意向は一度発せられると、天皇の御命令なりとして拡大解釈され、錦の御旗として権威づけられた。

赤旗事件の公判開始直後に登場した第二次桂内閣は、自家の大忠臣ぶりを誇示するため、社会主義者の一網打尽作業を開始、平田内相は予防を名として集会、出版の自由を大幅に制限、社会と名づけられた書籍、出版物は目の敵とされ、明治四十三年三月五日、大逆事件の一斉検挙へと収斂《しゅうれん》されていった。

主目標は幸徳秋水の抹殺に絞られ、「暗殺主義」作者と誤認した幸徳に対するムキ出しの敵愾《てきがい》心が燃え狂った。

だが、「平民主義」その他幸徳の著作を検討しても、テロリズム讃歌の根底に触れるものはなく、彼を目して「暗殺主義」の執筆者ないし煽動者とみなす根拠は見あたらない。したがって、幸徳首魁説は社会主義を敵視する桂内閣の「社会主義恐怖症候群」がつくり出した虚構に過ぎなかったのではあるまいか。

十二名を処刑、十二名を終身刑として牢獄に緊縛して得意然と大忠臣ぶりを発揮していた桂内閣だったのに、事件から半年を経過した明治四十四年八月、人心一新を声明して内閣総辞職した。

当時の政権タライ回しは桂、西園寺間の情意投合と目され、第一次西園寺内閣の退陣、第二次桂内閣の登場をめぐっては表面上、上原陸相の辞任、山県元老による後継陸相の推薦拒否による閣内不一致を理由としていた。

このため、山県による西園寺「毒殺」と目されたが、原日記の公刊により明るみに出された天皇への誣奏、西園寺の下では社会党の厳重取り締まりができないとの非難に対し、西園寺が政権維持に執着せず、他方では山県が「暗殺主義」を政争の具に供した結果ではなかったのか。

第三部　内山愚童の人となりと著作

一、人間・内山愚童

愚童は明治四年五月、越後の小千谷町（現小千谷市）に生まれ、小千谷尋常小学校の卒業式では知事表彰を受けた。父直吉は明治三十三年、わが家の屋根の雪おろし中の転落事故がもとで病没した。時に四十二歳。母カズは彼が処刑される半年前まで健在だったが、明治四十三年七月没した。

郷里には弟の政治、東京神田には妹のヨシが嫁しており、箱根から上京の折にはたびたび泊まっていた。弟の政治は兄、愚童の遺体引き取りの際、上京してきたが、荒縄でくくられた棺桶を前にして、中にいるのが兄であるかどうか、確かめたいと決意し、落合火葬場に着くと棺桶を叩き割って遺体と対面、平静な死顔を見て、これなら成仏できると納得して火葬を承認したという。この間、監視に当たっていた警官も黙認せざるを得なかったほどの気迫だった。

愚童の獄中遺書「平凡の自覚」は、処刑されてから政治に宅下げされた身の回り品にまぎれこみ、四十年以上も政治の手許に秘匿されたまま、戦後を迎えた因縁をもつ。

小千谷の青年から政治宅に珍品ありと知らされた大逆事件研究家の神崎清がこれを確認し、はじめて公表の段取りに至った。

しかし、遺書の最終部分は欠けている。当局側では処刑した被告たちの獄中日記は、すべて事件の秘密保持のため押収していたのに、「平凡の自覚」だけが宅下げ品の中に潜んでいたのはなぜだったのかの疑問は謎のまま残る。

愚童は明治二十三年上京し、母の遠縁に当たる仏教学者井上円了宅で半年ほど過ごした。同家を出てからは職業を転々、各地を歩き、神奈川県愛甲郡小鮎村の宝積寺で得度、数え年二十四歳で天室愚童と号した。明治三十四年、箱根宮の下、常泉寺住職宮城実苗の下でも修業、のち永平寺を経て小田原早川の海蔵寺住職、佐藤実英師の下で修業三年、明治三十七年を迎え、大平台林泉寺の住職となった。時に彼は三十二歳、生活に余裕もなく独身僧だった。

常泉寺の宮城住職は林泉寺住職を兼ねていたが、当時は病臥中だったので、常泉寺の日常の仕事は海蔵寺時代の先輩格、折橋大光に一任されていた。明治三十六年、宮城は病没したが、遺族は寺を継がなかったので、前述の折橋大光がそのまま常泉寺住職となった。しかし、多忙のため兼務先の林泉寺住職は空席状態となり、村民は困っていた。

明治三十七年、三十二歳の愚童は本山（永平寺）側の正式諒解なしに林泉寺住職として振舞ったので、本山側と悶着を生むに至った。このときは愚童をよく知り信頼していた海蔵寺の佐藤住職、仙石原長安寺の鈴木大翁（海蔵寺時代の同僚）の尽力により円満解決し、彼は晴れて林泉寺住職となった。鈴木大翁は愚童が入獄し、本山から僧侶身分を剥奪されると、愚童の後任として林泉寺住職を継いだ。このトラブルを巡《めぐ》っては、無住となって村民が困っているから、進んで林泉寺住職を買って出たのであり、本山側から不当視される筋合いではあるまいとの魂胆がかいま見える。

明治四十三年五月、愚童は東京控訴審で七年の刑を受け、横浜根岸監獄で服役していた。本山側ではその後、宗内擯斥《ひんせき》により彼の僧侶身分を奪い、服役者と本山とは無関係であると世間態を繕《つくろ》った。

この点に関しては、後述するように徳富蘆花が『謀叛論』で痛烈な皮肉を加えている。

他方、愚童の修行ぶりやその人柄を熟知していた海蔵寺の佐藤住職は、世間の風評に耳をかさず、修行僧名簿からその名を抹殺するような小細工を弄せず、そのままに超然としていた。愚童の人柄を篤《あつ》く信頼していたからであろう。

箱根路の寒村、大平台林泉寺の住職となった愚童が、既成仏教教団の規範を脱して人間解放の道に歩み出したとき、堺、幸徳、石川三四郎、加藤時次郎らの社会主義が温かい手を差し出し、彼もまた仏教本来の目的が社会主義と一致することを学んで社会主義者へと傾斜を強め、まず天皇神聖視信仰の打破を第一関門とした。

明治の末年、子沢山の貧農家庭にあっては、口べらしのため長男以外の二男、三男を寺に預け、僧侶への道を選ばせる慣行がひろまっていた。

箱根に点在する禅寺の僧侶も、多くは農家の二、三男出身者であり、海蔵寺の佐藤老師は、かれらの修行を温かく見守り、有資格僧をつぎつぎと箱根の寺院へと適材適所に振り向けたようだ。

海蔵寺時代、愚童とともに修行した僧侶、たとえば鈴木大翁のごときは、まさしくその好例で、三島農家の出身だった。

宗門以外にかれら農家の二、三男が糊口《ここう》をしのぐ就職先は、軍隊下士官、巡査、獄吏、小学校教師などの給料生活者となるほかは、都市で底辺労働者の一員に身を投ずるほかなかった。

鈴木大翁の次弟、勝俣剛仙も海蔵寺で修行、得度してから宝珠院住職となり、その翌年には三男正丘も海蔵寺で得度した。この正丘は現林泉寺住職木村正寿の父に当たる。この僧侶一族の長男、鈴木大翁は愚童の入獄後、林泉寺住職となったように、海蔵寺出身の僧侶が拠点寺院をつぎつぎに相続していった。箱根路の各地寺院はどこを見ても、兄弟関係にある気安さを肌で感じとった愚童には、自分が異端僧となっても、同門の誰かが後始末をつけてくれるだろう程度の同門、同僚に対する甘えも潜んでいたのではあるまいか。

明治三十七年二月、日露戦争がはじまり、世界の一等国ロシアに勝てば、日本もまた一等国になれるとの幻想にかられた国民は、軍国主義と排外主義の熱気にさいなまれた。維新から三十七年間に達成した飛躍的発展の行く末は、戦勝の一事にかかっていると酔い心地にとらわれていた。愚童が貧しい村の禅寺に住職として赴いたのは、このような熱気の冷えやらぬ明治三十七年、日露開戦のときだった。

秋水は三十八年二月、週刊「平民新聞」の筆禍事件で入獄し、七月出獄してきたが健康を害し、執筆も思うに任せぬ状態だった。このため、平民社の力強い支持者、加藤時次郎医師の小田原別荘で保養することとなり、この別荘で幸徳は愚童を識《し》り、しばしの梁山泊を楽しんだ。

当時の大平台集落は、戸数わずかに三十五、一戸当たりの耕作面積は五反にも満たない寒村だった。村人たちは箱根の急峻にしがみついて鎌倉彫り、箱根細工に従事するほかは出稼ぎで糊口をしのぎ、細々と暮らしていた。

林泉寺とて例外ではなく、檀家総代からの援助を除けば、村人からの支援は期待できぬ貧乏寺の住職だった。当時、大平台村民は源泉をまだ発見していなかったので、温泉の恩恵にあずかる宮ノ下、塔ノ沢集落民よりも、生活基盤が貧弱で、村民たちは温泉発掘を念願していた（注、箱根登山鉄道の営業開始は昭和三年とおそく、温泉発掘は戦後の昭和二十八年とされる）。

「村人の困窮、日に日に増加しでゆくこと甚だしく、彼ら自身も数年の後には、みな家を失い、業を失い、当地に居住する能はざるに至るべき」実情を見せつけられた独身僧の愚童にとって、住職の地位は安閑としたものではありえず、寺を留守にすることも重なった。

この貧困と窮迫を生み出す社会的矛盾に対決せねばならなかった愚童には、宗教家＝住職の枠内に踏みとどまっていることができず、異端僧への道に進む決断に迫られ、社会主義の選択に走ったのであろう。

彼は明治三十七年一月十七日付の週刊「平民新聞」投書欄に、社会主義者となった動機を投稿、説明している。

「余は仏教の伝道者にして曰く一切衆生悉有仏性、曰く此法平等無高下、曰く一切衆生悉是君子。これ余が信仰の立脚地とする金言なるが、余は社会主義者の言う所の右の金言と全然一致するを発見して、遂に社会主義の信者となりしものなり」

因《ちな》みに、この新聞（週刊平民新聞）の創刊は明治三十六年十一月十五日だったから、愚童は同紙から強い衝撃をうけていた定期愛読者の一人だったろうと思われ、「平民社」同人に親近感を抱いていたのであろう。

週刊「平民新聞」の発刊に全精力を結集し、強い同志的連帯精神を発揮しながら排外主義、軍国主義、忠君愛国主義と対峙し、所信をまげることなく反戦論を展開する幸徳秋水、堺利彦、石川三四郎、木下尚江ら社会主義者の理論と実践に共鳴した愚童は、社会主義の指向する目標と仏教伝道者として実践すべき方向とが一致すると考えたとき、躊躇なく社会主義者の陣営に身を投じることができた。

この投書から二年後の明治三十九年九月二十八日、「一灯園」の伊藤証信宛の書簡で、「何人も今の世に在って、真面目に道のために働かんとする者は、魔窟より発する本山の偽法には堪えられません」と告白、本山への挑戦を叫ぶ。

彼にあっては既成教団への不信任拡大と社会主義への傾斜加速度化が同時進行したのであろう。それは既成宗教への絶縁状となり、社会主義者への熱意と幻想の発散は、もっとも身近な人々、すなわち集落の子供たちに対する読み書きの助言、青年組合づくりをめざして、第一歩を踏み出させた。集落協同体との一体化であり、他方、小田原へ托鉢に出かけて意気投合した加藤ドクトルとの親交だった。集落民への医療提供を考えて、加藤医師と大平台村民との接触も開始され、加藤医師は村民治療のために村を訪れたこともあった。

これらの事前工作から出発して、愚童の箱根山中における出版活動が準備された。

平民社同人による週刊「平民新聞」の創刊に際して、加藤時次郎の経済的支援が有力な手助けとなったように、愚童の林泉寺を活動拠点とする出版活動も、また加藤からの援助を無視しては考えにくい。貧乏寺の住職が、いかに中古とはいえ、印刷機械一式を揃えるなど夢のまた夢だったからである。

加藤夫妻の第二回訪欧旅行の出発見送りに際して、明治三十九年十二月十二日、薩摩丸船上での記念撮影には僧服姿の内山愚童のほか、堺利彦、西川光二郎、森近運平らの顔が揃っているのは興味深い。このうち、内山、森近は、明治四十四年一月、東京監獄で処刑された大逆事件犠牲者十二名に含まれている。

関係者の検挙が拡大すると、加藤時次郎は家宅捜査を受けただけで起訴を免《まぬか》れたが、これには、彼の社会改良事業の実績及び松室検事総長との関係を指摘する人もいる。十二名の犠牲者を出した大逆事件が終わると、加藤が日蓮宗への帰依を強めていったのは興味深い。

一方、幸徳は出獄（明治三十八年七月）後、執筆活動も思うにまかせぬほど健康を害していたので、療養を兼ね、念願であった自由な大地から日本の状勢、社会主義運動の将来を見定めようと渡米を決意し、友人、同志の支援以外にも彼の顧問医師、加藤時次郎から渡航費、滞在費の援助を受けた。

彼は三十八年十一月十四日出帆、翌三十九年六月二十三日、横浜港に帰国したが、渡米中の行動は同行したスパイから逐一報告され、彼に的を絞った内務省警保局の思う壺にはまりこんでいった。幸徳は知らぬが仏。彼の渡米には、在米日本人社会主義者からのはたらきかけもあったようだ。帰国した幸徳は六月二十八日、日本社会党の歓迎会で「世界革命運動の潮流」を演説してゼネストを訴えたが、社会的基盤のない夢談義の域を脱せず、日本の社会運動を組織するエネルギーとはならなかった。

愚童の秘密出版活動を鼓舞激励した加藤からの援助、両者の二人三脚については、今後の検討に譲らねばならないが、あるいは箱根山中からの愚童版「平民新聞」の発行であったかもしれない。

愚童素描

愚童が深く兄事していた堺利彦は明治四十一年、「獄中より諸友を懐ふ」のなかで愚童、大石誠之助、小川芋銭を三幅対に見立て、特に愚童については、「先づ想出すのは箱根の愚童和尚、さすがに禅坊サンで善く枯れたものだ……維新史に月照という坊サンがあって異彩を放っているが、社会党も亦愚童和尚によって必ず大いに振ふであろう」とひそかに大きな期待をよせて今後の活躍に刮目《かつもく》していた（注、このとき「赤旗事件」被告として、堺は二年の刑期をうけて服役中であり、そのときの獄中通信である。入獄中のため、彼は大逆事件の難を免れることができ、売文社を設立、関係者遺族の援助に手をつくした)。

明治末年の社会主義者のなかでも、堺が仏教徒、なかんずく禅宗僧侶に対して抱いていた親近感を示唆した感想として興味深い。

当時、堺利彦のとなりに福田英子が住んでおり、堺の演説会にしばしば同行するなど社会主義に傾斜していた。『妾の半生涯』を発表し、自由民権運動家の藩閥政府への転落に憤慨していた彼女は、社会主義へと急速に接近し、堺の影響を強く受けとめていた。

たまたま訪問してきた愚童を、彼女が堺に紹介したのが機縁となって愚童は、堺―福田―幸徳―加藤時次郎、石川三四郎ら平民社同人との親交を結ぶにいたった。他方、小田原へ托鉢の折、加藤時次郎と交友をはじめた愚童は、加藤の小田原別荘でも幸徳、堺らと親しく交わり、加藤も林泉寺を訪ね、大平台村民の診療に当たるなど愚童―加藤の交友も強まった。

後年、愚童が林泉寺の須弥壇にかくされた印刷機を操作し、うすくらがりのなかで非合法出版を開始できたのも、加藤からの物心両面からの支援があってのことと思われる。

加藤は同郷の関係から堺を知っていたが、両者の関係を深め、加藤が幸徳、堺たち社会主義者の活動を積極的に支持、金銭的援助をつづけるようになったのは、当時堺の隣人だった福田英子を介してだった。

はじめ、加藤は堺夫人美知子の治療にあたり、自分の加藤病院神奈川分院に入院させ、娘の真柄は小田原分院で預かるなど、堺の活動を側面援助した。また堺が「社会主義研究」の編集に際しては、小田原分院の使用に便宜を与えた。「赤旗事件」で堺が入獄すると娘の真柄を二年間も世話し、「愛子の如く」養育した。真柄は「生母にまさる恩恵を受けた母がわり」として加藤夫人に謝しているほどだった。加藤はまた福田英子の母、菅野スガの主治医としても格別の配慮をしていた。

結核に病んでいた幸徳に対しても主治医として接し、小田原分院で療養の便を与えた。明治三十八年、出獄後の幸徳の渡米に対しては渡航船賃、滞在費用を提供した全面支援はすでに示した。

また、週刊「平版新聞」の発刊に当たっては大金七百五十円を提供して支援を約し、のち平民社が設立されると、安倍磯雄、小島竜太郎、木下尚江らと共に同社相談役として「経営のことに与《あずか》り、公然事務会計の監督の責任を負い、本紙の維持拡張のこと」に協力することとなった。

明治三十七年十一月十三日号の週刊「平民新聞」は、創刊一周年を記念して幸徳、堺共訳の「共産党宣言」をのせて発売禁止処分をうけ、発行者は罰金刑を受けた。同月十六日、社会主義協会は解散命令を受け、週刊「平民新聞」は相次ぐ弾圧により三十八年十月二十九日、廃刊に追いこまれた。

このとき加藤は、自分らの発行していた「直言」を「平民新聞」の後継紙として提供、「直言」は「日本社会主義者の中央機関紙」たることを標榜《ひょうぼう》し、週刊の機関紙を発行しつづけた。

それと同時に加藤は、平民社同人と別れて西川光二郎、山口孤剣が創刊した「光」の発行所―「凡人社」にも経済支援を開始、他方、「日刊平民新聞」の創刊をも支援するなど、社会主義運動に幅広い支援を惜しまなかった。

幸徳日記（明治三十八年八月六日）

「余病気療養のため、去る六日此地（小田原）に来り、加藤国手の別荘にコロがり居れり。

十三日、午前、林泉寺の愚童和尚飄然箱根より至り、枯川兄と鼎座して禅を談ず。午後、加藤国手東京より来り、晩餐卓上甚だ賑ふ。

予問ふ。もう一週間もすれば、帰れるようになるでしょうか。国手笑って頭を掉《ふっ》て曰くソンナニアセッテも仕方がない。
月雲に入りて海上冥濛たり。和尚は宿し、枯川兄は帰る」（『幸徳全集』第五巻三七八頁）

幸徳、堺、加藤ドクトル、愚童らの談論風発、親密な関係が浮き彫りにされており、ほほえましく、小田原梁山泊の光景が躍如としてくる。

幸徳は週刊「平民新聞」の筆禍事件で三十八年二月、禁錮五ヵ月の刑を受け入獄、七月出獄したが、この獄中生活で体調を崩したので、小田原の加藤宅で療養していた。

夏期平民倶楽部の案内（内山愚童）

「小生居住は海抜一千丈、温泉の無いのが欠点※に候へども……小生は昨年四月、本師に死なれ其後茲《ここ》に住職いたせし所謂《いわゆる》新世帯でござる（明治三十七年）……小生は独身生活で家内は猫の親子と小生とで、三個の米は村の人がもってきてくれ、マア三人なら食うだけあります。……小生居宅は小生居住中、夏期平民倶楽部として広く同志を待つ。二、三人連れの一、二泊は山科地にて平民的同臥の覚悟さえあれば何時にても歓迎致候」（「平民新聞」明治三十七年七月十七日、第三十六号）

（注、大平台村民の念願であった温泉はまだなく、集落の源泉発見は戦後、林泉寺現住職木村正寿の先代たちの奔走による。来客があると、愚童は近くの宮ノ下温泉へ案内した）

この案内を待つまでもなく、堺、幸徳、石川三四郎、加藤時次郎父子、社会主義伝道の行商隊などが林泉寺を訪ねた。親子猫をも家族とみなして林泉寺夏期クラブへの参加をうながした愚童作の案内状である。後日、独身僧の彼は遠来の客（秋水）に対して、境内の家鴨《あひる》の首をしめて御馳走に供した。明治四十一年八月、高知から上京の途次、二泊した秋水は、その様子を眼にして繊細な神経を逆撫でされたおどろきを記している。

愚童演出の「鉢の木」も、幸徳には通じなかった。こんな振舞いが箱根の「怪僧説」流布に、一役買っていたようにも思われる。

歴史学者田中惣五郎の人物評――

田中は、「愚童を大型とすれば、菅野は小型、大石は中型」と評し、幸徳を除く十一名の犠牲者中、愚童を人間のスケール、変革への取り組みの非妥協性から見て首位に位置づけ、その突出振りに、一目置いていた。

次に掲げるのは田中惣五郎『幸徳秋水――一革命家の思想と生涯』（一九五五年十月十日刊、理論社）による田中の特異な経験である。

「越後の田舎の私立中学一年のころ大逆事件がおこる。三年生の父が主義者であるとの理由で、この生徒は三年生全部に運動場で竹刀のリンチを受け、幾夜かにわたる三年生一人一人の行動調査が行われたことがある。まさに全国的であろう」

田山花袋の『トコヨゴヨミ』も、また事件後、官憲側の取締りの狂気が、どれほど執拗なものであったかを告発した作品として知られる。里見弴『雪の夜話』も、この事件を意識した特異な作品、尾崎士郎『蜜柑の皮』は幸徳、大石、内山の三人に主題を限った作品として際立っている。

石川三四郎は明治三十九年、田中正造と会ってから、自己の怯懦《きょうだ》心を克服せんとして大平台に愚童を訪ねた。愚童に静座をすすめられ、六日の修行で、十字架は生まれながら人間の負うものだという回心に達したので、その旨を愚童に告げると、「ああ、その通りだよ、それだよ」と答えたという。石川はその経験を、「新紀元」で報告するとともに田中正造にも伝えた。

「監獄は一味平等で自分の理想とした社会に近い。粗食*といっても、永平寺の食事より美食であり、受刑十年も座禅と思えば苦にならぬ」とは、「無我の愛」に発表した愚童の偽らざる本心だった。

（注、当時の獄中食は、麦六分、雑穀三分、米一分の割合だったと伝えられる。それでも永平寺の修行時代にくらべて美食だった）


愚童は四十二年十一月五日、国府津駅頭で逮捕され、出版法違反で二年、爆発物取締規則違反で十年と計十二年の刑期を宣告された。控訴の結果、翌四十三年四月五日、後者が五年に半減され、七年の刑が確定し、横浜根岸監獄で服役中だった。「監獄のメシは永平寺よりも美食であり、本も読め、手紙も出せて申し分ない。さらには植木いじりもしたいが、それは駄目だから英語の学習に励んでいる」と便りし、大逆事件の被告として皇室危害罪で処刑されるとは夢想だにしていなかった（英語テキストは大石からの差し入れ品）。


明治四十二年六月二日付の細川与平宛——

細川の家は林泉寺のすぐそばだから、自分の検挙で何となくうるさいだろうと詫び、「私は二十九日（五月）、こちらへきて身体は健全で本を読んだり手紙を書いたりしております」と。

六月二十三日消印の獄中通信では、残してきた林泉寺の鶏のミノルカや桐の木の心配のあと、「食物はうまく食べられるし、本は読めるし、書きたいことは書けるし、これで盆栽でもやれると結構だがそれはだめだ」

九月二十三日付では、「林泉寺後任住職に鈴木大翁が決まったそうだが、大翁から手紙一本もよこさないのはどうしたわけか、知らせてほしい」と、胸中のわだかまりと一抹の不安を訴えた。
七年の刑期終了――出獄を夢みての便りだが、林泉寺をめぐる情勢の急変にまったく無理解、無頓着なのが不憫《ふびん》でならない。

愚童、最後の発信（堺利彦、為子夫人宛）――
これは「逆徒の死生観」と題して、堺利彦が親交のあった伊藤証信発行の「無我の愛」に発表したものである。

「寒い寒い今日は雪が降る。こんな寒い日に火の気のない監房の中で手紙を書くのも余り面白くないことであるが、扨《さて》死刑の恩命に接して見ると懶《なま》けても居れないので、入監以来多大の厚意を受けし夫人為子さんと、先日僕のバイブルを差入れてくれた君に対して、最後の何か書かねばならぬ。願はくば目をつぶる前に一度遇って大いに笑話をしたいのだが、それも出来ない。君は一昨年十一月、僕が十二年余の宣告を受けた時に断腸の思ひがすると言ったそうだが、今度はどんな思ひがする。……実は何か彫刻して記念に送りたいのだが今は駄目だ。そこで神田の義弟（妹ヨシの主人）から僕の読んだ本を送らせるから、受けてくれ玉え。守田、岡野、戸桓、榎等の諸君へも手紙を出したいが住所が知れないので止めにした。遇ったら宜しく頼む。為子さん、昨年はいろいろありがとう。此頃は咲子さんに遇ひましたが、真柄ちゃん（堺の娘）にも宜しくね。まあこれで僕は止める。君の方から何か書いて送れ。今は特別許可になるのだ」

処刑の日を目前にして、最後の獄中通信に友人への惜別の念をたぎらせて、社会主義運動に孤軍奮闘する堺に宛てた遺書である。
一月十八日の死刑判決、一週間も経過せぬ二十四、五両日の慌ただしい十二名の処刑は何を物語っていたのか？　政府は妖怪に脅迫されたかのように、一潟千里に十二名を断頭台に、十二名を終身牢に送りこんで安堵したかったのか？　あるいはまた密室で捏造した政治裁判の醜悪さに自ら不安と戦慄を覚え、悪夢の一掃を急いだためだったのか。

多感な少年時代、郷里和歌山の新宮でこの事件に際会した佐藤春夫は、戦後になって昭和の「松川事件」のようなものだったと回顧していた。

獄中手記「死出の道草」を書きのこした菅野スガは、心血を注いで痛烈無比な裁判の弾劾を果たした。

「……今回の事件は無政府主義者の陰謀といふよりも、寧《むし》ろ検事の手によって作られた陰謀といふ方が適当である……。

考へれば考へるほど、私は癪《しやく》に障《さわ》って仕方がない。法廷にそれらの事実が赤裸々に暴露されているに拘らず、あの無法な判決を下した事を思ふと、私は実に切歯扼腕せずにはいられない。憐れむべき裁判官よ。汝等は己れの地位を保たんが為に、単に己れの地位を守らん為に、不法と知りつつ、無法と知りつつ己れの地位を安全ならしむるが為に、心にもない判決を下すのも止むを得なかったのであろう。

憐むべき裁判官よ。政府の奴隷よ。私は汝等を憤るよりも、寧ろ汝等を憐んでやるのである。

……」

イギリスの新聞「ネーション」は明治四十四（一九一一）年二月十一日付で、次のように主張した。

「日本の大審院法廷は、皇帝暗殺の陰謀をくわだてたかどにより、告訴された幸徳とその妻ならびに二十二名の社会主義者たちに死刑の判決をくだした。

その裁判は、好んで文明化しようと心がけてきた国家としては、はなはだ不名誉なことであった。裁判は終始、秘密裡におこなわれたうえ、被告の弁護士たちは、事件を秘密にすることを誓約させられた。どのような証拠が成立したかは不明だが、そこで拷問を暗示するような自白が陳述されたという。しかし、実際には、裁判は全くなされなかったのだ。

被告たちは、ただ物的証拠についてだけ調査する第一審裁判所では抗弁することが許されていないのだ。そこで凶悪な犯罪行為があった場合、該事件は中間の裁判所を素通りして、ただ法の要点だけを考慮する滑稽な法律の形式をとる。それよりは、むしろ裁判の形式をとらずに、旧時代の方法で打首にした方が、より適切であろう。……

言論と結社の自由のことならば、日本では憲法で保証されて以来、ほんの一時期だけ黙認されていただけである。

われわれは、われわれの同盟国において、一つの経験を味わった。もしも、日本がイギリスで冷淡な礼儀だけでも得たいならば、この宣告は、決して執行してはならない」

二、内山愚童の著作活動

「日本開闢以来の大悪の書。上下数千年を通じてたとえ十六頁の小冊子にもせよ、斯くの如き大悪の著述をなし、秘密出版して配付をなしたるは、恐らく愚童一人であろう」とは、愚童の取り調べに当たった河島予審判事の怒りの言葉であり、怒髪天を衝くの概がある。

愚童の呼びかけは、小作人は地主へ小作米を出すな。兵士は脱走して兵舎を空にし、国民は一切の納税を拒否せよ。しかるのち天子のいない自由な理想国家をつくり出そう——との檄だったからである。

「正義は友を増すものであるから、一村から一郡にと、遂には日本全国より全世界に及ぼし、ここに安楽自由な理想国家が出来る」と結んでいる。

今日からみれば、まったくの空想的夢物語ではあるが、明治四十年代はじめ、まだ登山電車もなかった箱根大平台にある林泉寺住職、内山愚童が深夜ひそかに須弥壇裏に隠した印刷機を駆使、活字をひろってつくりあげた小冊子、入獄記念「無政府共産・革命」、副題として「小作人はなぜ苦しいか」と題した小冊子千部を印刷した。

刷り上げた「無政府共産・革命」を携えた愚童は、直ちに上京、平民社からの配布を考え、幸徳の承諾を求め、題字の揮毫《きごう》を依頼した。

しかし、「パンの略取」出版に心労していた幸徳は、愚童の申し入れを拒否した。当時、出版物の郵送には当局に提出して検閲を求め、同時に発行人、著者の住所、氏名の明記を要したが、愚童はこれらの必要な手続きをまったく無視、不法郵便物の発送しか考えていなかった。幸徳にとっては、誰の仕業かがすぐ判明する秘密出版物を、罰金と体刑責めの平民社名で配布したくなかったし、題字も筆跡がすぐ判明するため、申し入れに応じなかった。

偶然、この成り行きを聞いていた森近運兵が、自分の発行していた「大阪平民新聞」の読者名簿を提供したので、愚童は新橋、小田原の両郵便局から郵送をすませた。受取人のなかには一読後、わが身の危険を感じて焼却する者、警察に届け出る者もあり、どんな影響を及ぼしたかは不明。そのなかにあって、名古屋近くの亀崎鉄工所・宮下太吉宛の五十部だけが判明している。

宮下はこの小冊子を持参、大府駅通過の御召列車をめざして集まっていた群衆にこれを渡し、「天皇陛下なんて、大してありがたいもんじゃありませんよ」と語りかけたが、ほとんど反応はなかった。宮下の行動は、日本における最初の公然たる天皇制批判の街頭宣伝だった。

天皇信仰の迷信打破に乗り出したのとは裏腹に、内山愚童のこの小冊子は、天皇制批判に貢献したよりは、地方の同志たち郵便物の宛名先に与えた現実的被害の方が大きく、天皇個人と天皇制との混同は、政府による社会主義運動弾圧の口実とされた損害＝危険の方が大きかったといわれる（神崎清の批判、飛鳥井雅道『幸徳秋水』の指摘は、この点を衝いていて妥当視される）。

さらには愚童のこの小冊子には、米国桑港で発行され、日本国内にもまぎれこんだ「暗殺主義」を読んで啓発された跡がうかがえる。

したがって、「暗殺主義」は山県の手によって天皇への密奏材料とされ、西園寺内閣「毒殺」に流用されると共に愚童に対して、「無政府共産・革命」の執筆に影響力を発揮し、二つのまったく異なる舞台で、日本政府に無視できぬ役割を演じた。

すなわち、上部では内閣の更迭を生み、下部では大逆事件の名による社会主義者の大量検挙と処刑、社会主義運動弾圧を強化する槓杆として最大限に逆用された。

死刑も無期懲役にも陛下の思し召しが適用され、明治政府の官僚は、巧みにその責任をまぬかれた。

「社会党の取締りにも特別厳重な対策もありたきもの」との思し召しが伝えられ、一人歩きを開始すると取り締まり強化の線は十二名を処刑台に送ると同時に、十二名の無期受刑者を各地監獄に送った。この際、天皇の思し召しが最大限に利用され、政府と裁判官がこれに和して大逆事件に対する死刑判決と政府による減刑措置がまかり通った。

当時、社会主義と社会党は同一視される一方、無政府主義者の烙印が検察当局によって多用された。それは社会主義者中でも凶悪分子、テロリスト、放火犯、殺人鬼を一括する過激グループと解され、かれらを抹殺する強力な武器とされた。

㈠　入獄記念『無政府共産・革命』——小作人ハナゼ苦シイカ——

これは「赤旗事件」関係者への判決を弾劾した愚童のオリジナル作品で、副題は「小作人は、なぜ苦しいか」となっている。小作人に対しては小作料を払うな、青年には兵役拒否、総脱営を説き、国民に対しては納税拒否のよびかけが中心テーマ。朝から晩まで働いても、くらしが楽にならないのは、「華族、金持、大地主、人の血を吸ふダニが居る」と、当時うたわれていた社会党ラッパ節の冒頭を「天子、金持」と書き替えたから、愚童の取り調べに当たった河島予審判事をして、「たとえ小冊子にもせよ、日本国開闢《かいびゃく》依頼、最大の悪書」と烙印させた。

執筆時期は明治四十一年十月頃（秘密出版）と推定されるが、推敲もせず印刷にかかり、できあがると平民社を訪れ、同所からの郵送を予定していた。しかし、著者、発行人、印刷所を明記しないばかりか、届け出もしない非合法出版物である。当局側の疑惑を招き問題となるのは必至だから、幸徳から拒否され途方にくれた。その一部始終を見ていた森近運兵が「大阪平民新聞」の読者名簿を渡したので、やっと発送の段取りができた。

自分で活字をひろい、印刷は林泉寺須弥壇裏にかくした印刷機を操作し、人眼につかぬよう深夜にかけて刷り上げた。一千部ぐらい刷ると、これを携えてすぐ上京、森近から渡された名簿で新橋、小田原郵便局から発送した。文脈から考えて、前年送られてきた「ザ・テロリズム」の影響が強いと飛鳥井雅道は見ている（中公新書『幸徳秋水』）。

㈡　新兵諸君に与ふ（帝国軍人座右之銘）

これは「光」第二十八号（明治三十九年十一月二十五日号）に発表したフランスのアナーキズム雑誌「ラ・ナルシー」からエルヴァの論文を大杉栄が翻訳したもので、末尾には木下尚江作『召集兵』を無断流用している。大杉はこの掲載により朝憲紊乱《ぶんらん》のかどで、禁錮四ヵ月の刑を受け服役。

愚童は二、三百部印刷、発送したらしいが、その反響は不明。横浜市の伊勢崎警察署が現物を入手し、林泉寺の家宅捜査に着手、愚童逮捕の突破口とされた。

㈢　道徳否認論

マックス・バシンスキー『無政府主義・道徳否認論』を大石誠之助が訳したものに、愚童が一部加筆している。明治四十一年末頃、「帝国軍人座右之銘」と共に二、三百部印刷されたが、反響に関しては詳《つまび》らかにされていない。

以上のごとく、愚童の書いたのは、㈠「無政府共産・革命」と、㈡獄中日記「無題」（明治四十二年十月）」、㈢「平凡の自覚」の三篇のみで、「新兵諸君に与ふ」及び「道徳否認論」は大杉、大石の訳文であり、愚童の著作ではないが、彼が印刷物の体裁で出版、配布したから愚童執筆と見られていた。

それでは、以下に愚童の各著作の内容を掲げておきたい。

㈠入獄記念『無政府共産・革命』

◇発行の趣旨「此小冊子は、明治四十一年六月廿二日、日本帝国の首府に於て、吾同志の十余名が無政府共産の旗を掲げて日本帝国の主権者に抗戦の宣言を為したる為に、同年八月廿九日、有罪の判決を与へられた（赤旗事件）。

大杉栄、荒畑勝三、佐藤悟、白瀬普、宇都宮卓爾、森岡永治、堺利彦、村木源治郎、大須賀さと、山川均、小暮れい、徳永保之助。

右の諸氏が入獄記念の為に出版したものである（注、大杉栄は重禁錮二年六ヵ月、山川、堺は各二年、荒畑勝三は一年半、他三名は一年の判決だった）。

此小冊子は一年もしくは四年の後、出獄する同志の不在中、在京僅少の同志が心ばかりの伝道でありまず。此小冊子を読んで、来るべき革命は無政府共産主義の実現にあることを意得せられし諸君は、目下入獄中の同志に、はがきにても封書にても送られたし。これは入獄諸氏に対する唯一の慰めで、かつ戦士の胆力を養成する福音であります。

入獄諸氏に送らるる手紙は、東京市牛込市ケ谷東京監獄在監人何々君へと書き、そふして差出人の住所氏名を明らかにして出して下さい。

此小冊子はながき迷信の夢より諸君を呼び醒まし、ちかい将来になさねばならぬ吾等の運命を謬釈せざる為に、広くかつ深く伝道せねばならぬのでありますから、無政府共産といふ事が意得せられて、ダイナマイトを投ずることも辞せぬといふ人は、一人でも多くに伝道して貰《もら》いたい。しかし又、これを読んでも意得のできぬ人は、果して現在の社会は正義の社会であるか、又吾人の理想は今の社会に満足するや否やを、深く取調べを願ひたい」

「人間の一番大事な、なくてはならぬ食物を作る小作人諸君。諸君はマアー、親先祖のむかしから、此人間の一番大事な食物を作ることに一生懸命働いておりながら、くる年もくる年も、足らぬたらぬで終るとは、何たる不幸の事なるか。

そは仏者の云ふ、前世からの悪報であらふか。併し諸君、二十世紀といふ世界てきの今日では、そんな迷信にだまされおっては、末には牛や馬のようにならねばならぬ、諸君はそれをウレシイと思ふか。

来るとしも、くるとしも貧乏して、たらぬ、たらぬと嘆くことが。もしも、冬の寒い時に、老いたる親をつれて、づし（逗子）やかまくら（鎌倉）、沼津や葉山と、さむさを厭《いと》ふて遊んであるいた為だと、いふならば、そこに堪忍の、しやうもある。もしも夏の暑い時に、病めるツマ子を引きつれて、箱根や日光に、アツサを避けた其のために、ことしは、少したらぬとでも、いふならば、ソコに慰める事も、できやう。

ことしは、長男をドイツに遊学させ、弟を大学に、娘を高等女学校に入れたので、山林を一町ウッタとか、田地を五たん質入したとか、いふならば、後の楽をアテにして、ツマとの寝物がたりも苦しくはなからう。

ところが諸君の、年が年中、タラヌたらぬと、いふのは決してそんなゼイタクなわけではない。正月がきたとて、ボンがきたとても、あたらしい着物一枚できるではなし、世は二十世紀の文明で建築術は進んだといふても諸君の家には、音沙汰がない。諸君の家は五百年も千ねんも、イゼンの物である。

しかし、それは少しも無理ではない。着物はゴフクやにゼニをださねばならぬ、家は大工に手まちんを払はねばならぬ。しかも諸君は悲しいことに、其銭を持たない。そこで諸君の着物はいつもボロボロで、家は獣の巣のやうである。

しかしナガラ、食物は諸君が自分で作るのであるから、一番上等のモノを、くふておるかといふに決してそうではない。上等の米は地主にとられ、ジブンは粟めしや、ムギめしを食して、そうして地主よりも商人よりも多く働いておる。それですら、くる年もたらぬといふのが、小作人諸君、君等が一生涯の運命である。

これはマア、どうしたワケであろうか、一口に歌ってみれば、なぜにおまいは貧乏する。ワケをしらずば、きかしやうか。

「天子、金もち、大地主、人の血を吸うダニがおる※」

（注、当時、人々に愛好されていた社会党ラッパ節では、「華族金もち」だったが、愚童は天皇信仰の打破を狙って、「華族」を「天子」に書き換えた）

諸君はヨーク考へてみたまえ。年が年中、あせ水ながして作った物を、半分は地主といふ泥坊にトラレ、のこる半分で、酒や醬油や塩やこやしを買うのであるが、其酒にも、コヤシにもスベテの物に、ノコラズ政府といふ大泥坊の為にトラレル税金がかかって、其上に商人という泥坊がモウケやがる。ソコデ小作人諸君のやうに、自分の土地という者を持たずに、正直に働いておる者は、一生涯貧乏とハナレレル事は出来ないのである。

マダそればかりならヨイが、男の子が出来れば、ナガイ間、貧乏のなかで育てあげ、ヤレうれしや、コレカラでんぱたの一まいも余分に作って、借金なしでも致したいと思ふまもなく廿一となれば、イヤでも何でも、兵士にとられる。そうして三年の間、小遣ゼニを送って、キキたくもない人殺しのケイコをさせられる。それで戦争になれば、人を殺すか、自分で殺されるかといふ血なまぐさい所へ引っぱりだされる。

セガレが兵士に三年とられておるうちに、家におるおやぢは、ツマコをつれて、コジキに出だしたといふ者もある。兵士にでたセガレは、うちが貧乏で、金は送ってくれず、金がなければ古兵にイジメられるので、首をククって死んだり、川へとびこんで死んだり、又は鉄道で死んだりした者が、何ほどあるか、しれぬのである（注、軍隊における初年兵いじめ、リンチの恐怖状況は程度の差はあっても敗戦前まで持続された）。こんな具合に、小作人諸君をイジメルのだもの、諸君が朝は一番トリにおき夜はクラクなるまで働いたとて、諸君と貧乏は、ハナレルことはできない。

コレハ全体、なぜであらうか。おなじ人間にうまれておりながら、地主やかねもちの家にうまれれば、廿四五でも卅までも学校や外国に遊んでおって、そうして、うちにかえれば夏はスズシキところに暑さをシノギ、冬はあたたかき海岸に家を建てて遊びくらしておるではナイカ。自分は桑の葉一枚ツミもせずに、キヌのきものにツツマッテ酒池肉林とゼイタクをしてなにもせずに一生を遊び送るのである。諸君は、知らぬであらうが。

大地主やかね持が夏の卅日を、箱根や日光で遊ぶのに、一人で二千や三千の金をつかふと云ふではないか。三千円とよー、諸君が廿歳のとしから五十歳までやすまず、クワずに働いても三千円といふカネは出来まいではないか。そうして其人たちは兵士などに出なくても宜《よ》いのである。

小作人諸君、諸君もキット今の金持や大地主のやうに、ゼイタクをしたいであろう。タマニハ遊んでおって、ウマイ物をたべたいであろう。けれども、それが諸君に出来ないといふのは、諸君が一つの迷信を持っておるからである。ヲヤ先祖のムカシからコノ迷信を大事にしておった為に、地主や金持のスルヤウナぜいたくを夢にもみることが出来ないのである。諸君がわれわれの言ふ事をキイテ今すぐにも此迷信をステサエすれば諸君は、ほんとうに安楽自由の人となるのです。

しかし、天子や金持は、諸君にコノ迷信をすてられては、自分たちが遊んでゼイタクをすることが出来なくなるからムカシヨリ天子でも大名でも、この迷信をば、無くてはならぬ、アリガタキものにして諸君をあざむいてキタのである。それだから、諸君の為には、今の天子デモ大臣デモ、昔の徳川も大名もおや先祖の昔から、恨み重なる大敵であるといふ事を忘れてはナラヌ。

明治の今日も其のとうり。政府は一生懸命で上は大学のハカセより、下は小学校の教師までを使ふて、諸君に此迷信をすてられぬヤウにしておる。そして諸君は又、之をありがたく思ふておる。だから諸君は一生涯、イヤ孫子の代まで、貧乏とハナレル事は出来ない。然らば小学校教師などが、諸君や諸君の子供に教えこむ迷信といふのは何であるか。迷信といふは、マチガッタ考えを大事本ぞん（尊）に守っておることをいふのである。ナゼニ諸君が昔から此マチガツタ考へを持っておるかといふことは、あとにして、どういふマチガッタ考えが迷信であるかといふことを語ってみよう。

△諸君は地主から田畑をつくらしてもらうから、其お礼として小作米をヤラねばならぬ。

△諸君は政府があればこそ、吾々百姓は安心して仕事をしておることが出来る。其御礼として税金をださねばならぬ。

△諸君は国に軍備がなければ、吾々百姓は外国の人に殺されてしまう。それだから若い丈夫な者を兵士に出さねばならぬ、という、此の三ツのマチガッタ考えが深くシミ込んでおるから、いくら貧乏しても小作米と税金と子供を兵士に出すことにハン対する事が出来なくなっておる。モシも小作米を出さなくも宜《よろ》しい、税金をおさめなくても宜しい、かわいい子供を兵士にださなくても宜しいなどという者があれば、ソレハむほんにんである、国賊であるなどというて其実、『自分たちの安楽自由の為になることを、聞く事も読む事もせずに（注、すまして）しまふ。ココハ一番よーく考へて読んでいただきたい』

然らば、ナゼ小作米を地主へださなくとも宜しいものかというに、ソレハ小作人諸君が耕す所の田や畑を、春から秋まで鍬もいれず、タネもまかず、コヤシもせずにホッテおいてゴらんなさい。

秋がきたとて米一粒、出来ませぬ。夏になっても麦半ツブとれるものでない。ココを見れば、スグに知れるではないか。

秋になって米ができ、夏になって麦ができるのは、百姓諸君が一年中、アセ水ながして、やすまずに働いた為である。ソウして見れば自分が働いて出来たコメや麦は、ノコラズ百姓諸君のものである。何をネボケテ、地主へ半分出さねばならぬという理クツがあるのか。土地は天然しぜんにあったものを、吾等の先祖が開墾して食物の出来るようにしたのである。其土地をたがやしてとったものを自分のものにするのが、何でムホン人であるか。

小作人諸君、諸君はながいあひだ地主に盗まれてきたのであったが、今という今、此迷いがさめてみれば、ながいながい恨みのハライセに年貢を出さぬバカリでなく、地主のクラにある麦でも金でも取りかえす権利がある。

ヂヌシのクラにあるすべてのものをトリダスことは、決して泥坊ではない。諸君と吾等が久しく奪はれたものを回復する名誉の事業である。

ツギニ、政府に税金を出さなくても宜《よろ》しいということは、なぜであるか。小作人諸君、ムツカシイ理くつはいらぬ。

諸君は政府というもののある為に、ドレダケの安楽ができておるか。少しでも、之が政府様のアリガタイ所だということがアッタなら、言って見給へ。昔から泣く子と地頭には勝たれぬというて、無理な圧制をするのが、お上の仕事と、キマッテおるではないか。コンナ厄介ものをイカシテおく為に、正直に働いて税金を出す小作人諸君が貧乏しておるとは、馬鹿の骨頂である。諸君は、こんな馬鹿らしい政府に税金を出すことをやめて、一日もハヤク厄介者を亡ぼしてしまおうではないか。

そうして親先祖の昔より、無理非道に盗まれた政府の財産をトリ返してみんなの共有にしようではないか。之は諸君の当然の権利で正義をおもんずる人々は、進んで萬民が自由安楽の為に政府に反抗すべきである。

今の政府を亡ぼして、天子のなき自由国にするということが、ナゼ、むほんにんのすることでなく、正義をおもんずる勇士のすることであるかというに、今の政フや親玉たる天子というのは、諸君が小学校の教師などより、ダマサレテおるような神の子でも何でもないのである。今の天子の先祖は、九州のスミから出て、人殺しや、ごう盗をして同じ泥坊なかまのナガスネヒコなどを亡ぼしたいはば熊ざか長範や大江山の酒呑童子の成功したものである。神様でも何でもないことは、スコシ考へて見れば、スグしれる。二千五百年ツヅキもうしたといへば、サモ神様ででもあるかのやうに思はれるが、代々外は蛮夷《ばんい》に苦しめられ、内はケライ（家来）の者にオモチャにせられて来たのである（注、この文脈には「暗殺主義」を読んで強い刺激をうけた形跡が濃くうかがえる）。

明治になっても其如く、内政に外交に、天子は苦しみ通しであらうがな。天子の苦しむのは、自業自得だから勝手であるが、それが為に、正直に働いておる小作人諸君が、一日は一日と、食ふことにすら、くるしんでおるのだもの。日本は神国だ、などといふても諸君は少しも、アリガタクないであろう。

コンナニわかりきった事を、大学のハカセだの学士だのといふヨワムシ共は、言ふことも、書くことも出来ないで、ウソ八百で人をダマシ自らを欺いている。又小学校の教師なども、天子のアリガタイ事を、と（説）くにはコマッテおるがダンダンウソが上手になって、年三度の大祝日にはソラトボけたまねをして、天子は神の子であるということを、諸君や諸君の子供に教へ込んでおる。そうして一生涯、神の面をかぶった泥坊の子孫の為に、働くべく仕ふるべく教えられるから、諸君はイツまでも貧乏とハナレルコトハ出来ないのである。ここまで説けばイカニ堪忍づよい読者でも、諸君自信の奪はれておったものをトリカヘス為に、命がけの運動する気になるであろう。

小作人諸君。諸君はひさしき迷信の為に、国にグンタイがなければ民百姓は生きておられんものと信じておったであろう。ナルホド、昔モ今モ、いざ戦争となれば、ぐんたいのない国はある国に亡ぼされてしまふに極っておる。けれども之は天子だの政府だのといふ大泥坊がおるからなのだ。

戦争は政府と政府とのケンクワではないか。ツマリ泥坊と泥坊とがナカマげんくわする為に、民百姓がなんぎをするのであるから、この政府という泥坊をなくしてしまへば、戦争というものは無くなる。戦争がなくなれば、かわいい子供を兵士にださなくても宜しいということは、スグに知れるであろう。

ソコデ、小作米を地主へ出さないようにし、税金と子供を兵士にやらぬようにするには、政府といふ大泥坊を無くしてしまふが、一番はやみちであるといふことになる。

然らば、いかにして此正義を実行するやといふに、方法はいろいろあるが、マヅ小作人としては、十人でも廿人でも連合して地主に小作米をださぬこと、政府に税金と兵士を出さぬことを実行したまへ。諸君が之を実行すれば、正義は友を増すものであるから、村より一郡に及ぼし、一郡より一県にと遂に日本全国より全世界に及ぼして、ココニ安楽自由なる無政府共産の理想国が出来るのである。

何事も犠牲なくして出来るものではない。吾と思はん者は、此正義の為に、いのちがけの運動をせよ。（ヲワリ）」

引用文の説明――

柏木隆法『大逆事件と内山愚童』記載の凡例

一、本書に掲げる愚童の秘密出版物『入獄記念・無政府共産』は、小松隆二氏所蔵の原本を森長英三郎氏がコピーして筆者（柏木）に提供されたものの判読である。原本は痛みが激しく、印刷も不鮮明であるため、「日本歴史」一三一号（昭和三十四年五月一日刊）掲載の吉田久一『内山愚童と高木顕明の著述』と証拠物写（神崎清氏編）を参考にしたとある（吉田久一『日本近代仏教史研究』吉川弘文堂、昭和三十四年刊）。

このように原本は痛みがひどく、かつそのコピー判読という迂回路を余儀なくされ、また愚童の直面した印刷上の困難（活字不足、印刷機の不具合、深夜作業、照明不備等）と短時日による脱稿のため、句読点使用上の乱雑さ、当て字、誤字の多用などにより原文の正確な再現は困難視される。したがって、愚童主張の主旨が把握できれば、よしとせねばなるまい。現に吉田久一校訂書と柏木隆法の前掲書との間にも若干の相違が指摘される。

一、『帝国軍人座右之銘』と『道徳否認論』は、柏木氏も原本未読である。この両者は神崎清編「証拠物写」からの引用と記されている。現存する「無政府共産」の原本は、昭和三十年頃、神田の古書店に出た三好伊兵次蔵書から見出されたものである（小松隆二、森長英三郎の説明による）。

三好伊兵次は大逆事件当時、社会主義者との関係は無縁であったので家宅捜査をまぬがれ、戦後まで多年そのまま保存された。戦後になってからこれが古書店に出回り、研究家によって入手されたもの。「大阪平版新聞」の読者名簿により愚童から直送されたと思われる。三好伊兵次は岡山県における部落解放運動の先駆者であり、明治三十五年六月、備作平民社を岡崎熊吉らと設立した。

「**美作平民会設立趣意書**」三好伊平次（明治三十五年六月）

「寡兵孤城に嬰《めぐ》り、秋風落日坐ながらに運命の尽くるを待つの窮境にあるものあらんか、吾人は之れに対して感慨に禁へざるものあらん、而して吾徒一部の民は実に此秋風落寞の境遇にあるものにあらずや。

かつて一たび泰西思想の注入せらるるや、革新の風潮は社会を風靡し、平権の大義倡へられ官尊民卑の陋柄破られ、従来賤《さげす》まれて士人の間に歯せられざりし農工商の民も、今は却って往昔威風堂々民を視ること土芥の如かりし紳神武士を圧倒して文学界の北斗たるものあり、政治界の雄将たり又実業界の覇者たるもの亦多し、洵《まこと》に痛快の至りといふべし。

顧みて吾徒も亦明治四年以降一般の農工商者と共に平民籍に列せしなり。然らば社交上に於て他の華士族平民に対して何の疚《やま》しき所なく進んで社会の各方面に雄飛すべきにあらずや。然り誠に然らざるべからず、而も事実は之れに反せり。視よ進んで社会に雄飛するものの微々たるは未だしも、其社交上に於てすら常に世の嫌厭と擯斥《ひんせき》とを受けつつあるにあらずや。

試みに之を思へ、世の吾徒を擯斥嫌厭するは果して擯斥すべく嫌厭すべき正当の理由ありて然るか、否々畢竟《ひっきょう》是れ一種の因襲のみ、然り一種の因襲に過ぎざるのみ、習慣の惰力なるのみ、之を天地の大理に鑑み、之を人類の公道に見て同じく人たり彼此何の別あらんや、同じく民たり彼我何の分あらんや、階級は已に破られたり、我徒の権利は已に確立せられたり、何の賤しき所かある、而も恥づる所かある、而も猶世の我徒を擯斥し嫌厭するは何ぞや、今や物質文明四海通交彼の人情風俗宗教を異にせる他人種も尚之れを歓待優遇しつつある時に方り、同邦同種同教同俗の我徒に対する此の如きは矛盾も亦甚だし。（以下省略）」（資料『日本近現代史』I、二一五頁。三省堂、一九八五年刊）

この趣意書は日露戦争直前、明治三十五年の発表で、その骨子は「県下の同族を打て一丸となし、協力同心以て風教を改善し、道義を鼓吹し殖産教育を奨励し斯の如くして自主独立の基礎を鞏《かた》め、然る後外に向って其反省を促し」とあるように、温健な改良主義を指向していた。しかし、部落民自身による解放運動の組織化の叫びだった意義は評価さるべきであり、そのような思想の持ち主によって、愚童作『無政府共産』が秘匿されてきた因縁は興味深い。

今回、原文の誤字、当て字その他句読点については正し、読み易いようにした。後日の資料発掘で正確を期したい（志田）。

宮下太吉が『無政府共産』五十部を入手したのは、森近の好意により、「大阪平民新聞」の読者名簿を渡されたとき、そこになんらかの示唆があり、大量送付となったのであろう。

宮下はさっそく、この小冊子を配りながら、御召列車を見にきた群衆に、『無政府共産』の内容を広言して歩いたが、効果はなかった。そこで爆弾を投げ、天皇もわれわれと同様、血を流すことを納得させようと決意し、爆弾の試作中に検挙された。宮下は愚童のこの小冊子に先だって、久米邦武『神道は祭天の古俗』（明治二十五年刊）を読んで衝撃をうけ、天皇制への疑問をもつに至ったと述べている。この久米論文について、尾佐竹猛の解説を次に掲げる。

「『神道は祭天の古俗』は史論として卓抜な意見であり、学界を聳動《しょうどう》した大論文であるが、それよりも、この論文の為めに筆者たる久米邦武氏が大学教授の地位を追はれたることに於て有名であり、思想圧迫史としても看過すべからざる一大事実である（久米は「米欧回覧実記」の編者としても知られていたが、この論文公表により、早大教授への転職を余儀なくされた）。

此論文は始め『史学会雑誌』に掲載せられたのを、田口卯吉がその主宰せる雑誌『史海』（第八号）に転載し、『古人未発の意見実に多し』とて敬服した迄は良かったが、その終りに『余は此篇を読み私《ひそか》に我邦現今の或る神道熱心家は決して緘黙すべき場合にあらざるを思ふ。若し彼等にして尚ほ緘黙せば、余は彼等は全く閉口したるものと見做さざるべからず』と附記した。

これにより、一部の神道者流の怒りを招き、世論は沸騰したのである。この頃は、学問の独立はまだ十分ならず、神代史の科学的研究が恰《あたか》も皇室に対する冒瀆なるかの如く誤解せる者さへ相当あった位であり、又ヤソ教は国体に反すると論議する攘夷論者もあり、また民権論は不敬罪であるかの如く曲解する政論家もいるというように、今日からは想像もできない時勢であり、所謂《いわゆる》神道者流は躍鬼となって怒り出した」

そのような来歴をもつ『神道は祭天の古俗』に触発され、天皇神話に疑惑を感じていた宮下には、誰の書いたものかは不明のままでも、その内容に吸いこまれて『入獄記念・無政府共産・革命』を読んだ。そして、この小冊子に述べられた思想を、御召列車を見にきた群衆に説いた。皇帝（天皇）のことになると聞く耳をもたずに反対する人々に接した宮下は、天皇もまた血を流す人間であることを立証すべく爆烈弾の試作に取り組んだと、予審調書には書かれている。

『無政府共産』が実際に読まれ、行動に読者をかりたてたのは、おそらく宮下太吉一人だったろう。その他の人々は一読して破棄、焼却するか、警察に届け出る始末だったから、愚童の期待した効果はなく、警察権力の監視体制強化の絶好の口実に供されたとの否定的見解が多い。家宅捜査の結果、『無政府共産』が発見されると、各地裁判所では五年刑期と相場がきまっており、天皇制批判はますますタブー視された。

付――天皇制と社会主義（宮下太吉の予審調書より）

「私は明治四十年以来亀崎地方の人々に社会主義を説いてきましたが、政府や役人などについて話すときは社会主義を納得してくれるようでしたが、皇室に関することをいうと、我国は外国とは国体が違うとか、皇統連綿であるとか申して私の説に耳を貸しません。
　四十一年一月十日、天子が大府駅を通過されるということでありましたから、私も同所へゆき、『無政府共産』という小冊子を拝観の群衆に配り、前同様の説明をいたしましたが、やはり人々は皇室のことになると、私の説にいっこう耳を傾けようとしないのです。そして警察官が天子の通行する道筋の二丁以内で農業することができないという触《ふれ》を出せば、人々は喜んでそれに従うのでした。それで私は、我国の人々はこのように皇室に対して迷信をもっているのだから、とても社会主義を実行することはできない。そこでまず爆裂弾をつくって天子に投げつけ、天子も我々と同じく血の出る人間であるということを示し、国民の迷信を破らねばならぬと覚悟いたしました」（塩田床兵衛、渡辺順三編『秘録・大逆事件〈上巻〉』）
　宮下は愚童の『無政府共産』を読む以前に、久米邦武が『日本古代史』で展開した『神道は祭天の古俗』に強く触発されて、天皇の存在そのものに疑問を感じていた。

(ロ)新兵諸君に与ふ（帝国軍人座右之銘）

△仏国の十月は、日本の十二月と同じく新兵入営の時也。而して此入営期に際し、仏国の社会主義者及び無政府主義者は、其の非軍備主義の気焔を高むるを常とする。本月も亦、無政府主義の機関誌、週刊「ラ・ナルシー」の如きは、其の全紙面を挙げて非軍備主義の宣伝に勉めたりき。予の今茲に反訳せんとするは、即ち其の一檄文にして、殊に四号活字を以て其の一面を埋めたるもの也。終りに一言す、予は敢て之を以て、日本の新兵諸君に擬せんとするものに非ず。
新兵諸君！（新兵諸君に告ぐ）
国家中の最も有難き国家なりと称せらるるわが仏国（日本国）は数日のうちに諸君を、諸君の父母兄弟及愛人の暖かき手より奪ふて二、三ヶ年間、彼の兵営と称する牢獄の裡に幽閉せんとす。

国家てふ観念は、既に家庭及び学校に於て、諸君の脳裡に深く刻みこまれたる也。国境と称する一仮定線の外に居住して、異なれる風俗と習慣に言語とを有する者は、即ち諸君の仇敵なりと、諸君は常に教へられたる也。而して今や所謂国家保護の名の下に尤《もっと》も恥ずべき、人道の悪魔なる人ごろしを学ぶ為に、諸君は血税に服せんとする也。

されど思へ。もし軍隊なるものが、ただ我が仏国を防護せんが為に設けられたるものならば、何故に軍隊は国境及び海岸に沿ふてのみ配置せられざるや。何の要ありしか、国内深く軍隊を配置したるや。

誠に軍隊は、常に国内の秩序を保持する為に使用せられたりき。更に痛切にいへば、平民が其の正当の権利を要求して起こる時、権力階級の財産保護の為に、之を鎮圧するに使用せられたる也。紳士閥《ブルジョアジー》の経済学者シー・ビー・セーの曰く『軍隊は国家の独立を保護するものに非ずして、却《かえ》って之を破壊するものなり』と。此の古き言は今に至るも猶甚だ味ふべきの言也。

諸君はかの滑稽なる制服を着したる時、諸君は何事を教へらるべきか。

そはただに、諸君の理性と感情とを忘却して、所謂階級的盲従心を強いらるるに過ぎざる也。即ち、苟《いや》しくも上官の命とあらば、直ぐに之を決行して、一言の不平をも発すべからずと教へらるる也。

又外国人に対する敵愾心の外に、諸君は更に、諸君と同一の土地に生まれた者と雖も、政府の法律及び命令に反対の思想を有する者は、皆国賊なりとの教えを受けるのである。斯の如くにして諸君は、批評と自由の念を奪はれ、遂に専制主義の爪牙となって、一個の殺人器と化す。而して諸君は臨時憲兵の役を帯びて、資本家保護の為に出かける也。同盟罷工の鎮圧に出かけるなり。市民大会の妨害に出かける也。時としては又士官の無法なる命令の下に、諸君の父母兄弟姉妹及び友人に対して発砲を敢てするに至る也。

戦争はすべて罪悪也。常に専制者と相場師とを利するに過ぎざる者也。故に吾人は言ふ。決して犠牲の羊となる勿れ。卑しむべき奴隷たるをやめよ。虐殺者に絶縁の宣言を放てよ。而して諸君自信の生命を保護するに勉めよ。

国家は富者に甘くして貧者に苦きものなり。而して諸君が青春の美はしき二ヶ年（二、三年）を犠牲に供せんとするは、これ貴族と金持の財産を保護せんが為なり。

諸君よ、諸君にしてもし同盟罷工の鎮圧に送られたる時は、諸君は即ち諸君の兄弟と相対するのであることを忘るる勿れ。

諸君よ、諸君にしてもしも国境の外に送らるる事あらば、諸君は即ち貧婪飽くなき銀行屋及び投機師の犠牲たるを忘るる勿れ。而して諸君が病気或いは負傷等の為に、帰り来らん時、諸君の母国は諸君に対して何を為すか、誠に此の母（其の国家）は鬼婆の如き継母たる也。

是れ即ち、吾人非軍備主義者が総脱営をもって開戦の宣告に応ぜんと決したるゆえん也。奴隷よ、諸君よ、諸君の鉄鎖を破れ。而して人類同胞を愛するの人となれ。而して、もし諸君の血を流すの要あらば、そは諸君の幸福と自由との為にせよ。

（来るべき革命は無政府共産。即ち政治的にも経済的にも、最も自由なる社会を造るにある。而して諸君の総脱営は、之を成功せしむる一大要因なり。諸君希くば、それ勉めよ）

●召集兵

のこる妻子や、しらがのおやのあすをおもえば心がさける。名誉々々とさわいでくれるな。国の為との、世間の義理で、何もいはずに、ただ目をとぢて。なみだ、かくして、死ににゆく」

「新兵諸君に与ふ」は、フランスのアナーキズム誌「ラ・ナルシー」からエルヴェの論文を大杉栄が反訳し、『光』(第二十八号)に掲載したものである。愚童はこの大杉の発表論文の後に、自筆の「来るべき革命は無政府共産」及び木下尚江『良人の自白』から「召集兵」を引用して取りまとめ、二、三百部を印刷した。しかし、どこの誰に送ったかは不明であり、さらにはその読後感が愚童本人に伝えられたかどうかも詳《つまび》らかにされていない。

「終りに一言す、予は敢て之を以て、日本の新兵諸君に擬せんとするものに非ず」と念を押しているが、冒頭の仏国が日本に代えられていたものも流布したらしい。

明治三十九年十一月二十五日、日本の裁判所は「朝憲紊乱」のかどで、訳者大杉栄に禁錮五ヵ月の刑を言い渡した。

「もし、諸君の血を流すの要あらば、そは諸君の幸福と自由の為に」のよびかけと、兵士に対する総脱営の訴えが、政府の心胆を寒からしめたからであろう。

『戦争の歌』 木下尚江

青山の墓地にて

山桜
散るを誉れと歌はれし
「軍神」のあと来て見れば
五月雨暗き原頭に
標《しるし》の杭は白ろけれど

颪に花輪の骸《から》乱れ
いともあらはの墳墓《おくつき》を
心ありてやま榊《さかき》の
青葉の袖に打ち掩ひ
涙とばかり露の滴る
都人士の歌は花より先に枯れて
雨の青山訪ふ影もなし

新大将

戦争五ヶ月足らずして
大将七月人早や現はれぬ
寡婦と孤児とは数知らねど
餓孚《がひょう》は地上に充《み》満てり

召集兵

残る妻子や白髪《しらが》の親の
明日を思へば
心が裂ける
名誉々々と騒いで呉れな
国の為との世間の義理で

何も云はずに只眼を閉ぢて
涙かくして
死にに行く

（明治三十七年六月十二日「平民新聞」）

「戦争の歌」は、「良人の自白」「革命の序章」所収、愚童は、その中から「召集兵」を引用しているが、その旨は記されていない。他人の著書からその一部を無断流用して意に介さないのは、愚童の判断によるらしい。『無政府共産・革命』その他を出版したとき、愚童は革命への情熱にかられ、第三者の著作権に対する配慮は念頭になかったのだろう。

木下尚江の『良人の自由』は「毎日新聞」に連載、明治三十七年、「平民社」より刊行された。

付――「兵士諸君に与ふ」

「兵士諸君　諸君の多くは平生名誉ある功業と燦爛たる勲章に其将来を夢みつつあるも諸君の過去と現在とに関しては少しの注意と考慮とを払はざるが如し是諸君の浅薄無思慮の然らしむる処にあらずして思考すべき機会と判断に堪《たえ》る頭脳とを与えられざるに因る。

想へ諸君は家庭にありて学校にありて何を学び何を教えられたるかを忠君愛国てふ道徳的教訓は其過半にあらざりしか。楠正成を理想的人物として崇拝せざりしか、然り諸君の頭脳は如此奴隷的道徳と奴隷的人物の行動を讃美する思想とを以て刻まれたり加之《しかのみならず》国境と称する一仮定線の外に居住し言語、風俗、習慣を異にする者は総て諸君の仇敵なりと教はざりしか、然り諸君は此等の仇敵を殺す事を以て最善の行為とし敵の所有物を略取するを以て最も名誉ある行動と教えられたりき。如斯にして成長したる諸君は今や権力階級の作りたる法律てふものの命により牢獄と等しき裡に三ヶ年の長年月を幽閉されつつあるなり。
此恐るべき兵営内にありて諸君は再び奴隷的道徳の教育を受け『勲章は名誉の表彰なり』てふ言葉に魅せられ上官の命とあらば直に之を決行して何の呟《ママ》も発すべからずと教はるるなり。故に西に行けと命ぜられて西に行き東に行けれと命ぜられて東に行く。一度命下らば其父母たると、妻子たると果《はた》親戚朋友たるとの別なく銃口を向く。如斯にして諸君の理性と感情とは全然没却され階級的盲従の奴隷心は愈々加はりし也。

兵士諸君、諸君は果して何故に忠君愛国せざる可からざるかを知れりや。

天皇は神の子なりてふ言葉は只一つの言葉なり。最も正確なる科学上より彼を見ば彼もまた一個の人間にして何の差異あらんや、然るを彼は事実に於て皇帝なり主権者なり統治者なり、圧制者なり加え彼は巨大な宮殿に数十人の妾を畜ひ数百万の金を費して猶不足をつぶやく。処女を姦したる者は強姦罪を以て罰せざる可からず人民の金を強奪したる者は強盗罪を以て罰せざる可からず。然るを神聖也、恐多いなどとは何事ぞ況や如此輩に忠義を盡すなどに至りては馬鹿の骨頂といふべし。皇帝を中心としたる国家なるものは彼と等しき也。国家とは一仮定線の範囲内に或制度を作り夫に制圧さるる人民の団体をいふ。現今の国家には二つの階級あり、一は権力階級にして他は平民階級なり。（以下略）」（在米社会革命党機関紙「革命」第三号所載）

『明治文化全集』（第六巻社会篇）の編集後記によれば、「米国に於ける日本革命党の状況」は、東北大学図書館長中村吉治博士の厚意ではじめて公表されたものとある。

論旨展開が大杉栄訳『帝国軍人座右之銘』と同一線上にある。大杉訳文が米国日本人社会主義グループに渡り、かれらの手で書き直されたものが『明治文化全集』に採録されたとも思われるが、詳細は不明である。

㈧「道徳否認論」（マックス・バジンスキー）

△世に人を統治せんとする念よりも、尚不正なるもの唯一あり、則《すなわ》ち之に服従せんとする意志なり。

今の統治者や富豪といふ者は、一見其権力が絶大であって、其地位が甚だ安固なやうに思はれておるけれども、実際は彼等も亦至極困難な問題に遭うて、之をいかに解決せんかと、大いに苦心しておるのである。さて其問題は何かといへば、則ち彼等の特権が既に危機に迫っておるのを、いかに防禦しうるか又人民の「国家」に対する信用が、日々薄弱になりつつあるを、いかにして維持しうるか。さうして又富豪や強者の堕落と罪悪に就て、益々疑惑を加へつつある人民の心を、いかにして慰めうるかである。

本来統治者にとって最も必要なことは、民衆の絶対的信用と尊敬の念であって、之なくしては一日も統治というものが行はれそうな筈はなく、無論政府といふものも安全ではない。そこで彼等は是まで教育だの学校だの家族制度だの其のほかいろいろと都合の宜《よ》い機関の助けをかり、人民の愚昧と遅鈍な性質とを利用して甚だ不自然な、忠君愛国の教えを彼等の腹中につめこんだのである。

近世に至るまで、かういう策略を行ふのは彼ら統治者にとっては、さほど困難な事ではなかった。ところが近代、印刷機械の発明は、たとへ、それが国家的の偏見と階級の虚偽とを広々伝播するに大きな力を持っておるとはいえ、それと同時に、新しい革命の自由思想を流布する効能も亦あったので、之が為に勇敢な豪邁な新思潮が遂に人民を長迷夢から喚び起し、かれらの頭脳をして自ら考へしむるに至った。

いかに愚昧な人間でも少しく考へて見れば、すぐ疑を起して、今の一般に「真理」といふものは、果して本当の真理であろうか、政府の役人や御用学者や宗教家等が同音に唱へておる「正義」という事は、果して正しい事であろうかといふ問題を発せしむるに至った。

　僧侶や帝王が鳥の影を見たり、獣のなき声を聞いたりして、自分が収める人民の運命を占うた、そんな呑気な時代は最早遠い遠い昔となってしまった。其時代でこそ、綸言《りんげん》（君主が臣下に対して伝えた言葉）だの、託宣（神が人にのり移ったり夢に現われたりして意思を告げること、神託）だのと言へば、人民は之に無上の敬意を払うたが、今日ではそんなものを一向に尊重せぬのみならず、現に自分等が選んだ代議士や立法者さへも、既に腐敗しつくし、堕落し去って到底信をおくに足らぬ事を悟った。

　然り、長い長い年月、暗黒の中に逍遥しておった人類も、漸《ようや》く自覚して今の政治や宗教や社会制度といふものはただ統治者と資本家が、貧者と労働者を束縛して、其の生産物を掠奪すべく、所謂「秩序」の内に彼等を保つ為の手綱であることを看破するに至った。

　ところが此平民の自覚という事は、統治者にとって非常に危険なものであるから、彼等は其人民をいつまでも奴隷の境遇におかんため、更に新しき方法と道具とをさがさねばならぬ事となった。これまでは宗教が其道具として甚だ有力なものであったが、今日は最早昔日における程の効能がなくなった。もっとも世間のおもてだけ見れば、今なほ多くのおてらや協会がそこ、ここに散在して恰も疱瘡のあとが人間の顔を醜くしておるやうに過去の迷信の跡を此世にとどめておる。そうして所謂《いわゆる》当世風の商人や政治家でさへも、まず神に祈りをささげてから其業につくものがある。

　併しながらこれは博徒が、そのトバへ赴く時に、神様へ供物をあげて縁起を祝ふたり、イタリーの海賊がその掠奪物の上に、幸福多かれと「仕事」に出る前に、サンタ、マリーの聖壇に、数多のロウソクをささげて祈願をこめると云ふはなしの類である。
そんな事は、マアさておき実際今の宗教は既に経済的、社会的方面には全くその感化力を失い、善を助け悪を退くる力がなくなった。さうしてかの全能な至善は、神様が恰も商売の組合員ででもあるかのやうに、かしこい人間からダマサレタリ利用せられたりする。かういう敬神家は、種々と陰険な謀を考へて人を欺き、其労働の結果を掠奪し、彼等を傷つけ彼等を殺し、其外天地間にあらゆる悪事を行ふて、巧みに其罪を他人にぬりつけ、さうして自分の霊魂は神のもとに行くのだと揚言しておる。

かくの如く今の宗教は、富者が貧者を圧制する事を防ぐには、もはや何の効能もない。

但し宗教の無能と欠陥とが漸く知れ渡った結果、之れを以て一般人民が今の社会制度に対する反抗をとどめる事も亦困難になり、従って彼等を永遠に奴隷的服従の地位に保たんが為に、宗教は既に何等の権威もなくなった。そこで彼ら圧制者は宗教の代りに何物をかさがし出す必要に迫られ、辛うじて発見したのは道徳といふものである。

此の道徳的教誡も亦宗教のやうに其性質は強制的な権威を持ったもので「是をなせ」「彼をなす勿れ」と命令を発する。けれども其命令の出てくる所は、昔ふうの神様や帝王の口からではなく、所謂道徳的良心とか義務とか、その内なる声というやつである。即ち前の圧制は外から来たもの、今の束縛は内から発するだけの相違である。

之まで神と君主とは貴族と富豪に対する人間の行為を拘束した「宗教の鉄鎖」が日々に弱く成り行き、今や将《まさ》に破滅せんとするにあたり、之を救はんが為に道徳の「桎梏」を造って人類自然の渇望と民衆が自覚の要求を圧殺せんとするは、かれら強者と権力階級にとっては、けだし、やむを得ぬ次第である。近時の教育と文書は際限もなく道徳的義務の数をふやして人民に種々の雑多な事を要求し、日々進歩しつつある人類の自覚を根絶せんと努めている。

それで此道徳の先生は司法官や宗教家よりも一層頑強な、残忍な横暴者になりすまして、人間日常の行為は細大もらさず、之に制裁を加へ、剰《あまつ》さへ科学と哲学と芸術の上にまで道徳的の津令を宣布した。

加え、此道徳は男女の自由なる結合に対してさへ厳《いか》めしき禁令を出し、遂に強制的の結婚と買淫制度と、さうして猖獗なる花柳病とを産出する事に成功した。此道徳の教によると、すべての男女は「おほやけの結婚」を行はぬ限りは決して彼等が生理的の要求を自由に満足させてはならぬのである。所が今の社会では経済的の欠乏則ち貧乏といふヤツが邪魔して、思ふやうに結婚させない場合が沢山ある。

そこで人間にとって最も情欲の盛んな、性交の必要な時期に於て、わかき男女がとるべき所の道は、ただ惨慄たる孤独生活と買淫と放蕩との外はない。此三者が則ち今の経済的組織と道徳的教訓が人生に寄与したるありがたき賜物である。

之に反して、我々は政治的にも経済的にも又社会的にも、其外すべての方面に於て、人間の自由なる活動に、少しの拘束と強制とを加ふることを非認する。従って今の道徳のやうな弱者と貧者を圧制する為の道徳には極力反対するのである。

先頃ニューヨークの市街掃除部の人夫が、ストライキを行ふた時も、新聞記者や政府の役人どもは、彼等人夫が其責任を忽諸《ないがしろ》にしたとか、市に対する道徳的の義務を等閑に附したとか言って、切《しき》りに非難の声を放って居る。

しかしながら、此人夫のやうに安い賃銭で虐待せられて居る労働者が、正直に丁寧に市街を掃除すること（殊に富豪の邸宅の周囲を綺麗にすること）が果して当然の義務であろうか。もしさうであるならば、これこそ立派な紳士閥《ブルジョア》の間にのみ通用すべき義務であって、彼等労働者の為には、ビタ一文の価もない道徳である。紳士閥の道徳は、富者をして、いつまでも寄生虫のような、怠惰な生活を送らせんがため、労働者に向って其貧困と窮乏の状態に忍耐して居よという。

かくの如く、道徳といふものは一方の金持と掠奪者とに取って、甚だ割合のよい商売であると共に、一方貧乏人の為には尤も苛酷なる無期懲役の宣告である。さうしてもしも、我々貧者と弱者が、タマタマ不道徳を行ふべき幸福な機会に遭はぬならば、我々は永遠に此苦役を免るる望がないのである。

世人は又云ふ、もしも人間の真実に、ある仕事をなし遂げるならば其仕事の中に、自ら「道徳的の満足」を感ずるであろうと。

そこで往々「労働は神聖なり」と言ふ声が、我々の耳に響いてくる。けれども是は全く偽善であって、真に自主独立の意気ある人であるならば、決して賃銀奴隷の仕事の中に「道徳的の満足」を感ずべき筈もなく、却ってかくの如き苦役につくを無上の屈辱なりとし、彼をして単に富を（他人の為に）貯積する、一種の器械たらしめたる現制度に反抗せずには居られない。さうしてもしも彼等が実際受けつつある束縛と圧制とに対して、不平を唱へぬものがあるならば、それは恐らく生まれながらの奴隷であって、全くの人の人たる精神と意気を失うたものである。

終りに今の道徳は、他人の財産に手をつける事を、固く禁じている。例えば住むべき家を持たぬ貧乏人があるとして、かれの道徳的義務は、富豪の邸宅の側を静かに通過することである。もしも彼が其家の内に這入って、暫く其疲れた身体を休息させたならば、直ちに犯罪者と名づくる別種の人間となって牢獄に投ぜられねばならぬ。

かくの如く道徳は、不自然な不人情な非社会的なものである。さうして今の道徳家は飢えたる乞食が、パンの一きれを取った時、声を強めて「盗賊ッ」と、さけびながら、一方に於ては、毎日労働者が作りだす産物の半ば以上を掠奪する。「成功した資本家」の前に、ひざまづき、此大盗を敬礼してなほ省みぬのである。然り、道徳とは、単に偽善の別名であって苟《いやし》くも自由なる思想を抱いたひとが決して尊奉すべきものではない。　　（ヲワリ）

△無政府主義は、暴力を以て平安な個人を、脅さんとするものに反抗す。
△個人が、なすべからざる所の罪悪は、政府も亦之を行ふべからざるものなり。
△若しも政府が、少しにても、人民の為に必要なることをなし能ふとせんか、そは人民が自ら、政府の助けを借らずして、なし能ふ所のことのみ。
△正直なる人間の為に、必要なる保護は、ただ国家といふ盗賊の害に対する防禦のみ。
△今の教育は、人をして上に向って卑屈従順ならしめ、下に向って傲慢不遜ならしむるの稽古なり。
△すべての政治は最も険悪にして、又最も圧制なるものは人民の一部分によって自由に支配せらるべき所謂代議政体是なり。

秘密出版第三弾の『道徳否認論』は、バジンスキー『無政府主義・道徳否認論』の訳稿であり、訳者は大石誠之助と推定される（神崎清の見解）。他方、絲屋寿雄『大石誠之助』記載の年譜によれば、マックス・バジンスキー『道徳否認論』は明治四十一年十二月の秘密出版とある。大石、愚童の関係から愚童が入手し、△印部分を追加したらしい。活字不足、組み直し、その他印刷上の困難を克服しながらも、これらの秘密出版に賭けた彼の執念には、次の出版に対する計画が秘められていたようだ。

三、愚童の獄中記

前文と冒頭部がないので題名は不明。

書き出し部分の数行は省略する（内山賢一氏所蔵）。

「理性とは何ぞ、イヤそんな六《むず》ケ《か》しい四角張らなくも、手近なところで吾々人類は、どんなに進歩するのであろうか。之をザット極めてみたい。

まづ衛生の上から見て、衣食住の三つが、充分に消費せらるるようになりたいではあるまいか。何れも大理石の高楼で起き伏しをしたいとは言はぬ。一本千円の帯をしめたいとはいはぬ。一回の宴席に一人前百円の料理を食べたいなどといふ贅沢は望まないが、せめては日に十時間の労働で、一週間に一度一日位の休日を得、寒いにつけこんな具合にマア理想を求めて、さてそれに向って一足でも進んでゆくのが、人の職分である。そして今の世のありさまと、自分はどんな境地にあるのであるかを調べてみるのが順序である。

暑さにつけ、それ相応の衣服を着て、病める時には応分の滋養物も給せられ、休日には又それ相応の文芸娯楽や自分の好む宗教的修養に費やすことの出来るだけには、お互ひに此世の中をしてみたいではないか。これはあながち、自分一人の望みではない。万民凡て此望があるのである。今日の世の中はどうであろうか。一坪百円の地所に坪三百円の建築をなす人あるも、六畳一間で月三円の店賃で、古長屋に六人の家族が、カツカツに生活しておる労働者があるではないか。

イヤそれすら住むことが出来ずに、冬の寒ぞらに、軒の下で星を友として昼の疲れを休めねばならぬ者さへある世の中だ。一着一千円の二千円のといふ衣服を召さる人々のある今日に、冬になっても半天一枚で働いておる。そうして其小児等も垢じみたボロを纏《まと》ふておらねばならぬのが、今の労働者の有さまである。

義務教育が六年になった。実に聖代の恩沢ありがたく感謝すべき筈なるも、平民労働者にとっては、ツライイツライ思ひがする。

平民労働者の小児は、九ツか十になれば、なんとかして親の手助けをする為に、働かねばならぬといふツライ月日の下に生まれておるのである。これを徴兵猶予の特権を持って、二十五までも三十までも学校通ひの出来る坊チャン達とくらべてみる親の心は、煮えくり返る思いがするのではないか。

一食五円十円もする料理に、消化のあしきをかこちおるお方と、五銭の弁当も、楽々喰べられぬ労働者と、どういう星の廻りあわせであろうぞ。六十をこした親父が二月以前より病気で寝て居る、医者に診て貰うどころか売薬さえもやることが出来ない労働者。しかも大学には医者の先生や生徒が沢山おる。

天に聳《そび》えるやうな病院はいくら出来ても、労働者の為にはならないのではないか。

扨《さ》てこういう世の中に、しかたがないとあきらめて、豚のような小屋で寝たり起きたりして、人の残り物に其日其日の命をつなぎ、富豪の犬にも劣った生活をしてゆくのも、年が年中、半纏《はんてん》一枚で一生家庭といふことを知らずに独り身でくらさねばならぬ下層労働者で終るのも、男の一番奮発して、この不公平な世の中を改革しようと、其根元を探検する為に、一命を半途に捨てる麒麟児も、東西古今の学者が社会幸福の為に研究した断案を呑込んで、これが実行運動に着手し、不幸中途に牢獄の苦を忍ぶ硬骨漢も、数多百姓の苦痛を除いてやろうと直訴をした其為にはりつけにせられた佐倉宗五郎のやうな人も、古今類なき大飢饉に、奉行の不仁を憤ふりて大阪天満の米倉を打破り、数多の貧民の飢を満たさんとして其功ならざりし大塩平八郎のやうな人達も、これが確固たる自分の信念の命ずるままに行動をとった者ならば、実に人間として幸福の人と言ふべきである。

お釈迦という宗教家は王位を棄てて乞食になった。ダイオジニーといふ哲学者は、一生桶の中で寝たり起きたりして居った。それで此二人は帝王も奪うことのできない喜びをもって世渡りをした。キリストは十字架の上で殺されたるにも拘はらず、万民の罪を購《あがな》ふ為だといふて喜んで死んだ。凡そこんな具合に、自己の理性に従って行動をとった人は幸福者である。

さすれば今の世の中で、万民ひとしく望む公平に働いて公平に衣食住の供給を受くるといふ為に、一足でも二足でも自分の能力かぎり、各種の方面に運動するといふのは、即ち理性に従って行動するといふことになるのではなかろうか。

其理性に従って行動した為に、断頭台上の露となっても、十字架上の辱かしめを受けても、寒風骨を刺す北海の地下獄に半生を終るとも、泰然自若たることが出来る。これが人生の幸福と云ふものである。さて然らば其方法はどんなものであろうか。

明治四十二年十月廿六日　　愚童」

愚童は明治四十二年五月、国府津駅頭で検挙、起訴され横浜地裁で十二年の刑を受け、翌四十三年五月、控訴審で七年の刑が確定した。横浜根岸監獄で服役中の四十二年十月末の手記であるから、大逆事件で起訴される以前の執筆。起訴されてから控訴審判決までの間に書かれた獄中記と見られる。筆の運びは慎重だが、平生の考えが率直に語られており、遺稿『平凡の自覚』に相通ずるものがある（吉田久一『日本歴史』一三一号所載）。

『平凡の自覚』

愚童の獄中記『平凡の自覚』だけが、処刑後の宅下げ品の中に含まれて、実弟内山政治の手に渡り、戦後、大逆事件の研究家、神崎清の発見するところとなり公刊された。原本は和紙の原稿用紙三十六枚に毛筆で書かれていた。

大逆事件死刑囚の獄中記は、当局の方針により外部へ出さぬ方針だったのに、『平凡の自覚』だけが実弟の手で戦後まで秘匿されてきたのかはなぜだったのかの疑問は、謎のまま今日に残る。

しかし、一読した獄吏がその内容に安心して、単なる修養書、反省録と判断して宅下げ品扱いとしたことも考えられる。無政府主義、社会主義の語は一語たりとも使わず、反天皇制思想も見当らなかったためか。

『入獄記念無政府共産・革命』を秘密出版して死刑判決を受けた彼が、当局の検閲方針を充分考慮して自分の信念、思想を後世に残すことに主眼を置き、遺書として行文に配慮した苦心のあとがうかがえる。

「自己の意思に従って何事も行動し、決して他の為に之を妨げ枉《ま》げられることの無い、即ち飽くまで自己の意思を尊重し、それと同時に他人の意思を尊重して、平和に生活をなし往く事である。要するに、人類の終局の目的は独立自治、相互扶助にある。語を更へて云ふならば、自由、平等、博愛の実現にあるのである。

初めは国王の為に吾等人民は生存して居ると教えられ、其に盲従してきたものが、政府は吾等人民の為に働く機関でないと自覚するに至りました。即ち民本主義、或は民主主義を唱へるようになってきたのである……吾々人類は決して牛や馬のように、或る強権に統治せられなければ、生活して往かれぬという者でなく、独立独歩・自治自適・自由自在に行動して生活いたすべき者である。これが吾人平凡の自覚である。

男と云ひ、女と云ひ個人として同等の者であるから、自分の子を養ひ親を養うだけの労働はせねばならぬ。

女子とても労働する。けれども従来の如く男子の附属物として従たる労働でなく、独立の職業を学んで置かねばならぬというのである。三人なり五人なりの家族を有する主人公は三度の食事に同席する事は勿論、止むをえざる事の外、食事を他処にてなさざること、又来客の時などは、殊に家族と同席に食事を為すべきである。……普通の家庭に於て困難するは財政問題である。来客の為に五十銭の臨時費用を要するとの思いあらんも、自覚せし人は平然として、其五十銭を家族全体に馳走して然るべきなり。かくすれば、如何にして家庭の幸福を円満に為すを得るや知るべきなり。

自覚の行動は、それが為に親に分れ、妻子を捨て、友人に誤解せられ、幾多の辛酸を嘗《な》むるのである。されど吾人一個の滅亡は社会多数の幸福の為である。所謂、一粒の麦もし地に落ちて死なずば唯一つにてあらん、もし死なば多くの実を結ぶべし、とは之を云ふなり。かくの如く幾多の困難に打勝って、自覚の行動をなさんには、平生に於て反覆再四、自己の自覚なる者の聖霊に浴すべく修養すべきものである。……」

この遺書は、三十八歳の生涯を集約した愚童の心境を吐露しており、執筆場所（監獄）の制約から抹消されないことを念頭に置いて書き綴った。だから社会主義、無政府主義の一語も使用されていない苦心作である。かれの思想が裁判所の判決したように、テロリズム、破壊主義とは無縁であることを雄弁に物語り、裁判批判の狙いが秘められているとも読めよう。全文は省略したが、神崎清編『大逆事件記録第一巻』に掲げられている。

大逆事件で起訴された仏教徒は、次の通りである。死刑＝内山愚童（曹洞宗）、無期＝高木顕明（真宗大谷派）、峯尾節堂（臨済宗）、佐々木道元（真宗）、家宅捜査のみ＝毛利紫庵（有義真言宗）、井上秀夫（曹洞宗）。キリスト教徒は一人もいない。

四、参考資料

㈠「農民の福音」
作者赤羽巌穴は、入獄覚悟で本書を出版、入獄中、ハンストにより死亡。刊行は愚童の『無政府共産・革命』より二年後のことであり、『無政府共産』と主旨を同じくする著作がほぼ同時代に書かれ、しかも小作人はなぜ苦しいかを問い、日本農村における地主対小作人の階級対立に触れ、高率地代の収奪からの解放を求めているのが特長的である。

㈡「小作人の窮状」
『内地雑居後の日本』『日本の下層社会』で文名を高めた著者の先駆的農村ルポとして、鋭い問いを発している。

㈢「百姓は何故苦しき乎」

森近運兵が発行していた日本平民新聞の附録号に発表される。筆者が森近本人か社外寄稿家なのかは不明。愚童の『無政府共産・革命』と論述内容がよく似ている。
それでは、それぞれの書の内容に入りたい。

㈠「農民の福音（抄）」（赤羽巖穴、明治四十三年五月）

『極楽は何処《いずこ》の果と思ひしに、杉葉立てたる又六の門』と云ふは有名なる一休和尚の狂歌である。之を吾々の主義の立場から今様に直すと『地主等の倉から米を取り出してタラ腹喰ふが極楽の門』となる、何時が何時まで鋤鍬《すきくわ》取っても善い果報は掘り出されず、朝から晩まで黒くなって働いても、糠味噌で麦飯さへ碌々喰へぬ百姓の身分程詰らぬものは無い。

埼玉辺りの田舎の農民は「己《おい》らは米の飯十日に一度、己らが旦那は日に三度」と哀れな声で歌ふさうだが、かかる情無い身分も農民の自ら招ける禍ではなくて、地主や金持等に自分が骨を粉にして働いて得た折角の作物を横取りされるから起るを思へば、イカに意気地の無い農民と雖も又憤然たらざるを得ぬであろう。而して土地の回復するに前って（先立って）、自分の作物を横領して太くなれる地主や金持の倉庫を叩き壊《こわ》して、米でも金でも自分の思ふままに取り返そうと云ふ念が勃然として起るであろう。泥棒を泥棒するのは泥棒で無い、自分が盗まれたものを取返したからとて夫れが泥棒であると云ふ理屈は決して無い。農民が地主の倉庫から以前盗まれた自分の米穀を取り返すのは、道理と正義が許す適当の行為である※。

（注、愚童は「無政府共産・革命」のなかで、これと同じ事情を論じ、正義の義挙と農民の立ち上がりを訴えた。愚童作は明治四十一年十月頃、巖穴作は四十三年五月と二年のへだたりがあるが、同時代の著作であり、共通目標を追う）

『木曽へ木曽へと附け出す米は伊那の百姓の涙米』とは僕の故郷の古い俗謡であるが、永い間地主にイヂメラレ抜いて、胃嚢《ぶくろ》の空になっている農民の為には、米の取り返し運動は、地獄で仏に逢ふた亡者の喜びにも優《まさ》った喜びで、彼の前途には飽食暖衣の極楽の光明が微に輝いているのである。年貢と云ふ重い荷を背負ふて地主虎や金持狼に吠えられ、噛まれながら蓬頭破衣、足も手も血みどろになって自由競争の険しい山路を喘ぎ喘ぎ登って来た不幸なる農民は、今や暗黒の前途に突然「無政府共産」てふ赫々たる大光明を認め得て、喜び極って泣いて居るのである。

オー田舎の兄弟姉妹よ、生活難の戦場で疲れ切った郷等《おんみ》の身《からだ》と心とを安息さすべき万人共和の楽園は、大なる山一ツ隔てて遙か向ふに見えているでは無いか、郷等は其の楽園に到るべく最一ト奮発して革命と云ふ険しい山を越えねばならぬのである。革命の山を恐れて逡巡する様な臆病者には万民安楽の自由郷に入るべき資格は無い。ウソとオベッカで固めた人生の砂漠に荒れ果てた感情を復活さすべき緑地《オアシス》は、圧制も、悪意も、権威も、剣銃も何も無き無政府共産の自由国に於て求むべきである。此の国に於て平民―農民―は始めて真の人間たる価値と栄光と歓喜を感ずるであろう。

名を与へて実を取るのが、地主や金持の慣手段である『農は国の大本』と云ふ美名を与へて、実は土百姓扱いにして居る。「百姓聖人」と云ふ名の下に『土着せる奴隷』の実を与へて居る。自由労働と云ふ立派な看板の下に『賃銀奴隷』の実を隠して居る。故に我等は名に迷って実を忘れてはならぬ、名実一致と云ふ事は彼等詐欺師の全く知らざる処である。徳川家康は『百姓は活きぬ様、死なぬ様治むべし』と言ったさうだ。如何にも乱暴な言語だが、むしろ奸雄たる彼の天真を流露したもので、今日の紳士閥が農民を牛馬よりも苛《ひど》く扱ひながら、表面『農民は国の基』抔《など》と口頭《くちさき》でオベッカッテ居るのに較べると頗《すこぶ》る男子らしい処がある。家康は事実此の言の実行者であって、徳川三百年の太平は此の格言の具体化せるものである。百姓は食物生産機械であるから、死んでは食物を作る者が無くなるから困る、サリトテ活きて元気旺盛では何時百姓一揆が起らぬとも限らぬから物騒千万此の上も無い。故に何時でも蛇の生殺しの様にしておくのが国家安泰の上策である。家康のこの言を当世流に直すと『労働者は活きぬ様、死なぬ様使ふべし』ということになる。而してコハ既に金持の実行しつつある処で、現在資本家が繁昌を極めているのは正しく此の語の顕現である。

我等の革命運動は永い間生殺《なま》しのままに置かれた蛇の復活運動である。我等は蛇の如く執念深く紳士閥に附き纏《まと》ふて永年のつもる怨恨を晴らさねばならぬ。而して今度はアベコベに地主、貴族、金持等を取て押へ、復讐の俎上にのせて弄《なぶ》り殺しにせねばならぬ。かくせねば我々が永い間蛇の生殺しのまま置かれたる、其の深き怨恨は仲々晴れない。

ソレには『年貢を払はぬ同盟』を作るが一番よい。それが少々不穏当であると思へば『田地を借らぬ同盟』でもよい。小作人が無ければ、貴族の田地も宝の持腐れで何の役にも立たぬぞといふ道理を悟らせる手段である。……

借手のない、年貢の入らぬ田地を持っていても一文にもならぬから、諸君の団結が巌の如く堅ければ、地主は所有田地を投げ出して諸君の前に降参するより他にない。かくて地主が投出した田地は諸君の共有の手に入るのである。……

茲に一ツ困るのは同盟の成功する迄小作人はどうして生活して行くか、即ち地主対小作人の戦争に於て、小作人はどこから兵糧を得るかと云ふ問題である。……地主の米は元来我が所有《もの》であるといふ原則に従って、彼等の倉庫から自由に米を持ってきて兵糧に使へばよいではないか。……

此の原則はクロポトキンの所謂収用であって、社会革命の最大武器である……（以下省略）」

「農民の福音」を流れる論理展開、文脈に見られる調子は、内山愚童が秘密出版した『無政府共産・革命』と軌を一つにしている。前者は明治四十三年五月執筆、後者は四十一年十月頃、「赤旗事件」で在京社会主義者が一網打尽にされたのをうけて書かれているから、ほぼ同時期の論述であり、相互に影響し合っているようだ。特に共通しているのは小作農民に対して決起を促し、地主勢力への対決を檄している点である。

というのも、小作農こそ農業問題における社会的矛盾の集中的体現者であるから変革に立ち上がるべしとの呼びかけである。ただこの農民運動の発展に対し、素朴すぎる楽観主義に陥っているのが致命的弱点だった。「農民の福音」は、彼が心血を注いだ苦心の作で、公刊できれば、入獄は不可避な運命と覚悟していた。

ここで赤羽一（巌穴）について記しておきたい。

明治八年、現長野県塩尻市に生まれる。生家は地主、郷原宿の問屋。父は民権運動に加盟、家業は祖父源藏が切り回していた。祖父の死後は巌穴が継いだが、父の放蕩により家業は衰えていた。明治二十六年、十八歳のとき廃嫡届を出し、家業を弟に譲る。明治二十七年、十九歳、法律を学ぶため上京し、苦学。明治三十一年七月東京法学院（現中央大学）を卒業。二十三歳、直ちに神戸・日刊時事新聞、「神戸新聞」の記者となる。三十二年上京、内村鑑三に傾倒してキリスト教人道主義者となる。三十五年（二十七歳）渡米、サンフランシスコ着、在米日本人経営の新聞社「新世界」に入社。

三十七年、二十九歳。渡米中の片山潜、在米の社会主義者岩佐作太郎と共にサンフランシスコ日本人社会主義協会を組織。在米中、「自由の国アメリカ」とキリスト教徒に疑惑を抱く。三十八年、三十歳。母重態の報《しら》せで帰国、三十九年上京、日本社会党に入党。四十年、三十二歳、日刊「平民新聞」の編集員となる。四月の同紙廃刊後、「京都日報」の主筆、九月、西川光二郎の要請で帰京、「社会新聞」の編集員となる。「社会新聞」時代、無政府主義者だったが、社会主義者との協同闘争の重要性を主張した。

明治四十一年、三十三歳。西川、松崎、片山と別れ「東京社会新聞」入社。執筆の「社会党入獄史」が新聞紙条例違反にかかり入獄、東京監獄より千葉監獄に移され、四十二年九月出獄、十一月帰郷して「農民の福音」執筆。四十三年三月、三十五歳のとき上京、発禁を覚悟のうえ、「農民の福音」を出版、湯河原に幸徳を訪ねた（幸徳の最晩年）。

「農民の福音」は朝憲紊乱の廉《かど》で著作者、発行者として一ヵ年の禁錮、無届出版で罰金二十円、虚偽の発行日記載で罰金十円の刑が追課され、控訴では一審を上回る禁錮二年の刑を課された。

明治四十四年、健康を害し、四十五年、三十七歳。服役中の千葉監獄でハンガーストライキ中死亡、三月四、五日、逸見斧吉＊宅で通夜、西川光二郎、石川三四郎、木下尚江が参加した。赤羽の名は在米日本人社会主義者の動向を知らせた外務省公電にもあり、日米両国にわたり幅広い活動歴を持つ。

その出自、社会経歴を見るに、内山愚童とはかなり異なるものがあるが、農民の奮起をうながし、かれらの革命的エネルギーに大きな期待をよせていた問題提起には、共通の思想的基盤が見出される。

愚童の『無政府共産・革命』とほぼ同時代の発表であり、文脈において相通ずるものがある。四十年代初頭を記念する作品として取り上げた。

（注、逸見斧吉＝広島の生まれ。慶應義塾中退。キンシ・ミルクの発売で産を成し、明治時代の社会主義者、無政府主義者の活動を側面から援助、田中正造は上京のつど、逸見宅を常宿として利用、石川三四郎と親交を結ぶ。平民社の堺利彦、幸徳秋水を支援した平民病院の経営者、社会改良主義者加藤時次郎と共にその社会活動は汎《あまね》く知られる)

(二)「小作人の窮状」(横山源之助、明治三十二年)

「余が知れる小作人に一反一畝二十五歩の田地を耕せる者あり、本年三石八斗を得て真の収穫の多大なりしを喜び、良田を小作しつつあるを誇ること甚し。三石八斗を得て実際収むる所の純益果して幾何ぞ。就いて親しく其小作料、肥料、種籾代、労力を計算し、特に地主に納むる小作米を除けば、残る処僅に一円三十六銭五厘なるに過ぎず、之に計算外の所得稟《わら》百四十把一円四十銭を加ふるも、漸く上って二円七十六銭五厘、良田と称して其の純益を計算せば得る所僅に斯の如きのみ。

極窮の小作人を見るに、一段歩に二石一斗(十七円八十五銭)を得るは頂上なるべし。肥料は臓物を加へずして石灰人糞の廉価なるを投じ、出来うべきだけ労力を節するも十円内外の費用は要せん。之に小作米九斗(七円六十五銭)及び諸費用七円六十五銭を除けば、残る処僅に二十銭、即ちかれらは純益を得ずして労作しつつあるなり。仔細に算し来れば或はかれら自身と雖も、右の如き純益なきに愕くべし。尚ほ且つ耕作に従事する所以のものは、かれらは自己の所得に就て仔細に計算することなきと、田地に投ずる労力を全く勘定の外に置き、僅に肥料と種籾代の幾分と小作米とを支出として数へ、他の残れるは即ち之を利益として安ずるが故のみ、小作人一幅生活の光景、此の些少の収入に基づく……」(『日本の下層社会』)

さらに横山は本書で、五反歩耕作小作人の年間所得は五十円にみたず、職人の約百三十円、日雇い人足の約百円に比べてもいかに少ないかを述べ、しかも彼らは、借金があるため離農できない悲惨な状況を伝えている。

㈢「農民は何故苦しき乎――森近運兵の活動」（大阪平民新聞、昭和四十一年五月五日）

東京の日刊平民新聞は、明治四十年四月廃刊、そのあとを受けた社会新聞は分派問題以後、片山潜、西川光二郎ら一派が独立して、幸徳、堺らに紙面を提供しなかった。このため、幸徳、堺ら我国の社会主義者の多くは、運兵が経営する大阪平民新聞を拠点とするに至り、同紙は全国社会主義者の重要な機関紙、活動拠点となった。

同紙は四十年十一月発行の第十一号より日本平民新聞と改題し、幸徳、堺、山川、大杉らの有力な社会主義者が投稿するに至り紙数を伸ばし、社運は盛大になった。この改題と共に、ときどき労働者と題する小冊子を附録として発行し、堺、山川がこれに当たった。

明治四十一年五月五日、同紙第二十三号の附録として発行した労働者第四号（農民号）は、「百姓は何故苦しき乎」と題して、次のごとく訴えた。

「数年前よりロシアの百姓は都会の労働者と共に一揆や騒動をおこして政府や金持を倒そうと掛っている。それもその筈である。

百姓が汗水たらして作り上げた小麦は政府の苛酷なる税金や地主の無慈悲なる小作料のために取立てられ自分等は小麦の粉に稗や木の皮を炊き混ぜてやっと餓死を免れているのに、斯うして百姓の口から捩ち取った小麦は贅沢な菓子や食物となって、遊んで暮らす大地主や大金持や政府の役人共の口に這入るのである。ここまで踏付けられれば仰るか反るかである。ロシアの百姓が鋤や鍬をとって政府や金持を打倒そうという革命の旗を掲げたのも決して無理ではない。

しかしながらこれが若し諸君の祖父や曾祖父であったら多分ロシアの百姓と同様に竹槍、蓆《むしろ》旗を押立てま（な）いものでもない。諸君の中に自分の作った米の飯ばかり食っている人が幾人ある。仮に一反六俵の収穫から三俵半も小作米にとられた上、高い肥料代を引去れば残る所は半年は愚か四ヵ月の食料にも覚束ないのである。やっと食うだけの地面を持った百姓でも小作米を出す代りに目の飛び出る程の税金をとられるから、矢張り自分の汗水絞って作った米は人手に渡して自分は麦や馬鈴薯を炊きまぜて、どうやらこうやら米の不足を補ってゆくのほかはないのである。

小麦を作るロシアの百姓は稗や木の皮を食って政府の役人や大地主が小麦の菓子を食っている。米を作った日本の百姓は麦や馬鈴薯をもって餓を凌ぎ、百姓の口から捩ち取った米は光沢のある飯となり、又灘や伊丹の酒となって金持の食膳に上って居る。さもなければ税金となって政府の役人の手にはいるのだ。其税金は段々重くなる。諸式は追々高くなる。塩でも砂糖でも石油でも煙草でもその高い値段の中には政府の税金と金持の儲とが一緒になっていて、諸君は品物の代金という名前で実は政府と金持とに税金を納めている。

年貢と税金と金持の儲《もうけ》、この三つは百姓の暮しを段々苦しくしている三重の首枷である。かように大地主に年貢を払ふて安楽に暮させておくのも百姓である。都会に工場や銀行をもっている金持の高い品物を買って栄耀栄華をさせておくのも百姓である。政府に税金を納めて鉄砲や軍艦を作らせるのも百姓である。そして一朝戦争が始まれば忠義な百姓の息子が真先に立って死にに行くのである。

日本の金持もロシアの金持も其品物を支那や満州に売込もうとする此商売敵《がたき》から戦争が起れば、第一に鉄砲の餌食となって金持の品物の売れ口を作るのは百姓の息子である。百姓は金の税ばかりか金持のために血の税まで払って居る。百姓の暮しの年々苦しくなるのも不思議はない。諸君の首に大地主と大金持と税金の三つの首枷があるからだ。それとわかってみれば、最早諸君は考え込んで計《ばか》り居るべき場合ではあるまい」

と論述し、また『貧乏人と金持の喧嘩』との見出しの下に、

「今の世の中は金持と貧乏人との二つに別れおる。我々貧乏人が働けば、この日本国の莫大な富も生れてくるのだが、其の生れてきた富を大抵金持達がせしめて了ふので、我々貧乏人はいつまでたっても矢張元の木阿彌である。そこで貧乏人と金持との間にどうしても喧嘩が起る。同盟罷工などは此の喧嘩の一種である。ところで此喧嘩に於て金持は金力を以て戦ひ、貧乏人は頭数を以て戦う事になる。

諺にもいう通り『多勢に無勢』いくら金があっても、何千人何万人何十万人で攻寄せられては迚《とて》も叶はぬ。それで結局は貧乏人の勝になる。そこで愈々《いよいよ》貧乏人が勝利を占めて金持連を亡ぼして了へば、今迄金持連のもっていた土地も財産も鉱山も山林も工場も機械も船舶も鉄道も皆我々の共有になって、金持のなくなると同時に貧乏人もなくなって了ふ。そして本当の自由平等の社会ができる。これが即ち社会主義の考へである云々の文章を掲げたるにより、新聞紙条例の秩序紊乱を以て罰せられ、運兵は大阪控訴院に於て軽禁錮二月の処分を受けた。

ここに於て日本平民新聞は一頓挫を来し、且運兵入監せば、大阪平民社の維持亦困難の状態となりたるより同四十一年五月二十五日、号外を発行して同新聞の休刊を宣し、同月二十二日、大阪平民社の解散式を挙行した」

この解散直後、運兵は高知に幸徳を訪ね、演説会を催した。運兵は平民新聞発行の傍《かたわ》ら毎月一、十五日と労働者の休暇日に大阪平民社に茶話会を開き、社会主義に関する講和をしたり、青年同志と大道演説を試み、「平民ラッパ節」「嗚呼《ああ》金の世や」の印刷物を通行人に配布した。また大阪、神戸で演説会を開き、主義上の伝道に努め、主義者の養成を心がけた。これより先、明治四十年十一

月三日帰郷のため、途中、大阪についた幸徳を迎えて演説会を開いたが、たまたまこの日は米国桑港で「暗殺主義」がばらまかれた、奇しくも因縁の日であった。

明治四十年十二月、愛知県の亀崎鉄工所時代の宮下太吉が立ち寄り、運兵と質疑を交わした折には、「神武天皇は九州の辺境より出て長髄彦を亡ぼしてその領土を横領せしもの、その子孫を天子として尊敬する根拠はなく、天皇崇拝は一種の迷信にすぎず、主義の実行についてはまずこの迷信打破が第一歩なり」と説き、宮下をして大逆罪陰謀の一味に参加せしめたとされる。運兵は幸徳と共に、無政府共産主義者として直接行動論を主唱し、同志の養成に尽力したが、自らその実行には参加しなかった。

明治四十二年三月、俄かに郷里岡山に帰り、果樹農園の経営に当たり、運動とは関係を絶っていた。『百姓はなぜ苦しき乎』および『金持と貧乏人との喧嘩』を通底している思想の展開は、内山愚童が書いた『無政府共産・革命』における「小作米を払うな、兵士は兵営より脱走せよ」など、税金不払いの檄《げき》に受けつがれ、農民、特に小作人の奮起をよびかけている点に注目したい。愚童にも多くの先輩がいた。幸徳、森近はその最たる者だ。

ここで森近運兵小伝を記すことにしたい。

森近運兵は、明治十四年岡山県に生まれ、同三十二年、岡山県立農学校卒後、専売局、農事試験場に勤務した。当時、県下では地主と小作の人間で小作米減額をめぐり対立が激しく、運兵も農務係として解決策に腐心していた。この頃、幸徳の『社会主義神髄』を一読し、現今の法律制度の下ではとうてい解決の道なく、社会主義下における土地の公有、共有のほか、良策なしと確信するに至った。

同三十七年、岡山監獄教誨師鷲尾教導及び県立病院医師増原長治らと「岡山市いろは倶楽部」を設立、活動積極化のため、同年十二月、上官の詰責をうけて県庁を辞職した。

翌三十八年二月上京、有楽町の平民社で幸徳、堺らと協議し、関西地方に社会主義の伝道機関を設け、東西呼応して社会主義運動の開始を決定、三月、大阪市北区中ノ島に大阪平民社を創立した。既存の社会主義者団体、大阪同志会と合併して茶話会、研究会を発足させ、東京平民社の出版物取次に当たり販路を拡げた。

また、神戸平民倶楽部、岡山いろは倶楽部とも気脈を通じていたが、同年九月、東京平民社の解散にともない、その大阪支部として活動中の大阪平民社も解散することになった。このため運兵は上京、同年十一月、神田三崎町にあった平民社ミルクホールの経営に参加、のちにこれの経営者となった。

三十九年一月、日本社会党が結成されると運兵は片山潜、堺利彦、西川光二郎、田添鉄二、斉藤兼次郎、加藤時次郎、竹内余所次郎、岡千代彦、深尾韶幸、樋口伝らとその評議員となり、堺利彦、西川光二郎と共にその幹事として普選運動に参加した。

同年二月、普選連合大会を開き、「吾人は日本人民にして成年に達したる者は総て衆議院議員の選挙権を有するを以て合理にして且つ急務なりと信ず因て茲《ここ》に之を決議す」との決議文と二千四百五人の署名ある普選請願書を提出し、その紹介を衆議院議員奥野市次郎ほかに委嘱した。

明治三十九年三月、東京市電各社の値上げに反対する市民集会を日比谷公園ほかで催した。しかし、この運動に参加した多数同志—西川光二郎、山口義三、大杉栄、岡千代彦他十数名が投獄されたので、運兵がその穴埋めに当たることとなった。三十九年六月、幸徳が米国より帰国し、堺利彦、西川光二郎、山口義三、石川三四郎、安倍磯雄、木下尚江らと平民社を再興し、翌四十年一月、

「日刊平民新聞」を発行すると、運兵はその販売責任者となった。同年二月、錦輝館における日本社会党大会において、幸徳が直接行動論を発表するや幸徳支持派対反対派の対立が激化したが、運兵は常に幸徳、堺と行動を共にしてきた。

明治三十九年秋頃、大阪市において滑稽新聞を発行していた宮武外骨が、弁護士日野国明らと社会主義研究会を組織していたが、四十年春、その機関紙として雑誌を発行することになり、運兵に経営責任をとらせることとなった。

同年五月一日、運兵はこの雑誌「活殺」第一号を創刊したが、同誌上に書いた運兵の救世軍非難の論文が過激にすぎ、会員からの不満に直面したので、第一号のみで廃刊を余儀なくされた。

宮武外骨は運兵を支持、該研究会とは別個に独立の雑誌を発行させせんとして資金提供を約した。このため運兵は、大阪平民社を設立し、百瀬晋、小野木守一ら東京の同志を招致して、「大阪平民新聞」を発行することとなり、同年六月一日、第一号を発刊した。内山が森近から『無政府共産・革命』の発送先を教えられたのは、この大阪平民新聞の名簿だった。

次は奥宮健之《けんし》の前歴余談である。

玉井のベルリンにおける社会活動の一端として、次の事実が明らかにされ、その中に奥宮健之の事跡が述べられている。

一九〇〇（明治三十三）年、パリで開催の万国博に出演した二組の日本人演劇団があった。

その一つは川上一座。同座は万博終了後、いったんは帰国したが、他の一座「烏森扇芳亭芸者一座」は、パリ公演の好評に気をよくして欧州巡業の旅に出た。しかし、ウィーンでマネジャー格のアメリカ人に、興業収入をごっそり持ち逃げされた。

一文無しとなり、立ち往生を余儀なくされた一座では、座長が奥宮という男をベルリンに送り、雑誌「東亜」を発行し、「私設公使」の異名をとる玉井喜作に事情を訴え、緊急支援を乞うことになった。玉井は急場をしのぐ三百マルクを調達して一座を救うと同時に、ベルリンでの活動を支援した。

玉井は自分が発行していたドイツ文の日独貿易機関紙「東亜」に、ゲイシャ・タンツ礼讃の広告記事を掲載し、四月二十八日「フィルハーモニア館」で上演することになった。切符は二マルク、三マルク合わせて二千枚を売り切った。

この評判を聞いたベルリンのプロモーターが紹介にのり出し、烏森一座はドイツ国内各地の巡業を果たし、明治三十五年一月、日本へ無事帰国できた。このとき、座長の指示により、玉井喜作との交渉に当たった奥宮健之は、帰国してから十年後、大逆事件に巻きこまれ、四十四年一月、断頭台上の露と消えた十二名被告の一員だった。

しかし、事件の発覚にいたる過程での彼の行動に関しては、不可解な謎が指摘されており、もと土佐自由民権運動家の末路は悲惨の一語につきる（大島幹雄『シベリア漂流——玉井喜作の生涯』〈新潮社刊、一九九八年十二月〉による）。

「地主と小作人」

「肥料代、小作人の一番困るのは肥料代です。私の村では一反に凡そ六円の肥料を入れますが、此の金が大抵な小作人の手にはないから地主から借りる。スルト利子を一割若しくは二割とられるので此の金の元利を悉《ことごと》く返すことは平作の時でも出来ぬ。然かるに凶作が度々来る。ソコデ借金が出来る。ダンダン増える。屋敷を取られる、家を取られる、次では牛か馬を取られる。遂には其所に居られなくなって都会へ逃げ出す。何か無利子な金で小作人に肥料を買ってやる工夫はないものでしょう乎《か》（山梨県竜王村、中田生）。

地主と小作人との戦争、当県下は一般に小作料甚だ高く終歳営々として一町歩の二毛作田を耕す小作人にても平年に其の得る所僅かに米三乃至四石、及裸麦八石乃至十石にして其中より肥料代、農具農舎の損料、及牛馬の飼養育を引去り其余を以て一家五口を糊する次第なれば其困難云ふまでもなきことなるが卅六年度より県令を以て米製改良を実行せしめらることとなりしより小作人等は一層の手数を要して従来に比し一石に付七八十銭高価なる米穀を地主に納むることとなり小作人の苦痛益々高きを加へたれば彼等は此際を期とし団結して地主に小作料の減額を迫るに至りしに地主等集会協議して「改良に要する手数料のみを小作人に与へて小作料は従前の通り納めしめん」と決し、小作人は多く之に満足せずして同盟罷業の途に出でたるが地主の一部分は他より労働者を傭ひ入れ非常の損失を忍んで自作を実行（勿論永久自作の考あるに非ず一時の虐喝なり）して之に当り又他の一部分は小作人の閉口するまで田地を荒廃せしむるの策を執るに至れり、地主の小作人に対する右の二策中、前者に妙を得たるは浅口郡の小野某、後者に長ぜるは英田郡の多額納税者豊福某とて村会議員の半数を一人にて任命—選挙にあらず任命なり—し広大なる山林の植付人夫数百名を監督するに請願巡査を以てせんと企つる大旦那大棍棒—嗚呼吾等は何時まで地主制度の下に泣かざるべからざる乎（岡山県、悪運子）

吾地方の一小作人　我が近村に一人の新住民住せり。彼終歳孜々として働き日として耕作に力を致さざるなきも尚常に一家を養ふべき余裕を有せず—而して昨年の不作は益々彼を困難の地に陥らしめしに我が村の富豪にして彼の地主なる某は天然の然らしむる不作を全く彼一人の不注意不勉強より起りしものと心得てか少しも容赦する所なく小作米の請求を為し遂に憐れなる彼をして泣く泣く其の家屋敷を売りて地主の要求に応ずるに至らしめたり、余は之を見てより心常に安からず……噫《ああ》小作人は地主の為めに天災の負担までも為さざるべからざるもの乎（兵庫県某村、石岡雅月生）。

以上は「週刊平民新聞」第十一号（一九〇四年）に掲載されたものである。

日清戦争後、地主的農政の増強をはかった政府は、治水三法といわれた河川法（一八九六年）、森林法・砂防法（九七年）を制定し、地主保護のため農会法（九九年）、産業組合法（一九〇〇年）を公布したため、地主への土地集中が強まった。

この結果、大地主は土地を小作に出して高額小作料を収奪し、これら寄生地主勢力が強まるにつれ、小作人の生活困窮は激しさを増してきた。これら小作人の惨状を訴える実態が「平民新聞」紙上でしばしば報じられたのである。

第四部　幸徳秋水の非戦論集

「平民主義」所収の諸論稿

秋水は、主として非戦論に関する旧稿を整理して「平民主義」と題する著作集を刊行した。明治四十二年四月二十五日、京橋尾張町の隆文館から赤い表紙の装丁で発売された。しかし、発行直後に発売禁止命令を受けたので書店出回り分は押収され、店頭からは消えたが、国禁の書としてひろく読み継がれたようである。

『幸徳全集第五巻』は、彼の当時の非戦論を編集しているので、「平民主義」所収の論稿はほとんど網羅されている。

今回、「平民主義」の主要な論文を採録したのは、彼の主張を理解する上でも、また内山愚童の『無政府共産』にもその思想が強く浸透している跡を究明するのに役立つと考えたからである。

はじめに幸徳、堺両名の「萬朝報退社の辞」と「内村を加えた三記者と別れるに際しての黒岩社長の辞」をのせ、最後に大逆事件直後の「萬朝報社説」を掲げる。

《目次　幸徳論稿》

幸徳、堺の退社の辞
三記者と別れるに際しての黒岩社長のことば
一、戦争の結果（大逆事件直後の萬朝報社説）
二、兵士を送る（明治37・2・14）
二、兵士の謬想（明治37・2・21）
三、戦死者の遺族（明治37・2・21）
四、戦争と新聞紙（明治37・2・6）
五、戦争と小学児童（明治37・3・20）
六、嗚呼《ああ》増税（明治37・3・27）
七、戦時と非戦論（明治37・4・10）
八、婦人と政治（明治37・5・22）
九、日米開戦の必至を論じその未然阻止を訴へる（明治39・2・20）（在米邦字新聞「日本」）
十、国賊の汚名を甘受せん（明治37・3・6）（平民新聞十七号）
十一、われは社会主義者なり（明治34・4・9）（萬朝報）
十二、末松内相に反論　堺、幸徳
十三、死刑廃止を主張　幸徳（明治35・3・3）
十四、大不敬罪と愛国心の系譜（二十世紀の怪物帝国主義）　幸徳（明治34・4）
十五、「日本之下層社会」書評（明治32・6・5）

非戦論の公然たる主張の展開――萬朝報退社の辞

対露同志会が結成され、ロシア軍の満州撤退を求める声が強まり、「ロシア撃つべし」の開戦論が国民世論の主流となるにつれ、各新聞は一斉に開戦の煽動者と化してきた。それまで幸徳、堺、内村らの非戦論議にも紙面を提供してきた「萬朝報」もこの時流に抗しきれず、明治三十六年十月八日の夕刊に日露開戦論の主張を公然と掲げるにいたった。黒岩社長が開戦論を主張するに及んでは、同社内に残って非戦論を展開することはできないと判断した幸徳、堺、ついで内村の三記者は決然と退社の意思を表明した。

十月八日夜、解散した社会民主党の受皿となった社会主義協会が非戦論演説会を開き、幸徳、堺、安部磯雄、木下尚江、西川光二郎が出席した会場で、秋水、堺の両名が、翌九日には内村鑑三が退社の決意を表明した。

十月十二日、幸徳、堺の両名の「退社の辞」が公表された。

「予ら二人は、不幸にも対露問題に関して、『朝報紙』と意見を異にするに至れり。予らが平生社会主義の見地よりして、国際の戦争を目するに、貴族、軍人らの私闘をもってし、国民の多数はそのために犠牲に供せらるる者となること、読者諸君のすでにひさしく本紙上において見らるるところなるべし。

しかるに、かくのごとく予らの意見を寛容したる朝報紙も、近日外交の時局切迫をおぼゆるにおよび、戦争のついに避くべからざるを思い、もし避くべからざるとせば、挙国一致、当局を助けて盲進せざるべからずとなせること、これまた読者諸君の見らるるところなるべし。ここにおいて、予らは朝報社にあって沈黙を守らざるをえざるの地位に立てり。

しかれども、ながく沈黙してその所信を語らざるは、志士の社会に対する本分、責任において欠くるところあるをおぼゆ。

故に余等は、やむをえずして退社を乞うに至れり」

当時、横須賀海軍工廠の見習工だった少年荒畑寒村は、「退社の辞」をよんだ感想を「自伝」に記している。

「私はいつものように、弁当箱を包んだその日の『萬朝報』をひろげて読んでいくと、突然、火花が眼を射たような衝動を感じた*。

秋水先生・枯川先生、連名の退社の辞がのっていたのである。いまこの退社の辞を読んで、私はもう戦争が現実に目睫のあいだに迫っていることを知り、そして今日まで文章を通じてふかい感化をあたえられていた二人の社会主義者が、一世をおおう主戦論の風潮に抗して、敢然として戦争反対の叫びをあげたのを見た。私はいかに感激に身をふるわせながら、この断乎たる反戦の声明を読んだことだろう」

（注、荒畑寒村は、赤旗事件で入獄中に秋水、菅野の関係を知り、復讐を決意して出獄。ピストルを入手して湯河原に両人を訪ねたが、不在のため果たさず）


十月十二日夜、退社した両人のため、朝報社の友人が送別会をひらいてくれた。翌十三日、堺が幸徳の家を訪ね、共同事業として週刊新聞の発行を相談した。

「そのとき幸徳は、共同事業で喧嘩がおこると困ると云ったので、堺は、そんなときには僕が必ず先にあやまることを約束しておくと告げて仕事が始まった」（『日本社会主義運動史話』）

内村、幸徳、堺、三君の退社に就《つい》て

「朝報社」に若し光明ありとせば内村、幸徳、堺三君の如きは其の中心なり。今や三君、対露問題の国是論に於て、社中と意見の合せざる所あるが爲に、時を同くして「朝報社」を去る。吾等悲まざるを欲するも得んや。

然れども士は苟《いやし》くも合す可からず、互に人格を重じて相親むは一つの私情なり、私情の為に意見を枉《ま》ぐるは三君が操守の許さざる所なり、吾等三君の去るを悲むと雖も、私情の為に三君の操守に累すること能はざるなり、吾等は三君の此行ひに於て三君の本領を認め益々推服の意を深くす。

吾等は私《ひそか》に期したり、長く三君と手を携えて行かば、自ら其の人格に感化せられ、假令《たとえ》三君と斉《ひと》しきに達する能はざるも袖を分つに至らざるを得んと、今は期する所事実と反せり、唯だ幸ひにして三君、私交に於て従来と異なるなきを許さる。吾等は猶ほ光明の望見す可きを幸と為して強《しい》て自ら慰むるの外はあらず。

若し朝報の声価と信用とに至りては三君の去るが為に、失ふ所の甚だ少からざることを恐る、願はくば、夙《つと》に吾等に誨《おし》へたる一視同仁の主義を以て、時に来りて、吾等を指導する所あれ、別に臨みて三君の健康を祈る」（明治三十六年十月十二日「萬朝報」）

（『黒岩涙香集』三七四頁、筑摩書房、明治文学全集47）

明治三十年代、特に日露開戦をめぐる世論を色濃く反映した記録である。主義を異にし、その政治的立場は別方向を辿っても、友情の念を隠そうとしない別離の情に、明治の時代色を看取できて、九十年後の今日読んでも気分は爽快である。

大逆事件直後の「萬朝報」社説

「……大逆事件は必ずしも桂内閣あるが故に発生したるものなるにあらず、然れども当局者の措置、これを激成したるの嫌いあるは識者ひとしくこれを認む。

蓋《けだ》し先年桂系の政治家、西園寺内閣破壊を企つるや、社会主義取締、寛に失するを口実として、さかんに内閣を中傷したることあり。

故に代りて政権をとるに及んで勢い自家の大忠臣たるを証明せざるべからざるに到れり。社会主義者に対して手段峻厳を極む。而して後に大逆事件あり。

人みな逆徒の罪を憎むとともに、桂首相の待罪書*を捧呈したるを見て甚だ不快の感に堪えざりき……」

（注、待罪書捧呈は明治四十四年一月十八日、一月三十日却下。八月二十五日、桂首相辞表奉呈。八月二十七日、西園寺政友会総裁に新内閣組織の大命降下）

簡潔ながらも問題の所在を要約しており、旧友幸徳への惜別の情も秘められている。

処刑された十二名は、桂内閣と相打ちを果たして藩閥政権を政治舞台から退けた。

◇幸徳、アメリカに渡って日本政府に苦言

渡米した幸徳は、日本移民の不幸な実相に触れて邦字新聞「日米」に寄稿し、在米日本人は幸福なりや」と論じた（明治三十九年二月二十五日号）。

「国体宇内に冠絶せる国家、神州の国家、君子の国家は、その人民を養ふあたわざるの国家なるか」と疑問を投げかけ、「もしもその人民を保護し、教育し、生活せしめ、安堵せしむることなくんば、国家たるもの、ついに何の用あるか、なんの存在の理由あるか。兵役を徴するの権利あるか、租税を課するの資格ありや」と。

この義憤発表に対して、「何人が殺人鬼、放火犯、テロリストを一括した無政府主義者なりとして弾劾するを得んや。況《いわ》んや処刑するに於ておや」と附言する。

一、戦争の結果

戦争に狂喜する者よ、姑《しばら》く一盆の冷水の汝の顱頭より注で一考せよ。今回日露の戦争は汝の為めに果して何物を持ち来すべきか。……

嗚呼満州を取る可し、朝鮮も取る可し、西伯利も取る可し、然れども吾人平民は是等の地より何物をも得可らざるを如何せんや。……

戦争終るの日、汝の狂喜が必ず変じて悔恨となるは、吾人今日に於て之を予言するに躊躇せず。
（十四号、明治三十七年二月十四日、無署名「平民主義」所収「戦争」）

二、兵士を送る

行け従軍の兵士、吾人いまや諸君の行を止むるに由なし。

　諸君いまや人を殺さんがために行く、しからざればすなわち人に殺されんがために行く。吾人は知る、これ実に諸君のねがうところにあらざることを。しかれども兵士として諸君は、単に一個の自動機械なり。憐れむべし、諸君は思想の自由を有せざるなり。体軀の自由を有せざるなり。諸君の行くは諸君の罪にあらざるなり。英霊なる人生をしいて、自動機械となせる現時の社会制度の罪なり。吾人諸君と不幸にしてこの悪制度の下に生まるるをいかんせん。行け、吾人いまや諸君の行を止むるに由なし。

　ああ従軍の兵士、諸君の田畝は荒れん、諸君の業務は廃せられん。諸君の老親はひとり門に倚《よ》り、諸君の妻児はむなしく飢に泣く。しかして諸君の生還はもとより期すべからざるなり。しかも諸君は行かざるべからず。

　行け、行いて諸君の職分とするところをつくせ。一個の機械となりて動け。しかれども露国の兵士もまた人の子なり、人の夫なり、人の父なり、諸君の同胞なる人類なり。之を思ふて慎んで彼等に対し残虐の行為あることなかれ。

　ああ吾人いまや諸君の行を止むるに由なし。諸君のなし得るところは、ただ諸君の子孫をして再び惨事に会するなからしめんがために、今の悪制度廃止に尽力せんのみ。諸君が朔北《さくほく》の野に奮進するがごとく、吾人もまた悪制度廃止の戦場に向って奮進せん。諸君もし死せば諸君の子孫とともになさん。諸君生還せば諸君とともになさん。

三、兵士の謬想

　現時の兵士及び其父兄の間に、恐るべく忌むべきの謬想を抱ける者甚だ多し。何ぞや、従軍の命に洩るるを以て、非常の恥辱、若くば非常の不利益となすこと是れ也。吾人之を聞く、日々兵営に於て健康診断を行へる予備後備の兵士、皆な故らに踴躍して其用ゆ可きを示さざるなし。……又先頃衛生隊にて雇上居たりし三人の兵士を解任せしに彼等は帰郷を肯んぜず、国元の父兄の手紙を差出して動かざるより之を披見すれば、其文意は、平時御召上になり居たる者戦時に解任さるるは何か不都合ありしなる可し。不都合なしとせば強《しい》ても従軍を願ふべし。在らずば帰郷するとき家には寄付難し、村の衆に対して何の面目あるか云々。

彼等父兄も亦従軍に洩るるてふことを以て、非常の恥辱と迷信せる也。如此きの事例は実に枚挙に遑《いとま》あらず。

国家の目的を持って、戦争に在りと信じ、国家の為めに盡すてふことは直ちに従軍を意味すると心得、軍人となるを以て、人類以上の階級に上れるかの如くに思惟するは、現時の兵士及び父兄の間に於ける謬想にして、而して其弊や極めて忌むべく恐るべき者たらずんばあらず。何となれば一国国民を挙げて戦争を好み、戦争に狂せしむるの最大主因は、実に這個の謬想に在れば也。而して古来武断政治、軍隊政治の惨禍は実に如此にして助長せらるれば也。

従軍に漏るるを以て恥辱となすは、猶ほ恕す可し。彼等多くの兵士中、其業務を抛《なげう》ち、其妻子に別るるをも省みず、強て従軍を気ふ者、極めて卑しむ可き虚栄の心、利益の念に駆らるる者少なからず。彼等凱旋の日、平帽頭に在り、勲章胸に在り、佩剱鏘々《はいけんそうそう》として、巻煙草を吹かせば、一郷の老若者は其前に平伏するの光景を想望すれば、心中ひそかに愉快に堪えざる者あり。安《いずく》んぞ知らん、是れ汝が生涯の堕落に向って、其第一脚を投ずる者なるを。

知れ兵士よ、其父兄よ、国家は戦争を以て目的とする者に非ず。国家は軍人のみを以て立つ者に非ず。衣なかる可からず。食なかる可からず。道徳なかる可らず。否な既に衣あり、食あり、道徳あらば、戦争なくして可なり。軍人なくして可なり。人の国家に尽す所以《ゆえん》の者は、忠実に自分の職分を尽せば足るのみ。夫れ唯だ自家の職分に忠実なる。たとえ今一粒の米を産し、一片の金を掘るに過ぎざるも、其人や直ちに天下一品の人格にして、国家第一の忠臣たらん。夫の死生一擲金鵄勲章を賭する如きは、袁彦道の亜流のみ。何の名誉と栄光あらんや。兵士よ、其父兄よ、速に其謬見を去って、彼己氏の煽動に乗せらるること勿れ。（十五号、明治三十七年二月二十一日、無署名「平民主義」所収）

四、戦死者の遺族

吾人は今の功成って生還するの将士が、戦死者に向って多くの同情を払はんことを要求すると同時に、戦死者の遺族が亦た無名の死者に向って、多くの同情を払はんことを要求せざる能はず。而して是等多数の真個の同情が、他年万国平和の基礎を確立するの一動機たることを得ば、人類文明の為めに幸ひ甚し、而して亦是れ実に死者の志なるべきを疑はず。（十五号、明治三十七年二月二十一日　無署名「平民主義」所収）

五、戦争と新聞紙

朝野酔へり、都鄙狂せり。酔ふて其業を忘れ、狂して其務を抛ち、徒《いたず》らに万歳を叫んで奔り、大勝利を呼んで踊る。四千万頭◯、又一点半点の常識なし、何等の醜陋ぞや。而して吾人は断言す、事の如此きに至れる者、各新聞紙の所為、実に其責の大部に任ぜざる可らずと。

見よ、今の各新聞紙を見よ。彼等果して所謂「社会の木鐸」たり。所謂「公益の為め」にするの言説ある乎。戦争開始以来、彼等は単に戦争を謳歌し、露国を嘲罵し、軍人に阿諛し、献金を煽動するの外、何事を為せりや。彼等は戦争に関する事実を記すてふ一事の外は、殆ど其本領を喪失せるに非ずや。

彼等は最早一個の新聞紙に非ずして、一部の「日露戦争記」「征露戦報」と化せるに非ずや。軍歌となれるに非ずや。喇叭《ラッパ》となれるに非ずや。陣鐘、陣太鼓となれるに非ずや。彼等も亦実に酔ひて狂せる也。

……、然り。彼等は現時予備後備召集の為めに、如何に多数の家族が悲傷せるかを隠蔽せる也。物価騰貴の為めに如何に多数の細民の窮困せるかを抹殺せる也。彼等は一億円の公債を取去られ、五千万円の増税に遭遇し、其家具什器を売りて、恤兵部《じゅっぺいぶ》に献金せる国民が、今後三ヵ月、半年、一年の後に如何に悲惨なる状態に沈淪し、怨嗟道塗に満つるに至るかを考慮せざる也。而して彼等は軍人の離縁を称賛する也。死者遺族の哀しまざるを称賛する也。貧者の血を絞るが如き貯金を投出すを称賛する也。

其業を忘れて大勝利を叫んで奔り、其務を抛ちて万歳を呼んで踊るを以て、忠臣、烈士、愛国者として称賛措ざる也。嗚呼是平生「社会の「木鐸」を以て任じ「公益の為め」を以て高く標置する者の所以なる乎。……

嗚呼満天下の新聞記者よ、公等真に一点国家を愛し国民を愛するの心あらば、少しく其酔狂より醒めよ。而して更に国民を醒ませ、今にして省るなくんば、三月、半年、一年の後、公等は必ず我同胞を取て、救ふべからざるの惨境に陥擠するの悔あらん。吾人之を思ふて寒心に堪えず。（十七号、明治三十七年三月六日、無署名「平民主義」所収）

六、戦争と小学児童

……見よ今や小学の児童が日夕口にする所は征露の軍歌也。観る所は陸海軍の図画也。行ふ所は模擬の戦争也。而して只管《ひたすら》戦争を謳歌し、戦争を尊重し、戦争に随喜して狂するが如し。甚しきは即ち独り遊戯に於て之を為すのみならず。又実際に金銭を政府に献じて、以て報国の志を致すと云ふ者、頻々たるに至る。教師は之を賞し、父兄は之を喜び、社会及び「社会の木鐸」たる新聞紙は、磧々之を賛して、所謂「挙国一致」の例証となすものの如し。嗚呼是れ真に賞すべく、喜ぶべく、賛すべきのことなる乎。

夫れ彼ら垂髪の少年少女、安《いず》くんぞ政府国家の何物たるを知らんや。国際外交の何物たるを知らんや。戦争の何物たり、其の原因、影響、結果の何物たるを知らんや。知ることを得んや。既に其何物たるを知らず、安んぞ又其謳歌し随喜し尊重すべき所以の理を解するを得んや。既に然る所以の理由を解せずして而して之が為に熱狂す。是れ豈《あ》に彼等が平生鶏を闘わせ、狗を逐ひ、魚を苦しめ、虫を殺して、以て自ら快となすの情と何の異なる点あらんや。然り是れ直ちに彼等の野生の発現也。殺伐の心也。競争の念也。虚栄の情也。

而して若し人あり、其児童が禽《きん》獣虫魚を淩虐して、其野生、殺伐、競争、虚栄の情念を満足せしめんとするを見れば、彼れ必ず走って之を制せん。而も其の目的物が禽獣虫魚にあらずして、一たび露国てふ文字を冠するに於ては、之を称賛し賞与し奨励煽揚して措かざる者、奇怪の極と謂ふべし。而して今の教師、父兄、及び社会は日々此奇怪の行ひを敢てして、得々として曰く、小学の児童も亦能く国家を愛するを知ると。

如此にして現時全国の少年少女は、忠信考悌を習はずして争闘殺伐に長ぜんとする也。教場に学課を講ずるを重んぜずして、鉄道に兵士を送るに急なる也。財富の如何に作らるるべきかを知らずして、金銭献納の虚栄に誇らんとする也。平和の貴ぶべきを諭されずして、戦争の喜ぶべきを教へらるる也。鋤鍬を取るの要用なるを解せずして、銃剣を担ふの愉快に耽らんとする也。人を救ひ人を活すの高きことを思はずして、人を苦しめ人を殺すの壮なることを信ぜんとする也。而して出来するの国民は果して如何なる国民たるべき乎。

文明の国民乎。正義の国民乎。道徳の国民乎。……否な唯だ戦争の彌次馬のみ。然り彌次馬のみ……

吾人は我国小学生の現状を見る。其教育のスパルタ人に過ぐるあるを想ふ。禍ひたる哉、戦争に酔える社会に生れたる少年少女よ。孔子曰く、夫の人の子を賊《そこな》ふと。嗚呼人の子は真に賊《そこな》はれつつある也。（十九号　明治三十七年三月二十日、無署名「平民主義」所収）

七、嗚呼増税

嗚呼「戦争の為めてふ」一語は、有力なる麻酔剤たる哉。唯だ此一語を以て臨まる。聡者も其聡を蔽はれ、明者もその明を昧《くら》まし、智者も其智を失ひ、勇者も其勇を喪ふに至る。況んや聡名智勇ならざる今の議会政党の如きをや。

彼等議会政党は今や盡《ことごと》く「戦争の為め」てふ一語に麻酔して、其常識を棄《す》て、其理性を抛ち、而して全く其議会政党たる所以の精神能力を遺却して、軍に一個の器械となり了はれるを見る也。何の器械ぞや。曰く増税の器械是れ也。而して政府者は、巧みに這箇《しやこ》の便利なる自動機械を使用せり。

而して六千余万円の苛税は、勿ち吾人の頭上に課せらる。

嗚呼六千万円の増税、荷重なる増税よ、是れ実に「戦争の為め」なるべし。然れども如何に戦争の為めなりとて、富財は天より降る者に非ず。地より湧く者に非ず。之を負担する国民の苦痛は、依然として苦痛ならざる可らず、
然り、何人も之を以て愉快なり、幸福なりとする者はあらじ。而も国民は何故に如此きの苛税に忍ばざる可らざる乎。何故に如此きの苦痛と不幸とを予防すること能はざりし乎。之を除去すること能はざる乎。之に盲従せざる可らざる乎。彼等は答ふ、「戦争の為め」に已むを得ざる也と。然らば則ち国民は何故に戦争てふことを為さざる可らざる乎。之を廃する能はざる乎。之に盲従せざる可らざる乎。

吾人は此際切に一般国民に向って望む。願はくば彼等が姑《しばら》く一切の感情の外に立ち、一切の迷信の表に出で、真に赤裸々の道理に向って此問題を一考せんことを。

夫れ吾人の国家を組織するは何故ぞや。而して国家政府を維持せんが為めに、其生産せる財富の一部を出して以て国家政府を支持するの資となすは何故ぞや。他なし、一に之に依て吾人の平和と幸福と進歩とを保続せんが為めのみに非ずや。換言すれば国家政府は唯だ吾人の平和と幸福と進歩とを来さしむるの方法器具に非ずや。租税は吾人の幸福と平和と幸福と進歩を来さしむるの代価に非ずや。然り之れ誠に極めて簡単明白の事実也。古今東西幾万巻の政治書、財政書の論説する所と雖も、其目的は所詮之れ以上に出づるを許さず。決して之れ以外に在るべきの理なし。……

吾人は今の日本の国家政府を以て、直ちに如此しといふ者に非ず。今の日本の国家政府を以て全然無用なりといふ者に非ず。然れども今回の戦争、及び「戦争の為め」に荷重の租税を徴《そ》せらるるに至りては、吾人が国家政府を組織し、之を支持する所以の根本の目的理由と、甚だ相副はざるを

断言せずんばあらず。

今の国際戦争が、単に少数階級を利するも、一般国民の平和を攪乱し、幸福を損傷し、進歩を阻害するの、極めて悲惨の事実たるは吾人の屢《しばし》ば苦言せる所也。而も事遂に此に至れる者一に野心ある政治家之を唱へ、功名に急なる軍人之を喜び、奸猾なる投機師之に賛し、而して多くの新聞記者、之に附和雷同し、曲筆舞文、競ふて無邪気なる一般国民を煽動教唆せるの為めにあらずや。而して見よ、将帥頻りに捷を奏するも、国民は為めに一粒の米を増せるに非ざる也。武威四方に輝くも国民は為めに一領の衣を得たるに非ざる也。

多数の国民は鋒鏑に曝《さら》され、其遺族は飢餓に泣き、商工は萎靡し、物価は騰貴し、労働者は業を失ひ、小吏は俸給を削られ、而して軍債の応募は強《しい》られ、貯蓄の献納は促され、其極多額の苛税となって、一般細民の血を涸《から》し骨を削らずんば已《や》まざらんとす。若し如此にして二ヵ月を経、五ヵ月を経、夏より秋に至らば、一般国民の悲境果して如何なるべきぞ。想ふて茲に至れば吾人実に寒心に堪へず。少くとも此一事に於ては、吾人は遂に国家てふ物、政府てふ物、租税てふ物の必要を疑はざるを得ざる也。

但だ吾人は今日に於て、決してトルストイの如く兵役を避躲せよ。租税を払ふ勿れといふ者に非ず。吾人は兵役の害悪を認め、租税の苦痛を感ずるも、而も是れ吾人国民が組織せる制度の不良なるが為めに来る者也。如何せん、国民既に此国家を組織し、此政府を置き、此軍備を設け、此議会政党を認めて、而して租税を払ふべきことを約す。其無用なると有害なるとを論ぜずして、遂に之に従はざるを得ざる也。国民が如此きの制度組織を承諾するの間は、彼等は遂に如何の不幸に遭遇し如何の苦痛を被るも、又已むことを得ざる也。之が抗議と防拒とは、唯だ法律の罪人に止まるのみ。吾人は実に之を遺憾とす。

然らば即ち吾人は永遠に、如此きの苦痛と不幸とを除去する能はざる乎。盲従せざる可らざる乎。圧制、束縛、掠奪の境を脱して、真に平和と幸福と進歩との社会に入ること能はざる乎。何ぞ夫れ然らん。国民にして眞に其不幸と苦痛とを除去せんと欲せば、直ちに起て其不幸と苦痛との由来を除去すべきのみ。由来とは何ぞや、現時国家の不良なる制度組織是れ也。政治家、投機師、軍人、貴族の政治を変じて、国民の政治となし、「戦争の為め」の政治を変じて、平和の為めの政治となし、圧制、束縛、掠奪の政治を変じて、平和、幸福、進歩の政治となすに在るのみ。而して之を為す如何。政権を国民全体に分配すること其始也。

土地資本の私有を禁じて生産の結果を生産者の手中に収むる其終也。換言すれば現時の軍国制度、資本制度、階級制度を改更して社会主義的制度を実行するに在り。若能く如此くなれば、井を鑿《ほっ》て田を耕して食ふ、日出でて作し日入りて息ふ。帝力何ぞ、我に在らん乎雍々として眞に楽しからずや。亦是れ極めて簡単明白の道理に非ずや。

吾人は吾国民が爾《しか》く簡単明白の事実と道理を解するなく、涙を飲で「戦争の為め」に其苦痛不幸を耐忍することを見て、社会主義者の任務の益々重大なるを感ず」（二十号、明治三十七年三月二十七日、無署名。二月八日、日本政府は日露国交断絶を各国に通告）

八、戦時と非戦論

近日の新聞雑誌中、吾人に向って言ふ者多し。曰く、戦争未だ起らざるの前、非戦論を唱ふるは可也。戦争既に起るの今日猶ほ之を為すは、無益にして且有害也と。吾人は其忠告を感謝す。而も遂に其意に従ふ能はざるを如何。

夫れ平時に唱へ得べきの議論が、何故に戦時に唱ふ可らざる乎。平時に於て是なるの議論が、何故に戦時に於て非なるべき乎。吾人の言論は戦時に在て、多く傾聴せられざる可し。多くの嘲罵は之が為めに来るべし。多くの憎悪、多くの迫害は之が為めに到るべし。然れども吾人の非戦論は一時の利害の為めにする者に非ず、永遠の真理の為めにする者也。

真理は時に従って変ずる者に非ず。吾人は時に従って之を放擲することを得る乎。人あり、其子に向って、盗をなすこと勿れと説く。而も聴かずして盗を為すに至れりとせば如何。盗を為さざるの前之を説くは可也。既に盗を為すの後も、之を戒むるは、有害無益として排す可き乎。今の吾人の言論を排せんとする者、果して之に似たるなき乎。

吾人は、吾人の非戦論が、決して日露の戦争を防止すること能はざるを知る。即ち防止すること能はずと雖《いえど》も、而も日露の戦争より生ずる諸種の現象は、戦争てふ者の罪悪、損害、悲痛が如何に大なるかを日々吾人国民に向って、指示しつつあることを見ずや。

日露の戦争は、実に非戦論てふ真理の為めに、有力なる証人として立てる者に非ずや。而も世人は単に一時の為めに、耳を蔽ひ眼を掩ふて此有力なる証人を無視し、其口供を偽造して、以て自ら欺き人を欺かんとす。此時此際是等の覆面を剝奪し、活ける大事実を暴露するは、是れ実に吾人新聞記者の天職とすべき所に非ずや。

吾人の言論は或は所謂「挙国一致」を害すべし。然れども附和雷同の挙国一致、〇〇〇〇の挙国一致、〇〇〇〇の挙国一致は、何の尊ふべき所ある乎。千羊の皮は一狐の腋に如かず。理性なき感情は躁狂して又一個侃諤《かんがく》の議あるを許さざるは、是れ国家の慶事に非ず。故に武王は伯夷を責むるに国賊を以てすることなかりき。グラッドストンはブライトを責むるに露探を以てすることなかりき。吾人豈《あ》に敢て借して伯夷ブライトの先哲を学ぶと曰はんや。而も吾人は少くとも今の「挙国一致」の〇〇の為めに言はんと欲して言ふ能はず。愬《うつた》へんとして愬ふる能はざる者の為めに、飽迄其代弁者たるを期せざる可らず。

新聞雑誌は、吾人の言論を以て有害無益なりといふ。而も吾人は信ず、名を戦時に借りて他人の言論思想の自由を奪はんとするの言動こそ、是れ却《かえ》って国家社会の為めに極めて有害無益なることを。嗚呼今の世に於て地上の塩たる者、果して誰が任ぞや。（二十二号、明治三十七年四月十日、無署名、「平民主義」所載）

九、婦人と政治

日本に於ける婦人と政治との関係は極めて奇也。戦争の起るや、皆な曰く、婦人と雖《いえど》も日本の臣民也、宜しく国家の為めに竭《つく》さざる可からずと。言や善し、然れども日本の社会にして真に婦人をして国家の為めに竭さしめんと欲せば、何ぞ初めより婦人をして、国事を与《あず》かり聴かしめざるや。而も日本の社会は常に婦人を以て政治と無関係、没交渉の者也となせるに非ずや。無関係、没交渉ならしめんと力め居れるに非ずや。法律は実に婦人が政談演説を聴くことすら禁じ居れるに非ずや。

然れども怪しむなき也。今の社会や是れ男子の社会也。今の法律や男子の作れる法律也。婦人をして国事に干与せしめずといふ者、唯だ男子の都合の為めのみ。婦人をして国家の為めに尽せといふ者、亦唯だ男子の都合の為めのみ。夫れ唯だ男子の都合善ければ足る。事の矛盾、説の非理、話の非理、元より問ふ所に非ざる也。

独り怪しむ。二十世紀の文明国、第一等国、「大」日本帝国臣民の一部たる、日本の婦人彼等自身すら、又一人の、自己と政治との関係てふ問題に就て寸毫の思念を費す者なきを。男子曰く、汝政治に関する勿れ。彼等曰く唯、男子曰く、汝国事に竭《つく》すべし。彼等曰く唯、茫々昏々として命是れ従ふのみ。

吾人は、今の教育界に於て多数の閨秀才媛あることを知る。彼等の文藻に富めるを知る。彼等の講演、彼等の論説、其巧妙を極むるを知る。而も是等の婦人教育家が其講生を教育するを聴けば、遂に「良妻賢母」てふ四字の範囲を逸脱すること能はざるに非ずや。唯だ夫の為めにし、子の為めにすてふことの以外に出でざるに非ずや。嘗て婦人を以て一個独立の日本新人として待遇し、教育にすることなくして単に妻として生き、母として生くるを許すのみに非ずや。如此くんば今の婦人教育なる者、往時の七去三従の教と相距る。果して幾何ぞや。是れ豈に婦人自ら男子の奴婢に甘んずる者に非ずや。国家政治と無関係、没交渉にして、単に活ける庖厨、活ける衣桁たるに甘んずる者に非ずや。吾人深く二十世紀新日本の婦人諸君の為に愧《は》づ。

然れども吾人は決して「良妻賢母」の教育を排する者に非ず。否な多数の良妻賢母の出で来らんことを希ふに於て、敢て人後に落る者に非ず。然れども思へ、一国の政治に就て、何の智識なく、何の趣味なく、何の同情を有する能はざる者、果して真正の良妻たることを得る乎。真正の賢母たることを得る乎。

夫れ一国の政治は位階に非ず、勲章に非ず、官吏、政党の紛々擾々に非ずして、実に万人生活の安易和楽のみ。而して万人生活の安易和楽の第一要件は、即ち是れ万人庖厨の安易和楽に非ずや。昔し仁徳帝は炊煙の盛なるを見て、朕富めりと宜《のたま》へり。然り一国政治の極致は唯だ是のみ、決して是以上にあらず、是れ以外に非ず。而して一国の政治善なれば、家々炊煙能く盛んなるを得べし。一国の政治悪しければ、万家の米櫃《こめびつ》忽ち空しからざるを得ず。嗚呼是れ天下の良妻賢母が、日夕為めに苦労する所に非ずや。誰か婦人と政治とを以って、無関係、没交渉の物なりといふ乎。

而も多数の婦人は、総て一国政治に干与することを許されず、一場の政談を聴くことを許されず、況俺の騰貴する果して何の為めたるやを知らず、屑の価の下落する果して何に因するやを知らず、其子戦争の為めに出て還らず、其何の故たるやを知らず、良人公事の為めに離縁を宣す、其何の故なるやを知らず、戦争の為に節倹を強いらる、国家の為めに内職を命ぜらる、而も戦争、国家に就て寸毫の予知する能はず。彼等は唯だ器具の如く用ゐらるるのみ、牛馬の如く駆らるるのみ、用なければ即ち放棄せらる。寸前暗黒、一日又一日、唯だ運命の波に弄ばれて動く。何の意思あり、何の覚悟あることを得んや。

如此にして彼等は天下、国家、政治てふことに於て、昏々茫々、一毫の智識、趣味、同情あること能はざるが為めに、全く婦人の利益権利を褫奪《ちだつ》され蹂躙せられ了れる也。夫れ自己身上の正常なる利益権利をすら主張し保持する能はざるの婦人にして、能く其良人、其児女の利益と権利とを進暢することを得る乎。能く良妻たることを得る乎。吾人は之を信ずる能はず。

満天下の婦人諸君、卿等、戦時に於ても平時に於ても、真に国家に盡さんと欲せば、先づ国家の何者たるを知れ。真に良妻賢母たらんと欲せば、先づ政治の何物たるかを知れ。否な之を知るのみならず、進んで之に干与せよ。之を行ふの権利を取れ。卿等常に曰く、予をして男子たらしめば當《まさ》に大に為すあるべきこと、吾人は卿等に告げん。卿等をして自由あり幸福なる男子たらしめば、甚だ為すを要せざる也。唯だ卿等は婦人なるが故に、其利益権利の為めに、却って大に為さざる可らざるに非ずや《そ》と。

若し夫れ婦人の政治を云々す、人は以て生意気となさん。然れども欧米現時の文明進歩は、実に所謂「生意気」なる多数の婦人の與《あずか》って大いに力あるが故に非ずや。今や欧米の婦人は既に其社会的地位の著大なる上進に満足せずして、更に政治の権力を取らんとしつるある也。而して婦人参政の問題は到る所に論議せられつつある也。現に豪州連邦の如き、実に七百五十万の婦人が、昨年の議員選挙に於て、堂々として其選挙権を実効せるを見ずや。彼の単に恤兵の金品を献じ、看護婦となり、絹布を廃するを以て、無常の名誉ある事業、国家に報ずる唯一の方法なりと信ぜる日本多数の婦人諸君は、寧ろ憫れむ可き哉。

然り吾人は諸君に向って更に大に活発進取の気を鼓せんことを望む。大いに「生意気」ならんことを望む。而して直ちに政治の戦場に打て出て、其剝奪せられたる権利、蹂躙されたる利益の諌復して、以て日本社会の文明を支持する所以の一勢力たるに至らんことを望む。（二十八号、明治三十七年五月二十二日　無署名「平民主義」所収）

十、日米戦争必至を予言した幸徳の卓見

幸徳は滞米中、はげしい排日運動に直面し、「今や在米日本人は、白人三尺の子にすら、侮辱され、嘲罵せられ、道路をゆくも、ほとんど敵地にあるがごときのみならず、日本人自身の社会にあってすら、相互のあいだにほとんど同情、惻隠の念あるなく、あるところは、競争・嫉妬・排擠《はいせい》の情のみ」と日本移民の実情を認識した。

その体験に立って邦字新聞「日米」（明治三十九年二月二十日号）に悲惨な人種差別と同胞分裂に悩みながらも日本人移民が、郷里の家族に送金を続け、他方の政府は海外発展と称して移民を奨励している実情を「日本移民と米国」と題して糾弾し、日本政府の責任を追及した。「国体字内に冠絶せる国家、神州の国家、君子の国家は、その人民を養うあたわざるの国家なるか」と大胆に移民

問題の内実をついた。

これより先、三十九年一月十一日号「日米」では、「日米関係の将来」を発表、東洋市場をめぐる日米帝国主義国家間の市場争奪戦に思いを馳せ、起こりうべき日米戦争の未然阻止を訴えた。「予はこの地に来りて感ぜり。わが日本にして今より十年あるいは二十年、あるいは三十年、五十年ののち、さらに他の強国と戦端をひらくことありとせば、その敵手たるべき者は、仏にあらず、墺にあらず、独にあらず、むろん英・伊の両国にあらずして、かならず現時われともっとも親善なりと称せらるる北米合衆国その者ならん。吾人および吾人の子孫は、今においてよろしく戦争の防止に尽力せざるべからず」

幸徳の示した先見の明は三十五年後の一九四一年、太平洋戦争開始となってまさしく的中した。宜《むべ》なるかな、日米開戦の未然防止を警告した戦開的愛国者、幸徳秋水は『二十世紀の怪物帝国主義』の著者であり、平和愛好の先駆的社会主義者だった。他方、彼を絞首台にのせた主役、「大逆事件」の捏造に腕をふるった平沼騏一郎は、独ソ不可侵条約の締結を耳にするや、「欧州状勢は複雑怪奇」と叫び、首相の責任を放棄して政治舞台から姿を消し、戦後、A級戦犯として巣鴨に収容され、のち獄死した。

十一、われは社会主義者なり

明治三十四（一九〇一）年四月九日号「萬朝報」――

「われは社会主義者なり。社会党なりと宣言するの真摯と熱意と勇気とある人にあらざれば、いまだ労働問題の前途を託するにたらざるものなり」

同年同月二十日、幸徳は銀座の警醒社から処女作『二十世紀の怪物帝国主義』を刊行、三十一歳の春だった。

「朝に一人の哲学者おりて、宇宙の調和を講ずるなきに、陸には十三師団の兵ありて剱戟いたるところに燦然たり。野には一人の詩人ありて、民の憂愁をいやすなきに、海には二万トンの軍艦ありて、洋上事なきに鯨波をあぐ。

家庭の紊乱その極に達し、父子相うらみ、兄弟相せめぎ、姑媳相あなどるのときに当って、外に向かっては未開の櫻国、世界の君子国をもって誇る。帝国主義とは、実にかくのごときものなり」

同僚のクリスチャン内村鑑三の同書への序文――

「友人幸徳秋水君の『帝国主義』成る。君が少壮の身をもって、今日の文壇に一旗あぐるは、人のよく知るところなり。君はキリスト信者ならざるも、世のいわゆる愛国心なるものを憎むことはなはだし。君はかつて自由国にあそびしことなきも、まじめなる社会主義者なり。余は君のごとき士を友としてもつを名誉とし、ここにこの独創的者述を世に紹介するの名誉にあずかりしを謝す」と、紙上に花をそえた。幸徳の『帝国主義』はロブソンの『帝国主義』より一年はやく、レーニンの『帝国主義』より十五年はやく出版され、「大日本帝国万歳」の思想に対峙していた。

「帝国主義は、いわゆる愛国心を經《たていと》となし、いわゆる軍国主義を緯《よこいと》となして、もつて織りなせるの政策」とみなした幸徳は、帝国主義の本質を抉り出し、日本帝国主義の後進性に着目して、軍事力に依存する「侵略的性格」と天皇制国家権力の基礎をなす排外的「愛国心」に挑んだ。

◇社会民主党の結党届、即日禁止

明治三十四年四月、日鉄矯正会は、「労働世界」の呼びかけに応じ、「本会は社会主義を標榜となし、諸労働問題を解釈すること、その第一の方法として普通選挙同盟に参加すること」を決議し、さらに社会主義政党が組織されるならば、これに組織的に加入する決意さえ示した。

同年五月、社会民主党の結成の試みは、日鉄矯正会の上記の動きを直接的に反映していた。

明治三十四年五月二十日、六名の名（注、幸徳秋水、木下尚江、片山潜、安部磯雄、西川光二郎、河上清の六名）で社会民主党の結党届が提出されると、伊藤内閣の内相末松謙治が即日、禁止措置をとった。

結社は禁止とされたが、その宣言、綱領は同日発行の「労働世界」「萬朝報」「毎日新聞」「新房総」「東海新聞」に手際よく発表された。

掲載紙は発禁処分と罰金刑を受けたが、裁判の結果、宣言、綱領を含む判決全文が全国の新聞に掲載されて知られるという意想外の結果を生んだ。

宣言書「もし直截にその抱負をいえば、わが党は世界の大勢にかんがみ、経済の趨勢を察し、純然たる社会主義と民主主義により、貧富の懸隔を打破して、全世界に平和主義の勝利を得せしめんことを欲するなり」

綱領として、人種差別の撤廃と人類同胞主義の拡張、階級制度の全廃、生産機関に必要な土地と資本の公有、鉄道、船舶、橋梁など交通機関の公有、財産分配の公平などを掲げ、全世界に向け軍備全廃を打ち出した。これが日露開戦にともない、非戦論の一つの基盤となる。

十二、末松内相に反論

入党の機会を失った「萬朝報」記者の堺枯川は、旧知の末松内相を訪ねた。五月二十二日の日記によれば、「今朝末松のところにいって、社会民主党に対する考えをきいた。末松は、内務大臣として全力をつくし鎮圧するといっている。末松も目さきの見えぬことをいっている。ちょうど昔の人が、自由民権家をいやがったようなことをいっている。仕様がない。末松曰く、社会党は列国ともにもてあまして、全力をそそいで鎮圧につとめている。なにものずきであんなものを日本にもってこなくてもよい。列国同様、わが政府も全力をそそいで鎮圧せねばならぬ。ちょうど昔のメッテルニヒがいったような調子だ」(三十歳記)

日本の民主化に敵対し、強硬な弾圧方針を赤裸に語った内相談話は、明治政府のホンネを伝えて興味深く、「赤旗事件」から生まれた「大逆事件」への過程を物語ってあまりある。

同年六月三日、事務所を麻布の幸徳宅に置き、社会民主党を社会平民党と改めて結党届を出したが、これも即日、禁止処分をうけた。次は幸徳の反論「社会党鎮圧策」(明治34・5・24号)――「末松謙澄君*は、社会主義者の運動を鎮圧するに全力をそそがんと公言せりとつたう。ケンブリッジ大学の教育をうけて、さらに日本文学博士の学位を有せる末松君のために、かくまでに嫌悪し、憎悪せられんとは、一般社会主義者にとっては、実に意想の外に出ずるところならん」(注、堺利彦と末松内相とは長州藩歴史編纂所時代の同僚だった)

ついで秋水は、日本政府筋に近いと目されている「ジャパン・タイムズ」の論説を引用して社会民主党の結党禁止命令に触れ、「ただちにこれを禁止せるは、厳酷に失せるの観あり」を伝え、つづいて「日本の社会主義的思想の流行は、実に学者の講究、弘布にはじまりて、近年社会の腐敗に絶望し、経済界の乱調に苦痛せる人心が翕然《きゅうぜん》としてこれによってその活路を発見せんとするものなるがゆえに、その勢力進歩は、実におどろくべきものあるなり」と主張、末松内相の弾圧策への対決を明らかにした。

十三、死刑廃止を主張

西人曰く、「人の生命は地球よりも重し」という言葉は、明治初年の啓蒙主義者中村正直の『西国立志編』から引きついだもの。

人命尊重の立場で死刑廃止をとなえる秋水は、人間に人間を殺す権利がないのと同様、国家の名において人間を殺す死刑もまた罪悪であり、許せないとする原則に忠実な立論だった。

「いわんやその宣告の錯誤に出《いず》るを発見するも、ひとたび刑をおこなうや、ついに回復の道なきをや。いわんや道徳の標準や程度や、つねにその世代にしたがって異るをや。あに、その死に該当するもの、永遠に通じて動かすべからざるの犯罪なるものあらんや。しかして、死刑は永遠に地球よりも重きの生命を断送するものなり。さらに見よ、かの一点の悪意を有せざるも、その行為のただ当時の法律に抵触するが故に、これに死刑を宣告するが如きは、惨にして酷ならずや。かの乱臣賊子として死する者、数年もしくは数十年の後において、嘖々《さくさく》として忠臣義士の名を称せらるる、往々にしてしかり。国事犯罪人の死刑のごときは、非理のもっともはなはだしく、暴のもっとも極まれるものなり」（明治三十五年三月三日）

政府の改正刑法は死刑を残したまま明治四十年四月二十五日公布、四十一年十月一日から施行された。

幸徳ら十二名の死刑判決は、この改正刑法布行から三年後の四十四年一月十八日に下され、一週間後の二十四、五日には施行された。

幸徳が死刑廃止を訴えたのは約十年前の三十五年だったから、彼は自己の受難をすでに予知していたのだろうか。

幸徳が死刑廃止を叫んでから、スペインで自由主義者の新教徒、フェレル教授がアナーキストとして軍事法廷により処刑されたときも、彼は、「アナーキスト必ずしもテロリスト、殺人、放火犯にあらず」と抗議文を発表した前歴をもつが、わが身に迫る暗雲は防ぐべくもなかった。

十四、大不敬罪と愛国心＝排外主義の系譜

「想起す。故森田思軒氏が一文を草して、黄海のいわゆる霊鷹は霊にあらずと説くや、天下みな彼を責むるに国賊をもってしたりき。久米邦武氏が神道は祭天の古俗なりと論ずるや、その教授の職を免ぜられたりき。西園寺侯がいわゆる世界主義的教育をおこなわんとするや、その文相の地位をあやうくしたりき。内三鑑三氏が勅語の礼拝をこばむや、その教師の職を免ぜられたりき。尾崎行雄氏が共和の二字を口にするや、その大臣の職を免ぜられたりき。彼らみな大不敬をもってののしられき。非愛国者をもって罰せられき。これ明治時代における日本国民の愛国心の発現なり」（幸徳『二十世紀の怪物帝国主義』）
思想の自由にたいする日本国民の受難の小史であり、天皇制国家権力の根幹は排他的愛国心なりの指摘である。幸徳の真意は次に示される。
「不忠と呼ぶ可也。国賊と呼ぶ可也。若し戦争を謳歌せず、軍人に阿諛せざるを以て、不忠と名くべくんば、吾等は甘んじ不忠たらん、若し戦争の悲惨、愚劣、損失を直言するを以て国賊と名くべくんば、我等は甘んじて国賊たらん」（週刊「平民新聞」明治37・3・6『幸徳全集』「撃石火」所収）
日露戦争がはじまり、「露国討つべし、平和、反戦論者は非国民なり、討つべし」の気運が澎湃

としてみなぎっていたとき、開戦から一ヵ月を経た時代背景を併せ考えるとき、幸徳の叫びは、決死の覚悟を吐露した勇気ある発言だった。一言一句のうらには、烈々たる気魄が秘められていた。
銀座にあった平民社宛の郵便物には露探殿の定冠詞をつけたものがまま散見された時代だった（堺利彦の回想）。

十五、「日本之下層社会」書評――秋水、社会主義に開眼

「世に労働問題を論じた社会改良を唱ふる者多し。然れども現時我国の下層社会、特に我労働社会が実際如何の境遇に住して如何の生活をなし居れるやの詳細に至りては、多くは惘乎《ぼうこ》として知られることなし。是我社会問題前進の為めに吾人の久しく遺憾とする処なりき。而して今や本書の発行を見る。縦令《たとえ》其叙述する処多少の遺漏なきに非ずとするも、我国下層社会実際の状態を記せる唯一の書として深く著者の労と多とすべし。況んや著者は本問題の討究に於て実に三たび弦を折れるの人。精確固《もと》より言を待たず自今世間の社会論をして益すます実際的、施設的ならしむるに於て効果決して没す可らざる者あらん、但だ吾人をして望蜀《ぼうしょく》の言を為さしめば、本書が下層社会の職業、衣食、教育等に於て甚だ詳細なるに比して、其衛生上の調査の未だ十分ならざるの感あること是也」（明治三十二年六月五日）

横山源之助著『日本之下層社会』（明治三十二年四月三十日、教文館発行）は、『内地雑居後之日本』（明治三十二年五月三日発行）とともに岩波文庫に収録されている。

秋水が論説記者として社会問題と取り組むに至った契機は、横山著作の書評にありといわれている。「萬朝報」入社後、しばらくを経過した頃からであった。

第五部　赤旗、大逆両事件の公判経過

一、赤旗事件公判廷の模様
――主客顚倒の観ある弁護人、被告の論駁――

古賀検事論告（明治四十一年八月二十二日）

「被告等は飽くまでも現代の制度と斗い、主義を実行せんとするものなれば頗《すこぶ》る危険なり。是を捨て置く時は、現代の社会に一代害悪を流すの恐あれば、宜しく今に於て厳罰を加へ法律の許す限りの極刑に処せられん事を希望す」

卜部弁護人

「婦人四被告のために、治安警察法十六条違反といふなら被告人らを勾引すれば足りたはずで旗を取る必要も権限もない、したがってこれに対して抵抗しても官吏抗拒罪は成立しない、と弁じ唯だ徒《いたずら》に、主義者を牢獄に投じて、彼等を鎮滅し得たりとなすは大なる誤解にて、寧ろ笑ふ可き、姑息なる社会主義者の取締法といふ誹《そし》りを免れず、充分沈重なる御裁決を乞ふ」

被告人堺、菅野の反論

堺「検事の論告に依れば、被告は社会主義者なるが故に厳罰に処せよとの請求なりしが、若し、社会主義者なるが故に罰せらる可きなれば、被告等は甘んじて刑に服すべし。然れども法律には『社会主義者となるものは罰すべし』といふ明文も見受けず。然るに理由なく、徒に厳罰に処せよとは甚だ奇怪至極なり。寧ろ失笑に価せずや。又検事は『無政府なる』文字に重きを置きて、何等文字の内容に就て罪を問ふ処あらざりし。若し無政府主義者なるが故に罰せらるるならば、即ち可なり。然れども若し文字の内容に就て問罪せらるる処ありたらんには各被告共に其の説明を異にするが故に、断罪するに於ても亦多少の相違あらんと信ず。惜しい哉、検事にも判公にも、何等の御訊問なかりき。被告の考ふる処に依れば、無政府主義も社会主義も、其の内容に依て同一なりと思ふ。或者は便宜上社会主義と云ひ、或者は無政府主義と云ふ。然るに内容に言及せられずして厳罰に処せよとは奇怪の事なり。日本の文壇に於ても既にニィチェ、トルストイ等の無政府主義の思想伝搬せられ居れり。若し内容を究めず直に『無政府主義』てふ語を罰す可くんば、是等文壇の作者も罰せられざる可らず。若し亦単に旗を翻《ひるが》えして治安に害ありと云ふ可くんば、彼の広告隊のライオン歯磨の旗も治安に害あり。警官は是等の広告隊とも衝突せざるを得ざる次第なり。或は思ふ、今回の事たる山県の一派が西園寺内閣に対する……」

このとき、古賀検事は、このような弁護をつづけるなら公開禁止を求めざるをえないと発言、裁判長も同意見を表明したので、堺は論点を巡査らの供述の矛盾追及に移した。

菅野スガ（第二回公判廷）

「予審調書には全く跡方もなき事を羅列せり。然も其事たるや到底、病身の自分には出来難き犯罪事項なり。自分が社会主義者なりの故を以て罪の裁断を受くるならば甘んじて受くべし。然れども、巡査の非法行為を蔽はんが為めに犯罪を捏造して入獄を強いんとならば、断じて堪ゆ可からず」
裁判長は被告人訊問に際して各被告人に対し、「被告は無政府主義者なりや否や」と問うている。これは犯罪事実認定に直接関係がないのにである。被告人堺、菅野は、共に「法律は個人の思想を罰することを得ざるべし」と、思想裁判の意図に先手を打って一矢を報いた。

赤旗事件の判決は明治四十一年八月二十九日、この事件を端緒とした大逆事件判決は四十四年一月十八日、その間、二年半の経過に過ぎないが、判決内容には天地雲泥の格差が歴然としている。政治の右旋回に同調した司法の世界もこれにならったからであろうか。

西園寺内閣は赤旗事件直後の明治四十一年七月四日、山県の密奏も絡んで総辞職、代わって内閣を組織した第二次桂内閣は七月十四日成立、登場してきたが、社会主義の取り締まり強化を政綱に掲げ、大忠臣ぶりをめざした。

青春の残像をちらつかせた明治時代は、その終焉歩度を早め、大正時代との境界線上に大逆事件を置き土産としたまま、桂首相は、大逆事件と相討ちの形で政治舞台から姿を消した。わずかに恩賜財団済生会の発足、大正五年まで実施繰り延べの工場法制定が置き土産であった。さらにそのうえ、明治政府にとっての思わざる誤算は、婦人を含む無政府主義者の大量処刑を躊躇しなかった野蕃専制国家の汚名だった。

明治四十二年十月、伊藤博文がハルビン駅頭で射殺されると、翌十一月、山県は枢密院議長となって政界への発言権を掌握し、朝鮮総督府が設置されるなど、明治政府の終楽章は速度を増してきた。

これらの政府プログラムを完遂するため、一人の社会主義者の活動も許さぬとする桂内閣は、幸徳以下十二名を血祭りにあげるべく全国の警察力を駆使して大逆事件の煙幕張りに狂奔し、明治末年を飾るにふさわしい政治裁判を演出した。他方、国際世論の追及に対しては説明過剰の対応をとりながらも、日本国民に対しては沈黙を強要、一人の証人申請も許さず、審理を急ぐこと脱兎のごとき非公開裁判の強行は何を物語っていたのだろうか。

日本事情に詳しい英国人ジャーナリスト、ロバート・ヤングの『文明国の体面維持のため形式的裁判にこだわるよりも、一昔前の日本の伝統に従って一刀両断にすればよかったのに』との苦言と皮肉は、大逆事件裁判の本質を鋭く衝《つ》いていた。

二、赤旗事件の判決とその余波

明治四十一年八月二十九日、東京地裁第二号法廷。予定時間より二時間おくれの午前十一時開廷、島田裁判長の主文朗読

「主文
被告大杉栄ヲ重禁錮二年六月ニ処シ罰金二十円ヲ附加ス。

被告堺利彦、山川均及盛岡永治ヲ各重禁錮二年ニ処シ罰金二十円ヲ附加ス。

被告大須賀さと、百瀬晋、村木源二郎、佐藤悟ヲ各重禁錮一年ニ処シ罰金十円ヲ附加ス。

被告徳永保之助、木暮れい子ヲ各重禁錮一年ニ処シ罰金十円ヲ附加ス。但シ五年間刑ノ執行ヲ猶予ス。

被告、大須賀さと及木暮れいハ治安警察法違反事件ニ付執《いず》レモ無罪。
被告神川マツ及菅野スガハ各無罪」

「当初、堺さんは『まあ二、三ヵ月、避暑に行ったつもりでいるサ』と笑っていたし、私たちも多分そのくらいだろうとタカをくくっていた」(『寒村自伝』)というのが被告席、傍聴席の共通見通しであった。

判決の言い渡しが終わると、島田裁判長は逃げるように席を立った。

すかさず荒畑寒村が立ち上がって、「裁判長!」とよびとめた。

「裁判長! 神聖な当法廷において、弱者が強者のために圧迫された事実の明瞭となったことを感謝します。いずれ出獄の上、お礼をいたします」

裁判長は「今日は判決を言い渡したまでだ。不服があるなら控訴するがよい」と言い渡して、あたふたと退廷した。これを見て、大杉が「ム、ム無政府党万歳!」と叫んだ。他の被告も「無政府党万歳!」と連鎖反応した(大杉は吃る癖あり)。

この判決後、内山愚童は、みずから無政府主義者と宣言し、箱根の外にも眼を向け、非合法出版の準備に着手した。

「内山愚童の積極的であけっぱなしな性格は、箱根と碓水、栗橋鉄橋まで革命の地域をひろげているのに対し、菅野の場合は爆弾と天皇という狭くて深いものであり、さらに内山が横浜、名古屋、大阪、神戸まで羽根をのばして活躍するのにたいし、森近は自分の勢力範囲の大阪においてさえ努力せず、早くも身代りの古河力作を提供して岡山にとじこもってしまっている。九州派がいたずらに激語するばかりで同志獲得が進まない中で、紀州組はそのまま集結し時期を待っている。もし内

山を「大型」とし、菅野を「小型」としたら、大石は「中型」とでもいうべきであろうか」（田中惣五郎『幸徳秋水』三一書房版）

田中は検察主張の通り、愚童が箱根と碓水・鉄橋爆破を企図していたとする予審調書をうのみにしているのは残念だが、十二名死刑囚の中で、愚童の人柄と役割を「大型」と見ているのは堺の理解とも通底し妥当な評価であろう。

元来、この赤旗事件は「無政府傾向の青年たちがチョットいたずらをやった」（堺利彦『日本社会主義運動小史』）にすぎなかったのだが、案に相違して意外な大事件に発展してしまったのは、大杉グループに潜入していたスパイから事件の内容を知った政府側が、この機会に在京の主義者を一網打尽にせんと計った焦りも無視できない（当時、山県の謀略説も云々された）。

一人の社会主義者もいない、世界に冠絶した明治国家の体制づくりに腐心していた官僚＝軍閥勢力。これに対し国賊の汚名をとっても意に介せずとして、非戦、非軍備主義をとなえ、日露開戦に対決した幸徳秋水。彼こそは、目の上のたん瘤《こぶ》的な非国民だからとして、虎視眈々と狙っていた挑発相手の巨魁だった。

しかも、幸徳は渡米の折、アメリカにいる日本人青年たちを組織して社会革命党の設立を指導した。その後かれらが天皇制打倒をよびかけるチラシを発行し、日本国内へも発送した。それは、明治四十（一九〇七）年十一月三日、天長節の朝、桑港日本領事館の壁に掲示された「暗殺主義」の檄文である。このビラは、日本の社会主義者、官内省にも発送されると同時に別ルートを経由して官僚＝軍閥勢力の大御所、山県元老の入手するところとなって意外な反響を呼んだ。「幸徳屠るべし」は天の声に聞こえたらしい。他方、愚童もまた「暗殺主義」に刺激され、「無政府共産」の秘密出版に生命を賭けた。

執筆と療養のため郷里の土佐中村にいた幸徳が、在京同志全滅の知らせを受け、運動再建のための上京の途についた。明治四十一年七月二十一日。彼はこの旅の途中、和歌山新宮の大石誠之助宅で半月、箱根大平台の林泉寺に二泊してから上京、翌日、赤旗事件の公判を傍聴した。

この新宮と箱根に寄り道したことが、のちの大逆事件ではことごとく天皇暗殺の陰謀をめぐらした謀議のためなりとして死刑を宣告され、十二名の「社会主義者」は断頭台上の露と消え去った。明治政府の挑発は幸徳を巧みにとらえた。

明治四十一年六月の赤旗事件に端を発した大逆事件は、四十四年一月の十二名に対する死刑執行で幕を閉じたかに見えた。しかし、大正十二年、関東大震災後の戒厳令下、軍隊、警察による公然テロに尾を引き、大杉栄ら三名、平沢計七ら七名、河合義虎ら九名の虐殺へと引きつがれ、日本の無条件降伏後、その全貌が国民の前にはじめて明らかにされた。大逆事件の起訴に辣腕を発揮した武富検事は、のち民政党代議士、弁護士となり、大杉らを殺害した甘粕大尉の特別弁護士としても活躍した事実を指摘しておく。

三、大逆事件判決書（明治四十五年一月十八日）

（被告氏名、原籍地、生年月日略）

主文

右幸徳伝次郎外二十五名に対する刑法第七十三条※の罪に該当する被告事件審理を遂げ判決するこ

と左の如し。

　被告幸徳伝次郎、菅野スガ、森近運兵、宮下太吉、新村忠雄、古河力作、坂本清馬、奥宮健之、大石誠之助、成石平四郎、高木顕明、峰尾節堂、崎久保誓一、成石勘三郎、松尾卯一太、新美卯一郎、佐々木道元、飛松与次郎、内山愚童、武田九平、岡本頴一郎、三浦安太郎、岡本寅松、小松丑治を各死刑に処し、被告新田融を有期懲役十一年に処し、被告新村善兵衛を有期懲役八年に処す

（中略）

　被告幸徳伝次郎は夙《つと》に社会主義を研究して明治三十七年北米合衆国に遊び、深く其地の同主義者と交り、遂に無政府共産主義を奉ずるに至る。その帰朝するや専《もっぱ》ら力を同主義の伝播に致し、頗《すこぶ》る同主義者の間に重ぜられて隠然その首領たる観あり。被告菅野スガは数年前より社会主義を奉じ、一転して無政府共産主義に帰するや漸《ようや》く革命思想を抱き、明治四十一年世に所謂錦輝館赤旗事件に坐して入獄し、無罪の判決を受けたりと雖《いえど》も忿恚《ふんい》の情禁じ難く心ひそかに報復を期し、一夜その心事を伝次郎に告げ、伝次郎は協力事を擧げんことを約し、且つ夫婦の契を結ぶに至る。その他の被告人もまた概《おおむ》ね無政府共産主義をその信条となす者、若しくは之を信条となすに至らざるもその臭味を帯びる者にして、その中、伝次郎を崇拝し若しくは之と親交を結ぶ者多きに居る。

　明治四十一年六月二十二日錦輝館赤旗事件と称する官吏抗拒及び治安警察法違反事件発生し、数人の同主義者獄に投ぜられ、遂に有罪の判決を受くるや、これを見聞したる同主義者往々警察吏の処置と裁判とに平ならず、その報復を図るべきことを口にする者あり。爾来同主義者反抗の念愈々《いよいよ》盛にして、秘密出版の手段に依る過激文書相次いで世に出で、当局の警戒注視益々厳密を加うるの已むを得ざるに至る。ここに於て被告人共の中、深く無政府共産主義に心酔する者、国家の権力を破壊せんと欲せば先づ其の元首を除くに若《し》くなしとし、凶逆を逞うせんと欲し、中道にして凶謀発

覚したる顚末は即ち左の如し。（以下、顚末第一～第八略す）

（注、旧刑法第二編第一章「皇室ニ対スル罪」＝第七十三条　天皇、太皇太后、皇大后、皇后、皇太子又ハ皇太孫ニ対シ危害ヲ加ヘ又ハ加ヘントシタル者ハ死刑ニ処ス）

論告求刑と弁護

十二月二十五日は日曜なのに、午前中から論告求刑が行なわれた。

平沼検事の総論――

「被告らは無政府主義にして、その信念を遂行するために大逆事件を謀る。動機は信念なり」

次いで板倉、平沼両検事は予審調書の事実を作り上げ、大逆の陰謀を論述、最後に松室検事総長が二名に有期懲役を、二十四名に死刑を求刑した。

弁論は、一日おいて二十七日から行なわれた。

第一日　花井卓蔵、今村力三郎

第二日　四人の私撰弁護人

この日、午前の公判が終わると、花井、今村の両弁護人は幸徳と菅野を法廷に残してもらい、「昨日、郷里のお母さんが亡くなられました」と幸徳に告げた。

第三日　最後の弁論に団長格の磯部四郎が立った。「日本の裁判は、天皇陛下の名のもとに行なわれる。陛下に反逆した者を陛下の名において断罪するのは、大御心に反するものではあるまいか。彼らの復讐心がさらに陛下に向けられることより、陛下の御慈悲により彼らの心を溶かし、善良な市民に立ち返らせることの方が、あらゆる意味で利益は大きいと私意するものである」と結んだ。

しかし、翌四十四年一月十八日午後一時に開廷した判決公判では、有期懲役二名を除く全員二十四名に死刑が宣告された。そして一週間後には慌ただしくも十二名は生命を奪われた。疑わしきは罰せずの原則は破られ、疑わしきは罰する、無政府主義者は一人残らず一掃、抹殺するの大方針が貫徹された。

被告、弁護士の胸中ひそかに期待されていた恩赦の願いは、木端微塵に粉砕された。

事件から半年後、人心一新を名目として桂内閣は総辞職して政界の表舞台を去り、大逆事件と相討ちを余儀なくされ、明治初期の残像もきれいに払拭された。

四、無視された刑事訴訟法

大逆事件の裁判は、政治裁判であり、司法裁判ではなかった。
「今回の非常事件につき、大審院の特別裁判所が予審終結の形式によらず、予審判事の報告にもとづきて、公判開始の決定をなし、ただちにその審理をなすや、予断に流るる弊害を生ぜずや、とのことにつき、当局は『本件は、かの懲戒裁判とほとんど同様なる特殊の形式によりおこなわるるものにして、すこしも法律上の約束に違反することとなし』といいおれり」（中央新聞、明治四十三年十一月十六日号）
牧師、沖野岩三郎の「大逆事件の新聞スクラップ」の「特別裁判の判事―刑事訴訟法上の欠点」という記事中、「某法典調査員は語りて曰く、近日中に大審院の特別裁判開始せらるるにつき、はしなくも思いおこさるるは、特別裁判の公判開始決定を担当したる判事が、かねてその公判担当者たるの是非、利害に関する問題なり。由来予審判事は、自己の関与したる予審事件につき、上級審の裁判官たること能はざるは、わが刑事訴訟法の明定せるところにして、この法文の精神は、これを大審院の特別裁判の場合に応用すべきこと、もちろんならん。

しからば、今回の陰謀事件の公判開始決定が、その名のいかんにかかわらず、予審決定とどうもその性質を異にせざる以上、予審判事たる鶴丈一郎以下七名の判事は、特別裁判の担当判事たるあたわざる道理なり。日本国民としては、特別裁判に属する事件の発生を希望せざること、言を待たずといえども、すでに法律たる以上は、その厳正なる規定、区別をうけざるべからず。余は刑事訴訟法において、いっそうこの点につき、明瞭なる条文をもうけ、もって法律の不備をおぎなわんとすることを希望する云々」とある。

この疑点は核心に迫るもので、当時の刑事訴訟法は、裁判官が予断にながれるのを防ぐために、第四十条に「判事ハ左ノ場合ニオイテ、法律ニヨリ、ソノ職務執行ヨリ除斥セラルベシ」との規定を置き、その第四項に「判事ソノ事件ノ予審終結ニ関与シ、マタハ不服ヲ申立テラレタル裁判ノ前審ニ関与シタルトキ」との規定を設けて明文化された法律上の歯どめがあった。朴烈、難波大助、李泰昌とその後の大逆事件でも、この規定に従い、公判開始決定判事と公判執行判事とを区別していた。

にもかかわらず、大逆事件の場合だけ横田大審院長がこの第四十条第四項の規定を無視して、公判開始決定判事鶴丈一郎に公判執行判事を兼任させるという、重大な法律違反行為を敢行した大審院原判決の違反行為は明白となり、秋水の死後六十年を経過して、裁判謀略のキメ手が発見されたという。

（以上は神崎清『実録幸徳秋水』による）

(a) 全員有罪の予審判事の意見書

(b)全員有罪の松室検事総長の意見書を読み
(c)全員有罪の決定書をつくった鶴丈一郎以下七名の判事がそっくりそのまま公判担当判事となって、裁判官席についてすすめられた裁判の結果は、全員死刑の判決しか考えられない。
国家的な権力犯罪のカラクリは、大逆事件の重圧感から形成された当時の世論からは容易に察知されなかったが、時の経過と共に洩れてくる。昨日までの取調官がその翌日から、公正な裁判官服をまとったところで、馬脚がいつまでも隠し通せるものではなかった。

徳富盧花の発した警句を添える。

「戦後の経営、世界的な日本の発展、是れ耳やかましく唱道せらるる語也。……爾の独立若し十何師団の陸軍と幾十万頓《トン》の海軍と云々の同盟とによって維持せらるとせば爾の独立は実に愍《あわ》れなる独立也。……」

五、大逆事件捜査の検察陣
——内山愚童、二十六番目に追起訴さる——

司法省民刑局長・平沼騏一郎が大審院検事を兼任、松室検事総長が病臥したため、実際の最高指揮権が平沼次席検事にゆだねられた。このほかには、東京控訴院河村検事、大審院板倉検事、東京地裁小林検事正が捜査の指揮をとった。

明治四十三年六月四日、小林検事正は、「関係者は前記七名のみの間に限られ、他に一切連累者なし。事件の内容は一切発表し難し」と発表する。

また有松警保局長も、同日の談話で「予審中のため事件の内容は語れないが、検挙された被告人は僅々七名に過ぎずして、事件の範囲は極めて狭小なり。騒々しく取り沙汰する程の事にあらず」との談話を発表、当初の関係者は七名のみとする方針だったことがうかがえる。

この不拡大方針を一挙にふきとばしたのは、六月五日の新宮における大石誠之助の起訴だった。これを契機として平沼次席検事の捜査方針は、幸徳秋水を頂点とする全国的な陰謀事件に切り換えられ、拡大された。

小山松吉検事の『日本社会主義運動史』によると、捜査方針が全国的に拡大されたのは、山県、桂らの方針らしきものがはたらき、関係者は一人残らず死刑に処すべしとの圧力が作用したためらしい。そして旧刑法七十三条「不敬罪」の適用による一括起訴の方針が打ち出された。山県は東大の穂積八束に「社会破壊主義論」「社会破壊主義者取締法案」を起草させ、天皇並びに政府首脳に提示して工作を開始し、社会主義、無政府主義者の徹底的弾圧を企図していた。そして検察陣では、この事件を好機として、「一人の無政府主義者なき世界に誇るに至るまで、あくまでもその撲滅を期する」の方針に基づき、全国的な逮捕を号令して事件の拡大を促進した。

捜査主任の小山検事は宮下太吉の取り調べにより、彼が天皇殺害を決意するにいたった動機の一つに、内山愚童の『無政府共産』から強く衝撃された事実を知り、小山対内山の取調室における対決がはじまった。服役中の内山が、天皇暗殺計画に参加した構図が創作された。かくして愚童は、起訴者二十六人中のしんがり役を押しつけられることになり、服役者として追起訴された。*

（注、愚童は東京控訴審で出版法違反二年、爆発物取締法違反五年、計七年の刑期を受け、明治四十三年二月二十日、横浜刑務所根岸監獄で服役中だった）

小山は愚童の取り調べに当たり、一直線に調書を作成したわけではなく、苦心惨憺したらしい。愚童と宮下は、面識も文通もなかった。

小山は愚童を目して「暴慢無礼な横着極まる男」、あるいは「眼中国家もなければ財産もないという生粋の無政府主義の裸坊主」と悪口雑言を並べている。要するに天皇の司法官、検事の権威がまったく否定され、無視された結果生まれた罵倒であり、逆に見れば愚童必死の抵抗ぶりが彷彿として浮かびあがってくる。

宮下、菅野が復讐の憎悪に駆りたてられて、天皇の車に爆弾を投げつけるというようなスケールの小さな暗殺計画しか描いていなかったのに対し、愚童の大言壮語はまず爆弾を投じて箱根の鉄橋、千葉県市川の鉄橋、ついで埼玉県下栗橋の鉄橋をこわして東京に革命を起こし、その後で宮城に乗り込んでゆく――東京に内乱を勃発させるという夢物語風の大風呂敷で、小山検事をよせつけない。

検事の訊問はまともに相手とせず、無駄話に逃げこみ、検事を疲労困憊《こんぱい》させた。

「こういう者でも調べるとなれば何かいわせなければならないのですから、九月十八日から私は内山一人を専門に取調べましたが、なかなか要領をえさせない。私もいうことのないときは向ひ合って黙っておったこともあります。

九月廿六日頃になると顔なじみになってきて、向うでもスゲなく出来ないもので、毎日睨み合っていると、しまひには向ふからお辞儀をして、良い天気ですと云うやうなことを云う。さうして黙って座っておって『何か云うことはないか』というと、『すっかり云ってしまって何もありません』というような調子であった」（「思想実務家合同講演集」）

小山は愚童の関西旅行を重視して、事件を愚童の線から拡大してゆく方針をたて、平沼検事総長代理の許可をとった。

「……東京の方の取調べは予審に委しておいて、関係のある地方の主義者を取調べることになり、大阪の山本検事正、池上警察部長に上京を命ぜられ、大阪方面の報告をききましたが、果して大阪方面に共犯がいるのかどうかも判らない。依てこの際東京から出ていって調べようということになり、小林検事正、武富検事、それと私の三人が大阪へ出張を命ぜられた。

八月廿一日、小山と小林、武富の三検事は大阪地裁二検事の応援を得て、愚童供述の裏付調査を開始したが、愚童の線からは収穫なしのため、大石誠之助が明治四十一年二月、東京から帰る際、大阪の村上旅館に立ちよった事実に注目し、平民社での「土産話」を聞いた武田九平、岡本順一郎、三浦安太郎の三名を共犯として起訴することになった。

神戸へ行き、岡林寅松、小松丑治を取調べると、愚童訪問の折、爆薬の調合について質問した事実が判明したが、これだけでは刑法七十三条違反の該当者とするのが無理であり調査に当った検事の間でも起訴、不起訴と意見が対立した。

だいぶ議論したが決定できないので、其儘にしておいたらよかろうというので、右二人を帰宅せしめて、神戸を出発した。

一行は二人を処分保留のままにして京都、名古屋へと愚童の足跡を追ったが、起訴できる者は一人もなく、このままでは愚童に限り大逆罪での起訴は難しくなり、小山のたてた見込み捜査は暗礁にのりあげた。

帰京した小山は再び愚童の取調べに当たった。小山は自分が大阪、京都、名古屋での調査結果を逐一、愚童に確かめた。

ベテラン小山検事は執拗に愚童を追及、時としては沈黙の睨み合いをつづけた。

この頃になると、内山以外に調べる者がいないので毎日、顔を見合わせて彼の旅行先などを聞いていた。

そのうち、十月十三日になって内山が言うのに、『四十一年の八月十二日に幸徳が私の寺にきました。きたときに熊野川の瀞八丁ですね、さういう写真を見せました』という。『どういう写真か』と私がきくと、内山は『幸徳は同年の七月、新宮へ行った折に大石と二人で瀞八丁に船を浮かべて遊んだようである』という。

とにかく、幸徳が自分のお寺に来て、大石と瀞八丁に月夜船を浮べて爆弾を製造する話をしたと言ふのです」（同上）

「月夜に船を浮べて爆弾の製造を協議というのも、実は真昼間で、単なる船遊びにすぎない。しかも途中で雨が降ってきたので、早々に引き上げたというのが真相のようだ」（同上）

紀州組からは、大石誠之助、成石平四郎は死刑、成石勘三郎、高木顕明、峰尾節堂、崎久保誓一は無期に処せられた。

小山は愚童を取り調べていて、菅野、宮下の謀議と結びつけるのは不可能と納得したので、愚童を明科グループからはずし、巣鴨平民社や横浜の曙会で放談したといわれる「オヤジをやるより伜をやる方がよい。オヤジは肝をつぶして死ぬだろう」という他人の供述を取り上げ、皇太子暗殺計画をつくりあげて大逆事件に組み入れてしまった。

愚童が二十六番目の被告として予審請求されたのは明治四十三年十月十八日、公判開始は十二月十日、二十四被告全員に死刑求刑は十二月十五日。判決言い渡しは翌年一月十八日。明治四十四年一月十八日、二十四名に死刑判決。一月二十四、五日、十二名の死刑執行。

明治四十五年七月三十日、明治から大正へ改元、明治時代の終焉も、外国では多数の無政府主義者を虐殺した日本＝野蕃国家の汚名を引き継いだままだった。

六、松室検事総長の警告

明治四十三年十一月九日午前十時――

公判開始決定をみた同日朝、松室検事総長が、東京の新聞社の代表責任者を霞ヶ関の大審院検事局に召集して、なかば威嚇的におこなった警告は、事件報道に対する異常な規制措置としてこの事件の性格を裏書きしていた。

これまでも、大逆事件に関する報道の自由をほとんど持たなかった各新聞社の代表が、検事総長から所定の「警告事項」に基づいて、きわめて高圧的な「懇談」をうけ、「事件の由来及び経過」の説明文書と「決定書」コピーをわたされたときの表情がどんなものだったかは推量のほかないが、検事総長の「警告事項」とは、すでに十月二十一日に用意されていた日本国内、海外植民地および外国の報道機関に対する厳重な言論統制だった。

「幸徳伝次郎外二十五名ニ対スル被告事件ノ内容ヲ新聞・雑誌オヨビ通信ニ掲載スルトキハ、ソノ記事程度ニヨリ、新聞紙法第四十二条前段ニ該当スベキヲモッテ、検事ハコレヲ起訴スルコトアルベシ。元来本件ノゴトキ場合ニオイテハ、法律上ノ制裁ハトニカク、各位ニオイテモマタ、臣子ノ本分トシテ、徳義上本件ノ記事ノ公表ヲサケルベキハ、本職ラノ信ジテウタガワザルトコロナリ。

一、予審調書ハ秘密ノコト。

一、公判開始決定ハ公表スルツモリ。

一、満州・朝鮮・台湾・樺太ニ対シテハ、検事総長通牒ト同様ノ意味ヲ、内閣総理大臣ヨリ訓令スルコト。
一、治外法権ノ諸外国ノ領事ニ対シテハ、外務省ヨリ同様ノ訓令ヲ発スルコト。
一、日本新聞ヲ発行スル他ノ諸港駐在ノ領事ニ対シテハ、デキウルカギリ、同様取締ヲセシムルコト。
一、本邦駐留ノ外国新聞通信員ニ対シテハ、外務省ニテデキルカギリノ手段ヲトルコト」

新聞紙法第四十二条前段とは、「皇室ノ尊厳ヲ冒瀆シ、政体ヲ変革シ、マタハ朝憲ヲ紊乱セントスルノ事項ヲ、新聞紙ニ掲載シタルトキハ、発行人・編集人・印刷人ヲ二年以下ノ禁錮、オヨビ三百円以下ノ罰金ニ処ス」を指す。

「臣子ノ本分トシテ、徳義上本件ノ記事ノ公表ヲサケルベキハ、本職ノ信ジテウタガワザルトコロナリ」を大上段に振りあげて新聞社の道義心に強く訴え、新聞社の独自記事発表を規制しているが、その狙いは、本件に関して一切報道するな、検事局発表以外はまかりならんの禁止措置にほかならず、もし書けば発行人、編集人、印刷人と新聞社の全活動を一本化して制裁するぞの脅迫である。

これでは大逆事件の記事が最初から書けない、当局発表だけをそのつど、記事にすればよいという言論統制だから、報道が萎縮せざるをえなかった事情が納得されよう。

自由な新聞報道に対する不安と恐怖が先行した検事総長は、判決自体に自信がないから、これほどの過剰反応を示し、恐怖心理におののいていたようだ。一言でいえば、当時の政治危機が断末魔の状況にあった事態の反影であり、大逆事件の裁判は「一人の無政府主義者（社会主義者）なき世界に誇るに至るまで、あくまでもその撲滅を期する」政府方針に基づいて展開された政治裁判だったことを雄弁に物語っていた。また、海外諸国における反対、抗議のうねりが高まってきた事態に対する恐怖の反影でもあった。

桐生悠々が体験した執筆禁止

桐生悠々が「信濃毎日」主筆として赴任したのは、大逆事件の検挙直後の頃だった。この当時の新聞コラム欄に彼の書いた一言。

「新聞記事について警察部長から直接に注意したいことがあるので出頭せよとの文書が届いた。警察部に出頭してみると、幸徳秋水の公判記事を新聞に書いてはならぬとのこと。——何の事だい馬鹿々々しい——」（井出孫六『現代史資料月報』〈一九七四・一二〉）

内閣にも其責なしとする乎
大逆無道者の運命

信濃毎日新聞（明治四十四年一月二十日）

幸徳秋水以下二十五名の大逆罪に対する判決は、一昨十八日を以て大審院第一号大法廷に於て言渡されたり。「富豪の財物を掠奪して貧民を賑はし、諸官衛を焼拂ひ、要所の顕官を暗殺し、二重橋に迫り、大逆罪を敢行」せんとしたる彼等無政府主義者若しくは極端なる社会主義者が擧げて死刑に処せられたるは、其大逆無道に伴ふ当然の運命にして、復《また》如何ともすべらざる也。而して現内閣が一擧して此等多数の大逆無道者を捕縛し、以て其相当なる運命の所在を天下に公示せるは、一方に於ては此種の犯罪を威嚇するに於て最も痛切なる手段たると共に、他方に於ては所謂国家を泰山の安きに置くものとして、吾人は現内閣に対して多大の謝意を表するに吝《やぶさか》なるものにあらず。然れども飜《ひるがえ》って想ふに、億兆皆心を一にして皇徳の至大至高を頌せざるなき明治聖代の今日に於てかかる忌むべくかかる憎むべき大逆無道者を頻出せしめたるの罪は、果して誰にかある。歴史を案ずるに社会の秩序定まらず。而して主権の所在何れにあるか。

杳として之を知るに苦しましめたる乱世にありては、大逆無道者の此間隙に乗じて起りたる二三にして止まらず。然れども今や維新の鴻業成りて妖雲一掃、天日晃として四海を光被す。此時に当ってかかる忌むべき、又かかる憎むべき大逆無道者を頻出せしは、抑も何の故ぞ。上に憲法あり、而して下此憲法に由りて発布せられたる法令汗牛充棟も啻《ただ》ならず。吾人は此等の憲法法律に由って、信仰の自由を許され、言論の自由を許され而して国家と人民との権義亦之によりて愈々益々明確となりたるの時に於て、彼等幸徳一派の徒は、何を苦んでかかる忌むべく、又かかる憎むべき大逆無道を敢行せんとしたる。吾人は此理由及び原因を尋ねるに際して、大に惑はずんばあらざるなり。其「二重橋に迫り大逆を敢行」せんとする彼等の計画が真に笑ふべき一種の空想に過ぎず、恰《あたか》も蟷《とう》螂《ろう》の斧に向はんとするに似たる無謀の所為たるや論を待たず。

而してかの幸徳一派の勢力を以てしては試みに之に与ふるに数百年の年月を以てするも、到底実現し能はざるものたるや論を待たず。随《したが》って吾人は此等の壮語に対して何等危険の感を抱くものにあらずと雖も「富豪の財物を掠奪して貧民を賑はし、諸官衙《かんが》の顕官を暗殺する位の事はこれにかすに多少の時日を以てせば、彼等と雖も、亦之を敢行し得るの余力あらん。吾人の虞《おそ》るる所は彼にあらずして此にあり。其当局者が周章狼狽の極、唯其善後策にのみ専らにして、其責任の所在に至っては未だ之を問ふの余地なかりしが如く然り。

然れども、今回の大逆無道罪は之にて一段落を告げたりと見て可なり。彼等は其大逆罪に伴う必然の運命を見たり。而して吾人臣民はまたこれに由りて永へなる吾が国運の発展を慶賀することを得たり。而して吾人はこれに加えて其責任の所在を問ふの余裕を与へられたり。惟《おも》ふに桂首相は一昨十八日岡部法相と相携へて陛下に伏奏せし折、必ずや其輔弼《ほひつ》の責に言及し畏《かしこ》みて辞表を提出したるなるべしと信ず。然り、吾人をして国務大臣たらしめば、吾人は此際畏多くして其職に堪ゆること能はざるなり。

些々たる政略問題、粉々たる政治問題に対しても爾来閣臣は其責任を云為して職を辞せり。然るに今回の問題は恐多くも刑法第七三条の大逆罪に関する一大重要問題なり。たとひ憲法には此種の問題に対する責任に関して、何等規定する所なしとするも、政治問題乃ち政治道徳の上より見て、現内閣が其政権時代に於て、かかる大逆無道者を頻出せしめたるの罪に至っては断じて掩ふべからず。少くとも其補弼の任に於て、全然欠くる所なしとすべからず。況《いわん》や現内閣の社会主義者を遇する、恰も沸騰しつつある水を密閉して、其盛に起き上らんとする水蒸気に漏口を与えず、只緊迫に緊迫を加へ、其結果遂に今日に至りたるの跡なしとせざるに於ておや。吾人は今や彼等の大逆無道者の頭上に落ちかかる必然の運命を見て、衷心大に快哉を覚ゆと雖も、現内閣が其責任を顧みず、尚躍如として其地位に在るを見、不快を感ぜざらんと欲すれども能はざるなり。嗚々現内閣は果して其責なしとする乎。

吾人は此稿終れる時、果然桂首相以下は責を引いて、陛下に辞表を呈出せりとの報に接す。左もあるべき事なり。而して聖上陛下の御寛仁なる、必ずや首相以下に対して、其儀に及ばずとの有がたき御沙汰あるべきも、扨《さ》て此御沙汰に甘へて尚晏如として其地位にあらんには、現内閣は余りに冥加に尽きたりと云ふべき乎。

（注、これより先、警察部長より大逆事件の公判記事掲載を禁止されたる「信濃毎日」が桂首相の政治責任を取り上げたのは、ギリギリの選択で、言論人の鬱積ばらしだった）

七、赤旗事件の回顧（堺利彦）

回顧すれば、既に殆《ほと》んど二十年の昔である。何かそれについて書けと云われる。今さらながら自分の老を感ぜざるを得ない。昔語りは気恥かしくもある。然し、それも一興として、或は多少の参考として呼んでくれる人も無いではあるまい。暫《しばら》く昔の夢に遊んでみる。

神田錦町の錦輝館の二階の広間、正面の舞台には伊藤痴遊君が着席して、明智光秀の本能寺襲撃か何かの講演をやっている。それに聞きほれたり、拍手したり、まぜかえしたり或は身につまされた感激の掛声を送ったりしている者が婦人や子供をまじえて五、六十人、それが当時の社会主義運動の常連であった。

この集会は山口孤劍君の出獄歓迎会であった。当時の社会主義運動には「分派」の争いが烈しく、憎悪、反感、罵詈、嘲笑、批難、攻撃がずいぶん汚らしく両派の間に交換されていた。然し山口君は、その前年、皆が大合同で日刊「平民新聞」をやっていた頃から、幾許もたたない中に入獄したので、この憎悪、反感の的からはづれていた。そこで彼の出獄を歓迎する集会には、両派の代表者らしい者が殆んど皆な出席していた。時は明治四十一年六月、日は今チョット分らないが、私は紺ガスリの単衣を着ていた事を覚えている。

久しぶりに両派の人々がこうした因縁で会したのだから、自然そこに一脈の和気も生じたわけだが、然し一面には矢張り、どうしても対抗の気分、にらみあひの気味があった。けれども会は大体面白く無事に終って散会が宣言された。皆がそろそろ立ちかけた。すると忽ち《たちま》一群の青年の間に、赤い、大きな、二つの旗を打振りつつ、例の××歌か何か歌ひながら、階段を降りて玄関の方に出て行った。

会衆の一部はそれに続き、一部は跡に残っていた。玄関口の方が大ぶん騒がしいので、私も急いで降りてみると、赤旗連中はもう表の通りに出て、そこで何か警察官ともみあひをやっていた。私が表に飛び出した時には、一人の巡査が誰かの持っている赤旗を無理やり取りあげようとしていた。多くの男女はそれを取られまいとして争っていた。私はすぐその間に飛びこんで、そんなに乱暴な真似をしないでもいいだろうといふ調子でいろいろ巡査をなだめたところ、それでは旗を巻いて行け、宜しいといふ事になり、それでそこは、一度かたづいた。錦輝館の二階を見あげると、そこには跡に残った人達が皆な縁側に出て来て見物していた。

しかし私はすぐ別の方面に目を引かれた。少し離れた向ふの通りに、そこでも又、赤旗を中心に、一群の男女と二、三人の巡査が盛んにもみあっていた。私は又飛んで行って、その巡査をなだめた。あちらでも旗を巻いて行く事に話が出来たのだからと、ヤットの事でかれらを説きふせた。然し騒ぎはそれで止まらなかった。巻いた旗が再び自然にほぐれた。巡査らは又それに飛びかかった。あちらにも、こちらにも、烈しいモミアイが続いた。

錦輝館の前通りから一ツ橋通りにかけて、真黒な人だかりになった。その中に二つの赤旗が折々高くひるがえされたり、直ぐに又引きずりおろされたりした。目の血ばしった青年、片袖のちぎれた若者、振りみだした髪を背になびかせて走っている少女などが、皆な口々にワメキ叫んでいた。そして巡査等が一々それを追ひまわしたり、引ッつかまえたり、ネジふせたりしていた。私は最後に一ツ橋の通りで、又巡査をいろいろになだめすかし、一つの赤旗を巻いて二人の婦人にあづけ、決して再びそれをはぐらかさぬ事、又決してそれを他の男に渡さず、おとなしく持って帰るといふ堅い約束をして、それでヤット始末をつけた。その時、今一つの赤旗は既に、それを取られまいと守っていた数人の青年と一緒に、巡査に引きずられて行ってしまった。

それから私は神保町に歩いて行く中、たしか山川均君と落ちあった。山川君も略《ほ》ぼ私と同じような役まわりを務めていたらしい。それで、引張られた者は仕方がないとして、山川君は守田有秋君が二六新報社で待ち合わせている筈だから、そこに行くと云ひ、私はそのまま淀橋の宅に帰る積りで、二人が別れやうとしている処に又巡査が二、三人やって来た。そして私等をも警察に連れて行くといふ。それはおかしいぢゃないかと云ってみたが、どうも仕方がない、矢張り連れて行かれた。

この日の外面に現われた事柄は只これだけだった。イタヅラの張本人は大杉栄君で、荒畑寒村なども参謀の一人だったろう。山川君も顧問くらいの地位になったか知れない。赤旗といふのは、二尺に三尺くらいの赤い全巾を、短い太い竹竿にいはえつけたもので、一つには×××（無政府）主義、一つには×××××（無政府共産）と、白い布を切って拵《こしら》へた五つの文字が帳りつけられてあった。

当時の分派で云へば、その前年（明治四十年）謂《いわ》ゆる大合同の日刊平民新聞が仆《たお》れてから以後、一方には片山潜、西川光二郎、田添鉄二等を代表者とする議会政策派があり、一方には幸徳秋水、山川、大杉等を代表者とする直接行動派があった。そして前者は東京で社会新聞（一時は週刊）を出し、後者は大阪で大阪平民新聞（森近運兵の経営で）を出し、更に前者はのち分裂して西川の東京社会新聞を発行した。

然し私自身の見方から云へば、当時の分派は三派の対立であった。即ち幸徳君らの無政府主義と、片山君等の修正主義《レヴィジヨニズム》と、私などの正統主義であった。その頃、イギリスの独立労働党の首領ケアア・

ハーデーが日本に来遊して、我々の集会で演説したりしたが、片山君等はハーデー派であり、私などはそれに対するハインドマン派（社会民主同盟派）の形であり、幸徳君等は右の両派を合せて国家社会主義に片づけようとするクロポトキン派（若しくはバクーニン派）であった。当時まだサンジカリズムの名は現はれて居なかった。

ついでに云へば、安部磯雄君は当時既に実際運動から退いて居り、石川三四郎君等は右の三派（若しくは二派）から独立して婦人運動の雑誌を出したりしていた。然し私は実際上には幸徳君等と密接に提携していた。私は大阪平民新聞の執筆者の一人であった。世間の新聞などでは、幸徳君等と私等とを一まとめにして柏木団と呼んだりしていた。実際、その連中の多くは、柏木、淀橋あたりに住んでいて、それが一団となって金曜会といふのを作り、毎週神田で講演会をやったりしていた。硬派、軟派といふ言葉も、当時よく使われていた。それで私は当時、田添君から長文の手紙を以て、烈しく（然しながら親切に）批難されたことがあった。

それは、私が主義主張によって進退せず、友人関係によって離合しているのではないかと、私を責めたものであった。たとひ硬軟の別はあっても、田添君等と提携すべきであるのに、只だ友人として幸徳君と甚だ親密であるが為に、アナキストと提携しているのは不都合だというのであった。

然し私としては、幸徳君とは毎日毎晩、会へば必ず議論するといふ程で、決して友情の為に主義主張を曖昧にしてはいなかった。只だ私としては、出来るだけ純真な××（革命）的態度を維持せねばならぬと考へ、それにはできるだけアナキストと提携を続けねばならぬと考へ、議会政策に反対する理由はあっても、直接行動に反対する理由はないと考へていた。それで私はディーツゲンの言葉を引用して、社会主義と無政府主義の差異をできるだけ少くする事に努め、社会主義は何処までも無政府主義を包容して行くべきだと考へていた。

当時、直接行動派の元気な青年の中には、堺の親爺をなぐってしまへといふ者もあったそうだが、実際上、多くの人達は社会主義と無政府主義の合の子であった。山川君なども余程ディーツゲン張りで、裁判所で「社会主義者か無政府主義者か」ときかれた時、『若し無政府主義が社会主義と別の物であるならば、自分は無政府主義者ではないが、自分は社会主義と無政府主義とを同じ物と信じて居るから、その意味に於て無政府主義者といわれても構わない」と云った様な答をしたかと覚えている。

そこで再び赤旗事件当日の事に立ちもどる。私は山川君とふたりで錦町の警察に連れて行かれてみると、そこの留置場には既に大杉、荒畑、盛岡、百瀬、村木、宇都宮、佐藤などの猛者が来て居り、外に神川、菅野、小春、大須賀などの婦人連も来ていた。留置場は三室あって、それが廊下を中にして向ひあって居た。私の室には私と外に誰か一人、隣の室には婦人連、そして向ひ側の大部屋には其他の大勢といふ割当であったが、その大部屋は丸で動物園の檻《おり》よろしくで、皆が鉄格子につかまって怒鳴る。わめく、笑ひくづれるの大騒ぎであった。

巡査の態度があんまり無茶なので、皆はたうたう格子の中から唾を吐きかける事を以て唯一の戦闘手段とした。どうしたイキサツからであったか、大杉君はたうたう廊下に引張りだされ、さんざん×××れた。彼は真っぱだかになって、廊下の石だたみの上に仰向に大の字で寝ていた。××なら幾らでも×××××とでも云った様な態度だった。巡査は猶それを××たり、×××した。皆は格子の中から声を限りに罵りわめいた。×××！　×××！

巡査等は漸《ようや》く少し態度を改めて大杉君を室内に入れた。皆が極度に興奮していたが、殊に荒畑君の興奮は容易に鎮静しなかった。巡査等は荒畑君を私の室に入れて、そして水を持って来た。私は荒畑君の頭を水で冷した。向ひの室では、小便に行くから戸をあけろと怒鳴るが、巡査等は寄りつきもしなかった。そこでたうたう小便のはづんだ人達は、格子の中から廊下に向って、ジャアジャアとやりだした。廊下は小便の池になってしまった。

それから皆は警視庁に移され、東京監獄（今の市ヶ谷刑務所）に移され、そして青鬼と仇名された河島判事の予審に附された。罪名は官吏抗拒、及び治安警察法違反であった。公判の結果は、たかだか二個月以上四個月ぐらいなものだといふ見当だった。あんな何でもない、つまらん事件だもの、それ以上になりっこはないといふ、被告達の輿論だった。

所が意外にも、判決申渡は一年、一年半、二年の三種だった。それを聞いた時、私もほんとに「オヤ！」と思った。多くの被告は「×××××（無政府共産）万歳！」を唱へて退廷した。婦人連は皆な既に免訴になっていた。

私は監獄に帰ってから考へた。二年といふ事になっちゃ、これはチョット冗談でない。おまけに俺は新聞紙法違反で別に二個月の刑をしょわされている。これから二年二個月！　大ぶんシッカリしないと、やりきれないぞ。さう考へると、妙なもので、気分がズット引きしまってきた。勇気が出た、といふより寧《むし》ろ、落ちつきが出て来た。翌日からはもう存外平気で、皆が申合せて控訴など一切やらぬ事にし、そして直ぐに赤（注、未決囚の青服から既決囚の赤服へ）になって「雀をどりを見るような編笠姿」で千葉監獄に護送された。

ここに一つエピソードがある。我々が前記の錦町署の留置場を出た跡で、そこの板壁にある落書の中に、何か知らんが「不敬」な文字が発見されたそうだ。そしてそれが佐藤君に対する嫌疑となった。彼はそれが為、別に不敬罪として起訴された。我々はその事を市谷の未決監で聞いて大いに心配した。心配したのは、佐藤君の刑期が二つ重なって大変永くなるといふ事ばかりでなく、実際その責任者が佐藤であるかどうかが不分明であったからである。

未決監の中で、今一人の或男と、いろいろ言ひ争っていた。我々はそれを聞いて判断しかねていた。然し裁判は決定し佐藤君は不敬罪の方でも有罪となり、我々は皆な一緒に千葉に送られた。所で我々の間に問題が起った。佐藤君は冤罪《えんざい》をきているのではないか。若しそうだとすれば、今一人の男が怪しからぬ。

我々の多数は遂に今一人の男を有罪と認め、それに絶交を申渡した。我々は皆な独房であったけれども、それが隣りあったり、向ひあったりして居るので、それに又、運動や入浴の時など一緒に出されるので、ちょいちょい内緒話をする事は出来たのである。

その時、私としては、矢張り今一人の男を疑っては居たのだけれども、充分確かな証拠があるわけではなし、それを獄中で絶交するのは余りひどいと考へ、私だけは其の絶交に加はらなかった。然し今日でも、この事件の真相は我々に分って居ない。

この赤旗事件の時、幸徳君は郷里（土佐中村）に帰っていた。彼は程なく上京して後の運動を収容しようとした。然し形勢は大いに変化していた。同年七月、西園寺内閣が仆れて桂内閣がそれに代った。西園寺内閣の仆れた原因の一つは、社会主義者を寛容し過ぎて遂に赤旗事件まで起させたと云ふ非難であったと云ふ。

従って桂新内閣の反動振りは盛んなものであった。そこで一方には赤旗事件で金曜会の連中が一掃され、一方には又、電車問題の凶徒嘯衆事件が確定して西川、山口君等、多くの同志が投獄され、その他の人々は手も足も出し様がなく、運動は全く頓挫の姿を呈した。幸徳君等は此の形態の下にあって、益々その無政府主義的態度を鮮明にし、益々極端に走って行った。

「赤旗事件の復讐」といふ言葉も大ぶん行はれていたそうだ。そして明治四十三年九月、私が出獄した時には、既に謂《いわ》ゆる大逆事件が起っていた。

付——年表

◇赤旗・大逆事件前後の政治状況

㈠明治三十八年

八月　日露講和条約（ポーツマス）調印

九月　この条約に反対する国民大会が日比谷で開かれ、参加群衆が暴動化、「桂を斬れ、小村を刺せ、山県を屠れ」と叫ぶ。

十二月　戦後政治の失敗責任をとるとして第一次桂内閣総辞職（自34・6・2至39・1・7）四年七ヵ月存続

㈡明治三十九年

一月　第一次西園寺内閣成立（自39・1・7至41・7・14）二年六ヵ月存続

二月　日本社会党の結党届が受理さる

三月　鉄道国有化法案公布

㈢明治四十年

二月　日本社会党第二回大会、直接行動派と議会政策派の対立激化。足尾銅山鉱夫蜂起

四月　日本社会党の結社禁止され、「日刊平民新聞」廃刊（一月発刊）

六月　別子銅山鉱夫蜂起

十一月三日　米国の桑港で「暗殺主義」ばらまかれ、二つの別ルートで日本へ（外務省ルート

と山県直接ルート）

(四)明治四十一年
六月　赤旗事件、東京神田でおこる
七月　西園寺内閣退陣、第二次桂内閣登場、社会主義鎮圧を政綱に公然と掲ぐ
幸徳、郷里中村を出発。途中、新宮の大石、箱根の内山を訪ね七月十四日上京。十五日
赤旗事件の公判傍聴
十月頃　「入獄記念・無政府共産」＝日本版「暗殺主義」　内山愚童が秘密出版、配布

(五)明治四十二年
一月　幸徳「パンの略取」を平民社訳として発行、発禁
七月　幸徳「自由思想」第一号発行、直ちに発禁。第二号も同じく発禁
十月　伊藤博文、ハルビン駅で射殺さる
有力元老中、山県の政治的発言力強まる

(六)明治四十三年
二月　幸徳、「通俗日本戦国史」執筆のための湯河原の旅館に滞在
五月　大逆事件関係者の検挙はじまる
六月一日　幸徳、湯河原駅頭で検挙さる
十二月十日　公判開始
十二月十五日　二十四名に死刑求刑

(七)明治四十四年
一月十八日　二十四名に死刑判決

翌十九日、十二名は無期

一月二十四日　幸徳ら十一名 ⎫
〃　二十五日　菅野スガ　　 ⎭ 処刑

三月　工場法発布（実施は大正五年）

五月　恩賜財団「済生会」設立

八月　桂内閣総辞職、第二次西園寺内閣登場

昭和四十二年七月　最高裁は全員一致で大逆事件の再審請求を棄却

◇封印が解かれた帝国議会衆議院秘密会議事速記録（一九九六年十二月七日付朝刊各紙）

今回の公開は昨年六月の貴族院、同九月の帝国憲法改正小委員会に続く第三弾。

明治四十四年二月二十三日、立憲国民党の犬養毅議員が政府の責任を問う決議案を提出したが、否決された。この間の事情が今回はじめて明らかにされた。

ここで犬養議員が問題としたのは、大逆事件への対応だった。

「どの凶徒の調べでも（中略）警察が圧迫するために一歩一歩危険思想を貯えて一歩一歩激成させられて行った。（中略）激成の責任は行政の失策である」と批判した（政府の弾圧主義に責めありとの批判）。

さらにこのやりとりが秘密となったことに「如何にも残念」と語った。

その後、桂首相が型通り責任を否定したところで、突然、立憲政友会の議員が立ち、野次の飛び交う中、討論終結の動議を提出する。直ちに採決となり、賛成九十三票、反対二百一票で同決議案

は否決された。

政友会は政府との対決色を強めていたが、一月末に桂首相が政友会の西園寺公望総裁と会談し、お互いをたたえる演説をして「情意投合」の妥協が成立していたからである。

国民には決議否決の事実は伝わったが、予想外の大差だったこと、「強行採決」が行なわれたこと、犬養演説が政府の弾圧策を批判した点などは知らされなかった。

明治四十四年の衆議院秘密会は、その一端が八十五年ぶりに明るみに出された。

八、竹橋騒動

西南戦争が終了して間もない明治十一年八月二十三日夜、近衛砲兵大隊兵卒が、西南戦争の行賞の遅延と俸給減額を不満として暴動を起こし、上官二名（大隊長と週番士官）を殺害して天皇に直訴しようと行動した。かれらが大砲を擁して大隈参議宅に発砲し、赤坂の仮皇居に向かって行進した事件をいう。

農民出身兵士が天皇に直接的に訴えるため立ち向かった点が、明治政府を驚愕させ、過剰反応と大量処刑を生んだ。

糾問に当たった陸軍裁判所は、同年十一月十三日、暴動兵卒二百五十九名に対する犯罪処分断案をつくった。

陸軍卿西郷従道は、死刑処分について大政大臣三条実美の決裁を得て翌十五日、「罰文」の「申渡」が行なわれ、死刑は即日執行された。有無をいわせぬ急ぎようだった。
死刑五十三名、准流刑百十八名、徒刑六十八名、戒役十七名、以下二十四名略。

◇明治十一年、竹橋暴挙の原因

「東京日日」八・二六　近衛砲兵の暴挙

去る二十三日の夜十一時近衛砲兵の暴挙は、其事不意に出て大いに輦下《れんか》を騒がしたりと雖も、時を移さずして之を鎮定せしは、吾曹が其翌朝より今日に至るまで連次詳細に報道する所なれば、読者必らず其顚末を諒知したるべし。

殊に昨朝発行せし号外附録の如きは確実なるが上にも確実の報道を得んが為めに、吾曹は親しく此変に処したる諸君の校閲を乞い、誤を正し、遺を補ひたれば、読者をして十分に信を惜かしむるに足れりとす。

然るに此暴発の原因は即夜陸軍卿より大政大臣に進呈せられたる書面に拠れば、未だ確然いたし難く取調中なりとあれども、其翌日より当局者に就て探問すれば蓋《けだ》し減給の事最も其原因たるに似たり。

初め近衛砲兵は他の諸兵に比すれば多給を賜はりたるに、嚮《さ》きに陸軍省定額減少の故を以て、已むを得ず砲兵減給の挙に至りしかば、隊卒は為めに不平を懐き、其無知無識なる遂に此暴挙に及びたる者なるか、陸軍裁判所の法廷糾問に於て、愈々然る也と招承《ママ》せば、是挙や恰も先日下旬高島炭礦の抗夫等が大に暴動せしと何ぞ異らんや（下略）。

竹橋事件の処刑三百名

——死刑は五十三名の多数——

「朝野」十・十六
昨日陸軍裁判所にて竹橋暴徒の処刑になりたるは死刑五十三名、准流十年百十五名、徒刑三年四十三名、同二年七名、同一年十八名、戒役十六名、杖五十一名、錮六名にて其の内各府県へ配附になりし人員は、京都府九名、島根県二十名、滋賀県十三名、岐阜県十三名、愛知県十名、福島県十三名、岡山県十二名、山梨県十二名、青森県十二名、岩手県十二名、秋田県十三名、広島県十三名、兵庫県十一名なりと聞けり。

右の死刑に処せられしものどもは、前三時三十分に仮囚獄より人力車に乗せ、越中島刑場へ護送され、砲殺の十字架は五本宛三組に立て並べ、一時に十五人宛処刑になり、前五時より始まり九時頃に終はり、死体は桶に入れ青山陸軍埋葬地へ送られたりといふ。

明治三年十一月十七日、准流法が制定され、当分の間、流刑を停め、徒役に服せしめることとされた（これは開拓使が開拓事業にさしつかえるとして、流刑人の配役を拒んだためである）。前掲「日日新聞」記事で、竹橋事件と前月におきた高島炭礦の暴動とは「本質に於て同一なり」との指摘が注目される。

共に明治初期、日本における資本の本源的蓄積期に惹起された劣悪な労働条件への自然発生的な暴動だった。したがって、過去の亡霊再発に恐怖した政府は、鎮圧と厳刑によって、再発防止に神経過敏な対応で臨んだ。

陸軍首脳部が五十三名の死刑に踏み切った背景には、かれらの恐怖心がにじみ出ている。四十四年、大逆事件の大量処刑また然り。

陸軍卿山県有朋は機を失せず、「軍人訓戒」「軍人勅諭」を発布して、絶対服従の精神を軍律の基本とした。

日露戦後の政局運営に失敗して西園寺政権と交替した前首相桂太郎は、元老山県と組んで西園寺内閣の「毒殺」を果たす一方、一人の社会主義者も出てこない政権構築を狙って、四十三年の大逆事件を画策した。

しかし、明治という時代の残像が消えると同時に、藩閥＝官僚勢力の挽回も思うに任せなくなり、黒幕、元老、元帥山県の出番もすくなくなった。

竹橋事件で露顕した明治時代の負の側面は、大逆事件の強行裁判で社会主義運動に致命的打撃を与えはしたが、みずからの生命力も喪失してしまった。記憶され、検証さるべきは竹橋事件だった。

竹橋事件の後始末は、そのまま日本政治の底流に潜み、明治末年の大逆事件で再爆発したといえよう。両事件の充分な検証は、今後の課題として解明のメスを待っている。


（注、竹橋事件突発直後の同じ八月に発布された軍人訓戒は、次のような絶対服従を要求した。

「部下トシテハ其長官ノ命ズル所不条理ナリト思フ事モ、決シテ之ニ対シテ恭敬奉戴《ほうたい》ノ節ヲ失フ可カラズ」

この原則は後年の戦陣訓「上官の命令は朕の命令と心得よ」に受けつがれ、絶対服従の軍律が兵士を緊縛して敗戦時まで堅持された。

その底流は日本陸軍の奥深くに潜み、竹橋事件の処罰に見られる兵士人権の徹底的無視、大逆事件の大量処刑に現出された官僚〈将校〉支配の優位と兵卒に対する人権無視の伝統として、陸軍部内のみならず国民生活にもつらぬかれた）

九、裁判経過と処刑前後

(一)　公判廷の模様

――前代未聞の大逆事件の公判は、大審院刑事部の大法廷で開かれることになった。現在の裁判制度が敷かれてから、始めての裁判だといふので、世上の耳目はこの裁判に集注された。

ところでここに妙な流言飛語が伝わった。それは彼等の同志の者が、監獄から裁判所へ引出される被告を道に擁して官憲の手から彼等を奪い返すといふ事と、一方には明治の高山彦九郎の如き一味が現れて、彼等に私刑を加へる許りか、弁護人にさへ直接行動を執るという宣伝であった。そこで当局の狼狽は一方《ひとかた》ではなかった。弁護人にまで刑事を附し、警戒するといふ騒ぎであったが、一つは主義者が弁護人に近寄って、絶対秘密となっている一件記録を盗んで見はしないかという杞憂からでもあった。

その日は非常に寒かった。道には五寸程の霜柱が立っていた。その霜を踏んで傍聴人が裁判所へ殺到したときには、裁判所の周囲は恰度《ちょうど》戒厳令でもしかれたように、制私服の警官や憲兵によって厳重に警戒されていた。そして制限された傍聴券が係員の手で配布され出すと飛ぶやうになくなったが、一時はこれを競ひ取る状は物凄い程であった。

……いつもこの時刻だったら、人影寥々たる淡暗い廊下も、中央の階段上に吊された電灯が煌々と灯されてその下には憲兵と巡査がいかめしい顔して佇んでいた。そして出入の人々を一々調べていたが、此日の裁判長鶴丈一郎は、手鞄を横に抱いて、黙々と登庁してくると、それとは知らぬ警官の一人はその行手を遮《さえ》切って、「あなたはどなたですか」と誰何した。鶴はちょっと面喰ったが黙々としてポケットから、通券を出して見せたので関門を潜ることが出来た。その時の警戒振りは、斯ういった有様で、流石《さすが》に断罪の府たる威厳を思はせたのであった。

……「今日の高等官席に不思議な人が傍聴にきているると思うよ、君はそれが誰だと思ふ」と謎見たような事をいった男がいた。

「さア、誰だろう、わからないね」

「それは一体誰だい」

「文学博士の森林太郎だ」

「正可《まさか》、彼は軍医総監の肩書を持った国家万能の徒じゃないか」

「さういう見解をもっているから想像がつかないのだ……」

一般傍聴席には、二十名ばかりの警官が厳重に警戒し粛として水を打ったように静かで、高等官席には誰も着席していなかった。

九時三十分となった。被告のはいる扉が開かれたと思ふと、そこから深網笠を冠った被告がはいって来た。被告の手には金鐵の手錠が固くはめられていた。そして特に此日に限って、ピストルを腰につけた二人の看守が被告の両手を両方から自分等の手に組んでいた。

一番先頭の被告は着席する数秒前のところで網笠を取り除かうとしたが、縛られている手は網笠に届く筈がなかった。それを看守が取ってやると、被告は莞爾《にっこり》笑って廷内を見廻した。それは実に本件の巨魁、幸徳であったのだ。

傍聴人の視線は期せずして幸徳の上に集った。豊富でない八字髭を蓄へた容貌はいささか病に蒼褪めているが、悪怯《わるびれ》れた様子は少しもなかった。そして二人の看守に両手を組まれたまま昂然として着席したが、更に一瞥を記者団にくれた。その視線はハタと私の視線と出会ってお互に目礼した。彼は身に茶鼠萬筋の綿入れを重ね、黒七子の丸に橘の五紋附の羽織を着て、仙台平の袴をつけていた。その下には莫大小《メリヤス》の白の褪衣を腕長に着ているがその手は蒼黒く細かった。

それから森下、宮下、新村、古河、奥宮、大石といったような順で入廷したが、一番最後を承ったのは菅野スガであった。彼女は「自由思想」の公判の時よりも寧ろ血色がよくなって、薄化粧でもしたやうに見受けられた。襟に第一号の番号をつけた彼女は、髪は銀杏返しに結んで、お納戸色の紋羽二重の羽織を着ていたが、その紋は幸徳と同じ橘であったのは傍聴人の注意を曳いた。* 彼女は着席すると幸徳と視線を合せて淋しく笑った（注、裁判模様を伝えた外電のなかには、彼女を幸徳夫人と記して主義に殉じた夫婦像を描いていたものもある）。

幸徳は右手を高く差し上げ、五指を拡げて頭を掻く真似をした。これは彼等二人のみに定められた何かの合図であろう。法廷正面の扉が開くと、粗髪を垂れた鶴裁判長は、いささか前かがみになって、陪席判事を従へて着席した。その後につづいた検事の松室致、平沼騏一郎も威容厳たるものがあった。当時松室は検事総長で平沼は司法省の民刑局長であったが、此日は特に検事として立会った（その後は大審院検事板倉松太郎も時々立会った）。

弁護人は何れも在野法曹の錚々たるものが網羅されていたが、事件が事件とて至って謹厳な態度で控へ、被告の為めに熱弁を揮はんとする気勢が見えていた。裁判官が着席すると、つづいてその後方の高等官傍聴席には現検事総長で時の東京地方裁判所々長鈴木喜三郎を始め幾多の高官達が着席したが、その中に果して、沢田が想像した通り軍服姿の森鷗外を発見した。※……

（注、軍服姿の森鷗外を高等官傍聴式に見たとの記事は事実誤認によるもので、大審院特別傍聴人名簿で確認できるまでは、信じ難いと森長英三郎は洩らしている。しかし、ベテラン記者が故意に事実をまげたとも考えにくい）


裁判長は幸徳に起立を命じた。すると幸徳は莞爾として起ち上り、裁判長が訊問するままに、住所姓命を神妙に申立てたが、「平民」とその簇籍を陳述した時の声は一段と高かった。

引続き起訴順に依って各被告に型の如き住所氏名の訊問をしたがその多くが自分の出生地を知らなかったのは、何となく大逆罪の被告らしかった。斯くして訊問は進んで例の箱根山中の怪僧愚童※の訊問に移った。

（注、猪俣記者が愚童を目して箱根山中の「怪僧」としたのは、格別の意味をもつものではない。ただし、このような蔑称を当時の新聞が慣用語化し、当然視していた背景には、政府発表はすべて真実なりとする先入感が作用していたためとも思われる。愚童は怪僧でなく、天皇制信仰の打破を訴え、夢見る社会の実現を宗教ではなく、社会変革の実現に期待した異端の僧侶、反体制思想の持ち主だっただけであり、怪僧よばわりは、新聞記者の先入感に裏づけられた意図的な用語と受け取られかねない）

他の被告は、家から差し入れた服装をきちんと着ていたにも拘《かか》はらず、彼一人だけは薄い獄衣で身を包んでいた。裁判長がその職業をきくと、破れるやうな声で、
「無職！」と叫んだ。裁判長はすかさず
「被告は僧侶ではなかったか」ときくと、

「嘗《かつ》ては沙門に入って居ましたけれども六月中、凶徒嘯《しょう》集《しゅう》の罪に問はれた時、喜んで獄に下ったので、目下の処無職です」

昂然として斯う答へたのには傍聴人の耳を欹《そばだ》しめた。斯くして二十六名の被告の住所姓名の訊問が終って、検事が控訴事実の陳述に移ろうとする途端、鶴裁判長は「本件の事実審理の公開は、安寧秩序に害あるを以て、公開はこれを停止す。今後の続行公判も亦之を公開せず」と厳かに言ひ放った。……（猪俣達也、毎日電報、東京日日新聞記者「出来事中心の世間縦断記」抄。『幸徳全集』別巻参照）

軍服姿の鷗外が高等官傍聴式に着席していたとの記事をめぐっては、諸説紛々としている。そして練達な記者がわざわざ誤認したとも考えにくいから、謎のままにしておくが、出席説を示唆する鷗外日記の一節を附記しておく。

閑話休題。

『鷗外日記』には、大逆事件に関連する記述がきわめてすくないが、明治四十三年十二月十四日附が注目される。

『平出修と與謝野寛に晩餐を供した』とある。

平出弁護士は與謝野に依頼された大石誠之助の弁護を担当するに際して、社会主義、無政府主義の話を聞くため、両人同道で鷗外邸を訪ね、弁論に備えた事実があった。

公判開始は十二月十日、二十四名死刑求刑、十二月十五日。弁論開始はこの十五日以後であるから、十四日は弁論開始の直前にあたる。

平出弁護士の弁論を支持、激励する気持ちもあって、鷗外が一夕、食事を供したとも受け取れる。

ここから出席説もあながち無視できない。ただし、疑問は氷解しない。

また、鷗外が多少の軋轢《あつれき》を覚悟したうえで、傍聴席に姿を現わしたのも不自然ではないように考えられる。新証拠の出現まで、この問題への解答は保留のほかない。

護送途上の被告を奪還して裁判資料を発見する、あるいは明治の「高山彦九郎」出現によるリンチ再現を企図していたとか諸説紛々、法廷内の不気味な静けさとは反対に世間の動きの騒々しさは、この裁判の性格づけを物語っていた。

「明治四十三(一九一〇)年、幸徳秋水らによる大逆事件の公判が開始されると、日生(一八六七―一九二二)は大審院長横田国民に請はれてこの裁判に陪席し危険思想の匡正を依嘱された。以後は内務省社会局の教化指導に深くかかわり」とある。

この記述は、寺内大吉『化城の昭和史』(毎日新聞、一九八七年刊)にある。

日生は日蓮宗僧侶で各地の住職を歴任していたが、明治二十五年、僧籍剥奪、宗門追放に処された。理由は、彼が日蓮宗の妥協的性格に批判を加えた言動への懲罰だったとされる。

三年後、復帰を許されたが、素志をつらぬき、顕本法華宗なる一派を創立、日蓮宗各派の団結を呼びかけ、統一閣をつくって活動拠点とした。統一閣はその後、内務省社会局の教化活動に深くかかわり、国体護持の色彩を強めた。

会員中には陸軍将校が目立ち、石原莞爾もその一人だった。

ここで疑問視されるのは、日生が大逆事件の公判廷で陪席した云々の件《くだり》である。

桂首相―司法省民刑局長兼大審院検事の平沼騏一郎―大審院長横田国民の垂直管理が内務省社会局の教化事業にまで手を伸ばし、日蓮宗の僧侶を動員して社会主義者撲滅を企図した一連の動きは首肯されるが、その基本方針から見ても、一僧侶の裁判陪席が何を意味するかは不可解である。傍聴券の特配ではなさそうだからである。

鷗外を高等官傍聴席に見い出したとの新聞記者の謎と共に、日蓮宗僧侶の裁判陪席の記述も公判廷の暗雲を示唆していたようで、疑惑に満ちている。

謎めいた裁判の実況は、何を示唆しているのか。判決言い渡しから一週間後に強行された十二名の処刑と共に明治政府の不安、焦慮を物語っているようだ。特に在外日本大使館などに寄せられた抗議の波を考慮せざるを得なかったのも一因と考えられる。

婦人を含む十二名の大量処刑を躊躇しなかった明治政府の決断は、野蛮な専制国家の汚名挽回を不可避とした。

弁護団の一人、平出修が自著『逆徒』のなかで、愚童が僧籍を剝奪されてしまったのだから無職、との答弁をとらえて、「その態度は終止すてばちであり、まったく継子根性にとらわれており、ことさらに気丈さを装うらしき男」と見立てているが、この平出説には納得できない。ムリヤリ死刑囚にされてしまって、すてばちにならぬ人間がいるものだろうかの反論を対置しておきたい。

公判廷の弁論展開で菅野スガを感激させた平出が、愚童の態度はすてばちであり、継子根性にとらわれていて度し難いと見たのは、公平な観察眼と言えまい。

彼は控訴審の判決を受け、すでにして服役囚の身であり、刑期満了後の活動に胸をふくらませていた。それなのに、仲間うちの放談を根拠に、無理矢理に天皇暗殺計画の重要犯罪人に組みこまれてしまったのである。その無念、残念が昂じて、すてばちな態度に見えたとしても、また何をかいわんやであろう。

◇法廷内の警戒ぶり

この日、百九十名の警官と五十六名の憲兵が、法廷内外の警戒に当たっていたが、法廷に通じる廊下など、五歩に一人の割で、警官の人垣をつくっていたということである。

傍聴人は、学生と労働者が多かったらしい。百五十枚しか発行されない傍聴券をもとめて、午前一時ごろから押し寄せ、二十銭のプレミアが、ついに一円にまではねあがったという（神崎清編『新編獄中手記』）。

裁判長の風貌その他については、弁護士の平出修が小説『逆徒』のなかに描いている。この小説は大正二年九月、雑誌「太陽」に発表されたが、直ちに発禁処分を受けた。

普通の裁判ではまず主文を読み、それから理由に及ぶのだが、鶴裁判長はまず理由を一時間以上かけて読みあげ、最後に主文を読んで死刑を宣告した。

「主文を読終るのと裁判官が椅子を離れるのとの間は数へることもできない短い時間であった。逃ぐるが如しと云ふ形容詞はここに用いることは出来ないが、その迅速さは殆ど逃ぐるが如しとでも云ひたいのであった」（今村弁護人）

(二)　処刑前の追憶――幸徳・大石・内山三人三様、最後の朝

(イ)　秋水

そう言へばあの男の声はどんなときにもかすれるように静かで、心のみだれというものをすこしも残していなかったように思います。

そのとき、あの男は、自分が刑の執行をうけるのは事件の性質上止むを得ないと思うが、唯、気

の毒なのはわれわれと共に死んでゆく人たちの身の上だ。あのひとたちの中には親のあるものもあるし、妻子のある人たちもある。今更何というたところで仕方あるまいが、ということを何べんもくりかえしくりかえし申しましたが、わたくしが「お気の毒でございます」と申しますと、あの男は窓のそとへちらりと眼をそらして「ハ、ハ、ハ、ハ」とうつろな声で笑いだしてから、「先づ同じ船に乗り合せてもらったと思ふよりほかに仕方あるまいな。海の上で暴風にあっていっしょに海底の藻屑となったと思へば、何とかあきらめのつく道もあるでしょう」

「何もかも運命です」とわたしが答へると苦しそうに顔をしかめて、「先ずそのへんのところかな」と申されました。

いよいよ刑の執行ときまったときにも、さすがは一党の大将だけに柳亭（幸徳）は平常とほとんど変らぬ顔色で、その朝の七時、看取が呼び出しに行ったときにはもう眼をさまして、独房の中に端坐していたそうです。典獄がおごそかな声で、今から刑の執行をするということを申しわたしますと、二三分眼をとじていたようですが、すぐ落ちついた声で――と言っても何時もとくらべると非常にせきこんでいるようでしたが、

「どのくらいの時間の余裕がありましょうか？」そう言って少しもとりみだした様子はなく、典獄が、時間が非常に切迫していると答へますると、「一時間でいいんだが、君のはからいで何とか……」「五分間も余裕がありません」

「そうか、原稿の書きかけ※（注、一月二十四日朝の処刑から一ヵ月後の翌二月、遺著『基督抹殺論』出版さる。書きかけで整理したかったのは、この原稿を指す）が監房の中にあるんだが、せめてそれを整理するあいだだけでも」

「駄目です」

これっきりで二人の会話は終ってしまいました。

その次が大野博方というもう五十ちかいお医者さんで、この人が入ってきたときは、もう夜がすっかりあけていました。

大野は「寒い」「寒い」と言いながら両手で自分の身体を抱えるようにしてふらふらと入ってきたのです。丈のひょろ長いせいもありますが、しかし、その素振りがいかにも飄々として何もかも自然にまかせきっているというかんじです。

(ロ) 大石誠之助

岸本柳亭(幸徳秋水)が一味の首領であるという態度をくずすまいとして一生懸命に努力しているらしい様子のあるのとくらべると、この男は顔にかすかな苦悶のかげも残さず、ほんとうにあきらめぬいているという格好に見えました。

常日頃は喜怒哀楽をすぐ顔に出すひとでありましたが、いよいよとなると気持がぐっと静かになって愚痴ひとつこぼさず、テーブルの上の蜜柑をとりあげ、こまかい手つきで皮をむきながら「冗談から駒が出ましたな」そういってにやにやと笑いました。

それから典獄の方を向いて、唇の上へ手をあてて巻煙草をくわえるまねをしてから、大へん四角ばった口調で申しました。

「せめて一期《いちご》の思い出に希《ねが》わくば一本ほしいね。それを喫ったらこの世に思いのこすこともあるまい」

そこで典獄が「敷島」を出して渡しました。彼はいそいで一本抜きだし、吸口を指の先で四つにつぶしてから口にくわえ、マッチを扱ってスパスパとやったと思うと、急にむせるような咳をしながら「どうもいかん、これはいかん、眼が回りそうだ。久しぶりでやったせいか頭までぐらぐらしてきたぞ。これでは気持ちの往生はできますまい」

何度も咳をしたあとで、吸いさしの煙草を足元へなげすて、草履の裏でふみつけ、大声でからからと笑いだしたのです。

しかし、わたしの読経を最後まで落ちついてきいていたのは、この男だけでした。

(八)　愚童

その次が有名な内田愚山です。禅門の僧侶だけにとぼけた風格のあるひとでしたが、この日は身体の工合がよくなかったらしく、非常に面やつれがして、じっと立っているのも苦しそうに見受けました。典獄の申しわたしがすんでもしばらくぼうっと立っていますので、わたしがそばから「あなたは以前には僧籍に身を置いたひとですから、せめて最後の際だけでも念珠を手にかけられては……」とたずねますと、「そうですね」と言ってしばらくの間黙って考えこんでいる様子でしたが、わたくしが手にかけている念珠をわたそうとしますと、慌てて手をふりながら「やっぱりよしましょう」と言われるので「それはどういうわけで？」とかさねてききかえしますと、「念珠をかけてみたところで、どうせ浮ばれるわけじゃなし……」とささやくような低い声で言ってから、淋しそうな顔をみせて、どんなに典獄がすすめても、テーブルの上の蜜柑や羊羹には手をふれず、番茶一杯啜《すす》ろうともしないでぼんやり立っていましたが、さすがに禅門で鍛えた坊さんらしい静かなかんじでございました。

以上、三人三様の最期の朝のスケッチが処刑立会人、教誨師の眼と口を経由して弁護人、今村力三郎の『芻言《すうげん》』に伝えられ、さらに昭和九年、尾崎士郎の『蜜柑の皮』に受け継がれた。『蜜柑の皮』を秀れた作品と高く評価する人々もいる。

死刑囚三人の最後の朝の点景である。

(三) 悽愴たる火葬場ほか

「死体受取りの二十五日の夜は雪であった。各人一人の受持ちで監獄へ出かけた。十文字に荒縄を掛け小さな名札を張られた棺が雪の上へ引きずり出される。私は成石平四郎君の死体を受持った。死体受取人は行列を作ってはいけないと言われたけれど、大勢の人々が次々に狭い道を帰るのだから、自然行列にならざるを得ない。それでいけなければ棺はここへおいて行くと云った者がいたが、向うではそれでは困ると云ふ。結局列をなして一同落合火葬場へ向った。翌二十六日の朝、私は幸徳秋水の骨を拾った。遺骨は全部私の家に集められて同志の葬ひを受けたのであった」(注、堺為子〈利彦夫人〉、「中央公論」昭和八年四月一日号掲載。『秋水全集』別巻)

◇兄の死顔

次で堤防の彼方不浄門よりして看守の提灯に照されつつ運び出されたるは内山愚童の亡骸なり。箱根林泉寺より遙々迎へに来れる内山の義姉寺沢イワ(五十六)は棺の蓋に両手を当てさめざめと老の涙を流せしが、内山の実弟政次も亦棺側に立て充血せし眼を開き「斯つ釘付にしては何者の死体が入って居るか判らぬ、棺の蓋を開いて一目でよい実兄の死体が見たい」と云ひ出せしが場所柄なりとて人々押止めこれ又白布を巻く。……

……火葬場内仏壇の前に列べたる三個の棺側には引取りの人々立って竈《かまど》の中へ納めんとする間一髪の所へ内山愚童の実弟政次立ちふさがり、

「この棺の中の仏が兄に違ひないか、弟として一目見たい、死んだ者に罪はない、この蓋を開けてくれ、誰が止めても俺は見る」

人間の死体を焼く一種の臭気漲りて夜気陰森、悽愴の気、場の内外を襲ふ。立会の巡査も黙視するの他なき、此の時内山政次と人夫とは大金槌と大鑿《のみ》を振って棺の蓋を砕き、その半を開きたる刹那の光景よ、逆徒内山愚童は三分刈の頭髪短く曽ては法廷に於て微笑みし面影はたづねるによしも無し。蒼白の顔、瞑せし眼、堅く結びし唇など真に善人の相貌あり。棺の一隅に白布もて造れる枕ようの物を入れたる上に頭をのせたる様、最早悪人でも何でもなし。政次は一分、二分、三分ほど無言の儘見つめ居りしが、「あっ兄だ、苦しまずに往生して居ます、これで私も得心しました、立派な死に顔だ」と云ひ終るや急いで蓋に釘付けし棺車の上にのせて竈に送りしが、轜の音ゴロゴロと高く夜陰に響いて物凄さ名状すべからず空には星一つ飛べり。

処刑された者のうち森近は、生前の希望により、古河は実父の希望により俄《にわ》かに解剖に付されることとなり、帝国医科大学解剖室に送られた。二十八日午前十時より、片山博士立会し、ドクトル加藤時次郎その他執刀の予定だったが、大学側の拒否により実現しなかった（なお、内山政次は神崎清編『大逆事件記録』では正治と記されている）。

「第四番には幸徳の死体運び出されしが何《いずれ》も棺の蓋の一隅に姓を記入しあれば堺氏等は『幸徳、幸徳』と呼びつつ一同棺を取巻いて脱帽す、大学にて死体を解剖に附する筈なりしも昨朝突然土佐中村の義兄幸徳駒太郎より『解剖見合せ火葬せよ』との電報ありしかば堺氏等は棺に従ひて火葬場に赴く事となり内山、奥宮、幸徳の順序にて六時五十分落合火葬場に向へり」（東京朝日新聞、明治四十四年一月二十六日　松崎天民）

㈣　内山愚童の遺骨と墓碑

◇死骸の受取人たち

愚童死骸の引取人は、妹ヨシとその夫、山岸順藏（神田の油商で、愚童は大平台より上京の折にはしばしば宿泊していた）および越後小千谷より上京した弟政次。

このほか林泉寺関係者として、寺沢イワ母子と、大平台で愚童と身近だった細川与平がいた。遺骨は弟政次が受け取り、さらにそれを寺沢イワが林泉寺に持ち返って共同墓地に埋葬したことになっている。

しかし今日、愚童の遺骨は林泉寺にも内山家にもないから、実質的には行方不明である。林泉寺には、愚童の墓碑は現存せず、共同墓地に葬られたようだ。

寺沢イワが一度、林泉寺におさめ、その後、自宅へ持ち帰ったのではないかと、柏木隆法は『内山愚童と大逆事件』で述べている。

この共同墓地に埋葬したという記述は、内務省警保局編の「社会主義者沿革」からの引用だから、事実の通りか否かは疑問。この「沿革」では、寺沢イワを説明するに当たり、前住職の梵妻とするなどミスが目立つ。

また、四十二年五月検挙、四十三年五月の控訴審確定をうけて四十三年七月、寺院側では愚童の住職を免じ、後任には鈴木大翁を当てた。これに先立って本山は四十三年六月、僧侶懲戒法により宗内擯斥を行なったから、宗門（永平寺）との関係は断絶させられた。

したがって、林泉寺に墓碑は建てられなかったので、遺骨の行方不明説も妥当視されよう。また弟の政次によれば、二人の僧侶が遺骨を記念にと譲り受けたから、その後の経過に関しては彼も知らない由。

◇大逆事件の死刑僧、八十三年ぶり名誉回復

曹洞宗（宗務庁・東京港区）では、大逆事件の被告として処刑された内山愚童の「僧籍剥奪」処分を八十三年ぶりに解き、宗報に処分の誤りを認める文書の掲載を決めた。宗派の国策協力への反省から、「反戦平和を貫いた僧侶」として評価が高まったためである（「毎日」一九九三年八月十二日付）。林泉寺の木村現住職の多年の熱意に負うところが大きい。

㈤　事件報道記事の狂気

明治四十三年五月二十七日、「やまと新聞」はじめて事件を報ず

「信州の明科製材所へ三名の社会主義者入り込み爆弾製造中逮捕されしとは物騒」

同年六月一日「やまと新聞」夕刊（六月二日付）

「社会主義者一網に打尽されんとす――幸徳秋水ら捕えらる！　一類大陰謀の露顕？・」

捜査本部による記事差止め命令

六月二日午前二時までに各地検・区検を通じて、全国の新聞に「新聞紙法」による記事差し止め

命令を出した。

「官下太吉、新村忠雄、新村善兵衛、菅野スガ、新田融、幸徳伝次郎、古河力作ニ関スル犯罪事件ハ、予審中ニ付、新聞紙ニ掲載スベカラズ」

六月五日の「東京朝日新聞」は、検挙された七名の氏名をはじめて公表した。

「改悛を誓ひて警戒を解かれたる幸徳一味、不軌の大陰謀、過激党全滅の大検挙開始」

発表記事では、著名な社会主義者幸徳が首謀者であるがごとく書かれている。しかし、これはまったく主要人物のスリ替えであり、当局は記事発表を巧みにリードし、幸徳主謀説の演出に成功している。

東京日日新聞は、裁判開始直後、事件の内容がまったく不明であるのに、「幸徳は〝大不忠、大反逆徒〟で、二十六名の極悪非道は、吾人その六族を殲《ほろぼ》すも、なおあきたらざるの思いあり。万人ひとしくその肉を食い、その死屍《しかばね》に鞭うたんとねがうところ」と勝手に早手回しの偏見を記した。

事件の内容が、いっこうに不明な記事を補足説明するような東京地検小林検事正の説明――。

「今回の陰謀は実に恐る可きものなれども、関係者は只前記七名のみの間に限られたるものにて、他に一切連累者無き事件たるは、余の確信する処なり。然れば事件の内容及其の目的は未だ一切発表し難きも、只前記無政府主義者男四名、女一名、爆発物を製造し、右五名及び連累者二名は起訴せられたるの趣のみは、本日警視庁の手を経て発表せり……」

大逆罪を適用しての起訴であることは、当局者の極秘方針から外部に洩れていなかったので、大陰謀とはせいぜい内乱罪に該当する事件ぐらいにしか予測されていなかった。

五月三十一日、事件は大審院検事局に送られ、捜査本部は東京地検の検事正小林芳郎の部屋に置かれた。即日、被疑者七名を全員刑法第七十三条該当とし、予審請求が大審院長になされた。この場合、一審にして終審、上訴はできない。

予審判事を命じて審理し、起訴ができるかどうかを決定する手続きがとられる。しかし、検事局が予審請求すれば、起訴不相当になることは珍しく、予審請求は事実上の起訴である。捜査結果に自信がなければ予審請求はしない建前であるのに、今回の事件に限り異常に迅速な決定だった。何しろ捜査はまだ終わっていない段階の起訴だった。

六月一日朝、湯河原の旅館を出てから秋水は検挙されたが、このときの神奈川県警今井警部は、前年の五月二十四日、内山愚童を出版法違反の嫌疑により国府津駅が逮捕に当たったのと同一人物。

(六)　逆徒の死体引取人――東京監獄の内と外

斯る処へ午前十一時前後より幸徳の死体引取人※たる堺枯川氏を初め石川三四郎、大杉栄、吉川守邦の諸氏及び大石の引取人たる長兄玉置酉久、姉井出むつ代その他の一族、内山の引取人たる実弟内山政次、妹婿山岸順藏、逸見作一、奥宮の引取人たる姉はな子、小山六之助等前後して来り、婦人連には福田英子、堺ため子、大杉やす子、内山愚童の義姉寺沢イワ※等を初め二十余名の人々駆付け監獄内なる人民控所に入りしが尾行の角袖巡査数名又この間に交りて警戒するを事ともせず大杉、石川等一団となりて故人の上を語り合へば婦人連は又一隅に寄りてヒソヒソと有りし世の逆徒の上を語り合ひ人民控所稀に見るの奇なる光景を呈したり。

（注、幸徳の死体受取人として東京監獄にかけつけた者のなかには、郷里土佐で秋水と親しく遊んだ竹馬の友、従兄の安岡秀夫もいた。彼は大正十三年、時事新報に「雲のかげ」を書き、幼い頃の幸徳を

偲んでいる。『幸徳全集』参照)
(注、寺沢イワ＝彼女は箱根宮城野・宝珠院、寺沢大計住職の妻として一子信計を生んだ。大計の死後、寺を離れ茶店、土産品店を経営し、息子を育てる傍ら、旧檀家の世話をよくし、村人から親しまれており、愚童とは熟知の間柄だったろう。愚童の遺体引き取りには、イワ母子と林泉寺近くに住む細川与平の三人が箱根から出向いた。義姉、前住職の梵妻説はあやまりである)

◇精神の骨
東京監獄の冬の日、暮れて夜風外套の襟に寒き午後六時引取人、新聞記者、人夫、看守、巡査等三十余名正門外に立つ。空には飛ぶ流星の光、物凄く地には事々しき提灯の燈花右往左往する頃、先づ第一番に運び出されたるは大石誠之助の死骸なり。方三尺角もあらん、四角のは堅棺前後に太き担ひ棒を差し通して暗き地上に置かるるや急ぎ棺側に立って嗚咽落涙せるは大石の姉井出むつ代なり。次いで長兄、玉置酉久氏は人夫を指揮して白木綿もて棺をくるくると巻しが此の時、傍の者、人夫に向ひ「そう手荒くするな」と云ふや玉置氏突如声高く「塚は精神の塚に非ず、骨は精神の骨に非ず、死んだ者に神経はない、少し位動かしても宜い」と云ひ近親六人は人力車に乗り棺は莚を以て掩ひ小荷車に載せて六時半落合火葬場へ向へり。

◇十二名の死刑執行
判決から六日後の一月二十四日午前八時より開始、この日十一名の処刑を終え、翌二十五日、菅野一人を処刑、十二名の処刑はあわただしく終了した。

「先是命令は秘密に下りたり。時は二十三日の午後十時二十分松室検事総長の木無瀬典獄を電話にて招致するや同典獄は又もや恩赦の命に接するならんかと急ぎ車を飛して総長官邸に至れば恩赦と思の外なる逆徒十二名に対する死刑執行の指揮書に添へ二十四日中に全部執行を了すべしとの厳命たりしより同典獄は意外の感に打たれつつも、直に東京監獄に引返し既に退庁したるもの、非番の庁員を非常呼集して俄に執行準備に着手せり……。死刑執行の事は既に公然の秘密として知られたるに拘らず、何故か東京監獄にては一切秘密に附して本件に関しては何事も語る自由を有せずと称して口を噤《つぐ》み居たるも何時になき監獄署の内外は数名の看守が短銃を帯びて特に警戒に勉め居たり」（日日新聞）

東京監獄の異常なほどの厳戒ぶりと死刑執行の強行テンポは、皇室危害罪＝刑法七十三条適用による無政府主義者、社会主義者の大量処刑に疑惑と不信感を抱かせる。

沼波教誨師は死刑場面の惨憺たる光景に接して辞職した。その後、深川の第二無料宿泊所で社会事業に従事したが、わが子供には教誨師とならぬよう強く戒めた。大審院の守衛守田亀七は、処刑現場のショックから青山脳病院への入院が伝えられた。

(七)　死刑執行翌日の「日日新聞」

「かくまで速かに刑場の露と消ゆべしとは、何人も思い到らざる処なりしなるべく、また判決言ひ渡し後一週間を出でずして死刑を執行されたるは、恐らく今回を以て嚆矢《こうし》となすべし」

追記＝「熊野日報」号外。神崎清編『新編獄中手記』の見開きに印刷されたものの写しを掲げる。

熊野日報號外

一月十八日午後三時十五分着の東京電話

有史以来の大逆事件の判決

客年十二月十日以来連日に渉りて審理を急ぎし無政府党共産主義者廿六名に対する大陰謀被告事件の公判は日を閲する事廿日、回を重ねる事十六の長きに渉り客月廿九日全然審理終了したるを以て本日左の如き判決を与られたり（詳細は次号の本紙に譲る）

有期懲役八年　新村善兵衛

〃　十一年　新田雖

以下全部死刑　幸徳伝次郎、菅野スガ、大石誠之助、成石平士郎、高木顕明、峰尾節堂、崎久保善一、成石勘三郎、森近運兵、宮下太吉、古河力作、新村忠雄、奥宮健之、阪本清馬、松尾卯一、新美卯一郎、佐々木元道、飛松与次郎、内山愚童、武田九平、岡本頴一郎、三浦安一郎、岡林虎松、小松丑治

第六部　断頭台の露と消えて

一、愚童をめぐる状況の急変

明治四十二年四月十五日の払暁、愚童は永平寺の夏安居（修行）入りのため箱根を後にし、二度とこの地に戻ることはできなかった。

永平寺への修行参加のため林泉寺をはなれるとの条件で、彼は辛くも住職からの追放をまぬがれることができたからだった。

村人から住職罷免要求が表面化してきたのは、彼の不在がちに端を発していたが、留守中には鈴木大翁が代行していたから、村人の不満がくすぶることもなかった。折悪しく両人とも不在のとき、村民の葬式がもちあがり、不都合が生じた。本来ならば両人がともに非難さるべき筋合いだが、愚童だけが矢面に立たされたのには、次のような事情があった。

その頃、警察の探索が愚童の身辺に及び、村人たちは何回となく事情を訊かれ、地元宮ノ下郵便局でも調査がつづけられていたので、疑惑と不信感が愚童に集中してきたからであった。また、四十一年八月、幸徳が林泉寺に二泊した折には、尾行の巡査がついてきて、村人たちの不安と不信を増幅させていた事情も無関係ではなかった。

愚童の逮捕にいたるまでのいきさつに関しては、幸徳秋水が「自由思想」第二号（明治四十二年六月十日号）に書いている。

ところで「自由思想」第一号は、菅野を発行兼編集人古河力作を印刷人とし、発禁処分を受けても、幸徳には体刑、罰金の及ばぬよう工夫され、明治四十二年五月二十五日に発刊された。幸徳の筆による「発刊の辞」を掲げ、かれらの熱気を伝えたい。

「一切の迷信を破却せよ。一切の陋習を放擲せよ。一切の世俗的、伝統的圧制を脱却せよ。しかして、きわめて大胆、聡明に、なんじの信仰、なんじの生活、なんじの行動がはたして自己良心の論理と宇宙の理義に合せるや否やを思索せよ。かくの如くして得たるの結果は、英語のいわゆるフリーソートなり。吾人は訳するに『自由思想』の文字をもってす。

ああ、乾坤自由なきこと久し。吾人は言論の自由なし。政治の自由なし。信仰の自由なし。恋愛の自由すらも、いまだこれあらず。はなはだしきは、すなわち労働の自由、衣食の自由、生存の自由すらもこれなきにあらずや。愛々たる五千万、ただ罪人ととらわれ、奴隷と役せられ、牛馬とむちうたるのみ、惨なるかな。這個の生涯、人類にとって何の価値ぞ。あやしむなかれ、自由思想のなきところ、何んぞ自由の行動あることをえん。人間自由の行動によって、社会の幸福をきたさんことをこひねがう。まづ自由の思想に向って民衆の進歩を求めざるべからず。

しかり、神か信ずべし。国家か愛すべし。政府か重んずべし。法律か服すべし。しかも、これけっして外部の強権のためしひられるにあらずして、一に自己良心の論理と、宇宙の理義に合するを待ってのちなさしめば、はじめて囚人、奴隷、牛馬たるをまぬがれて、真個自由の人たるにちかし。

今や吾人は切に大胆、聡明なる『自由思想』を要求す」

「発刊の辞」にほとばしる自由思想への待望論は、内山愚童の「無政府共産」にも大きな影響を及ぼした跡がうかがえる。

愚童の思想形成には、幸徳の週刊「平民新聞」紙上で展開された反戦、非軍備主義の思想が脈打っているように思われる。さらに「暗殺主義」に触れていっそう強く刺激され、「無政府共産」のラジカルな内容を生み出したのであろう。

警察との知恵くらべ

「自由思想」は印刷を終えて発行者に引き渡す段階で警察が踏みこむ。全量没収、これが神田警察署長側の印刷所に対する常套手段である。日曜日だったのに、警視総監、警察署長が直々に陣頭指揮に当たる用意周到ぶりだった。

「自由思想」の第一号は四十二年五月十五日付、第二号は六月十日付であり、発行禁止の裏をかいて約二千部が発送済みとなったところで、差し押え通告をうけた。読者の手に渡ったのはよしとしても、発行名義人菅野スガは新聞紙条例違反に問われ、「赤旗事件」一周年記念の第三号は、遂に発行できなくなった。

第一号の新聞紙法違反事件は七月十日、東京地裁で有罪と判決、菅野は罰金百円、「自由思想」は発行禁止を言い渡された。

ついで第二号の公判のまだ始まらない七月十五日、平民社は臨検をうけ関係書類を一切押収され、病床にあった菅野は、その場から拘引された。そればかりか、府下の印刷所からは、当局の干渉でことごとく印刷を拒絶されるという事態に陥った。

「かくて我等は、今後公然機関紙を有する希望は全く絶え果てました。帳簿類は押収され、計算はできず、罰金や印刷の損害により財政極めて窮境に陥っている。而して一面政府は、益々同志を迫害して此運動の根絶に力めています。以上の次第で『自由思想』第二号以下、永く同志の希望に背くのやむなきに到りました。併し迫害は自由の好肥料です。

願はくば全国同志諸君、奮発、喚起、在獄同志の犠牲を無益に終らしめぬように御協力あらんことを……」（『幸徳全集』第九巻所収）

幸徳が菅野を協力者として創刊した「自由思想」が外部からの苛酷な弾圧に喘《あえ》いでいたとき、平民社内部では両人（幸徳、菅野）の関係を不信視する動きが強まり、同志らの離散も相つぎ、幸徳はまったく身動きが困難な状況に直面して四面楚歌だった。

「自由思想」の創刊に賭けた菅野スガの人間再生を温かく見守った瀬戸内静寂の『遠い声』は、幸徳と一体化した彼女の生気を伝えている。

逮捕された内山愚童（幸徳秋水「自由思想」第二号、明治四十二年六月十日）

「内山愚童師、里人の迫害に堪えず。暫く本山なる越前永平寺に遊べる箱根の怪僧愚童和尚は、去る四月十八日永平寺を去り、警吏に尾行され、大津より京都、大阪を経、神戸に赴き、将に紀州に渡らんとせし時（大石誠之助訪問のため）、横浜税関に召換され、数日間留置取調べの上、二十九日、根岸監獄に送られたり。多分秘密出版の件に関してならん。師が監獄に送らるるの途、護衛の巡査の無礼を怒りて叱咤を浴びせ掛るの状、見る人唖然として驚きたりと。壮烈観るが如し」

この記事は愚童が大平台の林泉寺を後にしてから逮捕されるまでを辿っているが、「自由思想」は第一号、第二号とも発売直後に発禁処分をうけた。発行名義人は菅野スガとなっていたので、罰金の払えない彼女は入獄を余儀なくされ（換金刑）、そのまま大逆事件に組み込まれた。

また、愚童が箱根林泉寺を後にした四月十五日直前の四月九日、横浜市末吉町の某家に「道徳否認論」が投げこまれる事件がおこり、これが警察に知れ、五月二十三日、伊勢佐木署の高橋署長は佐野警部を派遣して林泉寺の家宅捜査に踏み切った。

その際、活字のほかにダイナマイト、雷管多数が押収され、警察は色メキ立ったが、愚童の控訴審で、これらは登山鉄道会社の保管品であることが判明して減刑された。

五月二十四日、林泉寺家宅捜査を知り、箱根に向かうため関西旅行を中止して国府津駅を下車した愚童は、その場で逮捕された。＊

（注、この記述は神崎清『実録・幸徳秋水』による。前述の「自由思想」に書かれた幸徳の記事と若干の喰い違いがある。愚童の逮捕は明治四十二年五月、幸徳は四十三年六月、ともに神奈川県警察の今井警部の手による）

五月二十九日、横浜監獄の未決監に収容され、予審判事の取り調べがはじまった。四十二年十一月五日、横浜地裁において出版法違反と爆発物取締罰則違反で懲役十二年の判決を受けたが、直ちに控訴した。その結果、四十三年二月二十日、東京控訴審で爆発物取締規則違反が禁錮十年から五年に半減され、出版法違反二年はそのまま計七年の禁錮刑が確定し、根岸監獄で服役していた。したがって、彼は大逆事件で起訴された二十六名中の二十六番目に追起訴され、「大逆事件」被告の一人とされた。

判決文では、「『無政府共産』又は『道徳否認論』と題する印刷物を所持しておりたるため、所謂《いわゆる》社会主義を抱懐せるもの」とみなされ、「同印刷物は之を普及するために所持し……」とあり、印刷したとは書かれていない。この点から推して出版法違反は「道徳否定論」と「帝国軍人座右之銘」の二点だけで『無政府共産』には言及されていない。柏木隆法は、この点をついて『無政府共産』は、横浜地裁の判決時点ではまだ発行者を特定できていなかったのではないかと書いている。

しかし、柏木説の当否については疑問符を残しておきたい。『無政府共産』こそが愚童唯一のオリジナル作品であり、かつ彼の出版、配布した非合法出版の第一号だからである。『道徳否認論』は大石誠之助訳、『帝国軍人座右之銘』は大杉栄訳であり、愚童はこれを無断流用し、最後に一部の字句を追加しただけである。しかし、これらの資料を彼一人で数百部印刷して発送した苦労は並み大抵のものではなく、その印刷と配布にも特別な熱意が込められていたことだろう。

二、幸徳の「左様なら」（田岡嶺雲）

……序《ついで》だから幸徳が大逆事件の犯人として捕縛せられた当時の状況を、目撃者として少しく語ろう。

昨年の五月、予は病を養ふ為めに湯河原に赴いた。……幸徳は天野屋といふ宿にいた。予は中西家に宿まったが、座敷が騒々しいので幸徳のいる天野家へ転宿した。五月二十六日であった。

幸徳と予との室は相隣りしていた。幸徳は只管《ひたすら》「抹殺論」（注、『基督教抹殺論』、幸徳最後の著作）の稿を急いで頻《しき》りに筆硯に親しんでいた。……

十時頃になって宿の主人が慌しく来た。幸徳が門川の停車場で、東京から来た判検事の一行に邂逅して、湯河原へ連戻された由の車夫の報告を予に語った。間もなく神奈川県の警部と土地の駐在巡査と二人で予の部屋に来て、予に駐在所迄同行を求めた。

駐在所には、幸徳が奥の細長い一間にぽつねんと坐っていた。其次の間に制服の巡査が洋服の膝を窮屈そうに護衛していた。

予は連れられて往ったままで、別に何事の調べも無い。退屈まぎれに懐《ふところ》にしていた牡丹亭を読んでいた。

初夏の晴れ切った日で、時は午に近く、外に虻の迂鳴が聞えるほどの静けさであった。巡査の好意で蒲団は敷いてくれたが、脚が寒いので女中に膝掛を取りにやった。

軈《やが》て帰ってきての話で、余が室の捜索中なるを知った。家宅捜査は可成《なるべく》其主人の立会ひの下に行ふべき筈である。宿屋の一室と雖《いえ》ども既に自分が之を占めている以上は、其一室は即ち自分の家宅と同一である。宿屋の主人と雖ども妄りに侵入すべきでは無い。然るに故《ことさ》らに病軀の予を駐在所迄引出して、其不在中に捜索を行ふことは、たとひ宿主の立会ひはありとも、不法ではあるまいかと考へた。

十二時も過ぎて一時近くなる頃、判検事の一行五、六人計りが、駐在所へ引上げて来た。予に対して二、三件の訊問があった後、予は帰宿を許された。

幸徳に一言したいと望んだが、固より許されなかった。

起って帰ろうとする時、幸徳が奥から声をかけて、「左様なら」といった。

生別即死別、此の「左様なら」が永遠の左様ならであろうとは予は予想だにもしなかった。

彼が就刑を聞いた時、銹のある「左様なら」の彼の声が、今更のように耳に響くを覚えた。

最後の左様ならが胸にせまる。

幸徳が湯河原で検挙されたのは、明治四十三年六月一日。田岡嶺雲は同郷の友人、また「萬朝報」記者としても、共にはたらいた間柄で親しかった。

ここで田岡嶺雲（明治三年—大正元年）の経歴に一言。明治四十五年、転地先の日光で病没四十二歳。明治二十七年、ナショナリズム系の文学グループをつくり、その中心となる。同年発表の「ハインリッヒ・ハイネ」は、ハイネ紹介のわが国における先駆的論文である。その後、文明評論家として名を成し、明治三十八年発表の「壺中観」、三十九年の「壺中我観」は発禁処分を受けた。

彼は一葉の『にごりえ』、横山の『日本之下層社会』を強く支持して社会批判に進んだ。「九州日報」記者として従軍記を発表、ルポ作家としても実績をもつ。明治三十八年、徳田秋声、小杉末醒（放庵）らと雑誌「天鼓」を創刊。

次に掲げるのは、末醒の嶺雲評。

「古中国で処士と云ったのは、官吏のつとめをせず月給俸禄を受けず、一生在野の人で了って、しかも品格学識備ったのを云います。田岡嶺雲の如きはこれにあてはまった立派な処士であった。私は二十越した時にこの人の三十過ぎた頃ちかづきになって、四十二でなくなるまでつき合った。いつでもきげんよく迎えてもくれ、その主幹の雑誌にさし絵や表紙をかかせたり、へたな文章をのせてくれたり、お茶屋へ連れて行ってくれたり、多分この後輩いささか見どころありと思ってくれたのであろう。師匠五百城文哉の教えを受け、先輩に国木田独歩とこの嶺雲に親しんだこと、しあわせな青年期だったと喜ぶ。この三人にくらぶれば、とんでもない長生きをした今でも、いつまでもなつかしき先輩の思い出となっています」（「嶺雲居士」、昭和三十二年、龍星閣刊「故郷」に所収）

三、愚童と秋水の最後

㈠　大逆事件

――その中で、もっとも闊達なのは内山愚童和尚で、さすがに禅坊主だけに、「何しろ君、十二人が抜身をならべて断頭台に立つなぞということは天下の壮観じゃないか、特におれの方とくるとこいつは切れ味がいいからな。死んだらよく拝んでおくがいいや」なぞと冗談口をききながら看守たちを笑わせていた。（尾崎士郎『大逆事件』昭和二十七年、別冊「文藝春秋」に発表）

独房から刑場へ行く直前、沼波教誨師から硯と紙を受け、幸徳の認《したた》めた辞世。
「爆弾のとぶと見てし初夢は千代田の松の雪折れの音」「如是而生如是死」（処刑直前）
幸徳のこの辞世が尾を引いてか、彼の幽霊が夜毎に宮中の女官たちを悩ましたとの風評が流れた、という。

沼波教誨師は処刑翌日、辞表を提出、子々孫々にいたるまで監獄の教誨師はさせたくないと洩らしていた。

大逆事件の特別裁判が開始された頃、堺利彦は千葉監獄（赤旗事件で入獄）から出獄し、出迎えの山口孤劔から事件の発生を聞いた。彼は上京して面会を申し込んだが接見禁止中だった。判決のあった翌日、やっと幸徳に面会し、事件の内容を知る。

処刑のあった一月二十四日は面会申し込みも斥《しりぞ》けられ、二十六日の朝はじめて知った。

事件がすんでから黒岩周六の経営する「萬朝報」は、次のような社説を出し、ひそかに旧友幸徳秋水を弔った。筆者は不詳。

「……大逆事件は必ずしも桂内閣あるが故に発生したるものなるにあらず。然れども当局者の措置、これを激成したるの嫌いあるは識者ひとしくこれを認む。蓋し先年桂系の政治家、西園寺内閣破壊を企つるや、社会主義取締、寛に失するを口実として、さかんに内閣を中傷したることあり。故に代りて政権をとるに及んで勢い自家の大忠臣たるを証明せざるべからざるに到れり。社会主義者に対して手段峻厳を極む。而して後に大逆事件あり。人みな逆徒の罪を憎むとともに、桂首相の待罪書を棒呈したるを見て甚だ不快の感に堪えざりき……」

（注、明治四十四年、事件の決着をみて、桂首相は待罪書を提出したが、二十日却下され、総辞職したのは八月二十五日）

㈡　徳富蘆花の卓見（『謀叛論』の一節）

「……啻《ただ》に政府許りではない。議会をはじめ誰も彼も皆大逆の名に恐れをなして一人として聖明の為に弊事を除かんとする者もない。出家僧侶宗教家などには、一人位は逆徒の命乞する者があっても宜《よ》いではない乎。然るに管下の末寺から逆徒が出たと言っては大狼狽で破門したり僧籍を剥いだり、恐入奉るとは上書しても、御慈悲と一句書いたものが無い。何という情ないこと乎《か》。……」

愚童の僧籍剥奪と名誉回復について――

愚童は明治四十二年五月、国府津駅頭で検挙され、翌四十三年五月、控訴審で七年の刑が確定、横浜根岸監獄で服役中だった。明治四十三年六月、永平寺では宗内擯斥により僧籍剥奪、愚童を追放した。

一九九三年、曹洞宗本山は、愚洞を反戦平和の闘士として再評価し、八十三年ぶりに名誉回復した。今日、林泉寺境内には、殉難僧内山愚童の名が銘記されている。はたらきざかりの三十八歳だった。二〇〇〇年六月、この銘記は姿を消している。

(三)　内山愚童、悪僧説の一斉射撃

徳富蘇峰が社長の御用新聞「国民新聞」は、公判の開始された翌日、明治四十三年十二月十一日号にきわめて意図的な公判模様をのせた。

「一人稀代の悪僧内山愚童だけは既に他の犯罪で苦役に服している為監獄のお仕着せの赭看板を緋の法衣宜しくと心得て飽迄《あくまで》憎々しく平然と着て頻りに廷内を眺め回している。……大石誠之助も悉《ことごと》く悔恨の情に胸を掻き挘《むし》られ、いとど神明の体であったが、一人悪僧愚童だけは飽迄暴慢の態度を示して傍聴人を切歯せしめた」

愚童を悪玉、大石を善玉と色わけし、大石ビイキに格別の比重を置いている仕訳である。両人は文通のみの友人、同志で、相互に親近感は抱いていたが面識はなかった。

愚童は大石が差し入れてくれた英語読本に親しみ、読解力の向上を喜んでいた。彼は永平寺からの帰途、大石訪問のため神戸から乗船して新宮に渡ろうとしていた。しかし、尾行警官の妨害に直

面して断念を余儀なくされた。ちょうどそのとき、林泉寺が家宅捜査されたとの連絡を受け、急遽、大平台へ戻るため国府津駅で下車、その途端、待ち合わせていた神奈川県警の今井警部に逮捕された。容疑は出版法違反と爆発物取締規制違反だった。

地元の「横浜貿易新報」は、四十三年十二月十七日付で「大逆事件」公判記事をのせ、「社会主義六奴の公判」と題して、「愚童は返すがえすも不敬の奴ときめつけ、二十四名死刑求刑の論告を支持する当局寄りの提灯記事を掲げた。

これは前記「国民新聞」の記事と同一論調のもので、愚童たちを非難し、当局側を喜ばす類いのものだった。

服役中の愚童が監獄のお仕着せを着用しているのは当たり前のことなのに、悪僧、暴慢の態度と非難する視角こそ異常なのではないか。

(四) 「逆徒」への異議（平出修）

「落ちついていろ。世の中は判決ばかりじゃないんだから」

彼はこう言って、その詞《ことば》の意味が被告らに理解されたらしいのを見て、少しく安心した。

「いいえ。もうどうなるもんですか」

荒々しい調子で彼の詞をうち消しつつ通りすぎたものがあった。見ると柿色の囚人服を着た外山直堂（内山愚童）であった。

この者は僧侶で、秘密出版事件で服役中、この事件に連座したのである。彼の法廷にありての、言語動作は終始すてばちであった。訊問の際、職業を問われたとき、「……宗の僧侶でありましたが、このたびの事件で僧籍を剝奪されました。私は喜んでこれを受けました」と答えて新聞種を作った男である。

「ああ、救うべからざる人間だ。彼は全く継子《ままこ》根性になってしまった」

若い弁護士は、ことさらに気丈さを装うらしきこの男の囚人姿を目送した。……

弁護士控処は人いきれのするほど、混雑していた。どの顔にも不安と、驚きと、尖った感情の色が浮んでいた。……

「判決どおり死刑を執行するだろうかという疑念が君にも潜在しているんだ。こうして判決はしておくが、この判決のままには執行されないだろうと、裁判官みずからがある予想を打算していたんだという疑惑が続いて起って来べきはずだ。君の疑問を推論して行けばだね」

「いかにもそうなって行きます」

「よろしい。これを要するに威信のない判決だということになる。司法権の堕落だ」

「俺は判決の威信を軽視した第一の人である」（総合月刊誌「太陽」大正三年九月号発表。この作品のため同誌は発禁）

司法権の堕落を看破し、判決の威信を否認した弁護士、大逆事件を日本思想史上の問題として取り上げた点に獄中の菅野スガが、わが意を得たりとすぐ礼状を書いた平出弁護士。

その若い弁護士が、なぜ内山愚童を目して継子根性にとらわれた大言壮語居士と否定的見解を表明したのかは、理解に苦しむ。

平出は歌人石川啄木を信頼して、大逆事件の裁判資料を見せ、啄木は夜の明けるのもしらずに資料の要旨を筆写した。これが機縁となって啄木は、事件の本質を把握し、「日本無政府主義者陰謀事件及び附帯現象」「獄中通信」ほかの貴重な文献を後世に遺したのだから、である。

この「獄中通信」は公判の進行中、明治四十三年十二月十八日、幸徳がその担当弁護士たる磯部四郎、花井卓蔵、今村力三郎の三氏に獄中から寄せたものであり、事件の性質及びそれに対する自己の見解を弁明している。啄木は明治四十四年一月四日の夜を徹して写し取った。

判決の威信を軽視した第一人者との信念に燃えた平出が、無から有を生ぜしむるような検察側の犯罪捏造のプロセスを透視したならば、判決に対して、すてばちな態度をとり、継子根性に囚《とら》われて度し難いとする被告たちの態度、なかでも内山愚童の胸中に対して、なぜもっと暖かい情感を示そうとしなかったのか、残念である。

しかし、愚童の人物評価に対する不満を別にすれば、平出が啄木に対して極秘資料を見せ、時代の動向察知に便宜を提供して憚《はばか》らなかった勇気ある態度は敬服に値しよう。

第七部　大逆事件前後の世相寸描

(一)　国木田独歩『酒中日記』（明治三十五年十一月）

これぞといふ問違もなく半年経ち、日清戦争となって、兵隊が下宿する。初は一人の下士、これが導火線。類を以て集り、終には酒、歌、軍歌、日本帝国万々歳！　そして母と妹との堕落。〃国家の干城たる軍人〃が悪いのか、母と妹とが悪いのか、今更いふべき問題でもないが、ただ一つの動かすべからざる事実あり。曰く、娘を持ちし親々に、それが華族でも、富豪でも、官吏でも、商人でも、皆な悉《ことごと》く軍人を聟に持ちたいといふ熱望を持っていたのである。

娘は娘で軍人を情夫《いろ》に持つことは、寧《むし》ろ誇るべきことである、とまで思って居たらしい。軍人は軍人で、殊に下士以下は人の娘は勿論、後家は勿論、或は人の妻をすら翫弄して、それが当然の権利であり、国民の義務であるとまで済ましていたらしい。……

月給十五円、それで親子三人が食ってゆくのである。

なんで余裕があろう。小学校の教員はすべからく焼盥《だらい》か何かで三度のめしを食ひ、以て教場に於ては国家の干城たる軍人を崇拝すべく、七歳より十三、四歳までの児童に教訓せよと時代は命令しているのである……。

(二) 石川三四郎『小学教師に告ぐ』(明治三十七年十一月六日、週刊平民新聞)

社会公共の事務を掌《つかさ》どる、所謂公職と称するもの、種類甚だ多しと雖も、其矛盾多くして且つ無意味なる。未だ今の小学教師の如きは有らざる可し。諸君は身教導の職に在り、日に三省して既に自ら之を審らにせるなる可しと雖も、吾人も亦自ら黙する能はざるもの存する也。見よ、諸君の責務の如何に重大にして而も境遇の如何に愍《あわ》れむ可きものなるかを。抑々も小学教育は教育中の教育なり、教育の基礎たる教育なり、次代の人民を造る可き唯一手段たる教育の根本事業なり。且つや其造る可き次代の人民は、現代の其れに比して一段の進歩を来すことを要す。

蓋《けだ》し進歩は人生を幸福ならしむる所以にして教育の必須要件なればなり。然り而して此職に在るもの、又た必ず其知と徳とに於て現世に超越し、現世を導きて一段の向上を為さしむるの能あることを要す。是れ蓋し職務の当然の結果なり。諸君の責務や真に重しと言ふ可し、然れども顧《かへり》みて諸君の境遇を見よ、諸君が得つつあるの俸給は幾何《いくばく》を数ふるや。諸君が受けつつある世の尊敬は何程に価するや。一人の民をも教化せず、一銭の富をも増殖すること無き彼の国務大臣の十分の一の俸給を得るものは、諸君の中に於ては全く之れなきにあらずや。否な老朽俗吏の隠遁者たる県知事の十分の一を得るものすら殆ど稀なるに非ずや。而して郡長、村長、助役程にも世の尊敬を受けず、甚しきは巡査郡書記等にも劣るに非ずや。諸君の境遇や真に憐れむ可きなり。而も国家は諸君を此境遇に置きて而して彼の大任を帯びしむ、其矛盾や甚しき哉。

諸君の事業は教育にあり。然れども諸君の職務は国家の職務なり。而して国家は国家の為めに其人民を教育せんとするも、人類として之を教育せんと欲せず。一国の民を造らんことを欲する也。

世界の子を造らんことを欲せず。小なる〇〇道徳を教へしめて大なる博愛道徳を斥く。而して前の小なる教育を棄てて後の大なる教育を施さんとするものあれば、直ちに国賊の名を以て放逐せらる。諸君の職務は実に斯の如きものなり。諸君の職務は人類を完全ならしめんが為めに非ずして之を不具ならしめんが為めに存する也。且つや国家の威力を以て之を行ふ也。世に残忍なる、又た之より甚しきものありや。而も世は諸君を呼んで先生と言ひ、教育家と称す。何ぞ其甚だ無意味なるや。否な啻《ただ》に無意味なるのみならず。先生とは一の軽蔑語となれるなり。教育家とは無能者の一名称となれる也。……

来れ諸君、満天下の小学教師諸君来れ。而して速かに我が社会主義運動に投ぜよ。是れ実に諸君が其教場に鞭を執《と》るの前に於て、先づ當《まさ》に為すべき真の使命に非ずや。

（注、独歩『酒中日記』に描かれた小学校教師の実像と瓜二つなことに興味を覚える）

(三)　原敬の日記に見る社会政策（明治四十三年七月二十三日）

……又此主義の伝播を防ぐには社会政策より立案すべきものにて、教員の如き巡査の如き一歩を誤れば社会主義者となるの虞《おそ》れあり。

故に此待遇には最も注意して感染を防ぐべき根本的政策を要するものなりと認め其趣旨は上奏もなしたりと覚ゆ。

如此根本政策より之が取締をなすに非ざれば到底無事を保つこと能はざるなり。然るに彼らは※此根本政策を勉むることをなさずして徒に厳苛なる取締のみをなし……。

（注、彼らは……藩閥、官僚派を指す。桂内閣の社会主義者取り締まり対策は弾圧一本槍なりと非難。弾圧策の強行のみでは事態の改善望むべきものなしの意なり。第一次西園寺内閣で原内務大臣の就任は明治三十九年一月七日。同内閣は三十九年から四十一年七月十四日まで存続）

㈣　木下尚江、流行の毒語『露探』（明治三十七年三月四日）

頃日上州前橋なる一親友の来書に接せり。中に曰く「……近時小生を指して露探※なりと吹聴する者あり。学校に於ても汝の父は露探なりと罵らるるとて、娘共の帰り来って泣き悲むには、聊《いささ》か閉口仕候」と。彼は極めて熱心なる非戦論者にして、又た最も厳密なる正教会信徒なり。凡俗の徒輩、怪疑恐怖して露探と云ふ。

（注、日露戦争当時の「露探」なる呼称は、第二次世界大戦の末期に流行せし「非国民」の源流にあらずや）


必ずしも無理ならず。今日に当りて若し他を毀傷せんと欲する者は、呼ぶに「露探」を以てするに如《し》くは無し。其の奇功を奏すること、豈に水雷の及ぶ所ならんや。何等の雄弁巨筆を以てするも、敢て防禦すべからず。而して知己も朋友も之を傍観して、又た救助の労を取るもの無し。そは常に啻《ただ》に之を救助すること能はざるのみならず。為めに己を（も）併せて大傷を負はざるべからざれば也。

『露探』ああ、何等危険なる毒語の流行ぞや。吾人は敢て之を毒語と云ふ。

世間『露探』を以て指目せらるるの人尠《すくな》からず。而して其の最も迷惑を感じ居る者を、露人ニコライ氏を主教とする日本正教会の教徒となす。駿河台に巍然《きぜん》たる正教会の大伽藍は、凡俗の見て以て露探本部と疑怖する所なり。日露開戦の今日、我政府が多くの警官をして昼夜会堂の内外を警邏せしむる所以のもの、豈に迷狂の士が害を此の露探本部に加ふること無きを保すべからざるが為に非ずや。

然れ共正教会教徒に向って直に露探の嫌疑を与ふるもの、豈に必ずしも迷狂の士のみならん。事理明晰なるべき堂々たる官人にして、尚ほ然るべきもの無しと云ふべからず。

過般函館に於ける正教会の伝道使数名は、突如要塞司令部の命令に依て退去を厳達せられたり。待ち設けたる社会は拍手喝采して曰く、露探出でたり、露探出でたり、果然ニコライ教会は露探本部なりきと。而して又た一人の是れが為めに弁明の労を執るものあらず。

函館司令部が何故に彼等数名の伝道師に退去を命ぜしかは、吾人の聴くを得ざる所なり。何となれば如何に其説明を要求したればとて、彼は只だ其必要を認定したりと云ふの外、得る所無かるべければなり。認定の恐ろしきは、露探の恐ろしきよりも甚だし。然れ共怪む勿れ、是れ軍隊生活の常態のみ。知らずや、所謂《いわゆる》露帝国の無道専横とは則ち軍隊政治の為めなることを。

世人若し正教会教徒を露探と認定するの権利あらんには、吾人又た同様の権利を以て敢て彼等教徒の為めに、其の断じて然るものに非ざることを主張せん。世人は彼の高橋門三九《もきく》と云へるが露探の判決を得たることを以て、正教徒即露探の推論に、有力なる証拠を握れりと思ふものの如し。彼は曾て正教会の教徒なりき。而して其の堕落の故を以て夙《つと》に正教会を除名せられたるものなり。彼は除名せられるるばかり堕落せるの故を以て、化して露探となれるのみ。高橋の露探は、豈に寧ろ正教会の無辜《むこ》を立証すべき有力の資料に非ずや。

余は日露開戦の今日に於ける正教会徒の悲境に対して満腔の同情を表するものなり。去《さ》れど余は信仰に於て正教会徒と黒白相容れざるものなり。何となれば余は正教会が無神論者と宣告し、狂漢と呼称するトルストイ翁を欽慕するものなればなり。然れ共尤《もつと》も気の毒なるものは、誣告せらるる正教会徒に非ずして、誣告する所の日本社会なり。是れ実に誣告者の浅薄軽躁を暴露するものに過ぎざればなり。（明治文学全集「木下尚江集」筑摩書房刊）

ここで木下尚江「戦争の歌」（明治三十七年六月十二日「平民新聞」）を再度掲げておこう。

青山の墓地にて

山桜
散るを誉れと歌はれし
「軍神」のあと來て見れば
五月雨暗き原頭に
標《しるし》の杭は白ろけれど
風に花輪の骸《から》乱れ
いともあらはの墳墓《おくつき》を
心ありてやま榊《さかき》の
青葉の袖に打ち掩ひ
涙とばかり露の滴る
都人士の歌は花より先に枯れて
雨の青山訪ふ影も無し

新大将

戦争五ヶ月ならずして
大将七人早や現はれぬ
寡婦と孤児とは数知らねど
餓孚《がひょう》は地上に充《み》満てり

召集兵

残る妻子や白髪《しらが》の親の
明日を思へば
心が裂ける
名誉々々と騒いで呉れな
国の為との世間の義理で
何も云はずに只目を閉ぢて
涙かくして
死《しに》に行く

（注、この「召集兵」を愚童が「帝国軍人座右之銘」末尾に無断使用。平民新聞第三十一号、明治三十七年六月十二日所載）

ポンポコ歌

華族の妾の頭に光るわ何ですえ。

ダイヤモンド？
否《いい》え　否《いい》え　違います。
可愛い百姓の油汗！
大臣大将の胸に光るわ何ですえ。
ポコ　ポンポコ　ポンポコ　ポン。
金鵄勲章？
否《いい》え　否《いい》え　違います。
可愛い兵士の髑髏《しゃれこうべ》
ポコ　ポンポコ　ポンポコ　ポン。
お金持衆の杯《コップ》に光るわ何ですえ。
シャンペーン？
否《いい》え　否《いい》え　違います。
可愛い工女の血の涙
ポコ　ポンポコ　ポンポコ　ポン。
（「良人の自白」上篇所載）

㈤　天皇制批判の第一人者　木下尚江

「夜陰幽霊の怪談を聴きて戦慄する者あらば、人必ず之を嘲りて臆病者と云ふならん。然れ其吾人は尚ほ之よりも遙かに大なる臆病国民あることを悲まざるべからず、臆病国民とは誰ぞや、我が日本国民即ち是なれり。看《み》よ、彼らは立憲政治の今日に当り「忠君愛国」の文字の前に立つ時は、只だ恐懼頓首して、口さえ聞き得ざるに非ずや」（「忠君愛国の疑問」冒頭）

◇忠君愛国への徹底的批判者

「吾人は国家組織を捧げて王侯の意思に一任することを、聴《ゆ》るさざるなり（伊藤侯に呈す）

◇明治三十四年頃、市中の演説会できいた尚江演説の回想（河上肇「思ひ出」）

「私は氏の口から、今まで嘗て聞いたこともないような激烈の演説をきいた。私が今でもはっきり記憶して居るのは、その天皇神権論に対する攻撃の露骨さであった。山口の片田舎で育った私は―山口は謂はゆる藩閥の根拠地であり、そんな話は私語にすら聞いたことがなかったので―こんな演説を聞かされて驚いた。……おかげで私の眼界は開けた。恐らくこの時から私の心にデモクラシーの思想が芽生えたのであろう」

渡米前の「平民新聞」時代、秋水は社会主義と我国体とは矛盾せぬと公言、これに対して尚江は「帝国の破壊は自分らの目的」と主張していた。尚江の演説がとかく国体論にふれることを嫌っていた秋水は、尚江をたずねて次の如く難詰する。

「君、社会主義の主張は、経済組織の改革じゃないか。国体にも政治にも関係ない。君のような男がいるため、社会主義が世間から誤解される。非常に迷惑だ」

中江兆民の学僕として青少年時代を過ごし、儒教思想の強い影響下に新聞社につとめた秋水は、宮中記者として注目を集めた。その後、萬朝報舎に入社、横山源之助の著作にふれて社会主義者、反戦・平和の闘士として成長した。当時の彼にあっては、社会主義と日本国体との矛盾はまだ視野に入らなかった。

他方、尚江が社会活動を開始した当初は松本教会で洗礼を受けたキリスト教徒であり、「至愛の大義により地上に天国を顕現」せんとするキリスト教社会主義者だった。当時の尚江に関する山路愛山の評「其明晰なる頭脳と其犀利なる弁舌に依りて既に同輩に一頭地を抜きたりと雖も、社会主義の智識に於て猶ほいろはの生徒たるを免かれざりき（「現時の社会問題及び社会主義者」）。

秋水、尚江両人の社会主義は、まだ揺籃期の苦悶を体験中で、体系化されていなかった。

明治三十一年十月、「社会主義の原理と之を日本に應用するの可否を研究するを目的」として社会主義研究会が設立され、その後、同研究会は社会主義協会に発展した。

明治三十二年二月、尚江は東京毎日新聞入社、そのころ社会主義協会に加入、秋水と交わる。

秋水は「萬朝報」に拠って反戦・平和のための闘士として成長するが、尚江は母の死を境として伊香保山中にこもり、沈思黙考をつづける。

(六)　平民社「露探殿」と称さる　堺利彦

「明治三十七年一月、日露両国最後の談判は破裂し、九月、仁川海戦の飛電到り、十月旅順海戦の報道が来た。天下朝野、擧げて戦争の為に熱狂し、惑溺した。この間、社会主義者は独り『平民新聞』の孤塁に依って、冷静、厳粛、沈痛、熱烈に、非戦論の大獅子吼を試みた」

「曽て普仏戦争の起るや、独逸社会党は極力之に反対し、また英社（クルミヤ）戦争の起るや、英国社会党は猛烈に之に反対した。蓋し社会主義者は、今日の国際戦争が交戦国資本家の利害の衝突の結果に過ぎずして、労働階級はその犠牲に過ぎざる事を知る。日本の社会主義者も亦之を知る。これは彼等が非戦論を絶叫せる所以であった」

……一月十七日、平民新聞第十号は「全紙面を擧げて」「飽くまで戦争を非難」した。二月十七日には、遂に宣戦の布告を見た。或者は我々を冷嘲して、「非戦論者ももう降参だろう、どうだ、まだ非戦論をやるかね」などと云った。或者は又却って我々を慰め顔に「どうもモウ仕方がありますまいね」と云った。然し我々はむしろ「戦時中の『非戦』を最も必要と信じ「益々筆鋒を研いだ」。するとそれが余ほど癪に障ったものと見えて、「有楽町の露探殿」などと宛名して「早くニコライの門番となれ」などと書いた葉書をよこす者もあれば、「露国を亡《ほろぼ》すに先立ち、予輩は先づ汝等の首を刎ぬべし」などと恐ろしい事を云ってよこした人もあった。（堺利彦「平民新聞社時代」明治文学全集83・筑摩書房）

明治三十七年、八年当時の世相の一面を物語り、偏狭なる愛国主義が排外主義と同根にねざしている、との実物教育ではあるまいか。

㈦　夏目漱石『三四郎』（明治四十一年）

いくら日露戦争に勝つて、一等国になつても駄目ですね。尤《もつと》も建物を見ても、庭園を見ても、いずれも顔相應の所だが……あなた東京が始めてなら、まだ富士山を見たことがないでしよう。今に見えるから御覧なさい。あれが日本一の名物だ。あれより外に自慢するものは何もない。所で其富士山は天然自然に昔からあつたものなんだから仕方がない。我々が拵《こしら》えたものじやないと云つて又にやにや笑つている。三四郎は日露戦争以後こんな人間に出逢うとは思いも寄らなかつた。どうも日本人じやない様な氣がする。

然し是からは日本も段々発展するでしようと弁護した。すると、かの男は、すましたもので、「亡びるね」と云つた。熊本でこんなことを口に出せば、すぐなぐられる。わるくすると、国賊取扱にされる。三四郎は頭の中の何処の隅にも斯う云う思想を入れる余裕はない様な空氣の裡《うち》で生長した。

これは、熊本の学生が、上京途上の車中で相客となった人物との会話の一節である。『三四郎』は明治四十一年九月一日から同年十二月二十九日までの百十九回にわたり「朝日新聞」に連載され、四十二年五月、春陽堂から単行本として出版された。

手紙（明治四十年）

細民はナマ芋を薄く切って、夫れに數割杯《ひきわりなど》を食っている由。芋の薄切りは猿と択《えら》ぶ所なし。残忍なる世の中なり。而して彼等は朝から晩まで眞面目に働いている。岩崎の徒を見よ！終日人の事業の、妨害をして、さうして三食に米を食っている奴らもいる。漱石子の事業は此等の背徳漢を筆誅するにあり。

天候不良也腦巓異常を呈し此激語あり。

蓊先生願くは加餐せよ　以上

八月十六日

夏目金之助

中村　蓊様

◇『それから』（漱石）に描かれた幸徳秋水

「平岡はそれから、幸徳秋水と云ふ社会主義の人を、政府がどんなに恐れているかと云ふ事を話した。幸徳秋水の家の前と後に巡査が二、三人宛昼夜張番をしている。一時は天幕を張つて、其中から覗いていた。秋水が外出すると、巡査が後を付ける。万一見失ひでもしようものなら非常な事件になる。今本郷に現れた。今神田へ来たと、夫れから夫れへと電話が掛つて東京市中大騒ぎである。新宿警察署では秋水一人の為に月々百円使つている。同じ仲間の飴屋が、大路で飴細工を拵へているると、白服の巡査が飴の前に鼻を出して、邪魔になつて仕方がない。

平岡はこれを『現代的滑稽の標本』として話したが、主人公の代助は此方面にはあまり興味がないため」社会主義のことはそれなりにして置いた」

『それから』の朝日新聞連載は、明治四十二年六月二十七日から十月十四日までであり、同じ仲間の飴屋は、無政府主義者の渡辺政太郎であろう。

断片（明治三十八年一月―三十九年夏）

「我を侮《あなど》る者は天子と雖も侮つて可なり」

夫人曰く「あなたは何でも世間に反対する、つきあいの出來ない方」

世俗に反対する夫に反論する妻、つまり、夫唱婦随型の夫婦ではなかったらしい。

㈧　徳冨蘆花『勝利の悲哀』（明治三十九年）

「其勝利なるものの案外に果敢《はか》なく不慥《ふたしか》にして、戦争の結果は心地よく割切れず……而して此悶々は株式の繁昌に関せず、強国伍入の奥印済に関せず、猶国民の胸に残れり。此残れる悶々は即ち日本の前途を支配するの力なるを知らずや。

戦後の経営、世界的日本の発展、是れ耳やかましく唱道せらるる語也。

陸軍は師団を増設せんとし、海軍は続々大艦を造る。南満の経営は大仕掛に始まらんとす。

……爾の独立若《も》し十何師団の陸軍と幾十万頓の海軍と云々の同盟とによって維持せらるとせば、爾の独立は実に愍《あわ》れなる独立也。爾の富若し何千万円の生絲と茶と、撫順の石炭と、台湾の樟脳砂糖にあらば、爾の富は貧しきもの也。爾が所謂戦勝の結果は爾を如何なる位置に置きしかを覚悟せりや。一方に於ては白人の嫉妬、猜疑、少なくとも不安は、黒雲の如く爾を目がけて湧き起り、また起らんとしつつあるにあらずや。

……此両間に在つて爾は如何にして何をなさんと欲する乎。一歩を誤まらば、爾が戦勝は即ち亡国の始とならん。而して世界未曾有の人種的大戦乱の原《もと》とならん。是れ豈爾が発展々々と足を空に心を浮かしてから騒ぎに盲動すべき時ならんや。

寤《さ》めよ日本。眼を開け、日本。皇天の爾に期待し玉ふ所は、屑々《せっせつ》たるものにあらず。夢の如く、水の泡の如きものにあらず。大義を四海に布《し》くは爾の使命なり。平和の光を日の如く輝すは爾の任也。爾の武力を恃《たの》まずして爾の神を恃め。爾の罪を悔改めて爾が武を瀆《けが》したるの罪を世界に謝せよ。……」（『徳冨蘆花全集』）

(九)　明治四十三年の思想弾圧

◇機密文書「社会主義者沿革」の処分一覧
明治四十三年中の発売、頒布の禁止出版物一月一点、二月一点、三月二点、五月一点、六月一点、七月五点、八月四点、九月八十三点、十月一点、十二月三点で合計百二点。特に九月の発禁が全体の八割を占め、大逆事件の風圧の強さとひろがりがめだっている。

政府の検閲方針は、社会主義思想の取り締まりから当時の自然主義文学、表現の自由にまで拡大され、読者と出版社を戦慄させた。

◇このような思想攻勢に対する反撃
「時代の病」（「東京朝日」明治四十三年八月二十七日）
「自然主義者は、旧来の道徳・習慣に反抗して、奔放の筆を弄した。これは、やがて風俗壊乱の弁護者ともなる。社会主義者は現代の経済組織に対して、反抗の声をあげた。これは、やがて国家・社会の秩序をみだす煽動者ともなる。発売禁止、検挙、拘束、はたしていかほどの効力をおよぼしうべきか。一代の問題ではない。永遠の問題である。一時の出来事ではない。百年の大計である」
「紅茶の後」永井荷風（明治四十三年十月号「三田文学」）
「これまで目こぼしになつていた社会主義の出版物が、新旧を問わず、どしどし検挙されつつある。見なれ聞きなれた風俗壊乱が、秩序紊乱という文字に代えられて、キリスト教の『家庭新聞』までが、この名目の下に発売を禁止されるなぞ、世間はなんとなく不穏である。『理想』の花園をふきあらす野分のさわがしさに、ひときわ今年の秋の落莫、それと同時に、明治の世の中は、たちまち天草騒乱の昔に立ちかえつたよう。あるいは、高野長英・佐久門象山らが、禁をおかして蘭学をまなんだ鎖国時代にまいもどつたようで、おそろしいなかにも、夢のようななつかしい心持もする」

新帰朝者荷風の回顧趣味が、一躍して鎖国時代への逆行を皮肉ると同時に懐かしんでいる。

『花火』永井荷風（大正八年）

「明治四十四年慶應義塾に通勤する頃、わたしはその道すがら折々市ケ谷の通で囚人馬車が五、六台も引継いで日比谷の裁判所の方へ走つて行くのを見た。わたしはこれ迄見聞した世上の事件の中で、この折程云ふに云はれない厭な心持のした事はなかつた。わたしは文学者たる以上この思想問題について黙していてはならない。小説家ゾラはドレフェー事件について正義を叫んだ為め国外に亡命したではないか。然しわたしは世の文学者と共に何も言はなかつた。私は何となく良心の苦痛に堪へられぬような氣がした。わたしは自ら文学者たる事について甚しき羞恥を感じた。

以来わたしは自分の芸術の品位を江戸戯作者のなした程度まで引下げるに如くはないと思案した。その頃からわたしは煙草入れをさげ浮世絵を集め三味線を引きはじめた。わたしは江戸末代の戯作者や浮世絵師が、浦賀へ黒船が来ようが櫻田御門で大老が暗殺されやうがそんな事は下民の与《あずか》り知つた事ではない―否とやかく申すのは却て畏多い事だと、すまして春本や春画を書いていた其の瞬間の胸中をば呆れるよりは寧ろ尊敬しようと思立つたのである」

◇「花火」に対する諸家の批評

正宗白鳥「文学者としてこの事件を傍観視して沈黙を守つて見過すのは腑甲斐ないと思はれたので、江戸の戯作者みたいな態度で自卑的決心をした事が意味ありげに伝えられているが私には、こういう小話はお笑い草みたいに思はれる」と手きびしい。

佐藤春夫「英雄人を欺く類の一種の氣取りに思はれ、あまり正直に受取るべきではあるまい」

これらの辛口批評にたいして河盛好蔵、遠藤周作の両人は、「荷風のもので一番いいのは日記」「日記の形式をとる荷風の創作」と好意的立場をとっている。抄録『断腸亭日乗』を読まれたい。

白鳥、春夫は荷風の日記『断腸亭日乗』が公表される以前、河盛、遠藤は日記を読んでからの評価と状況を異にするから同一に論じ難い。

いま、私は『断腸亭日乗』を呼んでから論ずる立場にあるが、「わたしは江戸末代の戯作者や浮世絵師が、浦賀へ黒船が来ようが、櫻田御門で大老が暗殺さようが、そんな事は下民の与り知った事ではない—否とやかく申すのは却って畏多い事だとすまして春本や春画を書いていた其の瞬間の胸中をば呆れるより寧ろ尊敬しようと思立つたのである」(「花火」)

荷風の時局に対する基本姿勢は、戦時下の困難な市民生活の過程で一段と鍛えられ、深められて昭和二十年八月十五日、敗戦の日を迎えた。彼は戦後の新局面を迎えても右往左往せず、ひとり静かに時代の推移を凝視、日記の執筆に生命を燃やしつづけた。

それは江戸末期の浮世絵師や戯作者に同化して韜晦《とうかい》の文章を残しただけだったのか、あるいは同化の仮面に託して時代の将来を達観した文士の真骨頂を物語っていたのか。

明治末年の大逆事件に端を発し、十年後の大正八年「花火」で再燃した荷風の筆は、昭和三十四年四月、八十一歳で途絶えた。

(十) 「私は告発する」ゾラ

ゾラは一八九八（明治三十一）年一月十五日、新聞紙上にドレフュス事件に対する弾劾書簡を発表、共和国大統領に呈した。

この事件は、フランス陸軍参謀本部に勤務するユダヤ人ドレフュス大尉が、ドイツ軍に通牒したスパイであるとして免官、起訴、処刑された事情とこの審判に対する世論の動き、反論の総称を指す。

その後、事件は捏造によるものでドレフュスの無罪が明らかになるが、陸軍上層部は軍法会議の決定が妥当なものであるとの立場に固執し、これに反ユダヤ主義が勢力を増し、右派勢力が加担して国論を二分して対立するにいたった。

国論が二分して騒然となった最中の一八九八年、ゾラは大統領閣下への書簡を公表し、事件の再審を強く訴えた。これが彼の「私は告発する」の背景である。

「この告発文をお届けするにあたり、私は一八八一年七月二十九日付新聞に公表の名誉毀損違反の罰則、刑法第三十項に触れることを存じております。よろこんで法の裁きに身をさらす覚悟です。告発した人々につきましては、私は面識もなく、一度も会ったこともなく、彼らに対して恨みも憎しみもないことを申し添えます。……

私が抱いているのは、ただ一つの情熱、光を追いもとめる情熱、それだけであります。それを私は、多くを苦しみ、幸福への権利をもつ人類の名においていただいている。この燃え立つ抗議は、私の魂の叫びにほかなりません。だから、重罪裁判所に私を引き出してごらんになるがよい。そして白日の下での調査を行なわれるがよい！　私は待っているのです。心からなる敬意をお受け取りください。

　大統領閣下」

十余年後、日本では大逆事件に際して、いかなる抗議文書が発表されたのか。大逆罪の魔風を前にして、沈黙だけが支配したのはなぜか。

ゾラの弾劾書が発表されたパリは、フランス革命百年を記念し、エッフェル塔人気に沸き立っていた。他方、日本では日露戦後の政局運営に行きづまり、山県内閣は桂内閣との交替が進行中で、政界上層部が社会主義恐怖症にさいなまれ、政党政治の出現に熾烈な敵意をムキ出ししはじめた時代だった。

明治四十年十一月三日朝、アメリカ桑港日本領事館正門に貼りつけられた怪文書「暗殺主義」は、日本政府と政界の最高実力者山県元老に届けられ、政界と宮内官僚に異常な戦慄を与えた。

それが引き金となった大逆事件では、審判後一週間を経ずして十二名の犠牲者が慌ただしくも断頭台上で処刑された。だが、その反動は大きく、桂は政治舞台から姿を消し、幸徳事件と相討ちとなった。

一八九四（明治二十七、日清戦争はじまる）年十月十五日　ドレフュス大尉逮捕

　十二月二十二日　叛逆罪の名のもと終身流刑の判決

一八九八年一月十三日　ゾラ「私は告発する」を発表

　二月二十三日　セーヌ重罪裁判所、ゾラに一ヵ年の懲役、罰金二千フランの判決

　七月十八日　ゾラ、単身イギリスへ亡命

一八九九年六月三日　ドレフュス事件の再審特赦によりゾラ、フランスへ帰国
九月十九日　軍法会議、再度有罪判決、大統領名によるゾラの特赦
一九〇二年九月二十九日　自宅で死去。六十二歳
一九〇六（明治三十九）年　ドレフュス大尉無罪確定

㈩『雪の夜話』（あとがき）里見弴

大逆事件の被告たちには、深い考へもないくせに、なぜか同情的な興味を寄せていたが、そのうち二、三の者の逃亡や隠家を空想するうち似ても似つかぬ鏡花好みや新派調を帯びてしまつた。越中富山の薬売りは……と、勝手な配役を楽しみながら……。

⑿『トコヨゴヨミ』田山花袋

事件の余震は、その後もつづいていた。

検挙された関係者のノート余白に自分の名が記入されていたばかりに、ごく普通の小学校教師が現職からクビにされ薬売り、コヨミ売りへと職業を転々としながら奈落の底へと追い込まれてゆく。

事件の後にも、その後遺傷がうづき平凡な日常生活さえも破滅への恐怖にさいなまれる――陰惨この上ない小市民生活を締めつける事件の後日譚である。

(三)　抄録『断腸亭日乗』

昭和十二年六月二十二日
余死するの時、後人もし余が墓など建てむと思はば、この浄閑寺の塋域娼妓の墓乱れ倒れたる間を選びて一片の石を建てよ。石の高さは五尺を超ゆべからず。名は荷風散人墓の五字を以て足れりとすべし。

昭和十三年八月八日
世の中は不思議なり。軍人政府はやがて内地全国の舞踏場を閉鎖すべしと言ひながら戦地には盛に娼婦を送り出さんとす。軍人輩の為すことほど勝手次第なるはなし。
かつてオペラ館にいたりし北原といふ役者、出征軍人の妻と慇懃を通じ山中温泉に泊込みそれより名古屋へ逃亡せしなり。軍部にては醜聞の世に聞えんことを憚り、警察署の手を借りず憲兵隊にて二人の行方を捜索中なりといふ。

昭和十四年八月二十八日
平沼内閣倒れて阿部内閣成立中なりといふ。これは独逸国が突然露国と盟約を結びしためなりといふ。通行の若き女等は新聞の号外などに振返るもの一人もなし。夜オペラ館に行きてみるに一昨日までヒトラーに扮して軍歌を唱ふ場面ありしが、昨夜警察署よりこれを差止めたりとの事あり。

昭和十五年二月二十日
余齢既に六十を越えたり。希望ある世の中ならば攝生節約して残生を偸《たのし》むもまたあしきにあらざるべし。されど今日の如き兵乱の世にありては長寿を保つほど悲惨なるはなし。
平素好むところのものを食して天命を終るも何の悔ゆるところかあらん。新聞紙この夕、芬蘭土《フランス》軍戦況不利の報を掲ぐ。悲しむべきなり。

五月十八日
物買はんとて銀座に往く。号外売欧州戦争独軍大捷を報ず。仏都巴里《パリ》陥落の日近しといふ。余自ら慰めんとするも慰むること能はざるものあり。晩餐もこれがために全く味なし。灯刻悄然として家にかへる。

十月初八
欄外朱書　河合教授無罪ノ判決アリ

十月十日
欄外朱書　帝国大学、慶應大学々生数十名。共産党嫌疑ニテ捕ヘラル。新聞ニハコノ記事ナシトイフ。

六月十四日
欄外朱書　巴里落城

十月十八日
欄外朱書　昭和七年暗殺団首魁井上、橘出獄。
十一月初四
世の噂をきくに二月二十六日叛乱の賊徒及浜口首相暗殺犯人悉出獄放免せられしといふ。
十一月念七日
……しかして叛乱罪にて投獄せられし凶徒は当月に至りて一人を残らず放免せられたるに非らずや。二月及五月の叛乱は今日に至りてこれを見れば叛乱にあらずして義戦なりしなり。彼等は叛徒にあらずして義士なりしなり。然るに怪しむべきは目下の軍人政府が老公の薨去《こうきょ》を以て厄介払ひとなさずかへつて哀悼の意を表し国葬の大礼を行はんとす。人民を愚にすることまた甚しといふべし。
十一月廿五日
町の噂
熱海温泉宿より帰り来りし人のはなしに、二・二六民間側犯人の中、過日大赦出獄せしものの一人某、熱海の「スターホテル」に二週間あまり宿泊しいたるが、毎夜土地の芸妓十余名を招き大尽遊をなせども、警察署にては見て見ぬ振をなしいたり。宿賃は食事は一日七円のところそれでは安過ぎるとて間代だけ七円食膳は別に払ふと言ひてきかぬ故宿屋にてはその言ふままに為し置きし処、帰り際には女中一人に百円づつの祝儀を出し、勘定も滞りなく払ひし由。毎日諸方の名士及同類の者に電報を打つ。その金高も夥しき由。また手紙をかく書簡箋を用ず。四銭の端書に大字にて五、六字かくのみなれば一の用件をかくに端書五、六拾枚を費し得意満々の体《てい》なりしといふ。かくの如き濫費の金はいづこより持来りしものか。その源は領民の税より出でたるものと思へば世の中は闇なりと、この話の主は嘆息してまた次の如き奇談をなしぬ。

熱海旅館の組合にては、内務省辺より秘密の通達ありしを奇貨となし、外国人には能ふかぎり物を高く売りて外貨獲得の効果を収めんとしつつあり。鮪《まぐろ》のさしみ一皿十六円、林檎《りんご》一個一円づつ取りし旅館もありしといふ。現代日本人の愛国排外の行動はこの一小事を以て全面を推知するに難《かた》しとせず。八紘一宇などいふ言葉はどこを押せば出るものならむ。

お臍《へそ》が茶をわかすはなしなり。

昭和十六年

正月一日荷風散人年六拾三

思へば四畳半の女中部屋に自炊のくらしをなしてより早くも四年の歳月を過したり。始めは物好きにてなせし事なれど去年の秋ごろには軍人政府の専横一層甚しく世の中遂に一変せし今日になりて見れば、むさくるしくまた不便なる自炊の生活もその折々の感慨に適應し今はなかなか改めがたきまで嬉しき心地のせらるる事多くなりに行けり。かくの如き自由空想の自由のみはいかに暴悪なる政府の権力とてもこれを束縛すること能はず。人の命のあるかぎり自由は滅びざるなり。

一月廿五日

人の噂によればこの頃東京中いづこの家にても米屋にも米すくなく、一度に五升より多くは売らぬゆえ、人数多き家にては毎日のように米屋に米買いに行く由なり。パンもまた朝のうち一、二時間にていづこの店も売切れとなり、うどんも同じく手に入れがたしといふ。政府はこの窮状にもかかわらず独逸の手先となり米国と砲火を交へむとす。笑ふべくまた憂ふべきなり。白米不足の原因はこれを独逸に輸出するためなりといふ。独逸人は白米をかしぎ漂白糊となし麻布製の飛行機の翼に塗るなりといふ。日本の漆も大砲の玉を塗る時は湿氣の露を防ぐとてこれを独逸へ送ること夥しきものありといふ。

一月二十六日
午後町会の爺、会費を集めに来りて言ふ。三月より白米も配給制となるはずにて目下、その仕事中なり。労働者は一日一人につき二合九勺、普通人は二合半。女子は二合の割当なるべしと。むかし捨扶持二合半と言ひしことも思合はされて哀れなり。夜物買いに銀座に行く。日曜日の人手おびただしき中に法華宗の題目かきたる幟《のぼり》一、三流押立てて人中を歩み行くものあり。怪しき愛国者なるべし。蜀山人の随筆に和蘭人と法華宗とは将来我国に害あるものなりと言ひしことも思合さるるなり。

二月初四日
浅草に行きオペラ館踊子らと森永に夕餉を食す。楽屋に至るに朝鮮の踊子一座ありて日本の流行歌をうたふ。声がらに一種の哀愁あり。朝鮮語にて朝鮮の民謡うたはせなばさぞよかるべしと思ひその由を告げしに、公開の場所にて朝鮮語を用ひまた民謡を歌ふことは厳禁されていると答へさして憤慨する様子もなし。余は言ひがたき悲痛の感に打たれざるを得ざりき。
彼の国の王は東京に幽閉せられて再びその国にかへるの機会なく、その国民は祖先伝来の言語歌謡を禁止せらる。悲しむべきの限りにあらずや。余は日本人の海外発展に対して歓喜の情を催すこと能はず。むしろ嫌悪と恐怖とを感じてやまざるなり。余かつて米国にありし時に米国人はキューバ島の民のその国の言語を使用しその民謡を歌ふことを禁ぜざりし事を聞きぬ。余は自由の国に永遠の勝利と光栄のあらむことを願ふものなり。

六月十五日
ある日余彼庵を尋ねて例の筆談に余が著作にも遠慮なき事多く世間へ広くは出しがたきことありなどといひけるに翁色を正して、足下はいま壮年なればなほこの後著書も多かるべし。平素の事は随分柔和にして世に遠慮がちなるよし。但し筆を執りては聊《いささか》も遠慮の心を起すべからず。遠慮して世に憚りては事実を失ふこと多し。翁が著す書は天子将軍の御事にてもいささか遠慮することなく実事のままに直筆に記し、これまで親類朋友毎度諫めていかに写本なればとて世間に漏出まじきにてもなし。いかなる忌諱の事にて触れて罪を得まじきものにもあらず。高貴の事は遠慮し給へといへど、この一事は親類朋友の諫に従ひがたく強て申切ておれり。云々
余、これを読みて心中大に慚《はず》るところあり。
今年二月の頃「杏花余香」なる一篇を「中央公論」に寄稿せし時、世上これをよみしもの、余が多年日誌を録しつつあるを知りて余が時局について如何なる意見を抱けるや。日日如何なる事を記録しつつあるやを窺《うかが》ひ知らむとするものなきにあらざるべし。
余は万々一の場合を憂慮し一夜深更に起きて日誌中不平憶測の文字を切取りたり。また外出の際

には日誌を下駄箱の中にかくしたり。

今「翁草」の文字をよみて慚愧すること甚し。

今日以後世の思ふところは寸毫も憚り恐るる事なくこれを筆にし後世史家の資料に供すべし。

日支今回の戦争は日本軍の張作霖暗殺及び満州侵略に始まる。日本軍は暴支膺懲と称して支那の領土を侵略し始めしが、長期戦争に窮し果て俄に名目を変じて聖戦と称する無意味の語を用ひ出したり。欧州戦乱以後英軍振はざるに乗じ、日本政府は独伊の旗下に随従し南洋進出を企図せるに至れるなり。然れどもこれは無智の軍人ら獰悪《どうあく》なる壮士らの企るところにして一般人民のよろこぶところにあらず。国民一般の政府の命令に服従して南京米を喰ひて不平を言はざるは恐怖の結果なり。麻布連隊叛乱の状《さま》を見て恐怖せし結果なり。

今日にては忠孝を看板にし新政府の氣に入るようにして一稼《ひともうけ》なさんと焦慮するがためなり。元來日本人には理想なく強きものに従ひその日その日を氣楽に送ることを第一となすなり。今回の政治革新も戊辰の革命も一般の人民に取りては何等の差別もなし。欧羅巴《ヨーロッパ》の天地に戦争歇《や》むの暁には日本の社会状態もまた変転すべし。今日は将來を予言すべき時にあらず。

六月十八日

町の辻々に汪兆銘の名記したる立札を出し、電車の屋根にも旗を出したり。汪氏の日本政府より支給せらるる俸給一年五億円なりといふ。

町の噂

芝口辺米屋の男三、四年前召集され戦地にありし時、漢江にて数人の兵士と共に或医師の家に乱入したり。この家には美しき娘二人あり。医師夫婦は壺に入れたる金銀貨を日本兵に与へ、娘二人を助けてくれと嘆願せしが、兵卒は無慈悲にもその親の面前に娘二人を裸体となし思ふ存分に輪姦せし後親子を縛って井戸に投込みたり。かくの如き暴行をなせし兵卒の一人やがて帰還し留守中母と嫁とを預け置きし埼玉県の某市に到て見しに、二人の様子出征前とは異り何となく怪しきところあり。いろいろ様子を探りしがその訳分明ならず。三月半年ほど過ぎし或日の事、嫁の外出中を幸その母帰還兵士に向ひ、初めは遠廻しに嫁の不幸なることを語り出し、遂に留守中一夜強盗のために母も嫁もともどもに縛られて強姦せられしことを語り災難と思ひ二人の言甲斐なかりしことを許せよと泣き悲しむところへ、嫁帰り来りてこれも涙ながらにその罪を詫びたり。かの兵士は漢口にて支那の良民を凌辱せし後井戸に投込みしその場の事を回想せしにや。ほどなく精神に異常を来し、戦地にてなせし事ども衆人の前にても憚るところなく語りつづくるようになりしかば、一時憲兵屯所に引き行かれ、やがて市川の陸軍精神病院に送らるるに至りしといふ。市川の病院には目下三、四万人の狂人収容せらるる由。

六月念一

下谷辺のある菓子屋にてその主人、店の者に給金の外に慰労金を与へしこと露見し総動員法違反の廉にて千円の罰金を取られし由。使用人に賞金を与へて罰せらるるとは不思議の世の中なり。

六月二十日

……余はかくの如き傲慢無礼なる民族が武力を以て隣国に寇することを痛歎して措《お》かざるなり。米国よ、速やかに起つてこの狂暴なる民族に改悛の機会を与へしめよ。

七月廿五日

夜芝口の金兵衛に飯す。この店の料理人も召集せられ来月草々高崎の兵営に行く由なり。この夜或人のはなしをきくに日本軍は既に仏領印度と蘭領印度の二個所に侵入せり。この度の動員はけだしこれがためなりと。この風説果して事実なりとすれば日軍の為す所は欧州の戦乱に乗じたる火事場泥棒に異らず。

人の弱味につけ込んで私慾を逞しくするものにして仁愛の心全くなきものなり。かくの如き無慈悲の行動はやがて日本国内の各個人の性行に影響を及すこと尠《すくな》からざるべし。暗に強盗をよしと教るが如きものなればなり。

九月初六　無題録

今日我国の状態は別に憂慮するに及ばず。唯生活するに甚だ不便になりたるのみなり。

今日わが国において革命の成功せしは定業なき暴漢と栄達の道なかりし不平軍人とこの二種の人間が羨望妬視の極、旧政党と財閥即明治大正の世の成功者を追退けこれに代りて国家をわがものにせしなり。かつては家賃を踏倒し飲酒空論に耽りいたる暴漢と朋党相倚り利権獲得にて富をつくりし成金との争闘に、前者勝を占めしなり。今日のところにてはいまだ日浅きを以て勝利者の欠点顕著ならざれども遠からずして志士軍人らそれらの勝利者の陋劣なること、旧政党の成金と毫も異るところなきに至るは火を見るより明となるべし。幕末西藩の志士の一度成功して明治の権臣となり忽堕落せしが如き前例もあるなり。ここに喧嘩の側杖《そばづえ》を受けて迷惑するは良民のみなり。火事に類焼せると同じく不時の災難にてこれのみは如何ともする道なく、唯不運とあきらめる外はなし。手堅き商人は悉く生計の道を失ひ威嚇を業とする不良民愛国の志士となりて世に横行す。されど暴論暴行も或程度に止め置くこと必要なり。牛飲馬食も甚しきに過ぐれば遂には胃を破るべし。隴を得て蜀を望むといふ古き諺もあり。志士軍人輩も今日までの成功を以て意外の僥倖なりしと反省し、この辺にて慎しむが身のためなるべし。米国と砲火を交へたとて桑港や巴奈馬あたりを占領して見たりとて長き年月の間には何の得るところもあらざるべし。＊もし得るところありとせんか、そは日本人の再び米国の文物に接近しその感化に浴する事のみならむ。即デモクラシーの眞の意義を理解する機会に遭遇することとなるべし（薩長人の英米主義は眞のデモクラシーを了解せしものにあらず）。

（注、日露戦争の最中、幸徳秋水は出征兵士が侵略主義に眩惑されて、シベリア占領熱に浮かされていたとき、警告を躊躇しなかった）

「戦争に狂喜する者よ。しばらく一盆の冷水を汝の驀頭《ばくとう》より注いで一考せよ。今回日露の戦争は汝のために果して何物を持ち来すべきか。

吾人は戦争の勝敗いかんを卜知《ぼくち》せず。しかれどもかりに汝の確信するがごとく、日本の陸海軍が大勝を奏すとせよ。汝は眞に心に快なるべし。しかれども快なる勝利は、はたして何物を汝に与うべきか。……

ああ、満州も取るべし、朝鮮も取るべし。シベリアも取るべし。しかれども吾人平民はこれらの地より何物をも得取らざるをいかんせんや。……戦争終るの日、汝の狂喜が必ず変じて悔恨となるは、吾人今日においてこれを予言するに躊躇せず」（「平民新聞」第十四号　明治三十七年二月十四日）

九月七日

銀座夜歩。街頭の集会広告にこの頃は新に殉国精神なる文字を用出したり。愛国心だの御奉公だの御国のためなぞでは一向ききめなかりし故ならん歟《か》。人民悉く殉死せば残るものは老人と女のみとなるべし。呵々《かか》。

十月十八日
この日内閣変りて人心更に恟々《きょうきょう》たり。日米開戦の噂益々盛なり。

十一月八日
世の噂をきくに本年九月以来軍人政府は迷信打破と称し太陰暦の印刷を禁止し酉《とり》の市草市などの事を新聞紙に記載することを禁じたる由。今夜十二時より一の酉なれど新聞には出ず、十月中日本橋べつたら市のことも新聞紙は一斉に記載せざりしといふ。清正公の勝まもりも迷信なるべく鰹節を勝武士などと書くこともやがて御法度となるべきや否やと笑ふ人もあり。

十二月初六
正後銀座食堂に飯《はん》す。定食貳円五拾銭につき税二割五拾銭。晩餐参円につき税三割九拾銭にて請取証に客の署名を請ふ。食後日本橋に至る。鰹節屋にては朝九時より十時頃まで鰹節を売るといふ。海苔屋葉茶屋乾物屋の店先にはいづこも買手行列をなせり。

昭和十七年　荷風山人年六十四
空晴渡りて一点の雲もなし。郵便受箱には新年の賀状一枚もなきは法令のためなるべし。人民の従順驚くべく悲しむべし。野間五造翁ひとり賀状と印刷せし葉書を寄せらる。翁今なほ健在にて旧習を改めず。喜ぶべきなり。

二月初三

この夜節分なりといえどまくべき豆なければ鬼は外には行まじ。

四月廿六日　巷の噂

昭和十一年二月廿六日朝麻布連隊叛軍の士官に引率せられ政府の重臣を殺したる兵卒はその後戦地に送られ大半は戦士せしやの噂ありしが然らず。戦地にても優遇せられ今は皆家にありといふ。余の知りたる人はもと慶應義塾の卒業生にて叛軍士官に従ひたる者。過日偶然銀座にて邂逅し重臣虐殺の顚末及出征中のはなしをききたり。南京攻撃の軍に従ひ二年半彼地にありしといふ。南京は一度に落ちしにはあらず、二回敵軍に奪回せられ三度目に至りて占領するを得たりしなりといふ。

この人は高橋是清の機関銃に打たれ斃るるさまを目のあたりに見、また中華人民の数知らず殺さるるを目撃しながら今日に及びては戦争の何たるかについては一向に考ふるところなきが如し。戦争の話も競馬の話も更に差別をなさぬらしく見ゆ。今日の世にはかくの如き無神経の帰還兵士甚多し。過去の時代にはトルストイなどといふ理想家のありしこと夢にも知らぬなるべし。

六月二十日

銀座通の喫茶店いづれも九時に閉店、早きは八時頃に客を断るところもあり。百貨店松屋、三越の黄銅の手すり皆取りはづされたり。

九月初八日

夜芝口の金兵衛にて飯す。居合す客よりのはなしをそのまま左にしるす。

小田急沿線相模原といふ所に土地を所有せし人あり。分割して値売をなさむと思いたしに突然憲兵署に呼出されこの辺一帯の土地は軍部にて入用になりたれば即刻ゆずり渡すべし。日本国内の土地はもとより皇室のものなればその旨とくと考へし上万一不承知なればその趣を届出づべく、もしまた承知なればこの書面に署名捺印すべしと言はれ、その男はやむことを得ず憲兵の言なり次第に捺印したり。半年ほどを経て、日本銀行宛支払の書類来りたれば金高を計算せしに一坪時価十五、六円の土地一坪わづかに五円宛なりしといふ。

十月十七日

門外に遊ぶ子供のはなしをきくに今日より時計の時間変りて軍隊風になる由。午後の一時を十三時に、二時を十四時などと呼ぶなりといふ。

昭和十八年　　荷風散人年六十五

正月一日

町の噂

去年横浜港桟橋へ横づけにせし独逸軍艦二艘は支那人の仕掛たる爆弾のため破壊せられ独逸より送り来りし軍用機械もまた破壊せられし由。

二月十日

流言録

去年暮の事なりといふ。或日甲州街道にて一輌の貨物自動車、馬車と衝突して積みたる荷物を路上に落せしところ其のなかに白米の俵四俵あり。一俵の俵破れて精白米散乱したるを通行の巡査見咎め、運転手を捕へ尋問せしに運転手頗《すこぶ》る傲慢なる態度にて、この荷物は山梨県警察部長が東京へ転任せらるるにつき運搬する由申しければ、巡査は直に警視庁へ通知したり。この事より山梨県庁の役人は知事より以下の者ども国禁を犯し多年精米を食しいたりしこと露見するに至れり。役人たちは同県下の国民一般には馬に与ふる麦を配給し白米を盗取りていたるなりといふ。県知事以下県庁の役人は南方の占領地または満州の偏境に左遷せられたるのみにて、殊に公然罰せらるることはなく、事件は一切秘密に葬り去られたりといふ。

六月廿五日

新舞踊「土橋の雨」とやら題するもの上場《ママ》禁止となりしといふ。歌舞伎座にて「眞景累ケ淵」も過日禁止となりしがその理由は人の殺されて後化けて出るは迷信にて、国策に反するものなりと言ふにある由なり。芸術上の論は姑《しばら》く置くも、人心より迷信を一掃するは不可能の事なり。近来軍人政府の為す所を見るに事の大小に関せず愚劣野卑にして国家的品位を保つもの殆どなし。歴史ありて以来時として種々野蕃なる国家の存在せしことありしかど、現代日本の如き低劣滑稽なる政治の行はれしことはいまだかつて一たびもその例なかりしなり。かくの如き国家と政府の行末はいかになるべきにや。

八月十七日

医院に行く。院長のはなしに妊婦の流産するもの年々多くなれり。栄養の不足に加へて労働過重なるがその原因なるべしといふ。

九月八日
上野動物園の猛獣はこのほど毒殺せられたり。帝都修羅の巷《ちまた》となるべきことを予期せしがためなりといふ。夕刊紙に伊太利亜政府無条件にて英米軍に降伏せし事を載す。秘密にしてはおられぬためなるべし。

九月廿八日
余が友人中には田舎に行くがよしと勧告するもあり。著書及草稿だけにても田舎へ送りたまへと言ふもあり。生きていたりとて面白くなき国なれば焼死するもよし、とは言ひながら、また生きのびて武断政府の末路を目撃するも一興ならむと、さまざま思ひわづらひいまだ去就を決すること能はざるなり。

十月念三
昨今家に惣菜にすべきものなければ海苔と味噌を副食物となして米飯に飢を忍ぶ。
これにつきて窃に思ふに人間の事業の中、学問芸術の研究の至難なるに比して戦争といひ専制政治といふものほど容易なるはなし。治下の人民を威嚇して奴隷牛馬の如くならしむればそれにて事足るなり。ナポレオンの事業とワグネルの楽劇とを比較せば思半に過ぎるものあるべし。

十二月卅一日

今秋国民兵召集以来軍人専制政治の害毒いよいよ社会の各方面に波及するに至れり。親は四十四、五歳に祖先伝来の家業を失ひて職工となり、その子は十六、七歳より学業をすて職工となり兵卒となりて戦地に死し、母は食物なく幼児の養育に苦しむ。国を挙げて各人皆重税の負担に堪えざらむとす。今は勝敗を問はず唯一日も早く戦争の終了をまつのみなり。然れども余窃《ひそか》に思ふに戦争終局を告ぐるに至る時は政治は今よりなほ甚しく横暴残忍となるべし。今日の軍人政府の為す所は秦の始皇の政治に似たり。国内の文学芸術の撲滅をなしたる後は必ず劇場閉鎖を断行し債券を焼き私有財産の取上げをなさでは止まざるべし。かくして日本の国家は滅亡するなるべし。

欄外朱書　疎開トイフ新語流行ス　民家取払ノコトナリ。

昭和十九年　　荷風散人年六十有六

一月初二

年賀状と共に時勢を痛論する手紙頻々として来る。これを総括してその大意を摘録すれば左の如し。

……この度文学雑誌を一括してこれが発行を禁止せし所を以て推察すれば学術文芸を以て無用の長物となすものの如し。文学を以て無用となすは思想の転変を防止し文化の進歩を阻害するものなり。現代の日本を以て欧州中世紀の暗黒時代に回《かえ》さんとするものに異ならず。かくの如き愚挙暴挙果して成功するや否や。もし成功せば国家の衰亡に帰着すべきのみ。かくの如き愚挙を断行する国が単に武力のみを以て支那印度南洋の他民族を治め得べきものなるや。現政府の命脈長きに非ざるべし。云々

一月初七

オペラ館元日より満員にて毎日大入袋一円五十銭なりと踊子のはなしなり。公園内外の喫茶店飲食店大半閉店。天麩羅屋とこどころ店をあけたり。群衆寒風にさらされながら列をなし午後五時営業時間の来るを待つさま哀れなり。この日七草の故にや行き帰りとも地下鉄道雑踏して殆乗るべからず。寒月皓々たり。

三月卅一日

昨日小川来りてオペラ館取払となるにつき明日最後の興行なれば是非とも来たまへと言ひてかへりし故、五時過夕餉《ゆうげ》をすませ地下鉄にて田原町より黄昏《たそがれ》の光をたよりに歩みを運ぶ。……余は六十になりし時偶然この別天地を発見し或時は殆毎日来り遊びしがそれも今は還らぬ夢とはなれり。……余は去年頃までは東京市中の荒廃し行くさまを目撃してもさして深く心を痛むることもなかりしが今年になりて突然歌舞伎の閉鎖せられし頃より何事に対しても甚しく感傷的となり都会情調の消滅を見ると共にこの身もまた早く死せん事を願ふが如き心とはなれるなり。オペラ館楽屋の人々はあるいは無智朴訥、あるいは淫蕩無頼にして世に無用の徒輩なれど、現代社会の表面に立てる人の如く狡猾強慾傲慢ならず。深く交れば眞に愛すべきところありき。されば余は時事に憤慨する折々必この楽屋を訪ひ彼らと共に飲食雑談して果敢なき慰安をもとむるを常としたりき。

四月十日

食料品の欠乏日を追うて甚しくなるにつれ軍人に対する反感漸《ようや》く激しくなり行くが如し。

市中到処《いたるところ》疎開空襲必至の張札を見る。
一昨年四月敵機襲来の後市外へ転去するものを見れば卑怯と言ひ非国民などと罵りしに十八年冬頃より俄に疎開の語をつくり出し民家離散取払を迫る。朝令暮改笑ふべきなり。

四月十一日
毎朝七、八時頃飛行機の音春眠を防ぐ。その音は鍋の底の焦げつきたるをがりがりと引掻くようにていかにも機械の安物たるを思はしむ。冬はともかく毎朝東京の空を飛行して何の為すところあるや。東京を防がんにはその周囲数里の外に備ふる所なかるべからず。徒に騒音を市民の頭上に浴びせかけて得意満々たる軍人の愚劣、これまた大いに笑ふべきことなり（「信濃毎日」桐生悠々の「防空演習を嗤《わら》ふ」と同じく軍人の独善癖を衝く）。

七月初一
欄外朱書　雑誌「改造」「中央公論」廃刊
中央公論社廃業の原因は社会主義の学者に学術研究の資金を送りし嫌疑あり。社長島中氏横浜地方裁判所に召喚せられし事ありしためなりといふ。また改造社はむかしマルクスの翻訳書を売出せし事あるがためなりといふ。

十二月初三
……唯この二、三年来書きつづりし小説の草稿と大正六年以来の日誌二十余巻だけは世に残したしと手革包《かばん》に入れて枕頭に置くも思へば笑ふべき事なるべし。

昭和二十年　　荷風散人年六十七
三月九日天氣快晴　夜半空襲あり、翌暁四時わが偏奇館焼亡す。
三月廿二日
午後市兵衛町焼跡に至り町会事務所を訪ふ。事務所は住友氏の邸内に立退きたるなり。郵便物及び町内有志者より罹災者への見舞金を受納す。一世帯につき金一百円、東久邇宮家より別に金五円を恵まるるなり。
六月二日
……午前八時三たび行くに及びて辛《から》くも駅員より乗車券の交附を受けたり。山の手線にて品川をすぎ東京駅に至り罹災民専用大阪行の列車に乗る。午後四時半列車初てプラットフォームを離る。
六月初三
列車中の乗客われ人ともに列車進行中空襲の難に遭はむことを恐れしが幸にもその厄なく午前六時京都駅七条の停車場に安着す。更に明石行電車に乗換へ大阪神戸の諸市を過ぎ明石に下車す。次いで岡山へ
六月廿八日
この夜岡山の町襲撃され、河原の砂上に伏して九死に一生を得たり。

八月初九

欄外朱書　赤軍満州侵入。

八月十五日

陰《くも》りて風涼し。宿屋の朝飯、今の世にては「八百膳」の料理を食するが如き心地なり。飯後谷崎君の寓舎に至る。S君夫婦、今日正後ラジオの放送、日米戦争突然停止せし由を公表したりと言ふ。午後二時、岡山の駅に安着す。

あたかもよし、日暮染物屋の婆、鶏肉と葡萄酒を持来る。休戦の祝宴を張り、皆酔うて寝に就きぬ。

八月十八日

水田の間を走るセメント敷の道路にも休戦以来職工を載せたるトラックの疾走する音途絶ゑたり。とにかく平和ほどよきはなく戦争ほどおそるべきものはなし。

九月廿八日

昼飯かしぐ時、窓外の芋畑に隣の人の語り合へるをきくに、昨朝天皇陛下モーニングコートを着、マカサ元帥に会見せられしといふ事なり。戦敗国の運命も天子蒙塵の悲報をきくに至つてはその悲惨もまた極れりといふべし。

南宋趙氏の滅ぶる時、その天子金の陣営に至り和を講《こ》はむとしてそのまま俘虜となりし支那歴史の一頁も思ひ出されて哀なり。数年前日米戦争の初まりしころ、独逸模擬政体の成立して、賄賂公行の世となりしを憤りし人々、寄り集まれば各自遣《や》るかたなき憤慨の情を慰めむとて、この頃のやうな奇々怪々の世の中見ようとして見られるのではなし、人の頤《おとがい》を解くこと浅草のレビュウも能く及ぶところにあらず。角ある馬、鶏冠《とさか》ある鳥を目にする時の来るも遠きにあらざるべし。これ太平の民の知らざるところ、配給米に空腹を忍ぶわれら日本人の特権ならむと笑ひ興せしことありしが、事実は予想よりも更に大なりけり。

我らは今日まで夢にだに日本の天子が米国の陣営に微行して和を請ひ罪を謝するが如き事のあり得べきを知らざりしなり。これを思へば幕府滅亡の際、将軍徳川慶喜の取り得たる態度は今日の陛下よりも遙に名譽ありしものならずや。今日この事のここに及びし理由は何ぞや。幕府瓦解の時には幕府の家臣に身命を犠牲にせんとする眞の忠臣ありしがこれに反して、昭和の現代には軍人官吏中一人の勝海舟に比すべき智勇兼備の良臣なかりしがためなるべし。我日本の滅亡すべき兆候は大正十二年東京震災の前後より社会の各方面において顕著たりしに非ずや。余は別に世の愛国者といふ者にもあらず、また英米崇拝者にもあらず。唯虐げらるる者を見て悲しむものなり。強者を抑へ弱者を救けたき心を禁ずること能はざるものたるに過ぎざるのみ。

これにここに無用の贅言《ぜいげん》を記して、穂先の切れたる筆の更に一層かきにくくなるを願ざる所以なりとす。

＊

荷風散人を目して、江戸末期の浮世絵師、戯作者に同化して韜晦《とうかい》の文章を綴った文士とするか、無謀の戦争遂行により国民に大きな苦痛をもたらした軍国主義者輩に対する痛烈な批判者として首尾一貫していたのか。

評価の分かれるところであろうが、戦局の様相と合わせて御一読を願いたい。戦時中の市民生活史としても、眼光紙背に徹している。

穂先の切れんとする筆を手にして、為政者に迫らんとするは、勇者の愛国心発揮にほかならずと支持の表明に躊躇しない。

第八部　大逆事件外史〈国内の部〉

一、弁護側の主張

◇序。今村力三郎「芻言」の要旨

今村は大逆事件弁護人の一人で、のち難波大助事件も弁護した。

「芻言」は大正十四年三月、少部数が配布され、大正十五年一月、増補して再版された。

◇弁論要旨

「赤旗事件が幸徳事件を胚胎し幸徳事件が難波事件を醸成したりとせば治国の要具たる警察と裁判とが相俟って遂に不測の禍を招きたるなり。若《もし》之に反対論理を適用すれば赤旗事件なくんば幸徳事件なく、幸徳事件なくんば難波事件なしと断ずるを得ん事に、警察と裁判とに従ふもの大に鑑戒する所なかるべからず」

「厳刑酷刑何かあらんや」

「幸徳事件にありては、幸徳、菅野、宮下、新村の四名は事実上に争いなきも、その他の二十名に至りては果して大逆罪の犯意ありしや否やは大なる疑問にして大多数の被告は不敬罪に過ぎざるものと認むるも当れりとせん。

予は今日に亘るも該判決に心服するものに非ず。殊に裁判所が審理を急ぐこと奔馬のごとく一の証人すら之を許さざりしは、予の最も遺憾としたる所なり」

「幸徳伝次郎は主義に於て首領たるも大逆罪に於ては首謀者に非ず。菅野スガ、新村忠雄、宮下太吉の三人は或時相議して自分らは一身を犠牲にして事をあぐるも先生は無政府主義の学者なれば、我等と共に一命を失うは惜むに堪えたり。今後先生を除外して我等三人主として事を挙げんと。伝次郎も其意を諒し中途より謀議に遠ざかりしも刑法第三十七条は陰謀のみにて成立するものなれば伝次郎の半途脱退も遂に其身を救ふに足らざりしなり」

(一)「後に書す」平出修

四十四年一月十八日、本件被告等二十四名は死刑の宣告を受けた。忌はしき本件嫌疑罪状の最後が如何に成り行くべきか、余は単に本件弁護人としてよりも、忠君愛国の至誠よりして痛切に憂慮した。もし予審調書其のものを証拠として罪案を断ずれば、被告の全部は所謂大逆罪を犯すの意思と之が実行に加はるの覚悟を有せるものとして、悉く罪死刑に当って居る。

乍併《しかしながら》調書の文字を離れて、静に事の真相を考ふれば本件犯罪は宮下太吉、菅野スガ、新村忠雄の三人によりて企画せられ、稍《やや》実行の姿を形成して居る丈けであって、終止此三人者と行動していた古河力作の心事は既に頗《すこぶ》る曖昧であった。幸徳伝次郎に至れば、彼は死を期して法廷に立ち、自らの為に弁疏の辞を加へざりし為、直接彼の口より何者をも聞くを得なかったとは云へ、彼の衷心大いに諒とすべきものがある。大石誠之助に至りては実に之れ一場の悪夢、思ふに、事の成行きが意外又意外、彼自らも其数奇なる運命に驚きつつあったであろう。只夫《そ》れ幸徳は、主義の伝播者たる責任の免るべからざるものあり。大石には証拠上千百の愁訴も之を覆すべからざるものあり。

形式証拠を重んずる日本の裁判所は遂に彼等両人を放免するの勇気と雅量なかるべきを思ひしも、其余の二十名は悉く一場の座談、しかも拘引の当時より数へて一年有半前のことにかかり、其座談の内容が四、五十人の決死の士あらば富豪を劫掠し、官庁を焼払ひ、尚余力あらば二重橋に迫らんと云ふ一笑にも附すべきものであって、大石が大阪の同志に図りしとせらるる其席上には、平素一種の間牒として疑はれ居たるある一人が列し居たること、内山愚童と武田九平とは初対面にして会談漸く一時間許り、大阪の町家、職工の家僅々三間のその一室には内山に尾行したる二名の刑事巡査詰め居りしこと、内山が神戸に於て小松、岡林に同断陰謀を語った其一室は応接間にして初夏の頃とて窓も明け放ちあり、茲にも二名の尾行巡査ありて其室内に出入し居れりとのこと、九州の事、紀州の事、何れも同様なる状況あり。死を賭けての大事が計画賛同せられしと思はるる状況頗る疑ふべきものである。

而して其後本件宮下等の計画発覚するに至る間彼等二十名の徒は、殆ど何事も為さず何事も知らず、単に犯罪事件として冷に観察すれば、罪の成立が、不成立、情状の軽重、極めて差等がある。此実相に徹し、其の実際に適切なる、しかも一面刑事政策上斟酌を加へたる、完全な判決を下さんこと、先づ透明なる頭脳と時代を解釈する新智識と、上に阿《おもね》らず、下に迎合せざる硬直と、更に眞に人類の自由と平等を愛するの同情とを具へたる人にあらずしては、とてもなし遂げうるべきものではないのである。

本件審理の任に当った判官諸公は、実に再びある可からざる難局に立ったのであったが、それと同時に、日本の法制史上に司法権の威厳と公正とを録せしめ、千百年の後、尚明判官と謳歌さるべき絶好の機会に遭遇したのであった。余はかかる難件を処断せざる可らざる地位に置かれた判官諸公の好運に欽羨《きんせん》もした。而して又判官諸公が堅き決心と正しき判断とを以って本件の終結を告げらるべきことを切望した。噫此同情此欽羨、此切望遂に悉《ことごと》く空零を示したのである。

二十四名悉く死刑！

之れ何たる事であろう。

之れが事実の真相か、之れが時代の解釈か、之れが自由平等の愛情か、智識か、迎合か、公正か、血迷か。知ると知らぬとに拘らず、人は皆疑うた。

二十四名悉く死刑を執行せらるるであろうか？　大審院特別権限に属する犯罪事案、一審にして終審、其判決は言渡と共に確定する。その判決が死刑を宣告した。素より二十四名は俎上の魚である。死刑の執行は其当然の結果のみ。しかも人は之に疑を挿んだ。

司法権の威厳は全く地に堕ちてしまったのである。

余は国家権力に服従せねばならぬ。法律秩序に強制されねばならぬ。只夫《そ》れ余は十有六回の法廷に何の必要ありて立会したか。二時間の弁論は何の必要ありて之を為したか。何の為に憂へ、何の為に論じ、何の為に泣いたか。実に弁護人の弁論に何の価値をも与へずに、余の至誠は何の反響をも起さずに終ってしまったのである。痛恨、慚愧、亟《つ》ぐに憤激を以ってしても、今将《はた》何をか持ち来すべき。されど静に想ふ、余の確信は此判決によりて何等の動揺をも感じて居らぬのである。

余が見たる眞実は依然として眞実である。記録されたる文字そのものがすべて事実であるならば、訴訟は常に予審終結と共に終了すべきである。之に加ふるに公判を以てし、審理と論議とを許す所以のもの、記録を一つの参考として尚其外の眞実を発見するの必要があるからである。余は此訴訟法の認めた大趣旨に基いて、記録以外に真実を発見したのである。而して大審院判官諸公は遂に余の発見せし眞実を明確に看取するを得なかったのである。彼等は国家の権力行使の機関として判決を下し、眞実を確定した。

けれどもそれは彼等の認定した事実に過ぎないのである。之が為に絶対の眞実は或は誤り伝へられて、世間に発表せられずに了るとしても。其為に眞実は決して存在を失ふものではないのである、余は此点に於て眞実の発見者である。此発見は千古不磨である、余は今の処では之れ丈《だけ》の事に満足して緘黙《かんもく》を守らねばならぬ。

（注、二十四名に死刑判決の出た四十四年一月十八日に書かれたもので、翌十九日の十二名減刑の発表以前に執筆）

題名から判断し、その内容から考えると、これは戦後はじめて公表されたものであろう。すなわち、平出の死後にはじめて公表された遺書であり、この裁判弾劾の告発書であった。（昭和四十年六月刊、春秋社『定本平出修』所収）

㈡　刑法第七十三条に関する被告事件弁護の手控

高木、崎久保弁護人

平出　修

平沼検事は本件犯罪の動機は無政府主義者の信念にあると云はれた。無政府主義者は権力を否認する、窮極は、絶対の自由を要求する、其為に現在の国家組織を破壊しようとする。本件は実に其計画の一端のほのめきであると断定せられた。しかし此断定は、少くとも二個の前提を置いてある。平沼検事は頭脳明晰を以て法曹界に鳴って居る方である。其明晰なる頭脳の中に描かれた論旨は秩序整然一絲乱れずと云ふ有様であるが、惜しいかな、二つの仮定の上に築かれた議論であるから、此仮定が打ち破られると、折角の議論も根底から覆ってくるのである。

第一、平沼検事は、無政府主義の本質に於て一つの仮定を置かれた。それは無政府主義は国家組織の破壊を現在の手段として居ると云ふことである。之はどういう論拠から得て来られた仮定であるか分らぬが、本件は我国有史以来初めての出来事であって、上には文明の知識を有せらるる判官諸公を置き、目前には多少思想問題に考のある被告を置いての事故に、充分の責任を持て、検事は原告官として、我々は弁護人として論戦せねばならぬのである。されば、此処の議論は、此法廷限りの議論でなく、之を世に公にして、天下後世にも笑を貽《のこ》さぬ様に、最も透徹正確なものでなくてはなるまいと思ふ。

故に余は一昨日（二十五日）の法廷に於て無政府主義に就て述べられた平沼検事の御議論は軍に検事平沼氏の意見と云ふよりも、日本の法曹家、日本の学者平沼氏の御意見として、平沼検事に責任をもって頂きたい。かように大切な場合の御議論としては、平沼検事の立論には一つの大きな欠点がある。それは平沼検事は、無政府主義が、時と処と人により、其説き方、其運動方法が一様でないといふ無政府主義の歴史を閑却せられた、その事である。

平沼検事の云はるる如き暴動を必要条件とする無政府主義と云ふものが、何時何処にあったかは姑《しばら》く置き、その様な虎狼の如き主義者のあった国、あった時代があったとしても、それと同じ様な無政府主義者が、即ち現在の日本の無政府主義者であると云ふのは少し無理な結論ではあるまいかと思ふ。

露西亜の様な極端な専制国に起った革命思想と、英吉利西の様な極端な自由の下に育った無政府主義思想とは、全く二者別様の観がある。又独逸の様に社会政策の実行が着々進行して行ってる国には、如何に無政府主義的思想を呼号しても其の呼号する標識を失ってしまふ。而して独逸の皇室は極めて安泰である。皇帝自ら自動車をかりて屢々《しばしば》伯林公園を散歩遊はす、之は我々の如き日本にばかり居る者よりも、近く二回も洋行して親しく世界各国の本情を見聞して来られた平沼検事は、ようく御存知の筈である。或は、伯林公園内独皇帝御散歩の御姿は、現に平沼検事も御覧になっているかもしれぬ。

日本が東洋の一端に位して、西欧の文明を吸収する。広く智識を世界に求むることを国是とする。其結果は、世界の文化が東西より輸入され来る、其内に種々な思想が輸入される、その輸入された思想が、日本のどこに根ざし、如何なる色で花咲き、如何なる味の果を結ぶかは、いくら（か）の年月を貸さなくては、判定がつかぬのである。嘗て欽明天皇の朝に輸入された仏教思想、元亀、天正の頃に渡来した耶蘇教思想の如きも、一は幸に時の貴族殊に、皇太子に結び付いて繁盛し、一は信長により漸く隆盛を來さんとし、徳川幕府の迫害により一時は逼迫したが、失《ママ》政維新信教自由となりて又復活した。

而して此二つの思想も全く日本化されて、今では誰も之を危険なる思想と云ふものはいない。けれども、仏教渡来当時の歴史、又は徳川時代の切支丹邪宗の禁令等について考ふれば、外来思想が日本化する迄には幾多の変遷があったのである。現に耶蘇教と日本国体との衝突は、文化大学教授井上哲次郎によりて唱へられたることは、我々の耳にも尚新なることである。

然るに思想の変遷というものは面白いもので、本件に於て板倉検事は、被告新村善兵衛の不利益なる証拠として、武田万亀太の証言を採用せられて居る。武田万亀太は耶蘇教の信者である。此男が新村兄弟にメソヂスト教会に入会せよとすすめたけれども、彼等は無政府主義者だから、耶蘇教へは這入らないと云うたと証言している。

検事は之を援用して、新村善兵衛は無政府主義者であるから耶蘇教へ帰依しなかった。誠に危険な思想であると論下せられて居る。之がもしもう十四、五年前であったならば、新村善兵衛は誠にしっかりした男である。耶蘇教の様な危険な宗教に帰依しなかったと、或は板倉検事に御褒めを蒙ったかもしれないのである。更に又幾百千年後には無政府主義というものに信頼しないことを以て、それは甚だ訳の分らぬ人物であると、攻撃される時代が来るとも限らないのである。

元来新思想と云うものは、在来の思想で満足できぬ時に、其欠点を補ふべく入り込んで来るのだから其欠陥の度合如何によりて、其思想の寛猛の度が違って来るのである。今、日本へ社会主義思想、無政府主義思想が輸入されたとしても、日本の国民がその思想の必要を感じて居るや否や、日本の社会が其思想を容れざる可らざるや否やが問題であって、思想そのものを外部から押しのけて、之を追い出したとしても、目に見えぬ、耳に聞えぬ五感で知覚のできぬ心と心の感應から、いつしか必ず人の心の欠陥を見出してそれに根ざしを固めるものである。

現代社会を完全無欠なりとするならいざ知らず、苟《いやし》くも之に欠陥あり、不満ありとするならば、そこに何等かの思想が入り込む隙があるのである。其隙を塞がずに、只外来思想を圧抑しようとしても、それは結局徒労である。一体思想の危険ということは、比較上から来ることで、新らしい思想というものは、之を在来思想から見れば常に危険であらねばならぬ。それは新思想は、旧思想に対する反抗者若しくは破壊であるからである。それで新旧思想の何れが勝つか敗くるかは、つまり何れの思想が人間本然の性情に適合するか否やによりて定まるので、之は社会進化論の是認してきた法則である。されば思想自体からいへば危険といふものはない訳である。

平沼検事は、ここの道理を閑却せられたのではあるまいか。社会主義は危険だ、無政府主義恐るべしと一概に論断されるけれど、日本の社会主義、日本の無政府主義が何程の危険を含んでいるというのか。又何程の実行を其信条としたといふのか。その点に言及しておらぬのである。或は本件を指し、斯くの如き危険な乱暴な事を仕出かすではないか。之が無政府主義の恐るべき処ではないかといわるるかもしれぬが、それは原因結果を顚倒している事になる。之は人間にある程度以上の取締（私は敢えて迫害とは云はぬ）を加へるときは、斯の如き反抗心を起すものだという証明にはなるが、無政府主義そのものが危険であるという証明にはならない。

無政府主義者ならずとも、即ち仏教徒にでも、耶蘇教徒にでも、過度の圧迫を加へれば、反抗の形は或は違ふかもしれぬが、ある反抗を起すものである。既に無政府主義が、時と処と人とにより、其色彩なり、感情なりが一様でないとすると、平沼検事が置かれた第一仮定、日本に於ける無政府主義は、暴動を手段とする危険なる思想なりとの論が破れてくる。従って平沼検事の組立られた総論の第一角は崩れてしまった事になる。

是の機に於て被告高木顕明の社会主義を述べて置く必要がある。

彼の田辺支部に於ける尋問調書によれば、彼は無政府主義と云ふも弥陀の存在を認めて居る。而して彼は直接行動によりて革命が起る時の準備として伝道教育をすると云ふて居る。それ以上に彼に皇室に対する考などないのを、何故か予審判事は窮追して居る。余は日本国民として、かかる窮追をして無理にも皇室を消滅せしむると云ふ答を求めやうとする司法官の方針を甚不愉快に思ふのである。それはとにかく此答弁を見ても、高木には何の危険なる思想のない事は明である。

彼は「社会の改良は心霊より進みたい」と説起し、次に社会主義を信仰の対象と信仰の内容とに分ち、信仰の対象を更に㈠教義、㈡人師、㈢社会の三つに、信仰の内容を更に㈠思想回転、㈡実践行為の二つに分けると説いている。

　彼の社会主義は信仰の対象として、弥陀の教義と釈尊親鸞の人格と極楽浄土とを憧憬し、信仰の内容としては、諸々の盲想雑念を排斥し直ちに弥陀の光明を認める事に思想の転回を主張し、而して之を体認し、之を実践する。茲に於て、世は平等円満の極楽境となる。之が即ち社会主義の極致であると論じて居る、彼が《(の)》思想は按摩問題に於てもあらわれている。

　当弁護人が初めて被告高木に面会した時、彼は自らどぶの掃除や下駄の鼻緒直しをして居た。貧しい人々の喜捨では生活することを苦痛とするという述懐をして居た。此考が正当であるかどうかはさておき、今回何とかして徹底した生活をしたと思ふ人々の実生活上の不安を被告は深く感じて、どうか意義ある生活をしたいと希望していた。それで訳の分らぬ経文を読んで愚天愚婦の金の喜捨を仰ぐという生活よりも、むしろ按摩となって自ら働いた金でくらして行きたい、かういう希望を以って人に語っていた。その事が本件記録には、按摩となって伝道すると云ふ様に悪く解されてしまっている。

　けれども之は決して高木の眞意を了解し得たものではない。現に彼は、一回でも社会主義、無政府主義の講和をしたことがない。自分の信徒に対してすら此主義の事を説教した事のないのは、親宮警察の報告にもあらわれている。

　被告高木顕明、崎久保誓一がなぜに社会主義者といわれ、無政府主義者といわれるようになったかを、一應説明する必要を感ずる。

　崎久保「四十年四、五月頃より大石誠之助より社会主義の新聞『光』或は『平民』を送って貰ひ、又或時は社会主義に関する書物を送って貰ひ、それを読みたる為興味を感じ、遂に四十一年四、五月頃より純然たる社会主義者となりました。本年一月頃よりは国家社会主義を信ずることになりました」

問「其方の最初奉じた社会主義は如何なる事を主張していたか」

答「無政府共産です。大石も之と動揺の説を主張しているのです」

高木顕明の調書にも、「無政府主義者でありまして、皇室は勿論官署凡て存在を認めないのです。但し阿弥陀あるのみ」と書かれている。

以上之等の供述によって、彼等の無政府主義と云ふことの頗《すこぶ》る怪しげなるものであることがわかるのである。しかし前にも云ふ如く、社会生活の欠陥よりして、何とかもう少しどうにかした生活をせねばならぬという傾向は二人の頭にもあったので、其考が偶々新宮では物の判った人として評価されている大石と相近接するの機会を作り、大石が幸徳其他の社会主義者と交際があるので、自然其談片を聞きかじり、折には不平話もしたことであろう。元来大石と云ふ人、其人とても純然たる社会主義者ではないのである。

大石を社会主義者に数へ込んだものが二つある。其一つは本件の記録、其一つは警察である。大石が新しい思想に興味をもっていることは、単に社会主義のみではない。

此事は今村弁護人からも述べられたが、当弁護人などは、文学上、殊に新派和歌研究上、彼を未見の友人とも思っていたのである。この大石の研究心のあらわれの一端が社会主義であったのである。警察の方では、大石が医術の上にどんな研究心を持たうが、文学の上にどんな新思想を弄《もてあそ》ぼうが、それには頓着ないが、大石が社会主義に出した一面のみは把えたのである。そうして大石を社会主義者として之に近接した高木、崎久保をも社会主義者としてしまった。所謂注意人物となったのである。

……一事を以て万事を推そうとは申しませんが、しかし本件被告の内にかうした経路で無理に社会主義者に押しこめられてしまったものは決してないとはいわれないのである。……

第二の実例をあげる。之も先月中の出来事で、それは文学者、美術家の集合に「パンの会」という無邪氣な遊び会がある。その会員中画家の一人が洋行し、文学者の一人が入営する。それを送る会を開いた。其席上、画家は「自分はこれから欧米各国へ画修行に出掛ける。広い広い処へ出掛けて行く。長田君は狭い日本の更に小さい、小さい処へ行く」というような辞を用いて挨拶した。すると長田君も一言なかるべからずと傍からはやした。

入営せんとする文学者の長田君は、「自分はもう死んだものだから、挨拶は勘弁してくれ」と言うた。之を虚心平氣に考へれば何でもないこと、それを翌朝の萬朝報に「黒枠付の入営祝」と題して、旗に黒枠をつけてあって一人が「小さい日本の更に小さい処へ行く」と云った、又一人が「もう死んだものだから」と云った、之は徴兵を呪う無政府主義的行動だと社説にまで書いて攻撃した。自分もその会の出席者の一人であったが、「萬朝報」紙上の記事で初めて旗の枠と云ふことを気付いてこれを他の人にきいてみると其旗には輪郭を緑でとり、文字を黒で書いた。画家のした仕事故、さういう輪郭などは只見た目をよくする丈《だけ》のもので、素より黒枠でもなければ、之を死亡広告に用いる不吉な象徴でもないということがわかった。

本件記録を以て此新聞に比論するのは或は当を得ぬかもしれぬ。其時、其場合の人々の気持なり、空気なりを見ることとなしに、談片と談片とをつなぎ合せ、之にある意味を附すると、立派な、しかも本人同志の考と丸で違った記事が出来上るという例証には甚だ適切であると思ふ。こういう事から「パンの会」は、「萬朝報」によりて無政府主義傾向があると云われた。之を日本の警察が社会主義者にあらざる人をして社会主義者となす様に、又社会主義者である様にすると云ふ一点は、頗《すこぶ》る類似して居るのである。現に高木、崎久保、峰尾の三人が、社会主義者といつからなったという問に対し、四十一年四、五月頃であるとの答が記録されてある。

元来、人の思想の変遷と云ふものは、何月何日と日を切って区別を立つべきものではない。それを小間物屋も酒屋に商売替をした、其事実を訊問する様に、汝は何年何月から社会主義を奉じたか、汝は何年何月から無政府主義者になったかと問うている。質問を発した以上は何とか答を得なければ調書の体裁がわるい。そこで被告の答が直ちに書きしるされてある。其答が高木も崎久保も、峰尾も皆一様に四十一年四、五月頃から無政府主義者になったと云ふて居る。之が頗る可怪《おかしい》答弁である。余が先に「萬朝報」の記事と調書とを比較したのも、決して不当ではないのである。……

此様に大石自身すら社会主義者ではない。又大石という人は、今村弁護人からも委細陳述された如く一体淡白質の人で、思想感情が極めて平準を得ている人である。ものに執着がなく、神経も鋭敏でない。又国法を遵奉する精神も充分に有しているのである。

斯くの如き人は、革命家、実行家の素質に欠けているということは、一冊の革命史を繙《ひもと》けば直ちに明になることで、吉田松陰でも武田耕雲斉でも、雲井竜雄でもすべての実行家の標本に比較して来れば、余の論拠は動かすべからざるものとなるのである。

要之大石は社会主義者と云ふ程の熱心執着のない人。それに出入りしている高木、崎久保の輩何の主義があろうぞ、信念があろうぞ。

余は警察が名づけたる社会主義者ということに眩惑せられて、彼等をそれほどの革命家なりとすることの失当たることを、幾重にも本件警察官諸公に具申したいと思っている。更に一括していへば、此事独り高木、崎久保、大石に止まらぬのである。本件被告の殆ど全部皆然りというべきであって彼等の不平不満は、内より先づ発したのではなくて、外から圧迫されて、初めて起ったものである。従って一定の歴史と系統によりて結び付いた眞の社会主義者、無政府主義者という者は、恐らくは何人もないのである。

第二、平沼検事は、本件犯罪が無政府主義実行の信念よりきたものであるといわれた。之は本件被告が無政府主義者という一つの信念に結び付いているという仮定から発足した断定である。故に、もし本件被告に此信念がないということになると、此断定は当然其基礎を失ふことになる。

然らば本件被告に無政府主義者たるの信念があったかと云ふに、彼等の大多数は、無政府主義の本体について確たる意見がないのである。現に主義其ものに対する知識がないものに信念というものが有りやう筈がないのである。

一体今日の新思想は、個人の自覚というものが基礎をなしているので、すべて理性の上から判断して自己の帰依する思想をもてるのが近代人の特色の一つになっている。故に理解なしに信ずるという迷信は、近代思想の最も忌む処、自覚して信じ理解して実践するということでなくては、近代思想の信念ではないのである。近代思想が危険であるといわるるのも、つまり個人の自覚という牢乎とした基礎の上に立つからである。

然るに本件の被告には、未だこの自覚がなく、理解がなく、もし彼等が無政府主義者なりとすれば、忽ち懐疑思想に把はれるのである。之は多数被告の態度を親しく目睹せられた判官諸公のもはや看取せられた処のものであって、斯くの如きものを主義者とは申されぬのである。

彼等は只社会の欠陥に慨し、所謂燕趙悲歌の士を気取ったにすぎぬのである。彼等が無政府主義者なりというのは、只此意味に於てのみである。従って真に主義に殉ずる、確乎不抜の意思があるのではない。

既に信念がない以上は、之に伴うた行動のあろう筈がないのである。此事は現に本件被告事件の内容が証明し得て明であるが、如何に此事件を被告の不利益にみるも畢竟《ひっきょう》被告共の軽々しい口先のことが主になっていて、それ丈《だけ》の計画も決心もなかったのであることは、検事に於ても充分御見分がつくであろうと思ふ。……

刑法七十三条の規定は頗る広汎である。もし本件予審調書を採って罪を断ずれば、高木、崎久保は当然の死刑を科し得るかもしれぬ。しかし乍ら、七十三条の「加へんとしたる」という条文の適用は、危害の計画中発見されたことを主として見たる処であって、計画して悔悟した後まで強ひて追窮しようという精神ではないのである。

之は正条の表から論理的にいえば或は困難なる論結かもしれんが、法は法なきにしかずの原則は此法案適用の際、斟酌《しんしゃく》すべきものである。況んや調書を離れて本件事実の真相を見る時は、高木、崎久保にはかかる大逆罪実行の意思のないことの明白なるをや、法の精神、被告の事情、犯罪事実の真相、さては刑事政策上の見地、何れよりするも彼等二人は七十三条を以って律すべきものでない。之は余が彼等の弁護士として云ふことであると云ふよりも、之れ実に忠良なる日本帝国国民の輿論の声である。

(三)「芻言」今村力三郎

……赤旗事件が幸徳事件を胚胎し幸徳事件が難波事件を醸生したりとせば、治国の要具たる警察と裁判とが相俟って遂に不測の禍を招きたるなり。もし之に反対論理を適用すれば、赤旗事件なくんば幸徳事件なく、幸徳事件なくんば難波事件なしと断ずるを得ん事に警察と裁判とに従うもの大に鑑戒する所なかるべからず。

西園寺内閣は明治三十九年一月七日成立し、明治四十一年七月総辞職をなし、同月十四日第二次

桂内閣成立せり。西園寺内閣総辞職の原因に関し文学博士吉田東伍氏の「倒叙日本史」に載するところによれば、

西園寺侯は前内閣派の大不興を招き、已《すで》に前内閣派は外交財政に就きて元老をして連《しきり》に内閣を詰責せしめしのみならず、遂に某某を通じて宮中に入り、「政友会は西園寺首相を初め原、松田等総て佛蘭西学系統に属し随《したが》ひて共和政治を喜ぶものにして近時我国に於ける社会主義無政府主義の取締を緩慢に附するも全く之が為たるのみならず。此多数党たる政友会の議決せる新刑法の如きも社会主義を含有し、又近時教育上に於ても社会主義の(を)加味し来りたるは、全く我国体を傷くべき危険の政策なり」と云為せしめたりと云う。蓋《けだし》西園寺侯此飛語に駭《おどろ》き病に託して辞職す。世論之れを以て官僚は西園寺を毒殺したりと云ふに至る。中《あた》らずと雖も遠からず。

此説の当否は知らざるも、当時西園寺内閣毒殺の世評ありしは事実なり。然るに之を幸徳事件の陰謀の経過に対照すれば、所謂錦輝赤旗事件は明治四十一年六月二十二日に起り、幸徳伝次郎、大石誠之助、森近運兵が大逆事件を謀議したるは四十一年十一月十九日にして桂内閣時代に属す＊（注、第一次西園寺内閣＝明治三十九年一月七日～四十一年七月十四日、第二次桂内閣＝明治四十一年七月十四日～四十四年八月三十日）。又宮下太吉が上京して初めて伝次郎を訪ひ逆謀を告げたるは四十二年二月十三日なり。

故に幸徳事件は社会主義の取締寛大なりとて毒殺されたる西園寺内閣に起らずして、却て取締に厳密を加へたる桂内閣時代に陰謀されたるは奇なる現象にあらずや。幸徳事件の判決文中、当局の警戒注視益々厳密を加ふとの一句を精読せば蓋《けだし》思半に過ぎるものあらん。

古より重刑主義を以て天下を経営せんと試みたる多数の為政者は、悉く失敗の教訓を後世に貽《のこ》せり。秦の始皇帝は厳刑厳罰主義の最たるものなり。四百六十人の儒者を杭にし、已に反対する思想

の絶滅を期したる猛烈の君主なり。自ら始皇帝を称し、二世三世以て万世に伝へんと豪語せしが二世四十年にして祀を絶てり。秦に代りて天下を統一したる漢の高祖は法を三章に約したる寛厚の長者なりしが、却《かえつ》て漢代四百年の太平を開けり。是等は三尺の童児も熟知せる史実たるに、一たび局に当るや自ら戒むることを忘れ、厳峻苛辣を以て国を誤り、身を亡したるもの東西枚挙に遑あらず慨嘆の至なり。

徳川時代将軍綱吉の時代に和蘭の医師「エンゲルト・ケムフェルト」の著はしたる「日本史」に長崎より遙々江戸に来り将軍綱吉に謁見するまでの紀行文を載せり。沿道の風景土俗馬車の費用に至るまで詳細に叙述し、苟も眼に触れたる奇習風俗一つとして洩すことなし。彼が品川宿の入口なる鈴ケ森まで来りし時の、

「恰《あたか》も品川に入る手前にて吾等の眼中に入れる公刑の場所の光景は、転た戦慄すべく嫌ふべきものありき。或いは腐爛せんとし、或いは食ひ散らされたる人の面部及体部は他の死骸の間に累々として横はり、犬鴉其他食を貪る禽獣は群を為して斯る惨憺たる遺棄物によりて、其飽くなきの食慾を満さんとして其処に待ちつつありき」

との記事を発見したるとき、予は是だから重刑主義は駄目だとの嘆声を発せり。

徳川時代に江戸の近郊に於て最多く強盗殺人の行はれたるは南は鈴ケ森、北は小塚原にして此二ヶ所は江戸南北の公刑場なりしなり。凶漢は現前自分と同一の罪を犯して梟首せられたる刑死者の醜骸を目撃し、己も明日此と同一の運命に陥ることを知悉して公刑前に罪悪を恣《ほしいまま》にしたるに非ずや。

徳川幕府は所謂一人を刑して万人を戒しむる他戒主義の刑制を信仰し、惨刑酷罰を公開し、死屍を白日に暴露し、断頭を高く梟下《きょうか》に掲げ以て一般を警戒し、犯罪を予防せんと努め、「ケムフェル

ト」をして公刑場の光景に戦慄せしめたるものなるも、此重刑主義が果して幕府の期待する効果を奏せしや否やと省みれば、却て反対の結果を招きたることを知るべし。

「ケムフェルト」の好奇心よりせる此一文章は、予の専攻せる智識に強き刺激を与へたり。不良少年に体罰を加ふれば、益反抗執拗癖見等の不良性を増長せしめ、却て教誨の救をあぐる能はざるものなることは教育家の唱ふる所なり。官憲が厳刑酷罰を以て国民に臨めば、国民は終に厳刑酷罰に慣れて益残虐なる犯罪を敢行するに至るものなり。

姉崎博士の切支丹宗門の迫害と潜伏に依れば、寛永十五年以前に在りては切支丹信者を捕ふれば何等の審問もなく火あぶり、つるし、斬罪の重刑に処し、信者の妻子は縦令《たとえ》信者に非ずとも悉く死刑に処せしが、此時代には火刑者の骨や灰を盗み国外へまで持出され、極刑は益殉教者を多からしむるの結果を招き、又殉教者の勇敢なる最期が見物の公衆にまで感動を与ふるを見て、寛永十五年宗門改役に就きたる井上筑後守は、旧来の宗門改めの方法を改正し、火あぶりの刑を廃し、信者の妻子は之を不問に附し、又信者と雖も棄教したるものは食禄を与へて之を好遇し、恩威並び施したる為め、著しく禁教の効を奏したりと云ふ。

同書に記載せる井上筑後守の残したる宗門改記録に左の如き記載あり。

台徳院様御代より大猷院様御代に罷なり候ても、始は伴天連とらへ候ても大形火あぶり仰付けられ候由。其後民部少輔堀式部少輔町奉行いたし候時より吉利支丹宗門の者はつるし候様にと仰付けられ、長崎にてもつるし候由。然れども吉利支丹法のせんさくは之なく、伴天連渡り候へば、或は火あぶり或はつるし或は斬罪に仰付けられ候故、伴天連度々日本へ渡り申し候由とあり。姉崎博士は此候故の二字に深き意味ありて井上筑後守の自信を表はせるものなりと敷衍《ふえん》せられたるが、媽港の宣教師等が先輩の虐殺に遭ひしことを伝聞し己れ其志を継がんと欲し、躍然として日本に渡来したるの状、此二字に顕然たり。

又同じ宗門記録文書中、

「つるし殺又は斬罪火あぶりに仰付けられ候内は伴天連切々申す由、其後御ころばせ日本の宗旨になされ日向にさしおかれ女房を下され伴天連には銀子一貫づつ下され、切々色々の義御尋ねなされ申上げざる時は、嗷問仰付けられ候様に遊ばされ候てより宗門の者すくなく罷なり候由」

とあり、井上筑後守の後任北条安房守も能く前任者の政策を套襲して、寛永年間には島原の乱を起し、徳川の天下を震撼したる吉利支丹宗門も、享保年間に至って遂に禁教の目的を達したりと云ふ。

予が茲に「ケムフェルト」の紀行文と姉崎博士の切支丹宗門の迫害と潜伏との一節を引用したるは、一は厳刑が犯罪防過の力なきを示し、一は寛大なる刑事政策が却て刑罰の目的を達したる例証を示さんが為なり。

我国の裁判所は社会主義者と朝鮮人とに特別に重刑を科すの傾向あり。幸徳事件に於て二十四人に死刑を宣告したるは最顕著なる事実なるが、先年朝鮮人金益相が上海にて田中大将を狙撃し誤て米国婦人を殺害したる事案に於て長崎地方裁判所は無期刑を宣告したるに、長崎控訴院は検事の控訴を容れて之を死刑に処したり。又最近朝鮮人金祉変が爆弾を携えて上京し宮城前にて捕縛せられたる事案に於て、東京地方裁判所は無期刑を宣告し、検事は死刑を相当として控訴を為し、東京控訴院は一審同様無期刑の判決を為せり。之を伊庭想太郎、福田和五郎、中岡良一等の判決に比較すれば、朝鮮人と内地人との間に刑罰量定の標準に著しき差別あることを疑はざるを得ず。

此他出版法違反、治安警察法違反の如き条例違反に於ても、社会主義者と朝鮮人に関しては著しく科刑を重くするの傾向あり。裁判所や検事局は斯る反国家的の人物には、重刑を以て之を懲するの必要ありと信ずるならんが、斯くすることは、彼等に法律は支配階級の便宜の為に設けられたりとの観念を与へ、法律を蹂躙することを以て階級戦の一手段と為すに至り、彼等をして益反国家的ならしめ、一人斃れば後者之に継ぎ、畢竟《ひっきょう》彼等の闘志と団結とを鞏固ならしむるに終るべし。

政府の他戒主義刑事政策の中心地点が却て凶悪なる犯罪の実行場に化したると、幸徳事件の厳罰が難波事件の動機となりしこととは、共に重刑主義の弊害を示したる同一轍に非ずや（以下略）。

（大正十五年）

余談

幸徳一派死刑の当日には蜜柑と羊カンとを与へたのである。所が彼等は殆ど申合せた如く蜜柑の皮をむき筋を取り食したる後キチンと皮の中に筋を収め、そして夫れをテーブルの片隅に置き少しも取乱さなかった。それだけ彼等にはどこかに落付きがあった。大抵の死刑者は蜜柑など与ふれば皮も筋もあたり構はず捨てたものである云々。

幸徳事件の発覚はいかなる端緒に依りたるか記録を閲《けみ》するに、明治四十二年九月、奥宮健之が伝次郎を訪問せしとき、伝次郎は今若《もし》日本に於て大逆を行ふ者あらば其結果如何と問ひ、健之は我国に於て斯の如き挙を為す者あらば人心を失ひ失敗せんのみと答へたることあり。

其翌十月、健之再び来訪せしとき、伝次郎は健之に爆弾の製法を問ひ、健之は知人西内正基に質して之を伝次郎に教へたる事実あり。同年十一月三日、宮下太吉が明科附近の山中にて爆弾の実験を為し、其効力甚大なるものありしとて之を太吉より忠雄に通知し、忠雄は伝次郎に伝次郎は健之に報告し、其後健之が飯野吉三郎（警察とつらなる怪人物）を訪問したる事実あり。

これらの事実を綜合すれば、健之は陽に伝次郎の謀議に與《く》みし陰に之を吉三郎に売りしならんと推測せらるべき事情なきに非ず。余は当時より健之の行動を疑問とせしが、前掲沼波政憲（教誨師）氏に語りたる健之の言によりて、健之の口より此疑問を解くの鍵を与へられたるの感あり。

予をして臆測を擅《ほしいまま》にせしむるならば、明科に於ける宮下太吉の爆弾の実験は長野県の警察を驚かし、長野県より内務省へ報告ありしも、内務省は未だ何等の端緒を握る能はずして徒《いたずら》に疑惑に包まれつつありし際、健之より密謀を耳にせる飯野吉三郎が当局へ密告し、茲《ここ》に一網に打盡し得たるものならんか。

而して密告者たる健之が自己の運命を不思議がりつつ、共に大逆罪の共犯者とし絞首台上に消えたるは奇縁と謂ふべし。幸徳事件は関係者多数なれば、仮令《たとえ》健之や吉三郎の密告なしとするも早晩発覚の運命にありしならん。

㈣「大逆事件を憶ふ」　鵜沢総明

秋水、幸徳伝次郎の名は、明治中期から今日までの社会思想運動史に心を寄せる者にとっては、忘れることの出来ない程著名なものである。彼は、社会運動創世期の闘士で、遂に大逆事件の首謀者として絞首刑に処せられ、四十数年の幕を閉じたが、その間権力否定、戦争反対に徹底した信念を抱き、熱血溢るる闘争を続けた面影は、眼底にほうふつたるものがある。

今回秋水の評論と随想集を輯録上梓するに当り、私に稿をこわれたが、すでに四十年近く経過している事でもあり、その詳細を語ることは難しいが、大逆事件の真相、公判の様子など、今日尚記憶に新たなる二、三を、記してみたいと思う。

明治四十三年五月、長野県明科製材所の一職工宮下太吉が、「ある極めて有効な爆発物」を密造していたと言う嫌疑によって逮捕された。

これが「明科事件」と呼ばれるものであるが、事件はその後意外な発展を遂げ、医師大石誠之助、さらに幸徳伝次郎、菅野スガ、森近運兵、新村忠雄、内山愚童、奥宮健之など二十六名が検挙され、刑法第七十三条（天皇、太皇太后、皇太后、皇后、皇太子又ハ皇太孫ニ対シテ危害ヲ加エントシタ者ハ死刑ニ処ス）に該当するものとして、特別裁判に附され、翌四十四年一月に秋水他十一名が死刑に処せられた。一世を震駭させた「大逆事件」である。

その時私は、花井卓蔵、磯部四郎、平出修の諸氏と共に弁護士として官選され、終始之が弁護に当ったのであるが、中でも若き弁護士平出修氏は、被告達の無政府主義に深い理解と同情を持ち、極めて優れた弁論を行ったのが、印象的であった。

さて事件の発端となった「明科事件」について、我々弁護人は、唯検察側の記録を示されたに過ぎなかった。それがどの程度に「有効な爆発物」であったか、如何にして密造されていたかを、事実によって詳細に調査する方法が無かった。さらに原告側の主張によれば、この事件に引き続いて検挙された秋水以下二十六名は、今日の言葉で言えば「共同謀議」によって「大逆」を企画したと言うのであるが、その点についても、我々は多大の疑義を持っていた。

被告幸徳秋水と大石誠之助は、出身郷里を同じくしていた為に＊（注、両者の郷里は土佐と和歌山とわかれており、鵜沢の記憶ちがい）、友好的関係にあったが「明科事件」の当事者間達と彼等との間に、無政府主義者としての同志的つながりがあったと言う証拠は、一つもなかった。まして「共同謀議」を立証する根拠は勿論なく、「大逆」の具体的内容も明示されなかった。我々の想像では、爆発物が密造されていた事実さえ、秋水達は知らなかったのではあるまいかと思う。爆発物の原料となった薬品を提供したのは、医師大石誠之助であったが、彼の妻はクリスチャンであり、彼自身も思想的には決して急進的ではなかった。

物的証拠として、原告側から提出されたものは、すべて断片的なものの寄せ集めで、「共同謀議」を意味するような、全被告に一貫したものは、一つもなかった。唯警察の押収した秋水や内山愚童の日記の中に、皇室を批判する様な歌や断片が発見され、さらに新村忠雄の日記※（注、この個所は宮下太吉の間違いであろう）には、豊橋に於ける明治天皇の行幸の際、民衆の恐懼する様子を慨歎して、「天皇も又赤い血が流れる人間である……云々」の文句があったことなどが、暴力革命を意図するものであると、原告側の主張する唯一の証拠であった。

これに対し我々弁護人側は、思想の是非は兎も角として、被告達の思想自体は、決して暴力革命に発展するものではなく、飽く迄精神的な限界内に止まるものであり、暴力革命乃至共同謀議の証拠も不充分であるから、法律的には無罪であると言ふ事を終始主張した。

裁判は「大逆事件」と言う特殊性から、非公開のまま進行されたが、法廷そのものは相当自由なもので、秋水はじめ若い被告までが全員、問われる儘《まま》に堂々と自らの主張を披瀝した。

特に秋水の態度は、その烈々たる文風とは全く対比的で、心憎い許《ばか》りに泰然自若たるものであった。被告達の陳述は、次の点に於いて、殆んど一致していた。被告が無政府主義者であること、無政府主義とは、プルードンの学説による科学と経済の一致を、思想の上から冷静に追求するものであること、従って無政府主義は平和革命に発展するものであり、「大逆の陰謀」は事実無根であること。――彼等が自らの思想を固執する真剣さと熱情は、主義主張を超えて、実に見事なものであった。

唯被告の内奥宮健之が、公判の途中から、自分は彼等とは全く立場を異にするもので、彼等の内情を探る為に同調したのだと主張した為、奥宮は警察のスパイではないか、と問題になったが、その真相は判明せず、彼も死刑に処せられた。当時秋水はプルードンの学説の外に、ルナン、レッキー等の思想的な影響を多分に受けて、偶像破壊、と言う事を主張していたので、特に検察側の注目を受けていたようであった。

公判の結果は、前述の如く全員有罪を宣せられたのであるが、私は今日でも、被告達の間に暴力革命を意図する共同謀議があったとは、到底考えられない。と言って、「大逆事件」が巷間流説されるように、全く政府の陰謀的創作であったと断定する資料もないが、しかしこの事件の背後的関係として、次の事実は看過し得ないと思う。

第一に、政治的背景としては、当時の桂内閣が、没落する藩閥軍閥政府の最期の拠点であり、新興する自由主義的な政党政治の、当時としては極めて急進的な攻勢に対して、大逆事件が一つのデモンストレーションを意味するものではなかったかと言うこと。第二には、政治的な問題とは関係なく、その頃欧米のアナーキズムが、暴力的なテロ行為を続々と惹起していた世界的な情勢から、当時の検察当局が、日本の無政府主義者に対し、弾圧の機会をねらっていたのではないかと思われる点である。

大逆事件に対する世間的な反響は勿論大変なものであった。我々弁護人に対しても、右翼からは「国賊を弁護するとは何事だ」と言う脅迫状が、左翼からは「反動政府にこびて不正な弁護をすると承知しないぞ」と言う脅迫状が、夫々舞込んで来ると言う有様であった。

警視庁でも我々の身辺を案じて、護衛までつけてくれたが、我々の考えでは、弁護と言うものは被告の立場を釈明するものであるが、飽くまで正しい法の判断を求めるものであるから、敢えて身の危険を感じなかった。それで折角の護術もむしろ有難迷惑で、昼食の時などには護衛をまいて、日比谷の松本楼へこっそり昼食に出掛けたりした事もあった。私の心境としては、極めて坦々たるものであった。

唯私が今日尚、残念に思うのは、「大逆事件」が単なる「恐るべき事件」として闇から闇へほうむりさられて了った事実である。それが、当時の事情としては止むを得なかったにしても、遂に世間一般からは、公正なる批判や同情の唯一つも与えられはしなかった。

判決は済んで、二十六名の内二名を除いて、二十四名が死刑の判決を受けたのであるが、時の桂総理が、裁判の結果を明治天皇に奏上したところ、「この中で一人も助かるものはないのか」と言うお言葉があった。天皇御自身は、その様な陰謀を企てると言う事を、予想もし得なかった御様子であった。

桂総理は大変恐縮して、更に司法省の方に調査を命じた結果、十二名が死一等を減ぜられて無期となり、残る十二名だけが原判決通り死刑に処せられた訳である＊（注、徳富蘆花は『謀叛論』において二十四名の半分は十二名だが、二十五名だったら十二・五名に恩赦を与えたろうかと皮肉り、数合わせの糊塗策を衝いていた）。

これは明治天皇の桂総理に対する、当今の言葉で言えば、まことに親切な御下命であったと思う。そしてこの話は、花井君と私とが、或る政治的な問題で桂総理に会った時、たまたま秋水の話が出た時に聞いたのであるが、その時花井君も私も、それはまことに結構な思召しだが、実は我々としては全員無罪を主張したのだ」と言う事を話すと、さすがに桂総理もびっくりしていた。

それから、判決の際、秋水は「これだけ主張すれば、もう本望ではないか。同舟に乗り合せた同志として、潔く刑を受けようではないか」と言う意味の事を言い、菅野スガは公判廷で「ロシアでは、ソフィヤ、プロースカヤと言う女無政府党員が主義の為に斃れた。そして無政府主義が拡まった。今私が党員として斃れることは、少しも悔ゆるところはない」と言う様なことを述懐したことを覚えている。

……大体四十年近く経過して、今日でも深く記憶に残っているのは、以上の様な事である。(昭和二四・九・一五)

(昭和二十四年十一月十日、自由評論社刊『幸徳秋水・評論と随想』所収)

二、被告側の反論

(一) 菅野スガ獄中記「死出の道草」(要旨)

戦後始めて明るみに出された。

「死刑の宣告を受けし今日より絞首台にあがるまでの己を飾らず偽らず自ら欺かず極めて率直に記し置かんとするものこれ」須賀子(東京監獄女監)

明治四十三年十二月十五日、二十四名に死刑求刑、翌四十四年一月十八日、死刑宣告、翌日十二名は無期懲役、同一月二十四日、十一名死刑執行、翌二十五日、菅野一人死刑執行。したがって、これは宣告のあった一月十八日から二十四日にかけて書かれたもので、面会時に堺利彦から、ありのままの自己を記し置かれたいとの言をきいて書かれた遺書=獄中記である。

（前略）今回の事件は無政府主義者の陰謀といふよりも、寧ろ検事の手によって作られた陰謀といふ方が適当である。公判廷にあらわれた七十三条の内容は、真相も驚くばかり馬鹿気たもので、其外観と実質の伴はない事、譬《たと》へば軽焼煎餅か三文文士の小説見た様なものであった。

検事の所謂《いわゆる》幸徳直轄の下の陰謀予備、即ち幸徳、宮下、新村、古河、私とこの五人の陰謀の外は、総て煙のような過去の座談を、強ゐ《い》て此事件に結びつけて了《しま》ったのである。

此事件は無政府主義者の陰謀也。何某は無政府主義者也、若しくは何某は無政府主義者の友人也、故に何某は此陰謀に加担せりといふ誤った、無法極まる三段論法から出発して検挙に着手し、功名、手柄を争って一人でも多くの被告を出そうと苦心、惨憺の結果は、詐欺、ペテン、脅迫、甚だしきに至っては昔の拷問にも比《ひと》しいウツツ責同様の悪辣極まる手段をとって、無政府主義者ならぬ世間一般の人達でも、少しく新知識ある者が、政府に不満である場合には、平気で口にしている様な只一場の座談を嗅ぎ出し、夫《それ》をさも深い意味でもあるかの如く総て此事件に結びつけて了ったのである。

仮りに百歩を譲って、それらの座談を一つの陰謀と見做した所で、七十三条とは元より何の交渉もない。内乱罪に問わるべきである。

夫を検事や予審判事が強ゐ《い》て七十三条に結びつけんが為めに、己れが先づ無政府主義者の位置に立ってさまざまの質問を被告に仕かけ、結局無政府主義者の理想――単に理想である――其理想は絶対の自由・平等にあることゆえ、自然皇室を認めないといふ結論に達するや、否達せしむるや、直ちに其論法をとって調書に記し、それらの理論や理想と直接に何等の関係もない今回の事件に結びつけて、強ゐ《い》て罪なき者を陥れて了ったのである。

考へれば考へる程、私は癪《しゃく》に障《さわ》って仕方がない＊（注、菅野に見られる癪の種は、赤旗事件にはじまり、幸徳と共に心血を注いだ雑誌「自由思想」弾圧事件を経て大逆事件に結実し、生涯を終えた）。法廷に夫等の事実が赤裸々に暴露されているにも拘らず、あの無法な判決を下した事を思ふと私は実に切歯扼腕せずにはいらない。

憐れむべき裁判官よ。汝等は已れの地位を保たんが為に、単に已れの地位を保たん為に、不法と知りつつ、無法と知りつつ已れの地位と安全ならしめんが為に、心にも無い判決を下すの止むを得なかったのであろう。

憐むべき裁判官よ。政府の奴隷よ。私は汝等を憤るよりも、寧ろ汝等を憐んでやるのである。身は鉄窓に繋《つな》がれても、自由の思想界に翼を拡げて、何等の束縛をも干渉をも受けない吾々の眼に映ずる汝等は、実に憐むべき人間である。人と生まれて人たる価値のない憐れむべき（動物―抹消）人間である。自由なき百年の奴隷的生涯が果して幾何の価値があるか？　憐むべき奴隷よ。憐むべき裁判官よ。※（以下略）

（注、旧刑法にあった皇室危害罪―七十三条天皇の裁判官を「政府の奴隷」「権力の奴隷」と弾劾し、取り調べ検事に灰皿を投げつけんとした彼女は、この手記執筆により、従来、一部にあった毒婦扱いを払拭し、革命闘士へと成長した姿を見せている）

◇菅野スガ、武富検事を面罵

起訴された容疑者のうち、菅野が「自由思想」出版法違反の換金刑で五月十八日入獄していることが判明、在監のまま武富検事が取り調べることになった。悪評高い武富検事は、菅野が憎悪している相手だった。「赤旗事件」「自由思想」出版法違反事件で、復讐の念に燃えていた。六月二日、彼の顔を見るなり菅野は、

「今コノ場ニオイテ殺スコトガデキルナラ必ズ殺シマス。爆弾カ刃物ヲモッテオリマスナラバ、決行シマス。ヒトリ私バカリデハアリマセヌ。ヒジョウニ貴官ヲウランデイル人ガオリマス。監内ノ評判ハ、ヒジョウナモノデス。畳ノ上デオ死ニナルコトガデキレバ、異常ノ幸福デス」(聞取書)

と武富検事にかみつき、取調室に置いてあった鉄製の灰皿をつかんで投げようとした。検事は慌てて部屋を逃げ出したハプニングで、日本の裁判史上、類例のない出来事だった。彼女の殺気が伝わってくる一瞬の光景で、被告対検事の対決だった。

翌六月三日、武富に代わり小原検事が取り調べに当たったときは、彼女のヒステリーもおさまり、「すでに発覚した以上は、仕方がありませんから」と天皇暗殺計画の事実を承認したが、関係者をきかれても、菅野、宮下、新村、古河の四人以外の名は口外しなかった。

「幸徳ハ文筆ノ人デ、コレヲモッテ社会主義ノ伝道ヲスルニハ適当デアリマスガ、過激ノ手段ヲ実行スベキ人デハアリマセヌ。私モコレヲヨク知ッテオリマスノト、一ツハ自分ノ愛スル夫ニナニカ著述デモサセテ、ソノ仕事ヲ完成サセタイトノ考エモアリマシタカラ、自分自身ハ主義ノタメニタオレルガ、幸徳ハコノママニノコシテオキタイト思イマシタカラ、ススメナカッタノデ、同人ヲ庇護シテ嘘ヲイウノデハアリマセヌ」(聞取書)

この日、スガを予審廷に移した予審判事原田鉱が、この小原検事の「聞取書」を参考にして、改めてスガの供述を取り、岡田書記に筆記させた「第一回調書」ができあがった。

明治四十三年十二月二十九日、最期の特別公判終了の際、被告に最終陳述の機会が与えられた。弁護人、今村力三は「芻言」のなかで、スガの陳述を以下の如くとらえている。

「私たちの計画は中途にして発覚し、不幸にして失敗せしが一葉落ちて天下の秋を知る。他日必ず私たちの志を継ぐものあらん」と豪語せりと。同じく弁護人、平出修の「逆徒」も「犠牲者はいつでも最高の栄誉と尊敬とを（以て）後代から受けます。私もその犠牲者となって今、死にます。私はいつの時代にか、私の志のある所が明らかにされる時代が来るだろうと信じておりますから、何の心残りもありません」と彼女の陳述を写している。

達観と諦念のなかに無実の青年をかばったほかは、検事と争わなかった秋水。熱血、血がほとばしるような無念と復讐の言葉をのこして、明治政府に闘争宣言したスガ。共に処刑された両人は、公判廷で幸徳家の紋をつけた服を着用していた。事件を報じた外電は幸徳夫妻と明記、二人を革命の殉教者として位置づけていた。

菅野スガは、取り調べに当たった武富検事に対して、熾烈な敵意を表明、畳の上で死ねると思うなと叫び、灰皿を投げつけようとした。

獄中記「死出の道草」は、彼女三十一歳のときの絶筆である。また、大逆事件の内実を断罪した記念碑でもある。

◇この手記が公刊された背景

敗戦直後の昭和二十二年七月、当時、雑誌「真相」を発行していた人民社の佐和慶太郎を銀座裏のビルに訪ねた神崎清は、そこの金庫に保管されていたスガ日記のほか、数々の獄中手記にはじめて接した。

その後、昭和二十五年六月、大逆事件記録、獄中手記が公刊されて、事件解明の一つの鍵が示されることになった。

入手経路は、当時の世相を反映して興味深い。神崎清の記述によると、身元のわからぬあやしげな二人の男が雑誌社へ売り込みにきたので、資料保護のため買い入れたとのことである。

以下は伝聞。米占領軍の上陸を控えて、日本の官庁は極秘資料の焼却を急いだ。裁判所の構内で焼却処分に当たっていた小役人たちが、幸徳や菅野たちの自筆原稿を見つけ、貴重なものかもしれぬと、書類の山のなかから焼かれる寸前、引き抜いていたものらしい。身分不明の仲介者が人民社に持参し、換金、その後「獄中手記」として出版された。

◇最後に彼女の氏名表記について

大審院判決書では竹かんむりの「管野」だが、「死出の道草」の署名は草かんむりの「菅野」を使用している。森長英三郎弁護士の「風霜五十余年」の調査によれば、「管野スガ」「菅野すが」の二種類の戸籍のあることが判明、どちらを使っても、戸籍上の誤記にはならぬと、神崎清は記している。なお、本書「死出の道草」は神崎清編「獄中手記」によったが、全文は『明治文学全集（筑摩書房版）76』の記録文学篇に採録されている。

彼女の熱血あふれる裁判批判は、大逆事件を目して無政府主義者の陰謀というよりも、検事が密室で捏造《ねつぞう》した陰謀事件なりと主張、天皇の裁判官を奴隷の裁判官と痛罵している。

その手記には当時いわれた毒婦、妖婦説を寄せつけない裁判批判の鋭さがうかがえる。

発見された手記原稿は、和罫紙六十一枚とじに毛筆で墨書したもので、表紙一枚、序一枚、本文四十一枚、のこり十八枚は白紙のまま。

㈡　獄中から三弁護人宛の陳弁書

磯部先生足下

花井君　足下
今村君　足下

東京監獄在監人　幸徳伝次郎

……扨て頃来の公判の模様に依りますと、「幸徳が暴力革命を起し」云々の言葉が、此多数の被告を出し罪案の骨子の一つとなっているにも拘らず、検事調に於ても予審に於ても、我等無政府主義者が革命に対する見解も、又た其運動の性質なども一向明白になって居ないで、勝手に憶測され解釈され附会されて来た為めに、余程事件の真相が誤られはせぬかと危むのです。就ては一通り其等の点に関する私の考へ及び事実とを御参考に供して置きたいと思ひます。

無政府主義と暗殺

無政府主義の革命といへば直ぐ短銃や爆弾で主権者を狙撃する者の如くに解する者が多いのですが、夫は無政府主義の何者たるかが分って居ない為めであります。弁護士諸君は既に御承知になってる如く、同主義の学説は殆ど東洋の老荘と同様の一種の哲学で、今日の如き権力武力で強制的に統治する制度が無くなって道徳仁愛を以て結合せる相互扶助共同生活の社会を現出するのが人類社会自然の大勢で、吾人の自由幸福を完くするのには此大勢に従って進歩しなければならぬといふに在るのです。

随って無政府主義者が圧制を憎み、束縛を厭ひ、同時に暴力をも排斥するのは必然の道理で、世に彼等程自由平等を好む者はありません。彼等の泰斗と目せらるるクロポトキンの如きも、判官は単に無政府主義者かと御問ひになったのみで、矢張乱暴者と思召しておいでかも知れませんが、彼は露国の公爵で、今年六十九歳の老人、初め軍人となり後ち科学を研究し、世界一流の地質学者で、是まで多くの有益な発見をなし、其他哲学文学の諸学通せさるなしです。二十余年前フランス・リオンの労働者の爆弾騒ぎに関係せる嫌疑で入獄した際、欧州各国の第一流の学者文士連署して仏国大統領に陳情し、世界の学術の為めに彼を特赦せんことを乞ひ、大統領は直ちに之を許しました。其連署者は大英百科《ブリタニカ》全書に執筆せる諸学者も総て之に加はり、日本で熟知せらるるスペンサー、ユーゴーなども特に数行を書添へて署名しました。以て其学者としての地位名声の如何に重きかを知るべきです。そして彼の人格は極めて高尚で、性質は極めて温和親切で決して暴力を喜ぶ人ではありません。

又クロポトキンと名をひとしくしたフランスの故エリゼー・ルクリュスの如きも、地理学の大学者で、仏国は彼が如き学者を有することを名誉とし、市会は彼を記念せんが為めに、パリの一通路に彼れの名を命《ママ》けた位ひです。彼は殺生を厭ふの甚しきの為《なづ》め、全然肉食を廃して菜食家となりました。欧米無政府主義者の多くは菜食者です。禽獣をすら殺すに忍びざる者、何で世人の解する如く殺人を喜ぶことがありましょうか。

此等首領と目さるる学者のみならず、同主義を奉ずる労働者は、私の見聞した処でも他の一般労働者に比すれば読書もし品行もよし、酒も煙草も飲まぬのが多いのです。彼等は決して乱暴者ではないのであります。

成程無政府主義者中から暗殺者を出したのは事実です。併し夫れは同主義者だから必ず暗殺者たるといふ訳ではありません。暗殺者の出るのは独り無政府主義者のみでなく、国家社会党からも、共和党からも自由民権論者からも勤王家からも沢山出ております。是まで暗殺者といへば大抵無政府主義者のように誣《そし》られて、其数も誇大に吹聴されています。現に露国亜歴山二世帯を弑《しい》した如きも無政府党のやうに言われますが、アレは今の政友会の人々と同じ民権自由論者であったのです。

実際歴史を調べると他の諸党派に比して、無政府主義者の暗殺が一番僅少なので、過去五十年ばかりの間に、全世界を通して十指にも足るまいと思ひます。顧みて彼の勤王家愛国者を見れば同じ五十年間に、世界でなくて我日本のみにして殆ど数十人或は数百人を算するではありませんか。単に暗殺者を出したからとて暗殺主義なりと言へづ、勤王論愛国思想ほど激烈な暗殺主義はない筈です。

故に暗殺者の出るのは、其主義の如何に関する者ではなくて、其時の特別の事情と其人の特有の気質とが相触れて此行為に立到るのです。例へば政府が非常な圧制し、其為めに多数の同志が言論集会出版の権利自由を失へるは勿論、生活の方法すらも奪はるるとか、或は富豪が横暴を極めたる結果、窮民の飢凍悲惨の状見るに忍びざるとか、いふが如きに際して、而も到底合法平和の手段を以て之に処するの途なきの時、若くは途なきが如く感するの時に於て、感情熱烈なる青年が暗殺や暴挙に出るのです。

是れ彼等に取ては殆ど正当防衛ともいふべきです。彼の勤王愛国の志士が時の有司の国家を誤らんとするを見、又は自己等の運動に対する迫害急にして、他に緩和の法なきの時、憤慨の極、暗殺の手段に出ると同様です。彼等元より初めから好んで暗殺を目的とも手段ともするものではなく、皆な自己の気質と時の事情に駆られて茲に到るのです。

そして其歴史を見れば、初めに多く暴力を用ゆるのは、寧ろ時の政府有司とか富豪貴族とかで、民間の志士や労働者は常に彼等の暴力に挑発され、酷虐され、窘窮《きんきゅう》の余、已むなく亦暴力を以て之に対抗するに至るの形跡があるのです。米国大統領マッキンレーの暗殺でも伊太利王ウンベルトのでも又スペイン・アルフォンソに爆弾を投じたのでも、皆な夫れぞれ其時に特別の事情があったのですが余り長くなるから申しません。

要するに暗殺者は其時の事情と其の人の気質と相触るる状況如何によりては如何なる党派からでも出るのです。無政府主義者とは限りません。否な同主義者は、皆な平和自由を好むが故に、暗殺者を出すことは極めて少なかったのです。私は今回事件を審理さるる諸公が「無政府主義者は暗殺者なり」との謬見なからん事を希望に堪へませぬ。

爆弾で主権者を狙撃するのでなければ無政府的革命はドウするのだといふ問題が生ずる。

革命の熟語は、支那の文字で支那は甲姓の天子が天命を受けて乙姓の天子に代るを革命といふのだから、主に主権者とか天子とかの更迭をいふのでしょうか。

私共の革命はレボリューションの訳語で主権者の変更如何には頓着なく、政治組織、社会組織が根本的に変革されねば、革命とは申しません。足利が織田になろうが、豊臣が徳川になろうが、同じ封建武断の世ならば革命とは申しません。王政維新は、天子は依然たるも革命です。夫《それ》も天子及薩長氏が徳川に代ったが為めに革命といふのではなく、旧来凡百の制度組織が根底から一変せられたから革命といふのです。

一千年前の大化の新政の如きも矢張天皇は依然たるも、又人民の手でなく天皇の手に依て成されても、殆ど革命に近かったと思ひます。即ち私共が革命といふのは、甲の主権者が乙の主権者に代るとか、丙の有力な個人若くば党派が、丁の個人若くは党派に代って、政権を握るといふのではなく、旧来の制度組織が朽廃衰弊の極、崩壊し去って、新たな社会組織が起り来るの革命をいふので、社会進化の過程の大段落を表示する言葉です。故に厳正な意味に於ては、革命は自然に起り来る者で、一個人や一党派で起し得る者ではありません。

維新の革命に致しても木戸や西郷や大久保が起したのではなく、徳川氏初年に定めた封建の組織、階級の制度が三百年間の人文の進歩、社会の発達に伴はなくて、各方面に朽廃を見、破綻を生し、自然に転覆するに至ったのです。此の旧制度、旧組織の転覆の気運が熟しなければ百の木戸、大久保、西郷でも、ドウすることも出来ません。彼等をして今二十年早く生れしめたらば、矢張吉田松陰などと一処に馘《くび》られるか、何事もなし得ず埋れ木になって了ったでしょう。彼等幸ひに其時に生まれ、其事に与り、其勢ひに乗したのみで、決して彼等が起したのではありません。革命の成るは何時でも水到渠成るのです。

故に革命をドウして起すか、ドウして行ふかなどといふことは、到底予め計測し得べきことではありません。維新の革命でも形勢は時々刻々に変して、何人も睥睨揣摩《へいげいしま》し得る者はありませんでした。大政返上の建白で、平和に政権が引渡されたかと思ふと、伏見鳥羽の戦争が始まる。サア開戦だから江戸が大修羅場になるかと思へば、勝と西郷とで此危機をソッとカワして仕まった。先づ無事に行たかと思ふと彰義隊の反抗、鳥羽の戦争があるといふ風である。江戸の引渡しですらも勝、西郷の如き人物が双方、一時に出たからよかったものの、此千載稀な遇合が無かったら、ドンな大乱に陥っていたかも知れぬ、是れ到底人間の予知す可ら所ではありますまいか。

左れば識者先覚者の予知し得ることは、来るべき革命が平和か戦争か如何にして成るかの問題ではなくして、唯だ現時の制度組織が、社会人文の進歩発達に伴はなくなること、其転覆と新組織の発生とは不可避の勢なること、封建の制がダメになれば其次には之と反対の郡県制にならねばならぬこと、専制の次には立憲自由制になることが自然なること等で、此理を推して、私共は個人競争、財産私有の今日の制度が朽廃し去った後は、共産制が之に代り、近代的国家の圧制は、無政府的自由制を以て掃蕩せらるるものと信し此革命を期待するのです。

無政府主義者の革命成るの時、皇室をドウするかとの問題が、先日も出ましたが、夫れも我々が指揮命令すべきことではありません。

皇室自ら決すべき問題です。前にも申す如く無政府主義者は武力権力に強制されない万人自由の社会実現を望むのです。其社会成るの時、何人が皇室をドウするかといふ権力を持ち命令を下し得る者がありましょう。他人の自由を害せざる限り、皇室は自由に勝手に其尊栄幸福を保つの途に出で得るので、何等の束縛を受くべき筈はありません。

斯くて我々は此革命が如何なる事情の下に、如何なる風になし遂げられるかは分りませんが、兎に角万人の自由平和の為めに革命に参加する者は、出来得る限り暴力を伴はないように、多く犠牲を出さぬように努むべきだと考へます。

古来の大変革の際に多少の暴力を伴い多少の犠牲を出さぬはないようですが、併し斯る衝突は常に大勢に逆抗する保守頑迷の徒から企てられるのは事実です。今日ですら人民の自由平和を願ふと称せられている皇室が、其時に於て斯る保守頑迷の徒と共に大勢に抗し暴力を用ゐ《い》らるるでしやうか。今日に於て之を想像するは、寛政頃に元治慶応の事情を想像するが如く到底不可能のことです。唯だ私は無政府主義の革命とは、直に主権者の狙撃暗殺をする者なりとの誤解なからんことを望むのみです。

所謂革命運動

革命が水到渠成るように自然の勢なれば、革命運動の必要はあるまい。然るに現に革命運動がある。其革命運動は即ち革命を起して爆弾を投せんとする者ではないかといふ誤解があるやうです。

無政府主義者が一般に革命運動と称しているのは、直ぐ革命を起すことでもなく、暗殺暴動をやることでもありません。唯た来らんとする革命に参加して応分の力を致すべき思想知識を養成し能力を訓練する総べての運動を称するのです。新聞雑誌の発行も書籍冊子の頒布も演説も集会も、みな此時勢の推移し社会の進化する所以の来由と帰趨とを説明し之に関する知識を養成するのです。そして労働組合を設けて、諸種の協同の事業を営むが如きも、亦た革命の際及び革命以後における共同団結の新生活を為し得べき能力を訓練しおくに利益があるのです。

併し日本従来の労働組合運動なるものは、単に眼前労働階級の利益増進といふのみで、遠き将来の革命に対する思想よりせる者はなかったのです。無政府主義者も日本に於ては未だ労働組合に手をつけたことはありません。

故に今一個の青年が平生革命を主張したとか、革命運動をなしたといっても、直ちに天皇暗殺若くは暴挙の目的をもって運動せりと解して之を責めるのは残酷な難題です。私共の仲間では、無政府主義の学説を講ずるのでも、又此主義の新聞や引札を配布しているのでも、之を称して革命運動をやっているなどといふのは、普通のことです。併し是は革命を起すといふこととは違ひます。

革命が自然に来るなら運動は無用の様ですが、決して左うではありません。若し旧制度旧組織が衰朽の極に達し、社会が自然に崩壊する時、如何なる新制度、新組織が之に代るのが自然の大勢であるかに関して何等の思想も知識もなく、之に参加する能力の訓練もなかった日には、其社会は革命の新い芽を吹くことなくして旧制度と共に枯死して仕まうのです。之に反して知識と能力の準備があれば、元木の枯れる一方から新たな芽が出るのです。

羅馬《ローマ》帝国の社会は其腐敗に任せて何等の新主義、新運動のなかった為めに滅亡しました。佛蘭西はブルボン王朝の末年の腐敗がアレ程になりながら、一面ルーソー、ヴォルテール、モンテスキュー等の思想が新生活の準備をした為めに、滅亡とならずして、革命となり、更に新しき佛蘭西が生れ出た。日本維新の革命に対しても其以前から準備があった。

即ち勤王思想の伝播です。水戸の大日本史も山陽の外史政記も本居平田の国学も、高山彦九郎の遊説もそれであります。彼等は徳川氏の政権掌握てふことが漸次日本国民の生活に適しなくなったことを直覚し寧《むし》ろ直観した。彼等は或は自覚せず、或は朧気に自覚して革命の準備を為したのです。徳川家瓦解の時は、王政復古に当ってマゴツかないだけの思想知識が既に養成せられていた。斯くて滅亡とならずして立派な革命は成就せられた。

若し是等の革命運動が、其の準備をしていなかったなら、当時外人渡来てふ境遇の大変に会って、危い哉《かな》日本は或は今日の朝鮮の運命を見たかも知れませぬ。朝鮮の社会が遂に独立を失ったのは永く其腐敗に任せ衰朽に任せて、自ら振抜し刷新して新社会新生活に入るの能力思想のなかったが為めであると思ひます。

人間が活物、社会が活物で常に変動進歩して已まざる以上は、万古不易の制度組織はあるべき筈はない。必ずや時と共に進歩改新せられねばならぬ。其進歩改新の小段落が改良或は改革で、大段落が革命と名づけられるので、我々は此社会の枯死衰亡を防ぐ為めには常に新主義新思想を鼓吹すること、即ち革命運動の必要があると信ずるのです。

直接行動の意義

私は又今回の検事局及予審廷の調べに於て、直接行動てふことが、矢張暴力革命とか爆弾を用ゆる暴挙とかいふことと殆ど同義に解せられている観があるのに驚きました。

直接行動は、英語のダイレクト・アクションを訳したもので、欧米で一般に労働運動に用ゆる言葉です。

労働組合の職工の中には無政府党もあれば社会党もあり、忠君愛国論者もあるので、別に無政府主義者の専有の言葉ではありません。そして其意味する所は、労働組合全体の利益を増進するのには、議会に御頼み申しても埒が明かぬ、労働者のことは労働者自身に運動せねばならぬ、議員を介する間接運動ではなくして、労働者自身が直接に運動しよう。即ち総代を出さないで自分らで押し出そうといふに過ぎないのです。

今少し具体的に言へば、工場の設備を完全にするにも労働時間を短縮するにも、議会に頼んで工場法を栫《こしら》へて貰う運動よりも、直接に工場主に談判する。聞かれなければ同盟罷工をやるといふので、多くは同盟罷工のことに使はれて居るようです。或は非常の不景気恐慌で餓死途に横はるといふやうな時には、富豪の家に押入て食品を使用するもよいと論する者もある。収用も又直接行動の一つといへぬではない。又革命の際に於て議会の決議や法律の制定を待たなくても労働組合で総てをやって行けばよいといふ論者もある。是も直接行動ともいえるのです。

併し今日迄直接行動説に賛成したといっても、総ての直接行動、議会を経ざる何事でも賛成したということは言へませぬ。議会を経ないことなら暴動でも殺人でも泥棒でも詐偽でも、皆な直接行動ではないかという筆法で論ぜられては間違ひます。議会は欧米到る処腐敗している。中には善良な議員がないでもないが、少数で其説は行はれぬ。故に議会をあてにしないで、直接行動をやろうといふのが、今の労働組合の説ですから、やるなら直接行動をやるといふので、直接行動なら何でもやるといふのではありません。

同じく議会を見限って直接行動を賛する人でも甲は小作人同盟で小作料を値切ることのみやり、乙は職工の同盟罷工のみを賛するといふ様に、其人と其場合とによりて、目的手段を異にするのです。故に直接行動を直ちに暴力革命なりと解し、直接行動論者たりしといふことを今回事件の有力な一原因に加へるのは理由なきことです。

欧州と日本の政策

今回事件の真相と其動機とが何処に在るやは姑《しばら》く措き、以上述ぶるが如く、無政府主義者は決して暴力を好む者でなく、無政府主義の伝道は暴力の伝道ではありません。欧米でも同主義に対しては甚しき誤解を抱いて居ります。或は知て故さらに曲解し謗誣《ぼうぶ》中傷して居りますが、併し日本や露国のやうに乱暴な迫害を加へ同主義者の自由権利を総て剝奪蹂躪して其生活の自由まで奪ふやうなことは、まだありません。欧州の各文明国では無政府主義の新聞雑誌は自由に発行され、其集会は自由に催されています。

仏国などには同主義の週刊新聞が七、八種もあり、英国の如き君主国、日本の同盟国でも、英文や露文や猶太《ユダヤ》語のが発行されております。そしてクロポトキンはロンドンに居て自由に其著述を公けにし、現に昨年出した「露国の惨状」の一書は英国議会の「露国事件㊟調査委員会」から出版致しました。私の訳した「麺包の略取」の如きも、仏語の原書で、英、独、露、伊、西等の諸国語に翻訳され世界的名著として重んぜられ居るので、之を乱暴に禁止したのは、文明国中、日本と露国のみなのです。

成程無政府主義が危険だから同盟して鎮圧しやろうといふことを申出した国もあり、日本にも其交渉があったかのやうに聞きました、が併し此提議をなすのは、大概独逸とか伊太利とか西班牙《スペイン》とかで、先ず此乱暴な迫害を無政府主義者に加へ、彼等の中に激昂の極、多少の乱暴を為す者あるや、直ちに之を口実として鎮圧策を講ずるのです。そして此列国同盟の鎮圧条約は屢々提議されましたが曽て成立したことはありません。いくら腐敗した世の中でも兎に角文明の皮を被っている以上、さう人間の思想の自由を蹂躪することは出来ない筈です。特に申しますが、日本の同盟国たる英国は何時も此提議に反対するのです。

一揆暴動と革命

単に主権者を更迭することを革命と名くる東洋流の思想から推して、強大なる武力兵力さへあれば如何でも革命を起し、若くば成し得るやうに考へ、革命家の一揆暴動なれば、総て暴力革命と名くべきものなりと極《き》めてしまって、今回の「暴力革命」てふ語は出来たのではないかと察せられます。

併し私共の用ゆる革命てふ語の意義は前申上くる通りで、又一揆暴動は文字の如く一揆暴動で、此点は区別しなければなりません。私が大石、松尾などに話した意見（是が計画といふものになるか陰謀といふものになるかは、法律家ならぬ私には分りませんが）には、曽て暴力革命てふ語を用いたことはないので、是は全く検事或は予審廷で発明せられたのです。

大石が予審で「幸徳から巴里コンミュンの話を聞いた」と申立てたといふことを予審判事から承りました。成程私は巴里コンミュンの例を引いたやうです。磯部先生の如きフランス学者は元より詳細御承知の如く、巴里コンミュンの乱は一八七一年の普仏戦争後、講和の屈辱や生活の困難やで、人心恟々の時、労働者が一揆を起し巴里市を占領し、一時市政を自由にしたことがあります。此時も政府内閣はヴェルサイユに在て別に転覆された訳でもなく、唯だ巴里市にコンミュン制を一時建てただけなんですから、一七九五年の大革命や一八四八年の革命などと同様の革命といふべきではなく、普通にインサレクション、即ち暴動とか一揆とか言われて居ます。

公判で大石は又フランス革命の話など申立てたやうですが、夫は此のパリコンミュンのことだろうと思ひます。彼れはコンミュンの乱を他の革命の時にあった一波瀾のやうに思ひ違へて居るのか、或は単にパリコンミュンといふべきを言ひ違へたのであろうと思はれます。

　コンミュンの乱では、こんなことをやったが、それほどのことはできないでも、一時でも貧民に煖く着せ飽まで食せたいといふのが話しの要点でした。是れとても無論直ちに是を実行しやうといふのではなく今日の経済上の恐慌不景気が若し三、五年も続いて餓莩《ママ》途に横はるやうな惨状を呈するやうになれば、此暴動を為しても彼等を救ふの必要を生するといふことを予想したのです。是は最後の調書のみでなく、初めからの調書を見て下されば此意味は十分現はれていると思ひます。

　例へば天明や天保のやうな困窮の時に於て、富豪の物を収用するのは、政治的迫害に対して暗殺者を出すが如く、殆ど彼らの正当防衛で必至の勢ひです。此時にはこれが将来の革命に利益あるや否やなどと利害を深く計較していることは出来ないのです。私は何の必要もなきに平地に波瀾を起し暴挙を敢てすることは、財産を破壊し人命を損し多く無益の犠牲を出すのみで、革命に利する処はないと思ひますが、政府の迫害や富豪の暴横其極に達し人民溝壑《こうがく》に転する時、之を救ふのは将来の革命に利ありと考へます。されど斯かることは利害を考へていて出来ることではありません。此時の事情と感情とに駆られて我れ知らず奮起するのです。

　大塩中斎の暴挙なども左様です。飢饉に乗じて富豪が買占を為す。米価は益々騰貴する。是れ富豪が間接に多数の殺人を行っているものです。坐視するに忍びないことです。此乱の為めに徳川氏の威厳は余程傷けられ革命の気運は速められたとは史家の論する所なれど、大塩はそこまで考へて居たか否かは分りません。又彼が革命を起せりといふことは出来ないのです。

　然るに連日の御調べに依て察するに、多数被告は皆な「幸徳の暴力革命に與《くみ》せり」といふことで公判に移されたやうです。私も予審廷に於て幾回となく暴力革命云々の語で訊問され、革命と暴動との区別を申立てて文字の訂正を乞ふのに非常に骨が折れました。各自はいづれでも良いではないかと言われましたが、多数の被告は今や此名目の為めに苦しんで居ると思はれます。

私の眼に映した処では、検事予審判事は、先づ私の話に「暴力革命」てふ名目を附し「決死の士」などといふ六ケしい熟語を案出し、「無政府主義革命は皇室をなくすことである。幸徳の計画は、暴力で革命を行ふのである。故に之に与せる者は、大逆罪を行はんとしたものに違ひない」といふ三段論法で責めつけられたるものであると思はれます。そして平生直接行動、革命運動などといふことを話したことが、彼等を累しているといふに至っては、実に気の毒に考へられます。

私共無政府主義者は、平生今の法律裁判てふ制度が完全に人間を審判し得るとは信じないのでしたけれど、今回実地を見聞して、更に危険を感じました。私は只自己の運命に満足する考へですから此点に就ては最早呶々《どど》したくありませんが、唯多数被告の利害に大なる関係があるやうですから一応申し上げたいと思ひます。

第一、検事の聞取書なる者は、何を書いてあるか知れたものではありません。私は数十回検事の調べに会ひましたが、初め二、三回は聞取書を読み聞かされましたけれど、其後は一切其場で聞取書を作ることもなければ随《したが》って読聞せるなどといふことはありません。其後、予審廷に於て時々検事の聞取書にはコウ書いてあると言われたのを聞くと、殆ど私の申立とは違はないのです。大抵検事が斯うであろうと言った言葉が私の申立として記されているのです。多数の被告に付ても、皆な同様であったろうと思ひます。其時に於て予審判事は聞取書と被告の申立と孰《いず》れに重きを置くのでしょうか。実に危険ではありませんか。

又検事の調べ方に就《つい》ても、常に「カマをかける」のと、議論で強いることが多いので、此カマを看破する力と検事と議論を上下し得るだけの口弁を有するにあらざる以上は、大抵検事の指示する通りの申立をすることになると思はれます。私は此点に就て一々例証を挙げ得ますけれど、クダクダしいから申しません。唯だ私の例を以て推すに、他の斯る場処になれない地方の青年などに対しては、殊にヒドかったろうと思はれます。石巻良夫が「愚童より宮下の計画を聞けり」との中立を為したといふことの如きも、私は当時聞きまして、又愚童を陥れんか為めに奸策を設けたナと思ひました。宮下が爆弾製造のことは、愚童石巻の会見より遙か後ちのことですから、そんな談話のある筈がありません。

此事の如きは余り明白ですぐ分りますけれど、巧みな「カマ」には何人もかかります。そしてあの人が左ういへばソンナ話があったかも知れません位の中立をすれば、直ぐ「ソンナ話がありました」と確言したやうに記載されて、之が又他の被告に対する責道具となるやうです。こんな次第で私は検事の聞取書なるものは、殆ど検事の曲筆舞文牽強付会で出来上って居るだろうと察します。一読しなければ分りませんが。

私は予審判事の公平周到なことを信じます。他の予審判事は知らず、少くとも私が調べられました潮判事が公平周到を期せられたことは明白で、私は判事の御調べに殆ど満足して居ります。けれど如何に判事其人が公平周到でも今日の方法制度では完全な調書が出来る筈はありません。第一、調書は速記でなくて、一通り被告の陳述を聞た後で、判事の考へで之を取捨して問答の文章を作るのですから、中立の大部分が脱することもあれば、言はない言葉が挿入されることもあります。故に被告の言葉を直接聞た予審判事には被告の心持がよく分ても、調書の文字となって他人が見れば、其文字次第で大分解釈が違って参ります。

第二は調書訂正の困難です。出来た調書を書記が読聞せますけれど、長い調べで少しでも頭脳が疲労していれば、早口に読行く言葉を聞損じないだけがヤットのことで、少し違ったやうだと思っても、咄嗟に判断がつきません。それを考へている中に読声はドンドン進んで行く。何を読まれたか分らずに了ふ。そんな次第で数ヶ所、十数ヶ所の誤りがあっても指摘し訂正し得るのは一ヶ所位に過ぎないです。それも文字のできない者などは、適当の文字が見つからぬ。こう書いても同じではないかと言はれれば争ふことは出来ぬのが多かろうと思ひます。私なども、一々添削する訳にも行かず、大概ならと思って其儘《そのまま》にした場合が多かったのです。

第三には、私初め予審の調べに会ったことのない者は、予審は大体の下調べだと思って左程重要と感じない。殊に調書の文字、一字一句が、殆ど法律条項の文字のやうに確定してしまうものとは思はないで、孰《いず》れ公判があるのだから其時に訂正すれば良い位いで、強いて争はずに捨て置くのが多いと思ひます。是は大きな誤りで、今日になって見れば、予審調書の文字ほど大切なものはないのですけれど、法律裁判のことに全く素人たる多数の被告は、左う考へたろうと察します。こんな次第で、予審調書も甚だ杜撰《づさん》なものが出来上っています。私は多少文学のことに慣れていて、随分《ずいぶん》訂正もさせましたけれど、それすら多少疲れている時など面倒になって、いずれ公判があるからといふので其儘に致したのです。況んや多数の被告をやです。

聞取書、調書を杜撰にしたといふことは、制度の為のみでなく、私共の斯ることに無経験なるより生した不注意の結果でもあるので、私自身は今に至って其訂正を求めるとか誤謬を申立てるとかいふことは致しませんが、ドウか気の毒な多数の地方青年等の為めに御含み置きを願ひたいと存します。

以上私の申上げて御参考に供したい考への大体です。何分連日の公判で頭脳が疲れている為めに、思想が順序よく纏りません。加ふるに火の気のない室で指先が凍ってしまひ、是まで書く中に筆を三度取落した位ひですから、唯だ冗長になるばかりで、文章も拙く書体も乱れて嘸《さ》ぞ御読づらいことでありましやう、どうか御諒察を願ひます。

兎に角右述べました中に多少の取るべきあらば、更に之を判官検事諸公の耳目に達したいと存じます。

明治四十三年十二月十八日午後

東京監獄監房に於て

幸徳伝次郎

この陳弁書提出は十二月十八日。二十四名の死刑判決は翌年一月十八日。この申立書は、公判廷で弁護士側より開陳される余裕がなかったと思われる。弁論の終了は十二月末だったからである。十二月二十八日、幸徳の母多治が上京、獄中面会を終え早々と帰郷後、間もなく病没した。彼は弁護士から母の死を知らされた。

(三) 幸徳、フェレル教授の処刑に反論

「萬朝報」は明治四十二年十一月二十日の社説で、「無政府党に動かさる」と題し、国法を無視する無政府党員にして確かに死刑にあたいする者なりと断じて、スペイン政府によるフェレル教授の処刑支持の立場を明らかにした。

これを読んだ幸徳は同紙に投稿して、鋭い反論を展開した。十一月二十六日付同紙。

「フェレル教授は無政府主義者に相違なきも、無政府主義者かならずしもことごとく殺人者、暴動者にあらず」と論駁し、

「スペイン帝国のバルセロナに於て軍隊の動員に反対してゼネストを宣言した急進派の労働者が軍

隊と衝突して暴動化した。カトリック教会と結託したスペイン政府は首謀者さがしに躍起となり、無政府主義者といわんよりも教権否定の思想家として著名なフェレル教授を逮捕した。そして彼を軍法会議にかけ、ろくな証拠しらべもせずに世論の反対を無視して十月十三日死刑を執行した。まるで中世の宗教裁判を思わせるような野蛮かつ残酷な処刑である」

スペイン民衆の激昂と国際世論の沸騰によって、内閣の更迭にまで及んだフェレル事件の二の舞いが日本にも波及してくる危険を察知した幸徳は、警戒心を高めるように、この事件の成り行きについて反論するための投稿だった。

「スペインの虐殺者がフェレルに対しておこなったことを、天皇が幸徳とその同志におこなおうとしている。

フェレルの場合と同様、嫌疑を立証することのできることは何ひとつ示されなかった。フェレルの場合と同様、おこなわれた裁判は特別裁判であった。

われわれフランスの民衆は、二年前の一九〇九年十月、フェレル虐殺に抗議し、三万人の活動家を動員したと同様、日本公使館の周辺に動員する。しかし、急がなければならない次の通信が処刑の実施をもたらすかもしれない」（「ラ・ゲール・ソシアル紙」一九一〇年十月二十四日）

「われわれは、公的虐殺者が、誰かを抹殺してしまおうと強い決意を抱くときに、かれらの窮極の論拠となるものが、不幸な犠牲者に『無政府主義』というレッテルをはりつけることだということを経験によって知っている。

天皇と日本政府は思い違いをせぬように。十二名の死刑囚の刑罰を無期懲役に減刑するというような子供だましの寛大な措置をとったからといって、それだけでは文明世界の世論に対して犯罪を弁解することにはならないだろう」（「ユマニテ」一九一一年一月二十日、二十一日）

三、第三者の見解

(一)　徳冨蘆花夫妻と大逆事件

愛子夫人の日記を追って

明治四十四年一月十三日（大審院判決は一月十八日、夫妻の会話はその直前のもの）

「無政府主義者の判決言渡しも近づきぬ。どれも死刑になりそうだが、陛下より大赦あらばいいがなあ、とは吾夫の情！　そもいかになりゆくべきぞ。首魁とめざされし人は助かりさうもなし」

一月十九日（判決の翌日）

「昼過新聞来る。書斎より吾夫、オーイと呼びたまふに、何事ぞといそぎゆかんとすれば、つづけて二十四人殺すそうだ！

書斎に寄れば、いつもいつも此事につき語り、気をもみしが、何事ぞ二十四人の死刑宣告‼　まさか宣告はしても、殺しはすまじ。されどこの夜寒、スガはじめ一同の思ひやいかに。

無政府主義につき吾夫と論評す。どふも主義者の人格に心ひかるる点を我等は知らず。為に全然同調も出来ざれど、政府も悧巧なれば殺しはせじ、否、殺させ度《たく》なし、と吾夫のたまふ」

一月二十日　雪　金

「けふは終日かの二十四人の事件につきかたりくらす。食卓の下にうづくまりておかめかきもちをやけば、吾夫も坐して卓の下にてとり給ふ。心は牢にのみゆきて」

一月二十一日　晴　土

「聖恩如海、十二名減刑の詔勅下る。

吾夫はまだ政府を悧巧として、多分残りも今数日を経て下るべし。二度にするなるべし。一度に悉くゆるすは実に過ぎるよう見ゆればと。されど幸徳及菅野のふたりは、若しくは大石の三名だけは、どふもたすかりさうにもなし。とにかく兄君へ手紙認め、残り十二名の為尽力し給はん事を乞ひ給う。高井戸の東京便にたのむ＊」（注、蘆花の住所は、速達便の便宜がないから、高井戸を中継していた）

二十一日の新聞で、十九日夜おそくの恩赦の伝達を知った両人のよろこびはわかるが、同時に事件の本質に関していかに無知だったかも判然としてくる。それは天皇信仰の強さに基づく。そして国民の圧倒的大部分も、この両人とほぼ同程度の理解しか示していなかったろう。

幸徳、菅野、大石の三人が事件の張本人なりと受けとらせることは、山県元老、桂内閣の狙いであり、その目的は見事に蘆花の心を射ていた。彼はさっそく、兄蘇峰（山県元老の私的政治顧問を自認していたほどの密着した関係にあった）宛に一書を送った。

「唯今、新聞を抜きて恩赦の十二名に限られたるに一驚を喫し申候。残余の十二名は時を隔てて特赦の恩命有之候都合にや。若死刑に処せらるる様の事ありては大事去矣。啻《ただ》に豎子《じゅし》をして名を成さしめ、松陰、三樹（頼三樹三郎）の栄冠を彼等に冠らしむるのみならず、死刑の目的と正反対の結果を必然来可申候。死する十二人は百二十人となりて復活し来るべく、彼等が残年に幾層倍して、皇室の命脈は縮まり可申候。聡明者揃ひの当局には、あまりの違算に候はずや。何卒御一考、速やかに桂総理に御忠告奉願候」

　日付は一月二十一日午後二時とあるから新聞を見て、ただちに筆を執ったものと思える。これと同時にもう一文、「桂公爵へ」と題する直接歎願文も書いたとされるが、全集版書翰集には発見できない。

　一月二十二日　美しく晴れたり　日

「一高生二名、演説をこひに来る。丁度悶々、命乞ひの為にもと、謀反論と題して約したまふ」

　これが講演『謀反論』（草稿）として今日に残る。

　一月二十五日　晴　水

「吾夫の御眠り安からず。早朝臥床に居たまふ。折から色々考へ給ひ、どふしても天皇陛下に言上し奉る外はあらじ。（中略）ともかくも草し見ん、とまだうすぐらきに、書院の障子あけはなち、旭日のあたたかき光をのぞみて、氷の筆をいそいそ走らし給ふ。走らしつつも其すべを考へ給ふ。桂さんよりは書生の言を退けて一言の返事もなし。ともかく『朝日』の池辺氏、これも志士の後《ママ》、同氏にたのみて、新聞に、陛下に言上し奉るの一文をのせてもらはん、と漸く書き終えて、十一時比《ころ》池辺氏への手紙と共に冬（女中の名）を高井戸に使し、書留にて郵送せしむ。まづはなし得るだけはしたれども、どれ一つかなへ（られ）さうもなし。やきもき思へどせんするすべなし。

午後三時比新聞来。オオイもう殺しちまったよ。みんな死んだよ、と叫び給ふに、驚き怪しみ書斎にかけ入れば、已に既に昨二十四日の午前八時より死刑執行!! 何たるいそぎやうぞ。きのふの新聞に本月末か来月上旬とありしにあらずや。桂さんもおそくも二、三日の晩までには手紙を見て居らるる筈。何故よく熟考してみられない。『朝日』報ずる臨終の模様など、吾夫折々声をのみつつ読み給へば、きくわが胸もさけんばかり。無念の涙とどめあえず。吾夫もう泣くな泣くなととどめ給へど、其御自身も泣き給へり。一度訪ねてよろこばせてやりたかりし。午前八時より午後三時迄、何と無惨の政府かな、体うちふるへて静かに死につく犠牲者の心持ち、身にしみしみとこたへて、いかにもやるせなし。大逆徒とあざけられし彼等ゆえ、引取人ありやなしや。とにかく出かけて見ん。もしなくば、ここに引取らん。松陰と遠からぬ此地に彼等を葬るも能からん、身したくしたまはんとしたまひしが。紙上に加藤時次郎、枯川氏の引取の記事ありたれば、ひかえてやめたまふ」

「かたり暮して夜にいる」

夫の悲しみがそのまま妻のそれであり、妻の悲しみが直ちにまた夫の悲しみといふ、蘆花夫妻、一体の貴重な記録である。

「桂侯爵へ」の方は上述の理由で、その内容を知り得ぬが、「天皇に願ひ奉る」は昭和四十二年、蘆花生誕百年記念を期し、関係文書とともに蘆花会の手で忠実に復刻出版された。美濃半紙一枚半の短いものである。

「乍畏申上候。
今度幸徳伝次郎等二十四名の者共不屈千万なる事仕出し、御思召の程も奉恐入候。然るを天恩如海、十二名の者共に死減一等の恩命を垂れさせられ、誠無勿体儀に奉存候。御恩に狃《な》れ甘へ申す様に候得共、此上の御願には何卒元凶と目せらるる幸徳等十二名の者共をも御垂憐あらせられ、他の十二名同様に御恩典の御沙汰被為下度、伏して奉希上候。彼等も亦陛下の赤子、元来火を放ち人を殺すただの賊徒には無之、平素世の為、人の為にと心がけ居候者共にて、此度の不心得も一は有司共が忠義立のあまり彼等を窘《いじ》め過ぎ候より、彼等もヤケに相成候意味も有之、大御親《みおや》の御仁慈の程も思ひ知らせず、親殺しの企したる鬼子として打殺し候は、如何にも残念に奉存候。

何卒彼等に今一度静に反省改悟の機会を御与へ遊ばされ度切に奉祈候。斯く奉願候者は私一人に限り不申候。あまりの恐多きに申上兼居候者に御座候。成る事ならば御前近く参上し、心腹の事共言上致度候得共、野渡無人宮禁咫尺千里の如く徒に足ずり致候のみ。時機已に迫り候間、不躾ながら斯くは遠方より申上候。願はくば大空の広き御心もて、天つ日の照らして隈なきが如く、幸徳ら十二名をも御宥免あらんことを謹んで奉願候。叩頭百拝」

他方、東京朝日新聞主筆池辺三山宛に、

「未得拝顔唐突の至に候得共、一書謹呈仕候。

幸徳事件は笑止千万なる事共に候。十二名の恩典は誠に難有事に候。且聖恩十二名を宥して元凶と目させらるる十二名に及ばざるは、天日偏照、聖徳の上より申すも、邦家百年の大計より見るも、確に残念なる事に有之候。

彼等自身が爆裂弾に候。彼等を殺すは鉄鎚を以て爆裂弾を打砕く也。十二人の無政府主義者死して百二十人の無政府主義者を生む所以、伏魔殿を打開して一百八の妖星を飛ばす様なものに候。死は彼等の成功也。彼等をして志士の面目を全ふして死地に就かしむるが或は情なるべし。然も見へ透いたる前途の禍因を播下するをば座視するに忍びず候。是非共恩典幸徳に及ばざるべからずと存候。此返事親しく聖主の聡明に訴へんとするも、九重道遠くして其由なく、時期は見す見す過ぎむとす。あはれ東京朝日の一隅を借りて、一片の微衷を間接ながら陛下に聞え上ぐるの便宜を御与へ下され間敷候や。実は拝趨の上御願申上ぐべき儀に候得共、面と向っては累事も云ひ得ぬ臆病者に有之、以書中願上候。何卒御承引被下度奉願候。不備」

この私信とともに「至急親展」を送りつけた。その直後、愛子日記でも明らかなように、すでに十一名は前日の二十四日に処刑ずみ、一切は後の祭りにすぎなかったことを知ると、直ちにまた筆をとり、追っかけ第二信を投函している。

「啓。正午に手紙を仕出し、午後の三時に『東京朝日』を披きて、幸徳等十二名が昨日已《すで》に刑場の露と消えたるを承知仕候。今更何をか云はん。貴紙によりて彼等の臨終の立派なりしを知り、其遺書に接するを得たるを謝せんのみ。天下これよりますます多事なるべく候。不宣」

さらに、同日夜、兄蘇峰宛の一書――

「死刑執行、疾雷耳を掩ふに暇あらざる素早さ、幸徳等も死んで嘸《さぞ》本望なるべく、平和の国民も皇室も、此より枕を高ふして安眠するを得べく候。然しながら、我皇をして真に敵を愛する仁君たらしむる能はざりしと、伏魔殿を打開きて不知数の妖星を八方に散らしたるとが、かへすかへすも残念に奉存候。先年ある時の夜話に弟は斯く申し候。維新の革命は王政の復古、封建の瓦解、国民の統一を来せしが、今後の革命は更にあらゆる権力を打倒し、国民の障壁を打破り、人間の新結合組織を来すの日あるべし。而して其革命の前には我日本にも殉道者的犠牲者を出すの要あるべしと。其犠牲が斯く速に出で来らむとは弟も予想せざりし所に有之候。革命は終に来るべし。而して無理に死にたる幸徳等と、遽《あわ》てて殺したる桂政府と、歴史の眼より見れば、正に反対の方面より相槌を打ちたるの観あるを知るの日あるべし。是皆天也、人也。斯くあるべき約束と思へば、今になりて

云ふべき言も無之候。要するに前途これよりますます多事なるべく候。（『幸徳全集』二十巻、二八八頁）

蘆花の大逆事件に関係する言論はすべて不発弾のようなもので、兄蘇峰は動かず、池辺（「朝日」主筆）宛の手紙も、刑の執行がはやくて役立なかった。

一月二十六日

「よあけ方嗚咽《おえつ》の声にめさむ。吾夫夢におそはれ給ふるや、と声をかけまつれば、考へて居たら可愛さうで可愛さうで〱仕方がなくなった！　ただため息をつくのみ。

彼等十二名の入獄後の様子も、死刑最後の様子も秘して共に告げしめず、ただ枯川氏の受取りし手紙と差入所の弁当が然々《しかじか》だの、二、三日には面会は都合ありて許さぬだの、昼のは差返せりだのといふように、死刑もそっと行はれ、吾夫の所謂政府の謀殺暗殺!!　とは実際なり。大石氏の『うそから出たまこと』＊実に其意をいいあらわすといふべし。小さな卵を孵化さして殺したといったような、おお陰険なる政府の仕方よ。彼等も日本国民、其国民を愛する兄弟の一人ならずや。

スガには弁当さしいるる人もなかりし様子なり。かへすかへすも可愛さうなり。いかなる境遇のかつて、ここに至らしめしぞ。死体引取にまで警察の干渉いたらざるなく、殆んど見るにたへず。にくむべし」

大石氏の「うそから出たまこと」云々というのは、処刑前の一月二十一日、堺利彦が東京監獄を訪ねて幸徳ら四名に面会した際（最後の面会になった）、大石誠之助が、「今度の事件は真に嘘から出た真である。人生はこんなものであろうと思ふ」と語ったというのは、死刑執行直後にひろく新聞紙上に伝えられたからである。

大逆事件被告の処刑をめぐり蘆花は、二つの文章と四通の書簡のほか遺稿「死刑廃すべし」の短文を遺し、改築した自宅書斎を「秋水書院」と称するなど、この事件にのめりこんでいった。

しかし、事件の本質に関しては、おどろくほど無知であり、幸徳を首謀者と弾ずるに躊躇せず、明治政府の発表を盲信していた。桂首相以下明治官僚は、ほくそ笑んで怪哉を叫び、吾が世の春を謳歌したことであろう。

蘆花が幸徳らに同情をよせ、政府当局を糾弾しながらも、かれらの助命を天皇の仁慈に賭けていた点が特異な対応であり、際立つ。

「社会主義無政府主義者の如き単なる鎮圧は決して何等の功をも奏し不申」（明治四十一年七月二十八日、蘇峰宛）とのこの事件本質の理解、さらには、事件の発生が「有司共が忠義立のあまり彼等を窘《いじ》め過ぎ候」であるとの認識も首尾一貫しており、正しかった。

これだけ事態を冷静かつ客観視できた蘆花だが、幸徳らの助命嘆願となると、まったくもって上記の判断とは裏腹にシドロモドロとなり、天皇だけが正邪の権能をもつ万能者であると確信して疑わない。天皇は頭脳、政府は手足と不可分の関係にあることがどうしても理解できなかった。

天皇の仁慈、聖恩、聖断の幻想だけが一人歩きを楽しみ、国民はかやの外に置かれたまま、事件の真相は闇に葬られてしまった。

そして事件の真相、おそるべき捏造の過程が明らかにされるのは、皇室不敬罪の消滅を待たねばならなかった。

神崎清は、晩年の木下尚江に大逆事件の感想を聞いた折、木下が一言の下に、「あれは明治天皇が自分の顔にツバしたようなものだ」と断じたときの単刀直入さに強い衝撃を受けたと記している。

裁判の経過を辿ってみよう。

明治四十三年十二月二十九日　審理終了

明治四十四年一月十八日　判決

公判が一月十八日と決まり、二十四名死刑という判決文が作成され、担当判事たちが調印をすませたのは一月十五日だった。

しかし、奇怪なことに、正月早々、御用始めの頃になると、事前にこの判決洩れの証拠がある。たとえば、一月六日付で元老山県宛の渡辺宮相書簡には、「今日松室検事総長来リ、弥《いよいよ》判決宣言ハ来ル十八日頃ト決シ候旨ニ而《て》、諸般ノ情況ニ当リ、検事ノ請求通リ判決アルモノト更ニ推測之旨ニ御座候」とある。判決日、判決内容が検事総長を通じて完全に洩れていたし、宮相の介在こそ摩訶不思議である。

桂首相は大量死刑判決の結果が公表される前に、まず天皇に知らせることができるよう画策し、司法権の独立など意に介しなかった。

一月十七日（判決の前日）付で、宮内次官河村金五郎の山県宛書簡が、この間の工作を物語っている（河村は宮中と山県との連絡役）。

「一昨夜、渡辺宮相を訪ひ、御申聞の廉〻《かどかど》委曲開陳致候処、大臣にも至極御同感にて、元帥閣下御考慮の次第、一一御尤に存ずるとの事に有之、尚種々協議致候上、昨朝首相に御面会致し、閣下御考慮の趣反覆細陳致候。首相にも深く御意見を諒せられ、即ち左の手続に依る事と相成候。明十八日午後一時三十分、桂首相判決写を携へ参内の上内奏せらるる節、首相に対し御沙汰ある事。首相は御沙汰に基き、十九日午前九時、大審院長、検事総長・民刑局長（平沼）其他を内閣に召集し、為参考意見を聴取する事。此時には宮相参加する事。右了って後、首相は閣僚と協議の上、参内上奏する事（中略）右は昨朝桂首相に御面会致し候節内定せられ、昨午後宮相・首相会見の節確定せられ候次第にて、今朝宮相より右の順序逐一奏聞を遂げられ候。（中略）減刑すべき者の範囲は、十九日朝司法関係者の意見を聴かれたる後、首相に於て腹案を定められ、内閣諸公に協議せらるる筈にて、結局極刑を執行せらるる者、第一種の者に止まり候歟《か》。又は第二種の者も含む歟、昨今の処分明ならず候へども、兎角軟風吹きすさみ候模様に感ぜられ申候（以下略）」

担当検事らの判決文への署名が終わった十五日から判決の下る十八日の前夜、十七日夜にかけての宮中、政府の動きが、写実的な手法で鮮やかに浮き彫りにされている。

判決言い渡しが終了する十八日午後一時三十分、桂首相は判決写しをもって参内。天皇からは予定通り恩赦はいかにとの御下問。翌日は宮相、司法幹部を集めての協議、その後の閣議―首相の単独参内、恩赦減刑の御沙汰はプログラム通りにとりしきられた。

しかも大量死刑、一部恩赦の茶番劇は、総括監督山県、現場監督桂のコンビによる演出であり、小田原古稀庵からリモート・コントロールしたのが明治国家の最高権力者、元老・山県元帥だった。十八日の判決言い渡しの直前、桂内閣、平沼民刑局長兼大審院検事（事件捜査の立役者）は、宮中の大徳寺侍従長の部屋に詰めかけており、言い渡しが終わると桂は、予定の行動を起こした。十九日夜十時過ぎ、「悪逆非道の徒も……必ずや御聖徳の大なるに感泣せし事疑ひなきのみならず、彼等と行動を共にせんとする無謀の徒輩も、同じく感激為す処を知らざるべし」と恩赦の大宣伝を忘れなかった。

大逆事件を無理にデッチ上げ、しかも判決直後の恩赦・聖断に至る政府、宮中の大芝居からまったくカヤの外に置かれていた蘆花が判決文を読んで、「革命は終に来るべし」「今後の革命はさらにあらゆる権力を打倒し、国民の障壁を打ち破り、人間の新結新組織を来すの日あるべし」と、判決を論難する他方では、天皇の仁慈、聖慮の「御垂憐」に賭けるというこの矛盾を、一笑に付し去るのは、時代的背景に無理解であり、浅慮のそしりをまぬがれない。

そこには幸徳の書いた直訴状をもって列外にとび出した田中正造と同じく、日本人に根強く流れていた直訴的発想＝天皇信仰そのものがあらためて問わるべきであった。

内山愚童の秘密出版『無政府共産・革命』は、この課題に答えようとした野心作だ。

蘆花が大逆事件被告の大量処刑に示した抵抗は一応、挫折したが、間もなく名講演『謀反論』で再現される。その要旨を述べよう。

蘆花自身は、幸徳らとその立場をはっきり異にするが、変革の志士として一体感を示す。ここから大逆罪の失敗と喜ぶが、同時に十二名の処刑には反対する。

「賊でも死刑はいけぬ。況《いわ》んや彼等は有為の志士である。自由平等の新天地を夢み、身を献げて人類の為に尽さんとする志士である。然るに狭量にして神経質な政府は、社会主義者が日露戦中に非戦論を唱へると圧迫を強め、足尾騒動から赤旗事件を通じて官憲と社会主義者は犬猿の間柄となった。

法律の眼から何と見えても、天の眼からは、彼等は乱臣でも賊子でもなくて志士である。

十二名の無政府主義者は死んだが、数え難い無政府主義者の種子は蒔かれた。彼等は立派に犠牲の死を遂げた。然し乍《なが》ら犠牲を造れるものは実に禍なるかな、である。

……眼前十二名の無政府主義者を殺して、将来永く無数の無政府主義者を生むべき種子を蒔いて了った。忠義立てして十二名を殺した閣臣こそ真に不忠不義の臣で、殺された十二名は、却《かえっ》て死を以て吾皇室に前途を警告し奉った真忠臣となって了ふた。

幸徳等の死に関しては、我々五千万人斉《ひと》しく其責を負はねばならぬ。然し最も責むべきは当局者である。

総じて幸徳等に対する政府の遣口《やりくち》は、最初から蛇の蛙を狙ふ式で、随分《ずいぶん》陰険冷酷を極めたものである。網を張って置いて、鳥を追立てて、引かかるが最後網をしめる。陥穽《おとしあな》を掘って置いて、其方にぢりぢり追ひやって、落ちるとすぐ蓋をする。彼等は国家の為にする積りかもしれぬが、天の目からは正しく謀殺―謀殺だ。死の判決で国民を嚇して、十二名の恩赦で一寸機嫌をとって、余りの十二名は殆んど不意打の死刑―否死刑ではない、暗殺―暗殺である。……幸徳等は嘸《さぞ》笑っているであろう。

何十万の陸軍、何万頓の海軍、幾万の警察力を擁する堂々たる明治政府を以てして、数ふる程もない、加之《しかも》手も足も出ぬ者共に対する怖え様も甚しいではない乎《か》。人間弱味がなければ、滅多に恐がるものではない。幸徳等瞑すべし。政府が君等を絞め殺した其前後の遽《あわ》てざまに、政府の、否、君等が所謂《いわゆる》権力階級の鼎の軽重は分明に暴露されて了ふた。……自由を殺すは即ち生命を殺すのである。今度の事件でも、彼等は終始皇室の為、国家の為と思ったであろう。然し乍ら其結果は皇室に禍し、無政府主義者を殺し得ずして却て夥《おびただ》しい騒動の種子を蒔いた」

二時間近くにもわたった『謀叛論』の結論部分。

「諸君、幸徳等は時の政府に謀叛人と見做《な》されて殺された。が謀叛を恐れてはならぬ。謀叛人を恐れてはならぬ。自ら謀叛人となるを恐れてはならぬ。新しいものは常に謀叛である。『身を殺して魂を殺す能はざる者を恐るる勿れ』……我等は生きねばならぬ。生きる為に謀叛しなければならぬ。……繰り返して曰ふ、諸君は生きねばならぬ。生きる為に謀叛しなければならぬ。自己に対して、また周囲に対して。そして最後に、諸君、我々は常に人格を研くことを怠ってはならぬ」と結んで、壇を降りた。

◇講演会場の雰囲気

(1)「みんなかたくなって、息をつめて聞いていた。会場の空気は極度に緊張して、拍手をする者もなければ、咳払いする者もいない。しずかな太古の湖水に蘆花の声だけがひびいている、というような感じであった」(河上丈太郎の直話)

(2)「ヤナスヤナポリナより帰って飛ばず鳴かず、粕谷に田園生活をなせる徳冨健次郎先生は此日五つ紋の羽織を着し豊頬黒髪真摯の風貌をあらわし、『謀叛論』と題して水も洩らさぬ大演説をなし、窓にすがり壇上弁士の後方にまで踞坐せる満場の聴衆をして咳嗽《がいそう》一つ発せしめず、演説終りて数秒始めて万雷の如き拍手第一大教場の薄暗を破りぬ。吾人未だ嘗て斯の如き雄弁を聞かず」(矢内原忠雄記とされる)。

大量処刑からわずかに一週間後の政府弾劾演説だった。

蘆花の一高演説につづいて二月六日、国学院大学の「大逆事件講演会」の席上、三宅雪嶺が蘆花と同趣旨の演説をなして政府当局による思想弾圧を弾劾し、万歳のエールに送られた。

文部省を怒らした蘆花演説が難なきを得たのは、彼が君側輔弼《ほひつ》の権臣を罵倒はしたが、天皇その人への攻撃ではなく、「天皇が大好きである。天皇の聖徳をもって堯舜のそれにも匹敵するものたらしめよ。可惜《あたら》その絶好の機会を逸してしまった」と結んでいたから、皇室誹謗のワナをかけにくかったのではなかったのかと、中野好夫は推測している。

さらには、兄蘇峰と桂首相との密接な関係も無縁ではなかったろうと、中野は述べているが、この指摘は疑わしい。

以上は中野好夫『蘆花徳冨健次郎Ⅲ』からの引用と指摘に負うところが大きい。謝意を述べる。なお、『謀叛論』（草稿）は、『筑摩書房刊「現代の日本文学大系」の徳富蘆花・木下尚江集』による。

◇蘆花の社会主義観(1)

「一飢民、一不平分子が日本にあらん限り、維新の大志は遂げられぬ。其志を遂ぐ可く、日本は皇室を奉じて第二の維新、総建直しを経ねばならぬ。名をつければ社会主義、日本を挙げて一家族の実を挙げねばならぬ。」（「富士」三巻七章）

全集の解説者、勝本清一郎は、かかる思想に世間通用の名をつければ、社会主義ではなく、ナチズムだと反論・冷笑する。蘆花の社会主義は、東郷平八郎、乃木希典、大山巌、西郷隆盛を尊敬することとも両立しているという。

◇蘆花の社会主義(2)

「予の社会主義はやはり自家の社会主義であって、経済上より来たる社会主義とか、政治上で論ずる社会主義とか云ふものではありません。強ひて云へば、クリスチャン・ソシアリズムとでも云ひましょうか。兎に角、予は予の社会主義を信じ予の社会主義を説くのであります。一躰人間と云ふものは全く人道を離れては何にもならないと思ふ。人間は唯誠です。人間はこの誠がなかったならば、人間は何でもないのです。故に人間社会の根本を、私は人間問題の上に樹てて居るのであります。この人道の側より見ますれば、今日の社会には社会主義でなくてはならぬと思ひます。

万年町を通り、鮫が橋を過ぎたり、数多《あまた》裏町の惨状を見るにつけて、誰れかこれを雲烟過眼視することが出来ましょうか。今日社会主義を信ぜぬとか、之を説くことを憚るとか云ふ人は、皆な何かがあるからでしょう。……今日社会主義が了解《わか》らん、社会主義を信ぜぬといふ人は、ソレは人ではない、馬鹿か狂気だ」（明治三十六年二月十八日発行の半月刊誌「社会主義」所収）

蘆花流の一種の「天皇社会主義」は、その後、『謀叛論』で展開された。

＊

（付）——蘆花・謀叛論の要旨

僕は武蔵野の片隅に住んでいる。東京へ出るたびに、青山方面へ行くとすれば、必ず世田ヶ谷を通る。僕の家から約一里行くと、街道の南手に赤松のばらばらと生えた処が見える。

此は豪徳寺—井伊掃部守直弼《かもんのかみなおすけ》の墓で名高い寺である。豪徳寺から少し行くと、谷の向うに杉や松の茂った丘が見える。吉田松陰の墓及び松陰神社は其丘の上にある。井伊と吉田、五十年前には互いに不倶戴天《たいてん》の仇敵で、安政の大獄に井伊が吉田の首を斬れば、桜田の雪を紅に染めて、井伊が浪士に殺される。斬りつ斬られし両人も、死は一切の恩怨を消してしまって谷一重のさし向い、安らかに眠っている。今日の我等が人情の眼から見れば、松陰はもとより醇乎として醇なる志士の典型、井伊も幕末の重荷を背負って立った剛骨の好男児、朝に立ち野に分れて斬るの殺すのと騒いだ彼等も、五十年後の今日から歴史の背景に照して見れば、畢竟《ひっきょう》今日の日本を造り出さんが為に、反対の方向から相槌を打ったに過ぎぬ。彼等は各々其位置に立ち自信に立って、為《す》るだけの事を存分に為《し》て土に入り、其余沢を明治の今日亨くる百姓等は、さりげなく其墓の近所で悠々と麦のサクを切っている。

諸君、明治に生まれた我々は五、六十年前の窮屈千万な社会を知らぬ。此の小さな日本を六十幾箇の基盤に劃《しき》って、一寸隣へ行くにも関所があったり、税が出たり、人間と人間の間には階級があり格式があり分限があり、法度でしばって、習慣で固めて、苟《いやし》くも新しいものは皆禁制、新しい事をするものは皆謀叛人であった時代を想像して御覧なさい。実にたまったものではありませんか。

……

所謂志士苦心多で、新思想を導いた蘭学者にせよ、局面打破を事とした勤皇攘夷の処士にせよ、時の権力から言えば謀叛人であった。

僕は世田ヶ谷を通る度に然思《そうおも》う。吉田も井伊も白骨になって最早五十年、彼等及び無数の犠牲によって与えられた動力は、日本を今日の位置に達せしめた。日本も早や明治となって四十何年、維新の立（役）者多くは墓になり、当年の書生青二才も、福々しい元老若くは分別臭い中老になった。彼等は老いた。日本も成長した。……

然し乍《なが》ら犠牲の種類は一ではない。自ら進んで自己を進歩の祭壇に提供する犠牲もある。

僕は斯く思いつつ世田ヶ谷を過ぎていた。実に思いがけなく今明治四十四年の劈頭《へきとう》に於て、我々は早くも茲《ここ》に十二名の謀叛人を殺すこととなった。唯《ただ》一週間前の事である。

諸君、僕は幸徳君らと多少立場を異にする者である。僕は臆病者で血を流すのは嫌《いや》である。幸徳君等は尽《ことごと》く真剣に大逆を行《や》る意志があったか無かったか僕は知らぬ。彼等の一人大石誠之助君が言ったと言う如く、今度のことは嘘から出た真《まこと》で、はずみにのせられ、足もとを見る遑《いとま》もなく陥穽《おとしあな》に落ちたのか如何《どう》か。

僕は知らぬ。舌は縛られる。筆はおられる、手も足も出ぬ苦しまぎれに死物狂いになって、天皇陛下と無理心中を企てたのか、否か。

僕は知らぬ……暴力は感心が出来ぬ。自ら犠牲となる共、人を犠牲にしたくない。然し乍ら大逆罪の企に万不同意であると同時に、其企の失敗を喜ぶと同時に、彼等十二名も殺したくなかった。生かして置きたかった。彼等は乱臣賊子の名を受けてもただの賊ではない、志士である。ただの賊でも死刑はいけぬ。況《いわ》んや彼等は志士である。自由平等の新天新地を夢み身を献げて人類の為に尽さんとする志士である。

其行為は仮令《たとえ》狂に近いとも、其志は憐れむべきではないか。彼等は、もとは社会主義であった。富の分配の不平等に社会の欠陥を見た、生産機関の公有を主張した。

社会主義の何が恐い？　世界の何処にでもある。然るに狭量にして神経質な政府は、ひどく気にさえ出して、殊に社会主義者が日露戦争に非戦論を唱うると俄に圧迫を強くし、足尾騒動から赤旗事件となって、官権と社会主義者は到頭犬猿の間となって了った。

諸君、最上の帽子は頭にのっていることを忘るる様な政府である。帽子は上に居る積りであまり頭を押付けてはいけぬ。我等の政府は重いか軽いか分らぬが、幸徳君等の頭にひどく重く感ぜられて、到頭彼等は無政府主義者になって了うた。無政府主義が何で恐い？　其程無政府主義が恐いなら、事の未だ大きくならぬ内に、下僚ではいけぬ、総理大臣なり内務大臣なり自ら幸徳と会見して、膝詰の懇談すればいいではないか。……

法律の眼から何と見ても、天の眼からは彼等は乱臣でもない、賊子でもない、志士である。……企は失敗して、彼等は擒《とら》えられ、さばかれ、十二名は政略の為に死減一等せられ、重立たる十二名は天の恩寵によって立派に絞台の露と消えた。……斯くの如くして彼等は死んだ。死は彼等の成功である。パラドックスのようであるが、人事の法則、負くるが勝である。死ぬるが生きるである。

彼等は確に其自信があった。死の宣告を受けて法廷を出る時、彼等の或者が「万歳！　万歳！」と叫んだのは其証拠である。彼等は斯くして笑《えみ》を含んで死んだ。悪僧と言わるる内山愚童の死顔は平和であった。斯くして十二名の無政府主義者は死んだ。数え難き無政府主義者の種子《たね》は蒔《ま》かれた。彼等は立派に犠牲の死を遂げた。

　然し乍ら犠牲を造れるものは実に禍なるかな。……二等分して格別物にもなりそうも無い足の方丈《だけ》死一等を減じて牢屋に追込み、手強い頭だけ絞殺して地下に追いやり、天晴恩威並《ならび》行われて候と陛下を小楯《こだて》に五千万の見物に向って気取った見得は、何という醜態である乎《か》。

　啻《ただ》に政府許《ばか》りでない。議会をはじめの誰も彼も皆大逆の名に恐れをなして一人として聖明の為に弊事を除かんとする者もない。出家僧侶宗教家などには、一人位は逆徒の命乞いする者があっても宜《よ》いではない乎。然るに管下の末寺から逆徒が出たと言っては大狼狽で破門したり僧籍を剥《は》いだり、恐入奉るとは上書しても、御慈悲と一句書いたものが無い。何という情ないこと乎。幸徳等の死に関しては、我々五千万人斉《ひと》しく其責を負わねばならぬ。然し尤も責むべきは当局である。

　総じて幸徳らに対する政府の遣口《やりくち》は、最初から蛇の蛙を狙う様で随分陰険冷酷を極めたものである。網を張って置いて、鳥を追立てて、引かかるが最後網をしめる。陥穽を掘って置いて、其方にじりじり追いやって、落ちるとすぐ蓋をする。彼等は国家の為にする積りかも知れぬが、天の目からは正しく謀叛――謀殺だ。それに公開の裁判でもすることか。

　風紀を名として何もかも闇中にやってのけて――諸君、議会に於ける花井弁護士の弁を記憶せよ、大逆事件の審判中当路の大臣は一人も唯の一度も傍聴に来なかったのである――死の判決で国民を嚇《おど》して、十二名の恩赦で一寸機嫌を取って、余の十二名は殆んど不意打の死刑――否死刑ではない――暗殺――暗殺である。せめて死骸になったら一滴の涙位は持っても宜いではない乎。それにあの執念な追窮のしざまは如何《どう》だ。

死んだ者も恐ければ、生きた者も恐い。死減一等の連中を地方監獄に送る途中警護の仰山さ、終始短銃を囚徒の頭に差つけるなぞ—其恐がり様もあまりひどいではない乎。

幸徳等は嘸《さぞ》笑っているであろう。何十万の陸軍、何万頓の海軍、幾万の警察力を擁する堂々たる明治政府を以てして、数うる程もない、加之《しかも》手も足も出ぬ者共に対する怖《おび》え様も甚だしいではない乎。幸徳瞑すべし。政府が君等を絞め殺した其前後の遽《あわ》てざまに、政府の否君等が所謂《いわゆる》権力階級の鼎の軽重は分明に暴露されて了うた。……

愚童の破門、僧籍剝奪に対する最大の皮肉であり、痛烈をきわめている。しかし、一九九三年八月、八十三年ぶりに、名誉回復の本山決定が実現、公表された。いま、林泉寺の由来記には、明治の殉難僧、内山愚童の名があり、毎年一月二十四日の命日には、彼を偲ぶ人々が集まっている。平成十一年一月現在、工事中のため記念碑は見受けない。

(二)　大逆事件に関する石川啄木の所見

啄木が大逆事件から大きな衝撃を受け、晩年の思想的成長に一転機をもたらしたことは、汎《あまね》く知られている。彼は当時、朝日新聞整理部につとめており、その関係で未発表情報を吸収できたばかりか、事件の弁護人、詩人仲間の平出修弁護士より関係書類を極秘裏に見せられ、これを筆写することができたからでもあった。

しかし、彼の書いた記録は、書簡、日記の類いが中心であり、その公表は戦後になってからであるから、今後とも検討課題となるだろう。

「日本無政府主義者陰謀事件経過及び附帯現象」は、明治四十三年夏、事件の記録をうまく整理したものであるが、社会主義に対する彼の関心が異常に高かったことを物語る資料である。

「獄中からの書簡は、事件の中心人物とされてしまった幸徳が公判の開かれている間に、無政府主義の誤解を解くため、獄中から弁護士団に送った陳弁書を挙げて、かれらの考えが決して暴力主義ではなかったことを実証している。「編集者への手紙」は、この事件に対する世論の動向、エピソードを取り入れて事件を浮き彫りにしたルポルタージュの体裁を具《そな》えている。

そして、彼はこの事件の報ぜられた明治四十三年に先立つこと三年も早い明治四十年二月一日の「釧路新聞」に、「雲間寸観」を発表しているが、この中に彼の社会認識が見事に凝縮されている事実も注目に値する。

朝野をあげて日露戦争の戦勝気分に浮かれていた当時、啄木は、いみじくも時代病の本質を抉《えぐ》り出していた。

「現時の世界に於て何処如何なる国の人民も過大なる軍事費の為に膏血を絞られざるはなし。これ抑《そもそも》ゝ何事ぞや、心ある者の宜しく一考再考否百考千考すべき所なるべく候」

啄木は詩人としてのみならず、思想家としても時代の先駆者たる栄誉を荷っていた。

(1)「無題」

幸徳等所謂《いわゆる》無政府共産主義者の公判開始は近く四、五日の後に迫り来れり。事件が事件なるだけに、思慮ある国民の多数は、皆特別の意味を以て此公判の結果に注目し居ることとなるべし。予も其の一人なり、而して予は未だこの事件の内容を詳細に関知するの機会を有せざりしと雖も検事の嘗て発表したる所及び巷間の風説にして誤りなくんば、其企画や啻《ただ》に全く弁護の余地なきのみならず国民としては、余りにも破倫無道の挙たり、又学者としての立場より客観的に観るも殆んど常識を失したる凶暴の沙汰たり、何等の同情あるべからず。

ただ茲《ここ》に此の事件に関連して予のひそかに憂ふること二、三あり。其の一は政府が今夏幸徳等の事件発覚以来俄かに驚くべき熱心を表して其警察力を文芸界、思想界に活用したることなり。其措置一時は政府の意が殆んど一切の新思想を根絶せしむるにあるやを疑はしめたりき。或は事実に於ては僅々十指に満たざる書籍の発売を禁止されたるに過ぎざれども、一般文学者、学者等凡て思想的著述家の蒙りたる不安の程度より言へば正に爾か言ふを得べし。これ或は政府の従来社会教育の上に表したる方針を一貫す。由来道徳は政治文学哲学等と同じく其根底は或は不変なるべしと雖《いえ》ども、其形式内容共に各時代によりて多少相違あるものなり。其の之を考へずして苟《いやし》くも在来の道徳に抵触するものは一切禁遏《きんあつ》せんとするが如きは無謀も甚だし。近五十年間に於ける吾邦の進歩は、吾社会の有らゆる方面の面目を一新したり。表面の面目の一新せられたるは又其内部の種々の事情も共に一新せられたるを証す。

然るに今政府の措置にして此一新せられたる社会に対して数十年若くは数百年前の道徳個條を其《その》儘《まま》強用せしめんとするの態あるは何ぞや。是政府自ら明治文明の重大なる文明史的意義を否定するにも似たらずや。斯く言へばとて予は決して今日の青年の思想的傾向を是認する者に非ず、唯彼等の今日あるは長き因縁と深き事情とに因するを知るのみ、之を匡正し誘掖《ゆうえき》するには、自から他に途あるべし。さらでだに其の父兄の手によりて経営せられたる明治の新社会が既に完成の域に近く、今後彼等青年が自発的に活動すべき余地の少き時に当り、為政者の圧迫斯の如きに於ては其の趨《はし》る所果して何処ぞ。嘗《かつ》て一評家は露国に於ける革命運動頓挫以後のサーニズム全盛を以て他岸の火事

に非ざるを警告したりき。（以下断絶）（岩波版『啄木全集』第十巻）

(2) 啄木の所見断片

（前略）「極端に頑迷な思想は、或る新聞などによってやや誇大に吹聴されているに拘らず、ごく少数の頭脳を支配しているに過ぎなかった。それは、この事件に対しては殆んど何等の国民的憎悪の発表せられなかった事実に見ても明らかである。

国民の多数は、こういう事件は今日に於ても、将来に於ても日本に起るべからざるもの、既に起ったからには法律の明文通り死刑を宣告されなければならぬものとは考へていた。

彼等は彼の二十六名に同情していなかったけれども、而してまた憎悪の感情を持つだけの理由を持っていなかった。彼等は実にそれだけ平生から皇室と縁故の薄い生活をしているのである。また彼等は、一様にこの事件を頗る重大なる事件であるとは感じていたが、この何故に重大であるかの真の意味を理解するだけの知識的準備を欠いていた。

従って彼等は、彼等の所謂起るべからずして起った所のこの事件（大隈伯さへこの事件を以て全く偶発的性質のものと解したことは人の知る所である）は、死刑の宣告、及びそれについて発表せらるべき全部若しくは一部の減刑―即ち国体の尊厳の犯すべからざることと天皇の宏大なる慈悲とを併せ示すことによって、表裏共に全く解決されるものと考へていたのである。さうしてこれは、思想を解せざる日本人の多数の抱いていた、最も普遍的な、且《かつ》精一杯の考へであった。

ただこれに満足することの出来ぬ、少くとも三つの種類の人達が存在していた。その一は思想を解する人々である。彼等はこの事件を決して偶発的なものであるとは考へ得なかった。彼等は日本が特別な国柄であるということは、議論でなくして事実だということを知る上に於て、決してかの法学士に劣らなかった。ただ彼等はその「事実」をそれだけも尊いものでないことを併せ知っていた。

その二は政府当局者である。彼等はその数年間の苦き経験によって、思想を弾圧するといふことの如何に困難であるかを誰よりもよく知っていた。かくて彼等はこの事の起るや、恰《あたか》も独帝狙撃者の現れた機会を巧みに社会党弾圧に利用したビスマルクの如く、その非道なる思想抑圧手段を国民及び観察者の耳目を聳《しょうどう》動することなくして行ひ得る機会に到達したものとして喜んだのである。

そうしてその三は時代の推移によって多少の理解を有っている教育ある青年であった。彼等は皆一様にこの事件によってその心に或る深い衝動を感じた。そうしてその或る者は、社会主義乃至無政府主義に対して強い知識的渇望を感ずるやうになった。予は現に帝国大学の法科の学生の間に、主としてこの事件の影響と認むべき事情の下に、一の秘密の社会主義研究会が起ったことを知っている。（中略）

彼等の検挙以来、政府の所謂危険思想撲滅手段があらゆる方面に向ってその黒い手を延ばした。彼等を知り若しくは文通のあった者、平生から熱心な社会主義者と思はれていた者の殆どすべては、或ひは召喚され、或ひは家宅を捜索され、或ひは拘引された。或る学生の如きは、家宅捜索を受けた際に、その日記のただ一ヶ所不敬にわたる文字があったといふだけで、数ヶ月の間、監獄の飯を食わねばならなかった。そうしてそれらのすべては昼夜角袖（注、私服刑事の俗称）が尾行した。社会主義者の著述は、数年前の発行にかかるものまで溯《さかのぼ》って、殆ど一時に何十種となく発売禁止された。

かくてこの事件は従来社会改造の理想を奉じていた人々に対して、最も直接たる影響を与えたらしい。即ち、或者は良心に責められつつ遂に強権に屈し、或者は何時となく革命的精神を失って他の温和なる手段を考えるようになり（心懐語の著者の如く）、或者は全くその理想の前途に絶望※して（注、西川光二郎は大逆事件後、社会主義運動と絶縁を宣言した）人生に対する興味までも失ひ（幸徳の崇拝者であった一人の青年が長野県において鉄道自殺を遂げたことは、その当時の新聞に出ていた）、そうして或者はこの事件によって層一層強権と旧思想に対する憎悪を強めたらしい。（後略）（岩波版『啄木全集』第十巻〈A LETTER FROM PRISON〉）

※

「時代閉塞の現状」

明治四十三年五月、大逆事件の検挙開始、同年八月、韓国併合のための「日韓条約」調印、前年十月、伊藤博文、ハルビン駅頭で射殺さる。このように目まぐるしく急転回する四十三年を、啄木は時代閉塞のときと把えていた。

「我々青年を囲繞する空気は、今やもう少しも流動しなくなった。強権の勢力は普《あまね》く国内に行亘っている。現代社会組織はその隅々まで発達している。……そうしてその発達がもはや完成に近いまで進んでいることは、その制度の有する欠陥の日一日明白になっている事によって知ることができる。……そうして又我々の一部は（未来）を奪われたる現状に対して、不思議な方法によってその敬意と服従を表している。元禄時代に対する回顧がそれである。見よ、彼らの亡国的感情が、その祖先が一度遭遇した時代閉塞の状態に対する同感と思慕とによって、いかに遺憾なくその美しさを発揮しているかを※」

荷風「紅茶の後」（明治四十三年）、「花火」（大正八年）と同一円周上にあり、通底しているようだ。明治四十四年一月十八日、二十四名死刑判決のあった日の日記に、彼は「日本はダメだ」と記し、翌十九日にも、「畜生！　駄目だ」と記した。

われは知る、テロリストの
かなしき心を――
言葉とおこなひとを分ちがたき
ただひとつの心を
奪われたる言葉のかはりに
おこなひをもて語らんとする心を
われとわがからだを敵に擲《な》げつける心を――
しかして、そは真面目にして熱心なる人の常に有《も》つかなしみなり。（ココアの一匙《さじ》）

九月の夜の不平（啄木の歌集より）
何となく顔がさもしき邦人《くにびと》の首府の大空を秋の風吹く
つね日頃好みて言ひし革命の語つつしみて秋に入れけり
今思へばげに彼もまた秋水の一味なりしと知るふしもあり
この世よりのがれむと思ふ企てに遊蕩の名を与へられしかな
秋の風我等明治の青年の危機をかなしむ顔撫でて吹く
時代閉塞の現状を奈何《いかに》にせむ秋に入りてことに斯く思ふかな
地図の上朝鮮国にくろぐろと墨をぬりつつ秋風を聴く
明治四十三年の秋わが心ことに真面目になりて悲しも

（明治四十三年十月「創作」所載、『啄木歌集』角川文庫版）

㈢　佐藤春夫の大逆事件批判

春夫の父、豊太郎医師は大石誠之助と同じ町に住む同業者であり、文学趣味も共通で親しかったから、春夫少年も大石をよく知っている間柄だった。彼は大石が処刑された直後の一九一一（明治四十四）年三月、雑誌「スペル」誌上に、「愚者の死」を発表して、大石への深い同情を示し、ついで四月、事件に関連する「病」「街上夜曲」を同誌に発表、またこの事件を契機として大杉栄とも交際、「吾が回想する大杉栄」では彼の人柄を率直に語り、人物評としても興味深い。

しかも事件の発表された一九一〇（明治四十三年）年には、新宮中学を卒業したばかりの多感な十七歳の少年だった。

起訴された二十六名のうちに紀州グループとされた六名がおり、三名は同じ新宮の住民であったから、その運命に感慨を強めていた。

彼、佐藤春夫の事件に対する批判を聞いてみよう。

「裁判官は時代の常識と権威とに奉仕するに忠実のあまり、事実を歪曲もしくは飛躍させた疑いが多い。そうして日本裁判史上、最大の暗黒裁判と言われるものを現出した。

宮下の爆弾製造事件は事実に相違ないとしても、その依頼者や目的など、どこまでが真相だか知れず、あるいはただ密造中の爆弾が見出されたというだけの簡単なものであったのかも知れない。爆弾製造というパン種は、社会主義者の大モノ幸徳を加えることで強力なものとなった。……不充分な容疑のうちに二十六人を起訴して、その半数を絞首台におくり、残りの半数を無期懲役にして獄中で病死や狂死させたという事実の外は、こういう刑罰が加えられる理由となる事実の確証は何も示されなかったというのが今日の良識である。……

当時、天皇は、神聖にして犯すべからずと法で定められていた。その天皇を、事もあろうに暗殺などとあるまじき不敬事を種に国民を煙にまいて、天皇を支配階級擁護の具に供し、あまつさえ天皇陛下の赤子十二人の虐殺を国家の権威を借りて断行した事件で、時の政府とその手先の裁判官どもこそ真実の大逆罪と、僕は信ずる」（昭和三十三（一九五八）年）

処刑から五十年後の佐藤は、蘆花の『謀叛論』とまったく同じ論法で、桂内閣と裁判官を弾劾している。奇妙な一致が注目される。

「この大逆事件というものは、当時にあっては極秘の事件で、一切の報道機関もこれに関しては自由な報道を許されず、裁判にも満足に証人を立たせるでもなく、憲兵と警官との厳戒裡に行われた秘密裁判は、裁判記録を弁護士の手にも残させぬような周密な用意をしたものであった。

しかしかくすより顕わるるはなく、この裁判を不審とし、新思想に対する弾圧に憤を抱いた弁護士平出修（彼は新詩社同人であった）などは友人の石川啄木に洩らすところがあったらしく、事件の真相は当時からうすぼんやりながら一通りは一部に知られていた。だが万が一これを口外しようものなら、一味の残党として処罰を免れないような状勢に、だれしも口をつぐんで知らないふりをしていただけである」（「わんぱく時代」）*

（注、「一味の残党」ではないかとの嫌疑をこうむったばかりに、郡視学、校長のいやがらせで小学校教師の職を追われ、薬売り、コヨミ売りへと奈落の底へ転落する男。あの時代の重圧に喘《あえ》ぐ小市民の災難と「時代閉塞」の状況は、田山花袋『トコヨゴヨミ』に描かれている）

「後年大いに重宝して使われた「危険思想」の語は、起源を昌子の一詩〈君死にたもふことなかれ〉を評した桂月から発したものであったし、その危険思想家どもが路に鹵簿《ろぼ》を邀《よう》して爆弾を投じようと謀《はか》ったと起訴された大逆事件という当時の松川事件みたいなもの（歴史はまさに繰り返す）。この弁護人として平出修が鉄幹に勧められて起ったのも奇縁である。というのは桂月の〈君死にたもふことなかれ〉の読み方やその批評には後年の大逆事件の起訴に髣髴たるものを見るのだから」（傍点は筆者）（対談佐藤春夫・高見順「スペル時代」文芸一九五六年刊）

大逆事件の起きた明治四十三年に慶大予科に入学、昭和三十九年没した春夫。その彼が大逆事件と松川事件、青年期と老年期に際会した摩訶不思議な捏造事件、支配階級による政治陰謀に触れ、前者にあっては鉄幹の勧めで平出修、後者にあっては広津和郎が宇野浩二、志賀直哉らの支持をうけ、四面楚歌の中にあっても真実を追及し、正義に肉薄した。その態度は、囚人護送馬車の列を見ても、これに一言半句触れず、江戸時代戯作者、浮世絵師の立場に身を置いて政治と無縁の生活に終始した永井荷風とは趣きを異にする。もっとも荷風には、その穴埋めとして『断腸亭日乗』がある。

「わたくしの郷里は和歌山県の牟婁《むろ》郡の下里という小さな町です。わたくしは新宮の生まれです。新宮というのは……近来は大逆事件の策源地というので、一時は悪名をとどろかした町で……」

春夫と同県同郡の者は医師大石誠之助、雑商成石平四郎、薬種売薬及び雑貨商成石勘三郎、僧侶高木顕明、同じく僧侶峰尾節堂の五名、このほか崎久保誓一を加えた計六名が「紀州グループ」といわれた。

政府の思想対策について、「一般には自然主義と社会主義とはほとんど同じもののように誤解していた。というのは、いつも思想に対しては無知なわが国の政府では、自然主義も社会主義も、どちらも何ものとも知らないで、一様に危険思想と称し、大ザッパに一括していた」。

だからというべきか、「幸徳といい大石といい、目ぼしい人物の役割はもはや決まっていたし、構想ならとうにまとまっていた。あとはもうこの筋書を盛り上げて、できるだけ大仕掛に陰謀団をデッチ上げて、国民の批判の目を幼惑したうえで、断乎として国を毒するこの一党をすみやかに根絶やにし、同時に青少年どもを威嚇して将来再びこんな思想が芽生えないように手を打つというのが、時の政府の方針であった」

「紀州グループ」高木顕明、崎久保誓一※の弁護人、平出修の論法は、鋭くこの裁判の本質を暴いていた。（注、崎久保誓一は春夫と小学校時代の親友、東西戦を楽しんだ少年で、その後、大石邸に出入りしていた筏のり。「わんぱく時代」で春夫は懐旧の念を彼に注いでいる）

平出は、次のように指摘する。当時の司法省民刑局長兼大審院次席検事平沼騏一郎が、無政府主義者は国家組織を破壊すると断定したのに反論し、これは仮定の上に築かれた独断だと斥《しりぞ》け、「本件の記録が本件の真相よりも五割乃至十割の掛値のあると云ふことは、判官諸公も御認めの筈である。斯う云ふ掛値のある調書を掛値通りに見ても高木、崎久保には、本件記録中、四十二年一月の会合の外何にも関係して居らぬのである。結論として本件事実の真相を見る時は、高木、崎久保にはかかる大逆罪実行の意思のない事は明白であり、……法の精神、被告の事情、犯罪事実の真相、さては刑事政策上の見地、何れよりするも彼等二人は七十三条（注、旧刑法の皇室危害罪）を以て律すべきものではない」と弁論した。

佐藤春夫と平出修、石川啄木の結論が奇妙なほど一致を見せている点におどろくばかりである。
◇春夫と大杉栄の交友関係※
「当時は今とは別の意味で文士と社会主義者とがよほど接近していた。其時のは社会主義者の方から文士の社会の或る部分へ接近してきたのだ。ちゃうど世に謂ふ大逆事件なるものの後であって、生き残った社会主義者たちは文士社会へ亡命して来たのであった。さうして彼等は暫《しばら》く不本意そうに文士の椅子を占めていた。馬場孤蝶のところで、大杉や荒畑寒村をよくみかけた」

（春夫の『吾が回想する大杉栄』は、「その人となりに特殊な角度から光線をあてたものとして、この一文ほど大杉の人間と風格を生き生きと描いているものを知らない」と、吉田憲一は評している）


佐藤春夫の父は、新宮の医師仲間として大石と交遊があり、春夫も大石とは旧知の間柄だった。大石が遠来の客、高知中村を発って上京の途次、新宮を訪ねた幸徳秋水を迎え、瀞八丁に船を浮かべて清遊した際、もし勧誘があったら父が同行したかもしれず、そして大石と運命を共にしたかもしれぬと考えると、春夫は慄然とした想いに駆られる。その折、父は北海道旅行に出ており難をまぬがれた。

大逆事件の後で与謝野晶子が大石未亡人に送った「君わするこの国の人／旅人を／めでてわざわい負へる／ふるごと」を、春夫は特別の感慨をこめて想起する。

閑話休題。大石の兄の子供西村伊作は後年、文化学院の創設、経営に情熱を注ぎ、与謝野夫妻またそれぞれに彼を支えた。その背景には、明治政府が強行した思想弾圧、大石医師虐殺に対する復讐の感情移入が潜んでいたかもしれない。

また、晶子の「君死にたまふことなかれ」をめぐり、大町桂月が「晶子は乱臣なり、賊子なり、国家の刑罰を加ふべき罪人なり」と極言して軍国主義を表看板にいきまいたとき、夫の鉄幹と平出修が「晶子を非戦論者の一派と早合点するのは納得できぬ」と論陣を張り、晶子国賊論に反論、事件の平静化をはかったことがあった。

しかし、桂月が晶子の「君死にたまふことなかれ」の読み方や批評には、大逆事件の二十四名死刑判決を想起させるものがあり、ここから春夫が大逆事件を目して「当年の松川事件のようなもの」との述懐には重みが加わる。

春夫は大逆事件直後の明治四十四年二月四日、慶大の文学講演会場で、平出修のはなしを聞き、平出が主宰する雑誌「スパル」誌上に、この事件に関連した「愚者の死」「街上夜曲」「病」を発表した。

幸徳が新宮の大石宅を訪ねたのは、明治四十一（一九〇八）年七月末、このとき春夫は新宮中学四年生、十六歳の多感な少年だった。明治四十三年、同中学卒後上京、生田長江に師事、与謝野寛の新詩社に加わり、昭和三十九年五月、自宅にて没した。

㈣　第一次護憲運動、桂内閣の退場を迫る

◇天皇を利用する桂首相にとどめの一撃

入るべからずして雲中に入りたる桂公は、自ら暗裡に形勢を指導して政界再現の機を作り、尚ほ、聖勅の畏きに仮託して忽ち憲政の枢軸を握る。二旬の長きに亘り、十一回の多きに及べる無能無責任の元老会議を操縦して、茲に新に内閣を組織し、即ち平昔の志を遂ぐるを得たる公が胸中の得意思ふべきかな。然れども、吾輩は此内閣の組織によりて益憲法を軽んじ、所謂憲政をして愈無意義

ならしめんとするの背信的危機の増大を認めずんばあらず。

第一は西園寺内閣が長閥の反抗によって陸軍大臣を得る能はず。為に総辞職をなさざるを得ずといふ立憲政治にあるべからざる形勢を作出したる其の原動力中に、桂公の勢力ある事之なり。

第二は、西園寺内閣を倒したる勢力の根源たる山県公が中心となり。開くべからざる元老会議を開きて局外より政治に容喙《ようかい》し、而も何等の為すある能はずして遂に龍衣に縋り奉り、恐れ多くも、聖勅を以て局面の収容を図り、遂に卯陛下の神聖を冒し、政治上の累を陛下に及ぼし奉りたる事之なり。

第三は、元老会議の成行をして斯の如くならしむるに至りたるは、独り専横無責任なる山県公等の罪のみならず、桂公の操縦与《あずか》って力多きものにして、桂公は政界復帰の理由を飾るがために、他の元老輩をして桂公を輔国の任に当らしむとの聖勅の降下を奏請するのに余儀なきに至らしめ、畏れ多くも御威厳を軽んじ、聖勅を利用し奉りたるの趣ある事之なり。

第四は、桂公が斯る得意と多少の抱負とを以て内閣組織の任に当りたるにも拘らず、恰かも西園寺内閣が陸軍大臣を得る能はざりしが如く、亦海軍大臣を得る能はず、元老会議の決議を経て、斎藤男をして留任せしむるの御沙汰を賜はるよう奏請する所あり。即ち西園寺内閣の未だ之を為すに忍びざりし所を敢てし、又々衮龍《こんりょう》の御袖に縋り、神聖を汚し奉りて、強て斎藤男を留任せしめ、辛うじて内閣組織を全うしたる事之なり。

第五は、桂公は元老容喙の弊を根絶せんことを計らず、西園寺候を以て自己同列の元老たらしめんことを奏請し、憲政蹂躙に対する障碍的勢力を除却し、寧ろ之を見方として転用せんとするの策に出でたる事之なり。

第六は、憲政第三条天皇神聖の条項並に同第五十五条国務大臣輔弼の条項に違反せること之なり。

其天恩に狎《な》れて神聖を冒瀆し、天威に依りて政局の打開を計らんとする。何ぞそれ軽々易々たるの甚だしき。吾輩実に其非立憲にして且不臣なる行動に対して憤慨せざるを得ざるなり（後略）。
（「東京日日新聞」一九一二〈大正元〉年十二月二十二日）

第二次西園寺内閣は、陸軍の二個師団増設案を否決した。これに対し上原陸相は、帷幄《いあく》上奏権を乱用し、内閣を「毒殺」して崩壊せしめた。後継首相には紆余曲折の末、四ヵ月前に新帝の内大臣兼侍従長として宮中入りした長閥の桂太郎が就任した。

このため、長閥、陸軍横暴の声が上がり、桂内閣成立直前の十二月十九日、閥族打破、憲政擁護を叫んで第一次護憲大会が東京で開かれ、世論が沸騰した。特に今回は「東京日日」らマスコミが、期せずして共同歩調の護憲運動をリードした。

第三次の桂内閣は議会の信任を得られず、野垂れ死同然のかたちで総辞職し、代わって山本権兵衛内閣が登場した。桂の政治生命は、大逆事件と相討ちのかたちで消えた。

第九部　大逆事件外史〈海外の部〉

一、海外諸国への伝達と影響

「大逆事件」は、当時の軍事警察的国家権力を打倒すべ宮下太吉、菅野スガ、新村忠雄、古河力作の四名が天皇個人の暗殺を協議、計画していた過程で警察に察知された未遂事件をいう。

明治四十三（一九一〇）年五―十月にかけて検挙がつづき、秋水ら二十六被告に対する予審終了後、十一月九日、本件を大審院公判に付することが決定、ついで十二月十日から非公開のまま公判が開始され、十二月二十五日、二十四名に死刑、二名に有期懲役を求刑、十二月二十七日―二十九日、弁護開始、終了。翌年一月十八日、求刑通りの判決言い渡し、翌十九日、二十四名中の十二名は無期に減刑された。一月二十四日、十一名、二十五日、菅野スガの計十二名が東京監獄で処刑され、この事件は終了した。

裁判は非公開のまま、この間一人の証人喚問も許さず、新聞紙条例第四十一条により一切の報道活動は禁止されたので、国民には事件の輪郭さえ知らされず、戦後も一九四七年、刑法七十三条＝

皇室危害罪の消滅まで闇に閉ざされていた。

しかし、海外向けには各種ルートでニュースが流れ、反響の大きさに政府は、その対応に四苦八苦する破目に陥った。

日露戦争に勝利して世界の一等国入りの念願成就と北叟笑《ほくそえ》んでいた矢先に、日本は思想弾圧の野蛮国家と烙印された。

形式的な茶番劇裁判などをやめて、従前通りの打首にした方が万事大団円ではなかったのかの冷笑を浴びて、明治政府は、思わざる伏兵に肝を冷やさざるを得なかった。

海外へのニュース伝達は、三つのルートがあった。

(1)　公的ルート　「報知新聞」→「ロイター通信」を通じて海外の新聞、通信社へ。
外務省→各国駐在大使、領事への伝達、訓令がそのつど公表された公式ニュース。

(2)　被告に同情した人々が外国の友人に伝え、日本政府への抗議を要請したルート。片山潜、加藤時次郎ルート

(3)　在日各国大・公使・外人記者の本国宛通信によるルート。

「大逆事件」がはじめて知らされたのは、一九一〇（明治四十三）年九月二十一日付「ロイター通信」によって「ニューヨーク・トリビューン」「ニューヨーク・コール」「ロンドン・タイムズ」「アクシオン」「ジョルナール・ド・コメルシオ」「ラ・ゲール・ソシアル」「ユマニテ」などに一勢に報じられたのを嚆矢《こうし》とする。これらの報道を要約すれば、

(1)　天皇暗殺計画が秋季大演習の折に設定されたが、未遂に終わった。

(2)　陰謀者たちはすでに逮捕され、特別裁判所で秘密裁判にかけられる。

(3)　通信は、検閲に妨げられ、詳細な報告は送れないの三点につきる。

天皇暗殺計画の未遂事件発覚として報道されたから、各国の日本大使館、領事館には真相問い合わせと抗議が殺到した。

これを受けて在米、仏、独、英の日本大使、領事は、事実確認と対策について外務省に打電したから、これを受けて日本政府の態度が次第に明らかになってきた。

十一月九日、幸徳ら二十六名を公判に付し、十二月十日、公判開始が決定した頃、外務省からの訓令要旨は以下の三点である。

㈠ 本件は「天皇ノ生命ニ対シテハアラザルモ、別ニ或ル怖ルベキ犯罪を遂行セントノ陰謀」であること。

㈡ 本件は「陰謀ノ段階ニ止リ、実行ノ端緒ニ至ラズシテ発覚」したものである。

㈢ 本件は「不日予審終結スベキ筈ナルモ、公判開始ノ決定ヲ公ニスルノ外、事件ノ内容ハ一切厳ニ之ヲ秘密ニスル必要ガアル」こと。

十二月十日、公判開始の決定を公表してからの外務省の各国駐在日本大使・領事宛訓令。

公判開始の決定は、公表しても差し支えないが、その内容に関しては厳に秘密にする必要があると注意したうえで、「帝国内ニモ本件ハ絶体ニ秘密ニ付スルコト困難ニ付キ、今回不敬ニ渉ル事項ハ一切之ヲ省キ、単ニ幸徳ラガ社会主義ヲ抱持スルニ至リタル成行ノミ一括シテ公示スル」よう指示した。

以上のごとく、日本政府当局者は、「大逆事件」の事実関係は国内に対してと同様、外国に対しても極力差し控え、特に天皇暗殺計画の事実には触れず、これをかくすよう苦慮していた。

神聖不可侵の日本天皇に対し、国民が暗殺計画を企てたとする衝撃的事件を海外に向けて公表することは、この事件を国辱視する日本政府にとって、この上ない痛恨事だった。しかし、文明国として世界各国に伍していくためには、この痛手を逆手にとって、大逆罪の内容を公表し、その裁判手続きが欧米先進国と同一基準に合致したものであり、思想弾圧の意図は微塵もないことを公式声明しなければならなくなった。

さらには、日露戦争の戦費調達のため、外債募集中だったから、思想弾圧する野蛮国家の汚名は回避したかった。

十二月二十九日、公判終了後、外相は駐米内田大使宛に、次のような長文の電報を打電した。

「目下大審院ニ於テ審理中ナル幸徳他二十五名ニ対スル陰謀事件ニ付裁判所ノ構成及其訴訟手続等ニ関シ世上往々誤解ヲ懐《いだ》キ裁判所カ特ニ本件ニ限リ臨時便宜ノ裁判ヲ為スモノナルカノ如ク思惟スルモノアルヲ以テ左ニ本件ノ訴訟手続ハ固ヨリ法令ニ準拠シ毫《ごう》モ批議スヘキ点ナキ所由ノ大要ヲ説明ス可シ。

本件ノ内容ハ茲ニ之ヲ細説ス可キモノニ非スト雖《いえど》モ一言以テ之ヲ明ニスレハ被告人ノ多数ハ何レモ所謂無政府共産主義者ニ属シ其主義ヲ普及スル一手段トシテ本年秋季ヲ期シ、恐レ多クモ皇室ニ対シ弑逆《しいぎゃく》ヲ敢テシ進ンデ国務大臣ヲ暗殺シ放火掠奪ヲ行ハントノ陰謀ヲ企テタルモノニシテ此事実ハ被告人ノ多数自白、爆裂弾ノ存在、其他ノ証拠ニ徴シテ頗《すこぶ》ル明瞭ナル所トス。右ハ実ニ刑法第七十三条ニ該当スル犯罪ナリ。

故ニ裁判所構成法第五十条第二号及刑事訴訟法第七篇ニヨリ大審院カ特別ニ第一審ニシテ終審トシテ裁判権ヲ有スル事項ニ属ス。他ノ普通犯罪ニ付裁判ノ審級ヲ認メタルモノト全ク其規定ヲ異ニセリ。而カモ此ノ如キ法制ハ独リ我国ノミナラズ独乙国ニ於テモ其裁判所構成法第百三十六条第一号ニ皇室ニ対スル弑逆罪並ニ独乙帝国ニ対スル内乱外患ノ罪ニ付テハ帝国裁判所ニ於テ特ニ第一審及終審ノ裁判権ヲ有スルモノトノ規定アリ。又英国ノ法制上古来弑逆罪ニ対スル訴訟ハ普通裁判所ノ外、上院ニ於テモ特別権限トシテ之ヲ審問裁判シタル事例アリ。……然ルニ裁判所カ公判開廷ノ初日ニ於テ公開ヲ禁止シタル為ニ復疑ヲ容ルル者アリト雖モ苟《いやし》モ対審ノ公開ニ対シテ安寧秩序ヲ害スルノ慮《おそれ》アリト認メタトキハ之ヲ停止シ得ヘキハ国法ノ命スル所ニシテ裁判所ハ普通ノ事件ニ付テモ之ヲ行フコトヲ得。況ンヤ本件ノ如キ国家ノ安危ニ至重至大ノ関係ヲ有スルモノニ於テオヤ。……尚公開停止中ト雖モ裁判長ハ法律ノ規定ニヨリ、裁判所ノ職員弁護士其他ノ者ニシテ特ニ裁判長ノ許可ヲ得テ審理ヲ傍聴ノ許可ヲ与ヘ、在本邦大使館公使館員ノ如キモ此手続ニヨリ現ニ傍聴スル者アル次第ニシテ本件ノ審理ヲ隠蔽スルガ如キ事実ハ毫モ之ナキナリ」

この電文で日本外務省が強調しているのは、本件が皇室に対する大逆罪であり、起訴は思想弾圧ではない。起訴手続きは、イギリス、ドイツでも行なわれているように西欧の基準に適合している。その他である。

この政府訓電は司法、外務両省による統一見解である点が際立っている。

判決は翌年一月十八日の予定であったが、これに先立って十五日に外相訓電が発せられている事実は、判決主文が裁判所から外務省側へ洩れていたからであり、海外における抗議の動きに神経過敏となっていた状況を如実に反映したものである。

一九一一（明治四十四）年一月十五日発、小村外相から米・内田、仏・栗野駐在大使宛訓電――

「幸徳ラニ関スル被告事件ニ付テハ近日中ニ判決言渡アルヘク、言渡ノ節ハ其旨成ルヘリ早目ニ電報スヘキ筈ナルカ犯罪ノ事実ハ大要別ノ通ニシテ、判決書ニ掲ケラルル所モ右ニ外ナラサルヘシト思考スルニ付、貴方ニ於テ此際之ヲ発表スル方得策ト認メラルレハ右様御取計相成差支ナシ」

◇片山潜と加藤時次郎の活動

「大逆事件」当時の片山は、東洋経済新報社に籍をおき、その一方で「社会新聞」を細々とつづけていた。そして秋水とは政治的立場を異にしていたから、不仲の関係にあった。だが、事件が起きると、片山は「万国社会党評論」に対し、「日本における政府の圧制」を寄稿し、そのなかで第二次桂内閣の圧制を述べ、日本における労働・社会主義運動に対する思想弾圧の様相を論じたが、「大逆事件」には慎重を期して触れていない。

ついで「ユマニテ」の主筆であり、第二インター第六回大会以来の友人であるジャン・ロンゲ宛の私信が十月中旬、「ユマニテ」紙上でくわしく報じられた。

その中で、幸徳らに対する裁判は、ここ数年来、日本で強行されてきた思想の自由に対する反動の極致と「大逆事件」に言及し、ヨーロッパ市民に、「このような自由の迫害にたいして抗議するよう要請」を出していた。

この手紙公開は、各国に大きな波紋を及ぼし、「大逆事件」への抗議運動に新たな局面を生み出した。

加藤時次郎は一九〇六年、再度の渡欧の折、ドイツ・シュトゥッガルトで開催の第二インター第七回大会（一九〇七年）には日本社会党代表として出席した。大逆事件が起こると、彼はすぐベルギー・ブリュッセルに本部のあった第二インターに連絡した。

内務省警保局の資料によると、「彼が万国社会党ニ報告スル所アリテ三ヵ月、事実ノ明白トナルニ及ヒテ世界十七ヵ国ノ社会党ハ如何ニモシテ日本ヲ救ハサルヘカラスト遂ニベルギーナル万国社会党本部ハ米国ナル社会党ヲ推薦シ、在米日本人社会主義者ヲシテ之ガ運動ヲ助ケシムルコトニ決定シ、米国ハ更ニ『万国社会党評論』主筆エー・エム・シモンズ氏及ジョン・シーチェース氏ヲ実行員トシ、ハー・ソロミウ、ジューリアス・ガーバー、クーネステムノ三氏ヲ評議員トナシ……」と報告されている（傍点は筆者）。

だが、事実の真偽は今日までのところ確認されていない。しかし、次節で詳説するように、⑴アメリカが抗議運動の先頭となった。⑵世界各国の社会党から抗議文が送られていること、⑶その総額がかなりの額になったと推測される大量のパンフレットがアメリカから諸外国に発送されていること（経済的援助）、⑷「大逆事件」関係義捐《ぎえん》金が加藤時次郎、堺利彦を通じて日本に送られてきたこと、などから考えれば、この事実は、警保局資料ではあっても、かなり信用できよう。

「暗殺計画」の執筆に、アメリカ社会党員ジャック・ロンドンの積極的関与があったと推定するのは、彼の社会進化論思想が脈々と流れ、在米の日本人社会主義者を深くとらえたと見られるからである。

◇大逆事件の被告に対する国際的支援

片山潜、加藤時次郎の支援要請を受けて、三ヵ月後、第二インター本部は世界十七ヵ国の社会党に日本の同志支援方針を決定、通告する。

まず第一に米国社会党に対し救援行動に立ち上がるよう要請し、その際、在米日本人社会主義者との共闘方針を指示した。

米国社会党の活動分子として積極的行動を示していたジャック・ロンドンが、この運動の先頭に立ち、かれらの共同闘争の結果として、「暗殺主義」の公表にこぎつけ、同時にこの動きが犠牲者救援活動を生み出した経過については、ジャック・ロンドンの記事で詳述した通りである。

そして、日本の支配権力を恐怖心理に追い込んだ「暗殺主義」が、「赤旗」「大逆」両事件を生みおとし、西園寺内閣を毒殺し、次いで成立した第二次桂内閣をして社会主義運動に対する弾圧政策を強行させせた成り行きについてもすでに明らかにした。

二、各国の抗議運動

(一) アメリカにおける抗議運動

アメリカの抗議運動を精力的に推進したのは、エマ・ゴールドマンらを中心に月刊誌「マザー・アース」を拠点に集まった無政府主義者と岩佐作太郎を中心とする「在米日本人社会主義者・無政府主義者」らであった。その運動が積極化したのは、九月二十二日付「ニューヨーク・トリビューン」「ニューヨーク・コール」に、「天皇暗殺計画」として「大逆事件」が一斉に報道されてからのことだった。

この事件が知らされると、エマ・ゴールドマン、ヒポリット・ハーヴェルらは、「アピール」を作成して内田大使宛に提出する一方、米国の市民らにも檄した。

アピール

われわれは、人道と国際的友好の名において、われわれの友人幸徳伝次郎と同志たちのうえに下された、残酷なる不正に対して強く抗議する。
日本政府は、知識人たちに対してスペインやロシアがおこなったような野蛮な方法をまぬるつもりなのか。

エマ・ゴールドマン
ヒポリット・ハーヴェル
アレクサンダー・パークマン
サダキチ・ハルトマン
ベン・レイトマン

この抗議文は十一月十二日、内田大使宛に届けられ、その後、各地の日本出先機関にも同様の抗議文が送られた。しかし、その内容が具体性に欠けていたので、受け取った側では静観の態度をくずさなかった。
つづいて発行された「第二アピール」は、その内容が具体的だったので、波紋が急速に拡大した。

友人諸君へ
われわれは、人道と国際的友好の名において、幸徳伝次郎とその妻ならびに二十四名の社会主義者・無政府主義者たちにくだされた不正にして野蛮な死刑の宣告にたいし、いちはやく、ワシントンの日本大使館に精力的な抗議をおこなうよう諸君に願った。
幸徳とその妻ならびにかれらの友人たちは、皇室にたいする陰謀を企てたかどによって特別裁判にかけられ、死刑が宣告された。

しかし、特別裁判の手続きがとられたという事実は、確実な証拠が全く薄弱であったことを証明している。幸徳伝次郎は、かれ自身、知的な職業に従事し、日本に西欧社会主義思想を普及しようと献身してきた人物である。かれらの罪状は、カール・マルクス、レオ・トルストイ、ピーター・クロポトキン、ミシェル・バクーニンの業績を日本語に翻訳し、日本に急進的思想をひろめようとすることにあった。

かれは、日本の社会的革命運動における左翼のリーダーとして「クロポトキニスト」の首領とよばれていた。われわれは、皇室に対する陰謀の告発が虚報であることを確信している。幸徳に対する宣告は、ここ数年来日本で強行されてきた思想の自由に対する反動の極致をあらわしている。日本における社会党のリーダーである片山潜氏は、最近、日本におけるこのような自由の迫害にたいし、抗議するよう西欧市民に訴えている。

われわれ自由の国際戦士たちは、日本においてわれわれの友人たちが反動勢力の犠牲に供されようとしているのを許すことはできない。日本政府は、スペインやロシアが施行したような野蛮な方法にならって、日本の学者や思想家たちを死刑においやるであろうか。

われわれは、人道的、市民的立場にたって精力的に行動しなければならない。われわれは、諸君が急迫な抗議を日本大使館へ送るよう希望する。（以下八人の署名があるが略す）

十一月二十二日、エマ・ゴールドマンは、ニューヨークで第一回抗議集会を開き、数百名が参加した。彼女はスペインのフェレル事件を引用して「大逆事件」の本質に迫り、この事件を第二のフェレル事件としないよう強力な抗議を訴えて演説を終えた。

ヒポリット・ハーヴェルは、十一月二十九日付の「ニューヨーク・トリビューン」に、「幸徳事件の事実欠乏」と題した公開状を発表し、この中で市民の質問「具体的事実が全く不足しているのはなぜか」に答え、「日本の諸新聞は、日本政府によって事件審理の進み具合については、いかなる記事の掲載も禁止されているからだと、秘密裁判の真相を暴露した」

十二月十二日、ニューヨーク市「リリック・ホール」で開かれた抗議集会では、日本の桂首相にあてた抗議文の提出が満場一致で採択され、この席上、クロポトキンの愛娘サーシャ・クロポトキン・レベデフのハーヴェル宛書簡が公表された。

「この手紙をわれわれの友人、エリー他の人々にみせて下さいね。とにかく、すべての文明人は、証拠もひたかくしに隠されて、どこから出てきたかもわからない死刑判決には、強く反対しなければならないと思います。誠実におこなわれる裁判というものは、一国の政府が、文明国の列に加はるために法律で示しうる最も初歩的な条件にしかすぎません。

あなたの抗議活動が勝利をおさめることを祈ります。

心からの挨拶をこめて

サーシャ・クロポトキン」

この手紙は、一九一一年一月の「マザー・アース」にのった「日本の裁判」のなかでも紹介された。

続いてボストンの抗議集会では、「日本帝国政府の〈中世的な野蕃行為〉に反対する抗議の建白書をタフト大統領に提出する決議がなされた。

また、世界産業労働者組合を代表してユージン・デブスは、「はるか極東において死刑に脅かされている高貴な精神を、およぶかぎりの手段を通じて救援し、これら自由の使徒に対する冷酷な虐殺を阻止するよう」アメリカ市民に訴えた。このように、アメリカの抗議運動は当初の無政府主義者を中核とする運動から、各地の社会党組織、労働組合、学者、医者、文学者の間にもひろまり、一般市民の間にも浸透して抗議の輪をひろめた。

他方、在米社会主義者の岩佐作太郎は、十一月、「日本天皇属僚諸卿に与ふ」と題する公開状をサンフランシスコ総領事館に発送すると共に日本政府、同志へも発送した。

かれらは、サンフランシスコを中心に抗議運動をひろげ、十二月十六日（死刑求刑の翌日）、「幸徳記念演説会」を作家ジャック・ロンドンらの支援のもとに開催した。

翌一月二十日の抗議集会では、「以後白人と同一行動をとり、ジャック・ロンドンの指導を仰ぐ決議」がなされ、二十三日には、オークランドで日米合同の抗議集会がもたれた。

◇駐米日本大使館、領事館の対応

ニューヨーク駐在日本総領事水野幸吉は、当初、これらの抗議、質問に沈黙し静観視してきたが、十一月十七日付外務省訓電を受けてからは積極的対応に転じた。

彼は、日本でも西欧並みの文明法に基づき、司法権の独立は確立されており、今回の事件は思想弾圧ではないと強調し、その例証として米国でも知られる片山潜、安部磯雄らの活動は、現に保証されていると強調した。

さらに、彼はアメリカでは社会主義者と無政府主義者との間には画然と区別が存し、エマ・ゴールドマンらを中心に活動する人物は、ロシア系ユダヤ人の無政府主義者であり、破壊主義者として市民の支持を受けていない。したがって、幸徳らは無政府主義者なるがゆえに処刑されるべきだと、社会主義者との峻別を強調したが、この論法は平沼検事の論告求刑と同じく無政府主義者の生贄《いけにえ》論だった。

日本政府発表が事件当初、関係者は「社会主義者だった」から、のちには「無政府共産主義者」へと変更されていったのは、これら外務省出先機関からの意見具申と無関係ではなかったろう。しかし、無政府共産主義者の烙印によって弾圧強化を正当化しようとの意図は、日本政府に限ったことではなく、スペイン政府によるフェレル教授の処刑とこれに対する抗議運動の先例がある。

一九一一年一月二十三日、日米合同の大逆事件追悼大抗議集会が開かれ、秋水の友人、レオポルド・フレッシュマンは、幸徳ら十二名の死に追悼文をささげた（この集会は二十四日の処刑に先立って行なわれた）。

「秋水は女性のように心優しい人物だった。同志よ。われわれは、フェレルを悼んだように秋水のために涙を流そうではないか。秋水が十二名のかれの仲間とともに消えてゆくのは、日本文明の、優雅な花にもたとえられる特質である。

フェレルよ、秋水よ!! このような恐るべき大事件がふたたび起きることを防ぐ方法はあるのであろうか。世の中に、政府という怪物から、囚われた餌食を救いだすことは至難の業であり、いったん死刑執行人の手に陥ったが最後、囚人をその不幸な状態から救いだす道はない。心がひきさかれるような、こうしたいたましい災難からあらかじめ身をまもる方法はないものだろうか。

たしかなことは、もし秋水が、サンフランシスコに留まっていたならば、東京であのような裁判はなかったであろうということだ。

フェレルが、嵐の近づくのを感じて、われわれのなかで活動しようと帰っていたならば、われわれはフェレルを失わなかったであろう」

つづいて一月二十五日、「在米日本人社会主義者・無政府主義者」十九名は、サンフランシスコの朝日印刷所で、「幸徳事件死刑者追悼会」を開いた。

かれらは、「在米日本革命党」の名をもって宣言書を発表し、一月二十四日を革命記念日とするとの声明を発した。

一月二十九日、ニューヨーク・ウエブスター・ホールで抗議集会が開かれ、その場から日本領事館への抗議デモが組織されたが、そのデモは、「野蛮な日本人を排斥せよ」との排日運動に転化する危険を秘めていた。

さらに二月十二日、サンフランシスコで再度、日米合同の記念講演会が開かれたが、アメリカにおける抗議運動は、すでにピークをすぎており、下火となった。

アメリカ労働運動の主流は、アメリカ労働総同盟（ＡＦＬ）へと移りつつあったし、一九一〇年のＡＦＬ大会では、日本人移民問題が討議される一方、日本外務省筋による宣伝の強力な展開が効果を現わす。

他方、「在米日本人社会主義者・無政府主義者」たちの特異な存在、抗議運動指導の中心がアメリカへの亡命アナーキストによって推進され、アメリカ市民のなかに根を下ろしていなかった事情も重なり、運動は漸次、衰えていった。

日本政府は当初、「大逆事件」の説明にあたり、「社会主義者幸徳秋水外二十五名陰謀事件」と公表していたが、その後十一月二十九日以降は「無政府党員被告事件」と改称した。

この変更は、社会主義者の弾圧を正面に掲げると思想弾圧を公言したことに他ならぬので、標的を殺人鬼、放火犯、テロリストを一括する無政府主義者に絞る作戦変更を有利と判断したからであろうと、読みとれる。

ともあれ、日本の大逆事件はスペインにおけるフェレル教授事件と同様、社会主義者の列外に位置づけられた無政府主義者の虐殺を、正当視する論拠を共有していた。

(二) フランスにおける抗議運動

当初「ユマニテ」の主筆で社会主義者のジャン・ロンゲは、第二インター第六回大会以後、片山潜と親交を結び、日本の労働・社会主義運動にも強い関心と理解をもっていた。

彼は「大逆事件」の抗議要請を片山潜から受けたばかりでなく、在米社会主義者エマ・ゴールドマンらと連絡をとり、「ユマニテ」を通じて事件の真相をフランスの労働省に伝えた。

一九〇六年、スペインのフェレル教授が無政府主義者であるとして処刑されると、フランスでは、この処刑に反対し、かれを救援する社会防衛委員会が組織され、一九〇九（明治四十二）年十月十三日、この委員会の指導下に三万人の労働者が動員され、スペイン大使館に抗議した。

そして、この社会防衛委員会の組織がそのまま「大逆事件」の抗議運動にも引きつがれた。幸徳秋水は、このフェレル事件に関して、「無政府主義者かならずしも殺人者、テロリストにあらず」とフェレル支持の論陣を展開した経歴をもつ。

それは、古巣の「萬朝報」に対する投稿だった。洋の東西を問わず、社会主義者のなかから選抜されて生贄に供されたのは、無政府主義者の焼印を押された闘士だという共通の災難を物語っている。

一九〇六年、スペインにおけるフェレル教授の処刑に抗議し、三万人の大衆を集めて救援活動に立ち上がったフランスの「社会防衛委員会」は、五年後の一九一一年（明治四十四年）、無政府主義者十二名を断頭台に送った日本政府に対し、処刑反対の抗議デモを組織して国際的連帯の模範を示した。

日露戦争に勝利して世界の一等国仲間入りを遂げ、西洋社会に比肩する文明国を自負してきた日本政府と司法官僚だったが、スペイン、ロシア並みに国民を打ち首にする野蛮国の烙印を受け、思想弾圧張本人の汚名を受ける破目に陥った。

無政府主義者、共産主義者の一人もいない天皇の支配国家＝日本帝国建設の大望は、思わざる伏兵、国際社会主義運動の連帯の環からの反撃に直面し、裁判は適法に行なわれ、西洋の基準に合致したものであるとの再三の声明を、余儀なくされた。その反面、日本国民はまったくのカヤの外に置かれ、事件に関する一切の報道は禁止されていた。

◇幸徳、フェレル教授処刑に反論

「萬朝報」は、明治四十二（一九〇九）年十一月二十日付で「無政府党に動かさる」と題して、「国法を無視する無政府党員にして、確かに死刑にあたいする者なり」の記事を発表し、スペイン政府によるフェレル教授の処刑を支持した。

此の記事に憤慨した幸徳は、すばやく対応して古巣の同紙に投稿記事を寄せて鋭く反駁を加えた（四十二年十一月二十六日付）。

「フェレル教授は無政府主義者に相違なきも、無政府主義者かならずしもことごとく殺人者、暴動者にあらず」と反駁し、「萬朝報」紙に一矢報いた。

「スペイン帝国のバルセロナで、軍隊の動員令に反対してゼネストを宣言した急進派の労働者が、軍隊と衝突して暴動化した。

カトリック教会と結託したスペイン政府は、首謀者探しにやっきとなり、無政府主義者というよりも、教権否定の自由主義思想家として有名なフェレル教授を逮捕した。そして彼を軍法会議にかけ、ろくな証拠調べもなく、世論の反対を押さえきって十月十三日、死刑を執行した。まるで中世の宗教裁判を思わせるような野蕃にして残酷な処刑である。

スペイン民衆の激昂と国際世論の沸騰によって、内閣の更迭にまで及んだフェレル事件が、海外ニュースとして極東の島国、日本にも波及してきた」

スペインにおけるフェレル教授の死刑執行のニュースは、日本の幸徳秋水にとっても、決して対岸の火災視してすませる事件ではなかった。フェレル弁護の形で、自分らの身にふりかかる火の粉を払いのける必要を直感した彼は、身近な問題として取り上げ、警告を発した。

フェレル事件から二年後の一九一一年一月、幸徳もまた無政府主義者なりとして、明治政府から生贄に供されてしまった。しかも彼は、単に無政府主義者たるのみならず、天皇暗殺計画の首魁なりとして、大逆事件の主役に地位づけられていた。

フェレル弁護の形式を踏まえて、日本の同志たちに発した政治的警戒心を怠るなとの警告も、予期した効果を生まぬまま、彼は断頭台上で生涯を終えた。明治四十四年一月二十四日、ときに幸徳四十一歳。

◇抗議運動のひろがり

「スペインの虐殺者がフェレルにたいしておこなったことを、天皇が幸徳とその同志におこなおうとしているのである。

フェレルの場合と同様、嫌疑を立証することのできることはなにひとつ示されなかった。フェレルの場合と同様、おこなわれた裁判は特別裁判であった。

フェレルの場合と同様、われわれは、われわれの同志たちが殺されるのをまって、そのあとで虐殺者の追放を叫ぶことになるのであろうか？

　過ぐる一夜、パリ、オッシュ街七番地の日本公使館のまえで、三十名ほどの活動家が会合した。しかし、秘密がかぎつけられたために、われわれの同志たちは、すべての御用虐殺者に自由に使わせている警官によって逮捕されてしまった。……自己の思想のゆえに処罰された日本の著述家と労働者とをすみやかに救出することは、すべての革命家、社会党および労働者組織の任務である。

　フランスの民衆が、集会やポスターによって、日本の天皇がこの憎むべき措置を取り消さなかったのかどうかという疑問をいだくようになったときに、われわれは一九〇九（明治四十二）年十月十三日に、フェレル虐殺のフランスにおける代表者に挨拶をおこなった三万人の活動家を、日本公使館の周辺に動員するであろう。しかし急がなければならない。つぎの通信が処刑のニュースをわれわれにもたらすかもしれないのだ」（一九一〇年十二月十四日付「ラ・ゲール・ソシアル紙」）

　大逆事件に抗議するフランスの世論は高まり、他方、労働組織幹部、デューランに対する死刑宣告は、労働者を憤激させて裁判の再審要求となり、大逆事件への怒りと合体していった。

　栗野駐仏大使は、小村外相宛報告で「今日ノ勢ヲ以テスレバ今後幸徳ラノ裁判愈確定ノ上ハ其結果如何ニ従ヒ又々一運動ヲ見ルニ至ルベキカト思考到候」と記し、翌一九一一年一月七日、仏外務省担当者に対し、「リベルテール」「ユマニテ」などに掲載された「不敬の記事差止」方を申し入れると共に、日本大使館に警察官の導入を要請した。

　論告求刑直後の十二月二十九日、小村外相は、駐米内田大使宛に、「無政府党員被告事件ニ関シ、往々誤解ヲ懐《いだ》ク者アルニ依リ」これに関する詳細電報を打電し、欧米各国大使にも転電するよう要請した。

　この電文のあらまし。

(一) 被告は、みな無政府党員であり、かれらは平気で暗殺、放火、強盗をはたらく。
(二) この事件は皇室に対する大逆罪であり、思想弾圧ではない。
(三) 訴訟手続きは合法的におこなわれ、一審にして終審の裁判は西欧文明法に基づくもの。
(四) 裁判は秘密裁判ではなくて、ただ非公開。それは社会秩序維持のためのもので、外人記者にも公開されている(日本人記者は拒絶)。日本政府の主張によれば、被告は殺人、放火、強盗を行なうテロリズム信奉者であり、無政府主義者であるから、裁判は思想弾圧でなく、また裁判は合法的に進められており、安寧秩序を守るため、非公開としたまでであるとの政府見解を説明したものだった。

一九一一年一月三日付の「ユマニテ」は、「犯された虐殺に対する新事実」と題して、昨年六月から天皇の監獄に呻吟している社会主義者、無政府主義者は二百名を下らない事実を指摘して思想弾圧の実態をあばき、さらに幸徳ら二十六名の被告の職業に触れ、これほど多種多様な出身者が被告とされたのは、日本の進歩的な思想が国民の間にますます浸透している事実を示すものであり、今のうちに、この進歩的思想を流血のなかに溺れさせようとする陰謀がたくらまれていることを説明している」と、本裁判の本質をえぐっていた。

フランスにおける抗議運動の高まりとその影響力を心配した栗野大使は、翌年一月十三日、判決の直前になってから、小村外相宛に次の要請を打電した。

「幸徳事件ニ関シ愈々判決宣告若ハ刑ノ執行アルニ於テハ何ラカノ暴動発生スルコトナキヲ保シ難キ由ニテ警視庁ヨリ内々請求ノ次第モ有之ニ付、処刑ノ期日ハ予メ御電報アリタク、又判決文ノ内容ニ関シ新聞紙上誤文ヲ伝フルコトアリテハ遺憾ナルニ付出来得ベクンバ右公表前ニ其要領ヲ御電報相成リタシ」と打電するとともに、「死刑ノ宣告已ニ発表セラレタル上ハ過激派ニ於テ更ニ一切ノ手段ヲ尽シテ新タニ人心ヲ動揺セシメント試ムルハ自然ノ趨勢ニ有之、之ヲ『フェレル』事件ノ当時ニ徴スルモ刑ノ宣告ト執行トノ間ニ経過セル三十五日ノ時日ヲ利用シテ遂ニ同志ノ糾合ニ成功シタル次第ニ付警視庁ニ於テハ可成刑ノ執行ノ急速ニシテ過激派ヲシテ更ニ人心ヲ刺激スルノ余裕ナカラシメンコトヲ希望致居候」と、刑の執行を急ぐよう要請してきた。

アメリカ駐在内田、イギリス駐在加藤、フランス駐在栗野の各全権大使から、自国内における抗議運動とその対策要請を受けた小村外相は、一九一一（明治四十四）年一月十五日、十六日にかけて訓電を発し、大逆事件の内容に関する別電も発した。

「幸徳等ニ関スル被告事件ニ付テハ近日中ニ判決言渡アルヘク、言渡ノ節ハ其旨成ルヘリ早目ニ電報スヘキ筈ナルカ犯罪ノ事実ハ大要別ノ通ニシテ、判決書ニ掲ケラルル所モ右ニ外ナラサルヘシト思考スルニ付、貴方ニ於テ此際之ヲ発表スル方得策ト認メラルレハ右様御取計相成差支ナシ」

判決言い渡しは一月十八日だったのに、すでに三日前の十五日付で判決に関する外相の訓電が発せられているのは奇妙なことである。言い渡し前に判決内容が決定され、しかも主文が裁判所外部に洩れていたのは不可解至極である。じつは一月十五、十六日頃、桂首相、渡辺宮相、山県元老の間には判決内容が知らされていた事実とともに、行政と司法との間のふしぎな蜜月状態におどろく。

一月十八日、判決言い渡しのあと、「ロイター通信」によってフランスの各新聞にニュースが伝えられた。

「ユマニテ」一九一一年一月二十日、二十一日付。

「天皇の犯罪――幸徳とかれの妻は死刑を執行されよう」

「東京の犯罪――幸徳はいかにして裁かれたか」

「東京の被告に与へられている無政府主義者という肩書きは、多かれ少なかれ事情に通じている通信社と通信員の考えに委せておこう。

われわれは、公的な虐殺者が、誰かを抹殺してしまおうと強い決意を抱くときに、かれらの窮極の論拠となるものが、不幸な犠牲者に『無政府主義者』というレッテルをはりつけることだ、ということを経験によって知っている。……天皇と日本政府は思い違いをせぬように。十二名の死刑囚の刑罰を無期懲役に減刑するというような子供だましの寛大な措置をとったからといって、それだけでは、文明世界の世論に対して犯罪を弁解することにはならないだろう。そんな措置は、かえって、婦人一人を含む二十四名の人々に向けられている怖ろしい判決が、死刑執行人の頭のなかにまでも躊躇の気持を生ぜしめた、ということを証明することになろう……」

フランス総同盟は、判決が伝えられると、直ちに行動を開始し、二十日夜六時には四十余名の活動家が日本大使館に抗議を伝えた。

一月二十三日、セーヌ県労働組合連合が主催した大集会では、「大逆事件」の具体的事実と意義について参加者が演説し、「この死刑判決が、日本反動の望む判決であったと考え、もしわれわれの同志たちの生命が救われなかった場合には、次回の日本公債に反対する世論の動きを促す」との決議が満場一致で採択された。

一月二十四日、死刑執行の報告が当地に伝えられると、栗野大使は警視庁と打ち合わせの結果、刑の執行が一刻も早く実行されるよう本国に打電すると同時に、新たに日本大使館内に無政府党係りの警官二名を増員し、大使館は数十名の警官によって警備されることになった。

一月二十五日の「ユマニテ」は、セーヌ県連合の死刑執行反対の抗議文を掲げると共に、死刑執行に七時間もかかったのは、処刑場には絞首台が一台しかなかったからだと書いた。

同日号の「ユマニテ」は、別稿として「日本において——幸徳とその妻及び十名の同志が東京で昨日虐殺された」と題して、ジャン・ロンゲの署名入りで次のように訴えた。
「……卑劣にも、わが勇敢なる同志幸徳、かれの勇気あり、かつ美しい妻菅野夫人および勇壮熱烈なる十名の活動家は、東京の一監獄において虐殺された。……かれらは、その死刑宣告を大審院において『万歳』と英雄的に叫びながら迎えた。かくしてプロレタリア解放の偉大な思想のために、東洋の黄色人プロレタリアの血がはじめて大量に流れた。

この至高な思想のために、非常に多くの西洋の白人プロレタリアが、半世紀以上も前からかれらの生命を捧げてきたのであるが、われらの赤旗のもとでアジアの勤労者と強固な団結が破りえぬまでにかためられたのである。

血に飢えた専制君主睦仁、かの非情なる大臣ども、桂子爵とその一統が、かれらの犠牲者に〈無政府主義〉という非難を押しかぶせようとしても、それは無駄である。たとえ、これらの何人かが、極端な手段を用いざるをえず、無政府主義の素朴な思想を抱かざるを得なかったにしても、その誤りは、なによりもまず、日本の社会主義が、十数年前から——すなわち、その誕生のときからすでに——たえず受けつづけてきた憎むべき迫害に由来するものであったのである。

政府と資本家との日本は、その自称近代文明、大工場、装甲車、速射砲、あらゆる西欧的組織をたいへん自慢にしているが、いまや、先祖伝来の野蕃に逆もどりした。

ただ、社会主義的、革命的プロレタリアの日本だけが、昨日革命の大業に倒れた十二名の英雄を犠牲として、いまや、文明を具現するものとなった。この日本こそ、その支配者のアジア的野蕃行為のなかで失われた文明の見張り役なのである。

ジャン・ロンゲ」

二十六日付の「ユマニテ」は、ロンゲの署名入りで「東京の悲劇」と題して日本政府を糾弾した。「……一昨日、東京の監獄の奥深いところでおこなった革命活動家の残忍な虐殺の周囲に、完璧な報道管制の陰謀をはりめぐらしていた。

それにもかかわらず、日本政府は、われわれの不幸な同志たちの賛嘆すべき態度を世界の世論のまえに隠すことはできなかった。これらの同志たちは、すべて冷静かつ大胆に、死刑に向かって歩んだのであるが、これによって、かれらは『血の週間』すなわち、ロシアの革命的英雄行動のもっとも高貴な英雄の傍に置かれるものである。

卑劣な桂が、彼の犯罪遂行に絞首台を十分に用意させることをしなかったので、憎むべき殺人はまる一日つづいた。十二名の活動家は、ひとりひとり毅然としてその生命を捧げた。……菅野夫人も彼女の同志たちと同じように勇敢な死に方をした。いまや、天皇は、ロシア皇帝と同じように、婦人の絞首刑を執行したという汚名をきることになったのである。……

天皇とその政府は、憤激したヨーロッパの良心の抗議が届くまで待っていなかった。

警察の陰謀の犠牲者である、無政府主義者幸徳および社会主義の思想を擁護、普及したかれの仲間たちは思想の殉難者である。かれらは、無政府主義者幸徳および社会主義の思想を擁護、普及したがために、ある者は死刑執行人の一撃をうけて死に、ある者は依然として監獄に幽閉されるのである。

われわれは、かれらの想い出をたたえ、肉体を搾取され、自由をうばわれた日本の労働者階級に挨拶をおくるものであるが、天皇とかれの大臣、裁判官、警察官、死刑執行人ならびに現代における最もおどろくべき犯罪の共犯者ども全員を、文明世界による死刑執行にゆだねる。

パリでは、もちろん昨払暁から警視総監レービンが日本大使館を防衛するため、警官を根こそぎ動員した。かれらは近隣の道路にちらばり、ささいな事件にも介入の用意をしていた。アラビアのどんな香水も、マクベス夫人の手についた血の痕を消すことができなかったように、地上のどんなスパイも、人民による死刑執行に運命づけられている暴君を、かれの避けられぬ運命から救い出したことは一度もなかった。

ジャン・ロンゲ」

数回にわたってくわだてられた日本大使館への抗議デモは、そのつど解散させられた。

今村弁護士が語った「裁判所が審理を急ぐこと奔馬のごとき」大急ぎの審理、判決から刑の執行までわずか一週間という超スピードぶりで処刑が終了したことは、海外における抗議運動の高まりを怖れた当局者の不安、恐怖と無縁ではなかった。

フランス、イギリス、アメリカの駐在大使は抗議運動を逐一、東京へ打電していたが、その際、早期判決、早期執行方をも政府に要請していた経過は、大逆事件の国際関係に与える影響を深刻に打けとめていたからであろう。

二月四日付の栗野大使から外務大臣宛書簡は、「此之刑ノ執行ノ迅速ナリシ結果、幾多過激派ノ計画ヲ未発ニ防クヲ得タル有様ニ有之候」と喜びを率直に表明していた。

最後に一月二十四日付「ユマニテ」に発表されたマクシム・ゴーリキー（当時、彼はイタリーに滞在中）の手紙をのせる。

「親愛なる同志

私は、一ロシア人です。私の国では、幾百、幾千という人々が裁判の形式を経ずに殺されています。こうした殺人がいつ果てるともわかりません。もちろん、私は日本の同志たちの死刑執行に対するあなたがたの抗議に加わるものです。しかし、もし、だれか日本の裁判官か死刑執行人が私に

むかって、
『すくなくとも私たちは、たとえ特別法廷ではあっても、とにかく法廷に私たちの被告を召喚しているのですよ。あなたのお国では、裁判などやりもせずに、あっさりと人を殺していますか？　その刑罰文明をもったヨーロッパは、なぜ、ロシア政府の野蛮な刑罰に抗議をしないのですか？　その刑罰というのは、ロシア政府の敵（人民）にむけられたものですが、かれらはやはりあなたがたの同志なのですよ』
といったとしたら、私は何と答えたらよいでしょう。親愛なる同志、私の心からの挨拶をお受け下さい。

マクシム・ゴーリキー」

◇日露講和談判（ポーツマス条約）成立とフランスにおける日本公債の発行について

ポーツマス講和会議は、七月下旬にはじまり、数回の交渉を重ねたが、樺太の割譲と償金問題で、双方の意見が一致せず調印に至らなかった。しかし、八月二十九日の会議で日本が譲歩し、樺太は北緯五十度をもって分割、償金の要求は撤回としたので、講和が成立した。

日本国内では、講和成立直後の九月五日、この講和に不満な国民による日比谷焼き打ち事件が「東京騒動」として各国に打電されると、ロンドン、パリの金融市場の雲行きが悪化し、日本の公債発行の人気にかげりが見られるにいたった。アメリカからも、この「東京騒動」を心配する感触が伝わると、高橋是清はパリ行きを決断した。

これより先、高橋はパリ株式取引所仲買委員長と極秘会見、日本が戦争終結のため償金をとらない英断を下すならば、日本政府の公債発行のため、パリ金融市場を開いてもよいとの約束を得ていた。

九月十四日、高橋がルビエ仏首相を訪問すると、首相は、「日本政府が講和条約を取り結んだことは、たいへんすばらしい処置で、フランス国民と共に祝福しています。この時期に日本公債を当地の市場で紹介できることはいいことだと思います」と、支援を約束してくれた。

パリで発行するなら、ペリ・ロスチャイルド家にも参加してもらいたいと考え、その旨を伝えると、ロンドン・ロスチャイルド家も参加するならと話が進み、パリ、ロンドンの両ロスチャイルド家が発行銀行に参加することとなった。

その後、パリ・ロスチャイルド家を訪ね、発行高五千万ポンド、そのうち半分は内国債の償還にあて、残り半分は六分利付き英貨公債の引き換え用に充てることを取り決めた。

幸徳処刑の抗議集会の参加者たちが、この公債公募反対の決議云々を叫んだのは、この間の事情を反映している。(『高橋是清伝』小学館地球人ライブラリー参照、一九九七年二月刊)

(三)　イギリスにおける抗議運動

イギリスで大逆事件に対する抗議運動が本格化した端緒は、「ロイター通信」を報じた十一月九日付「ロンドン・タイムズ」の次の記事であった。

「二十六人の日本人は、日本国皇帝が郊外の陸軍学校へ行幸するのを機会に暗殺しようと計画した、という理由で告訴された。かれらは、本件を公開するために構成された特別の秘密裁判所で有罪と判決された。その裁判所は、法の名のもとに――すなわち死刑という――最もきびしい処罰を勧告した」

これは十一月一日に大審院予審判事の「意見書」が提出され、十一月九日、公判の開始が公表された翌日の記事であり、公判開始のニュースが一部誤解され、「最終的に有罪決定」との理解がなされた結果である。

◇ロバート・ヤングの役割

彼は当時、「ジャパン・クロニクル」の主筆で、また「国民自由クラブ」の会員だった。「ロンドン・デイリー・ニュース」「ロンドン・タイムズ」に対し、「大逆事件」をくわしく伝えて世論の喚起に努力していたが、これは日本事情通として当然の責務であると自覚しての行動だった。

しかし、何よりもこの事件を思想弾圧とみなして、幸徳への心情的連帯を発揮せずにはいられなかったからであろう。それは、アメリカにおけるヒポリット・ハーヴェルが「ニューヨーク・コール」「ニューヨーク・トリビューン」などに「公開状」を送って影響力を行使した役割と軌を一にするものであった。

ヤングの第一報は、十二月九日付「デイリー・ニュース」紙上で、同紙代表者との会見記というかたちでなされた。彼はこの記事で、この事件は憲法違反であると論難して、日本政府非難の第一声を放った。

◇加藤時次郎の役割

加藤はドイツ帰りの医者（平民病院の経営者で堺、幸徳らと親しく社会主義者の支援者）で、萬朝報退社後の幸徳、堺が週刊「平民新聞」を創刊するとき、兆民の友人で幸徳の先輩に当たる小島龍太郎が政府へ納入する保証金千円を用立てた。加藤医師が当座の運転資金を全額負担するという資金援助を約したため、明治三十六年十一月十五日、週刊「平民新聞」は、創刊号を世に出すことができた。

五千部を売り切り、三千部増刷の好調なスタートだった。しかし、政府の弾圧が加速度的に高まり、発禁につぐ発禁、編集者、発行人への裁判責めに明治三十八年一月二十九日、「露国革命の火」を掲げ、全頁を赤字印刷して終刊号とした。

明治三十九（一九〇六）年二月二十四日、日本平民党と日本社会党とが正式合同して日本社会党第一回大会が開催された。このとき、会場は京橋木挽町所在の加藤時次郎の病院であり、加藤はこの大会で、十三名の評議員の一人に正式に選ばれている。加藤は洋行の途次、一九〇七年、ドイツで開催された第二インター第七回大会へ日本社会党代表として出席した。

「大逆事件」がおこると、ベルギー・ブリュッセルにある第二インター本部に連絡した。

連絡を受け、第二インター本部では、直ちに委員会を開き、抗議運動、救援活動を開始するよう訴えた。その結果、きわめて幅ひろい政治団体が抗議運動へ参加するに至った。

イギリスでは、「労働組合運動を、単に賃金と労働条件とを守るための手段としてだけでなく、資本主義社会との闘いにおける攻撃的武器として用いよう」とする新思考が生まれてきて、抗議運動をもりあげた事情も看過できない。

一九一〇年十二月二十日、ロンドンの抗議集会には一万五千人の参加者があり、翌年一月末までに在英日本大使館、領事館への抗議件数は数百件にも達した。

一九一一年一月六日付「タイムス」に、ロバート・ヤングは、「いわゆる日本の皇帝に対する陰謀」と題して、その全容を明らかにした。

「該事件を通じて、当局者たちによって採用されている手続きは、極端に不正であります。

かれらが拘置されたとき、まず日本のすべての新聞社の代表が—私自身も含めて—召集され『拘留の理由に関するいかなる公表も許さない。もしそれに違反した編集者は、起訴をまねかれぬであろう』という趣旨の、きわめて強い言葉で表現された一片の通告をうけました。

にもかかわらず、警察当局は、数週間後、『爆発物による陰謀に関係した被告に対して、重大な告訴がなされた』という公表について『この陰謀が同時に、皇帝にたいしてくわだてられたものであるという主張は、なんら根拠のないものである』という声明を公けにしました。……

数ヵ月まえ当局者たちは、日本における社会主義を根絶する旨を報じました。もしこのことが当局者によって採用されるべき方法の一見本であったとしたら、むしろこの犠牲者に対する共感をよびおこした方が、この特殊な経済と社会的異端を根絶するよりも、おそらくいっそう社会に新鮮な活気をもたらすでしょう。日本では十七世紀にキリスト教徒が根絶されたと同様な政治的理由にもとづく、このような方法は、二十世紀の現状ではほとんど適用されえないものです」

秘密裡に裁判を行なったので、日本政府は同時に、みずからの誠実を論証すべき機会を放棄し、流言や暗示や疑惑をとりのぞく舞台をはなれてしまった。

◇一九一一年一月二十一日付「ネーション」紙——

「日本の大審院法廷は、皇帝暗殺の陰謀をくわだてたかどにより告訴された被告幸徳とその妻ならびに他の二十四名の社会主義者たちに、死刑の判決をくだした。

その裁判は好んで文明化しようと心がけてきた国家としては、はなはだ不名誉なことだった。裁判は終始秘密裡におこなわれたうえ、被告の弁護士たち（被告を弁護することを許されていたかどうか不明な）は、事件を秘密にすることを誓約させられた。どのような証拠が成立したかは不明だが、そこで拷問を暗示するような自白が陳述されたという。しかし、実際には、裁判はまったくなされなかったのだ。

被告たちは、ただ物的証拠についてだけ調査する第一審裁判所では抗弁することが許されていないのだ。そこで凶悪な犯罪行為があった場合、該事件は中間の裁判所を素通りして、ただ法の要点だけを考慮する大審院法廷にうつされる。このように滑稽な法律の形式をとるよりは、むしろ、裁判の形式をとらずに、旧時代の方法で打ち首にした方が、より適切であったろう。……

……彼（片山）は政治的信念において、なお無政府主義者ではないが、日露戦争中、ロシア社会民主党のリーダーであったプレハーノフとアムステルダム会議で公然と交わりを結んで、輝かしい場面を演じたオーソドックスな社会主義者である。日本の皇帝に対する陰謀のうわさは、明らかに社会主義たちに対する苛酷な迫害を、これまでよりもさらに強化するために考えられたものである。とはいうものの、言論と結社の自由のことならば、日本では憲法で保証されて以来、ほんの一時期だけ黙認されていただけである。

われわれは、われわれの同盟国において、一つの経験を味わった。もしも、日本がイギリスで冷淡な礼儀だけでもえたいと考えるならば、この宣告は、決して執行してはならない」

◇一月二十六日の「デイリー・ニュース」紙――

「東京における最近の裁判は、ヨーロッパに深刻な関心を引きおこしている。それは十二名の日本の社会主義者が昨日、錯覚的な暴虐の環境のなかで死刑に処せられたということである。このきわめて不吉なできごとの直後、

『小村伯（外相）は衆議院の席上、日本の外交政策について演説し、日本と他の強国との関係は、

人気において着々と成長していることに満足の意を述べ、『外国との親交を妨げるようないかなる事件の発生もない』と公言した。

小村伯がこのように発言したとき、それがヨーロッパの多数の人々の耳には、いかに空々しい不誠実な響きにきこえるか、小村自身知ってないことはありうべからざることのように思われる。

二十四名の社会主義者に対する裁判は、はじめからおわりまで、ぞっとするほど恐ろしい事件であり（そのことを無視しての）小村発言は、今後、日本がイギリスと新しい条約を協議するとき、イギリス民主主義の記憶のなかで消えていなかったことを、日本政府は発見することだろう」

◇一月二十六日「ネーション」紙――

「幸徳ら十二名の死刑判決は、すばやく執行されてしまった。かれらは従容として死についた。われわれは、いまや、この奇怪な、そして信じがたい告訴に対する被告人たちの弁護よりも、かれらの最後の言葉を知りたいと思う。『ロイター』によって伝えられた消息によれば、われわれが懸念したように、それが政府の単純な奸計であることが明らかとなれば、被告たちを追放する以外に処刑できなくなるので、処刑をすばやく遂行することによって、ヨーロッパの抗議を静めようと計ったのだ。


日本の裁判による犠牲者たちの記憶は、フェレル事件のそれとともに大切に記憶さるべきである。かれらは、ともに不当な死刑宣告をうけたとはいえ、スペインの場合には、危機と恐慌のさなかに急遽、施行せざるをえなかったということができるが、日本の場合、抗弁の余地はまったくない。

この秘密裁判の罪悪は、被告たちが事実審理に重点を置くところでは抗弁することのできない裁判所と、犯罪事実関係を除外したところでのみ弁護することが許されている裁判所で判決されたということであり、この事実は、日本という国名に汚点を残すであろうし、その汚点をわれわれは決して忘れたり、無視したりしないであろう。

この残虐が強行された日に、桂首相は議会において『大英帝国との同盟関係は、年とともにその強固さを加えている』と公言した。

彼は事実において重大な誤りを犯している。日本との同盟は、かつて世論に歓迎されたことがない。われわれは、日本の支配階級の真意を知ることによって、ますます、称賛すべき点を見出しにくくなった」

以上に見たごとく、ロバート・ヤングを中心とする新聞世論の形式は、駐英加藤大使を驚愕させた。

一月二十二日、彼は日本政府の公式見解をまとめて各新聞社に伝えた。二月八日付「タイムス」紙上には、「東京におけるアナーキストたち―秘密裁判に対する公式見解―」と題して公表された。「無政府主義者たちの裁判が非公開ですすめられた件で、きわめて有害な批判が日本の為政者並に特別法廷に向けられている。日本の首相と最高裁判所長が、この決定をくだしたのは、もし公開すれば安寧秩序のため不利益となり、また日本における多くの社会主義者たちがアナーキズムの方向に傾くのを抑制するためにも不利益になるということである。桂首相は日本の新聞各社とのインタビューで、『日本の新聞は、全体としてたいへん改良されたにもかかわらず、なお西欧の新聞に受信された平凡な倫理に影響される傾向がある』と言明した」

桂首相は、アメリカやヨーロッパにおけると同様、日本においても「労働問題」を掲げ、極端に社会主義的傾向をもつ多くの小新聞が発行されていると指摘した。そして大新聞は疑いもなく公開裁判の危険を認めているが、小新聞は、かならずやかれらの郷土の殉教者たちをつくりあげるであろうし、現存の機構にたいし、日本国民の多くを憤激させようと望んでいる。このことが秘密裁判に決した理由だと説いた。

加藤大使は一月十六日、日本外務省から各国駐在大使に電送された別電および前年十二月二十九日の公判終了後、外相から各国大使に送付された「特別裁判に関する訓電」からイギリス向け公式見解を公表済みだった。

ロバート・ヤングは、加藤大使の公式見解を反駁して二月九日付「タイムス」にのせて対決した。

——「公式見解」では、東京の秘密裁判について事件の公表が「小新聞の多くが被告から殉教者をつくりだし、また日本国民の多くが現存機構に対して憤激するよう導かれるだろう」との見解に接して意外に感ずるものです。

「公式見解」によれば、『幸徳とかれの仲間たちは、爆発物と凶器とで暴力革命を計画し、財産を略奪し、官庁を焼き払い政府の高官たちを暗殺し、宮城を攻撃しようとした。そのうえさらに、この二十六名は、これらの犯罪をおかした後、皇太子の生命に危害をくわえようとした』とされています。

したがって、そこには日本人の多くが、このような不注意な大逆を犯した被告に共鳴し、被告たちの行為を見習うかもしれない、と。

そして、そのことのために、被告にたいしてこのような犯罪をはっきりしたかたちで公表するのを避ける必要があった、ということが言外に示唆されています。私は日本国民にたいして、このような不公正な中傷は決して書かるべきではない、といいたい。

日本の国民は平和的で穏健です。とりわけ、皇室に対して敬虔な尊敬の念をいだいています。私は日本で二十年以上生活した人間として、この事件の被告たちにたいして陳述されたような犯罪が、たとえどのようなかたちをとったにせよ、かれらが罪を認めたり企図した、などということを全面的に否定します。総理大臣桂候が、同国人に対して、このような告訴状を書いたとは信じることができません。

また審理経過を秘密にすることを正当化しようとして先月十六日、日本の権威筋によって公表された声明のなかで『暗殺に共鳴する人がふえるであろう』と言明したことは、全く意味のないことです。そこには、かれらのとった行動に対し、ひとつとしてその理由が示されていません。そのことに触れている責任ある新聞がひとつもない、ということがなによりも証拠となっています。

日本の新聞はあやまちをおかしました。しかし、過去二十年間、私は日本の新聞記者たちと同様な経験をつんだ結果、このような犯罪の事実を追究するために努力しようとした新聞がひとつもない、ということを知りました。

実際のところ、日本では、急進的なことはもちろんのこと、穏健な社会主義的目的について宣伝したり、労働について解説できる新聞はなにひとつないのです。そのような傾向をもった新聞はただ一紙だけありましたが――平民新聞――その新聞*は、（注、週刊「平民新聞」創刊明治三十六・十一・十五、最終号明治三十八・一・二十九「露国革命の火」）とうの昔に日本の当局者によって廃刊にされてしまいました。

この裁判をつうじて、秘密を最後まで保持し、そのために異常なまでの弁明をなしたということのなかには、もう一つのことが暗示されています。もしも、証拠の全部が公開され、警官のとった手続きが知らされたならば、国民の同情はさらに多くなり、被告たちのために奮起したにちがいありません。かれらは殉教者としていっそう注目されたでしょう。

だからといって、そのことが『大新聞や日本人民の大部分が、爆発物や凶器による暴力革命に同情したり、落着きのある皇室の人々に野蛮な危害をくわえようと考えるだろう』という理由にはならないでしょう」

穏健な自由主義者であり、在日二十年余の英国人記者は、まさしく事件の本質を見抜き、社会主義、無政府主義の幻想に翻弄された明治末期の藩閥＝官僚主義者のいわれなき危機感が生み出した捏造事件にほかならなかった事実を、見事に摘出した。

かれロバート・ヤング（一八五八―一九二二）はロンドン市内で植字工の頃、日本で勤務する印刷工募集の新聞広告に応じて来日、一八九五（明治二十八年）、「神戸クロニクル」を創刊、のち「ジャパン・クロニクル」に改称、主筆となった。ラフカディオ・ハーンは、松江から熊本の五高に移ったが、同僚との確執に直面し、ヤングに就職先仲介の手紙を書いた。そして熊本から上京するまでの約二年間、「神戸クロニクル社」に勤め、社説を担当した。事件当時、一時帰国中であった。

エリート官僚、加藤全権大使は、ロバート・ヤングを中心としたイギリス世論の反論に、心中おだやかならざるものを痛感していたであろう。

一九一一年二月十四日、大逆事件はイギリスの下院で正式にとりあげられた。

自由党議員の外務大臣への質問――

「在日イギリス大使館員は、日本における幸徳夫妻の裁判に出席することが許されたかどうか、また在東京イギリス大使に、本件について十分なる報告を本国に送付するよう命じたかどうか」

これに対する外務次官の答弁――

「本件は日本の法律を通じて裁判され、その一部は公開されなかった。しかし外国政府代表は、日本政府の好意により出席できた。さらに参事官と日本語通訳官はその許可を得た。……ただ被告人たちは、イギリス国民でないので、本件に関して公報を徴する理由はない」と答弁した。

　次の質問者――

「イギリス政府は、幸徳事件の裁判方法に抗議した諸集会、諸団体からの抗議文を受け取ったかどうか。また、これらを日本政府に送付したかどうか」と質《ただ》した。

　これに対する次官答弁――

「たしかに抗議文は受け取った。しかし幸徳らはイギリス国民でないので、それらの抗議文を日本政府に送付する必要を認めないとし、このようなことは、前例もなく、外交上有害であると考えると附言した」

　イギリスにおける「大逆事件」の抗議運動は、事件の本質、日本政府声明の虚構性を吟味するというよりも、秘密裁判に固執した事件の根拠薄弱に迫り、裁判非公開が日本国民に対する侮辱である点を強調していた。

　そして、日本在住二十年余の経験を踏まえて、天皇暗殺のテロリズムは、社会主義、無政府主義の幻影におびえた支配階級が自作自演した紙芝居ではなかったのかと、問題の所在を明らかにしたロバート・ヤングの役割と貢献を銘記したい。

　これに反して秘密裁判の正当性を主張する桂首相、小村外相の発言は、第三者に対して説得力に乏しく、また日本国民の世論に対する侮辱感に満ちている。

　以上のごとく各国における抗議運動のひろがりには意表をつかれた模様で、予期せざる事態のひろがりが伝わると、外務省はその対応に四苦八苦した。

　その間の経緯は、大原慧『幸徳秋水の思想と大逆事件』で詳述されている。大原は本書で各国資料を渉猟し、精密な資料点検に先駆的足跡を残した。本書中の米、仏、英国における抗議運動並びにその背景資料は、同氏の努力によるものであることを明らかにして謝意を述べたい。本書は一九七七年の刊行であるが、著者は自動車事故のため、調査途中に亡くなった。

事件を国際的視野から取り上げ、日本国民が沈黙を余儀なくされていた当時、海外では思想弾圧の犠牲者として、スペインにおけるフェレル教授への死刑と並んで日本での十二名の死が悔やまれ、同情の波が高まった。

その後、一九九三年十二月、不二出版から山泉進編『大逆事件関係外務省往復文書』が刊行された。日本外務省の慌《あわ》ただしい対応ぶりが検証され、今後の「事件」解明に向けて、さらに一歩が画された。

〔**参考文献**〕
『幸徳秋水全集』
『平民主義』幸徳秋水
『明治文化全集』幸徳秋水
『実録「幸徳秋水」』神崎清（読売新聞社、昭和四十六年）
『日本政治裁判史録（全四巻）』（第一法規）
『大逆事件と内山愚童』柏木隆法
『内山愚童と高木顕明の著述』吉田久一（日本歴史一三一号、昭和三十四年）
『幸徳秋水の思想と大逆事件』大原慧（昭和三十二年）
『幸徳秋水』飛鳥井雅道（中公新書、昭和四十四年）

あとがき

「赤旗事件」の直後、原内相は、事件の内情を上奏するため参内したが、そのときは時間の都合で目的を果たせなかった。しかし、徳大寺侍従長と内談の折に、山県の密奏をはじめて耳にした。

それによると、最近、山県が誣奏に際して西園寺内閣の社会党取り締まりは寛に失して、見るべき成果を期待できぬから、政局の前途不安なりとの内奏であり、侍従長も余計な取沙汰なりとの印象を受けているらしき口吻《くちぶり》だった。

山県はアメリカより送られてきた極秘資料「暗殺主義」その他を拠りどころにして、現政府の社会党に対する対処方針を非難したばかりか、これを利用して政争の具に供し、現西園寺内閣打倒を画策する魂胆ありと原は見た。

山県の密奏が結果して天皇の「社会党に対して厳重な対策はなきものか」の思《おぼ》し召《め》しが侍従長から伝えられると、山県による西園寺内閣の「毒殺」が水面下ではたらき、第二次桂内閣が急浮上、この内閣は錦の御旗の後楯を得て、社会党責めを公然と政綱にかかげて憚《はばか》らなかった。

一人の社会主義者もなき、世界に誇る国づくりは、藩閥、軍閥政権の最後の拠点たる桂内閣の使命なりとの信念化は、それだけ社会主義への異常な恐怖心理を煽り立て、「大逆事件」の終着駅に辿り着いた。

「何十万の陸軍、何万トンの海軍、幾万の警察官」を擁する明治政府は、わずか二十四名への死刑判決、十二名の死刑執行で凱歌を奏したものの、事件後半年を経ずに、人心一新を掲げて政治舞台から退散を余儀なくされた。

明治政府の思わざる誤算、幸徳首魁説の敗北ではなかったのか。

二〇〇〇年五月

志田行男

【著者紹介】
志田行男（しだ・ゆきお）
1916年、東京に生まれる
1940年、慶応義塾大学経済学部卒業
1944年、入営、渡満
1945～56年、シベリヤ抑留
1956年、帰国
著　書「資源の支配者たち」（東洋経済新報社、東経選書）1978年
「シベリヤ抑留を問う」（勁草書房）1987年

「暗殺主義」と大逆事件

2000年9月25日　第1刷発行

著　者　志田行男
発行人　浜　正史
発行所　株式会社　元就《げんしゅう》出版社
〒171-0022 東京都豊島区南池袋4-20-9
サンロードビル301
電話　03-3986-7736 FAX 03-3987-2580
振替　00120-3-31078
装　幀　純谷祥一
印刷所　東洋経済印刷株式会社
※乱丁本・落丁本はお取り替えいたします。

ISBN4-906631-58-4　C 0021